I0113014

20 Coleção
Ciências e Culturas

Coordenação Científica da Colecção Ciências e Culturas
João Rui Pita e Ana Leonor Pereira

Os originais enviados são sujeitos a apreciação científica por *referees*

Coordenação Editorial
Maria João Padez Ferreira de Castro

Edição
Imprensa da Universidade de Coimbra
Email: imprensa@uc.pt
URL: http://www.uc.pt/imprensa_uc

Design
António Barros

Pré-Impressão
Imprensa da Universidade de Coimbra

Capa
Desenho de José Malhoa, oferecido ao Professor Doutor Egas Moniz, quando regressou de Paris,onde anunciou a descoberta da angiografia. Cortesia da Casa Museu Egas Moniz, Avanca.

Print By
CreateSpace

ISBN
978-989-26-0560-9

ISBN Digital
978-989-26-0636-1

DOI
https://doi.org/10.14195/978-989-26-0636-1

Depósito Legal
366668/13

Os volumes desta coleção encontram-se indexados e catalogados na Basedados da Web of Science.

© Novembro 2013, Imprensa da Universidade de Coimbra

Manuel Correia

Egas Moniz
no seu
labirinto

IMPRENSA DA UNIVERSIDADE DE COIMBRA
COIMBRA UNIVERSITY PRESS

• COIMBRA 2013

SUMÁRIO

Índice de figuras

Índice da produção bibliocientífica de Egas Moniz

Nota de Abertura

Esta obra intitulada *Egas Moniz no seu labirinto* é um livro que o autor, Manuel Correia, escreveu depois de ter defendido, com sucesso, em 2011, a sua tese de doutoramento em História, apresentada à Faculdade de Letras da Universidade de Coimbra. Manuel Correia tem vindo a construir uma obra em torno de Egas Moniz desde 2001 a qual compreende vários capítulos de livros, vários artigos em revistas nacionais e internacionais e um livro publicado em 2006 também na Imprensa da Universidade de Coimbra. É justo salientar que todos os trabalhos já publicados pelo autor sobre Egas Moniz são inteiramente originais e todos visam contribuir para uma interpretação coerente e inovadora do legado moniziano (vide *Curriculum Vitæ* DeGóis). Manuel Correia continua as suas investigações em torno de temáticas muito marcadas pelas iniciativas de Egas Moniz. Com efeito, encontra-se a realizar um pós-doutoramento sobre a "história da psicocirurgia: práticas e polémicas científicas e culturais. Uma perspectiva transnacional e comparativa" sob orientação nossa e de Jean-Noel Missa do CRIB- Centre de Recherches Interdisciplinaires en Bioéthique de lUniversité Libre de Bruxelles .

Podemos afirmar que o presente livro *Egas Moniz no seu labirinto* é uma obra de maturidade plena do autor pois reflete de modo rigoroso e elaborado toda a inovação no plano das fontes alcançada dentro e fora do país, incluindo as investigações levadas a cabo no Karolinska Institutet. Além disso, é uma obra que beneficia de uma demorada e analítica revisão do estado da arte, incluindo o recente livro de João Lobo Antunes, oportunamente analisado por Manuel Correia em 2011 numa publicação internacional: "Recensão da Biografia de Egas Moniz por João Lobo Antunes: Antunes, João Lobo (2010) Egas Moniz. Uma biografia. Lisboa. Gradiva", EÄ – Revista de Humanidades Médicas y Estudios Sociales de la Ciencia y la Tecnologia 2, 3: 1 – 5). *Egas Moniz no seu labirinto* também beneficia da experiência da construção dum trabalho académico e erudito como foi a sua tese de doutoramento e de facto conserva o mesmo nível de rigor e de fundamentação historiográfica. Além disso, espelha de forma luminosa a capacidade criativa do autor pois Manuel Correia construiu um livro novo em vez de se limitar a ajustar a dissertação de doutoramento a uma edição comercial.

O Doutor Manuel Correia, sociólogo de formação base, historiador da ciência e da cultura científica, investigador do Grupo de História e Sociologia da Ciência e da Tecnologia do CEIS20, tem-se revelado um investigador apaixonado pelos documentos inéditos e pelas fontes raras e difíceis de encontrar, tanto manuscritas como impressas, portuguesas ou estrangeiras. Foram da maior importância as pesquisas realizadas nos arquivos da Fundação Nobel, na Suécia, no processo de Egas Moniz que apenas podia ser consultado 50 anos após a atribuição do prémio Nobel recebido em 1949. Por isso, não é de estranhar que a originalidade e novidade das fontes que analisa mudem significativamente a representação da obra médica de Egas Moniz.

Na obra *Egas Moniz no seu labirinto,* Manuel Correia trabalha uma biografia de Egas Moniz com fontes originais manuscritas e impressas, tendo estabelecido uma profunda e bem articulada rede de pesquisas arquivísticas, biblioteconómicas e historiográficas em torno do Prémio Nobel português de 1949 e tendo mostrado que não é impossível ultrapassar o registo laudatório, tão mitificador como o seu inverso. Sem dúvida, *Egas Moniz no seu labirinto* responde com prudência e sabedoria às exigências mais nobres da objectivação historiográfica.

É com o maior entusiasmo, pela qualidade da obra e pelo objecto de estudo, que acolhemos este trabalho na colecção "Ciências e Culturas" coordenada por nós.

Ana Leonor Pereira
Professora da Faculdade de Letras; Investigadora e Coordenadora Científica do Grupo de História e Sociologia da Ciência e da Tecnologia do CEIS20

João Rui Pita
Professor da Faculdade de Farmácia; Investigador e Coordenador Científico do Grupo de História e Sociologia da Ciência e da Tecnologia do CEIS20

PREFACIO

La biografía ha sido un género que, en las inciertas fronteras de la literatura y el ensayo de investigación histórica, ha provocado dispares valoraciones. Denostada durante largo tiempo por una historia reivindicadora de ambiciosas metodologías y funciones, siempre ha contado con el beneplácito, cuando no la clara afición, por parte del lector que buscaba el perfil humano en los acontecimientos. Es de celebrar que la ciencia histórica acabase reconociendo los perjuicios de esta ausencia y así hayamos podido vivir el "retorno del sujeto" y, con él, el regreso de la memoria y las individualidades en la comprensión del pasado.

Una acertada elección del objeto del estudio biográfico determina, obviamente, el tipo de historia que se realiza, aunque es la profesionalidad de quien investiga la que permite que un sujeto anónimo ofrezca las claves para poder entender toda una época. Sin embargo, cuando la biografía se ocupa de una celebridad hay que hacer gala de maestría para, en este caso, no dejarnos atrapar por tentaciones emanadas del relumbre de la Geração Médica de 1911 o los laureles del premio Nobel; para historiar al personaje y su tiempo eludiendo el poso dejado por las apologías, deconstruyendo mitos y siguiendo el hilo de Ariadna / Clío para guiarnos y conducir al lector por el laberinto al que se alude en el título.

Este ensayo biográfico sobre Egas Moniz escrito por el Doctor Manuel Correia recoge la documentación en la que ha trabajado el autor en los últimos años como miembro del Grupo de História e Sociologia da Ciência do CEIS-20 da Universidade de Coimbra. Su bien cimentada trayectoria (con varios artículos y el libro *Egas Moniz e o Prémio Nobel*, de 2006) avala y explica los logros que obtiene en la presente obra.

Dirigida a estudiantes y público en general interesado en la historia, mediante un abordaje extenso e inclusivo nos muestra las caras menos consideradas hasta ahora del biografiado sin descuidar sus dimensiones como político, intelectual, empresario y científico. La multitud de aspectos inherentes al personaje (aludiendo tanto a su relieve como a su construcción), su presencia en momentos y asuntos clave de la ciencia e historia portuguesa, reclamaban el compromiso del investigador con la complejidad, con el camino más difícil de reconstruir al individuo desde todas las posibles perspectivas, sin sesgos previsibles ni complacencias.

El interés del libro es incuestionable por diversos motivos. Uno de ellos es la aportación de materiales inéditos, de información obtenida de los archivos de la Fundación Nobel en Estocolmo: al tratarse de una figura de especial relieve en la ciencia portuguesa, esta documentación es una parte fundamental no sólo de la teoría sustentada en el ensayo, sino también de la posible comprensión de la evolución de la psico y neurocirugía.

Como expresa en las reflexiones bibliográficas / historiográficas que ocupan las primeras páginas de este ensayo, las investigaciones llevadas a cabo en los últimos años muestran la influencia de la propia construcción (auto)biográfica realizada por Egas Moniz, del "poder biográfico", y del inexcusable condicionante que supone tratar la figura de un Premio Nobel. Deja así de manifiesto el autor la necesidad de este planteamiento interdisciplinar y crítico, como el ya llevado a cabo en *Egas Moniz em Livre Exame* (2000) de Pereira y Pita, algo que Correia aplica con éxito en su ensayo.

Presentar la pluralidad de facetas de Egas Moniz es un acierto en la medida en que éstas se muestran articuladas, relacionadas, en la construcción de un juego identitario. Tal y como expone el autor, el poder biográfico permite crear una narrativa heroica e influir en cómo se van a forjar las posteriores. Analiza a un Egas Moniz consciente de convertirse en un emblema nacional, de su propia dimensión épica y, por ello, cuida y perfecciona esa narrativa que se va a generar. Construye su imagen como hombre de ciencia –esto es, un héroe moderno-, motivo de orgullo portugués. A este respecto Correia utiliza con indudable acierto las reflexiones de Antonio Fernando Cascais: no se puede celebrar a un héroe presentando al mismo tiempo sus debilidades y contradicciones. El discurso heroico no se compadece con la polémica, pues el héroe requiere de una narrativa irreprensiblemente apologética.

Egas Moniz muestra esas formas de insertarse en la memoria colectiva que se escapan del poder biográfico, aunque la memoria tenga funciones que hace que teja con otros hilos. La memoria juega para contar historias, con minúsculas, historias en las que, como en la Historia, nos revalorizamos porque algo nos une al premio Nobel. Pero también narrativas legendarias de justicia, de justicia poética, en las que Egas Moniz –el científico que asumió la decisión de experimentar su técnica leucotómica en seres humanos- es víctima de la venganza de un paciente. Símbolo trascendente hasta el punto de que es un director español, Joaquim Jordà, quien filma en 1999 un documental en que la cambiante historia es llevada a un escenario por enfermos mentales de sanatorios del Maresme. Representaciones encadenadas, relatos en matrioska probablemente imprevistos por el Egas Moniz que los protagonizó.

En este sentido, a partir de 1974, por el centenario de su nacimiento, se produjeron rituales celebracionistas en la estela descrita, pero también algunos inconformistas que llevaron a una campaña, en 1988, para "desnobelizar" a Egas Moniz y que el autor analiza con precisión.

Este ensayo de Manuel Correia aporta un imprescindible análisis crítico. No es una biografía al uso, no es una más de las biografías publicadas sobre el científico portugués que obtuvo el Premio Nobel. La obra de Manuel Correia supone la reflexión más rigurosa sobre cómo se construye una biografía, historia y memoria, y qué papel juega el propio sujeto al exhibir la urdimbre sobre la que quiere que se teja, cuando cuenta con el poder para ello. Su propuesta no sólo es precisa, sino también seductora, como al invitarnos, en una suerte de técnica narrativa de cajas chinas, a conocer al biografiado como biógrafo: Correia analiza el modo en que un Egas Moniz, candidato al Nobel, biografía a su vez al premio Nobel español Santiago Ramón y Cajal en una pirueta en que el biógrafo biografiado trasluce experiencias y aspiraciones.

El esmero de la obra se exhibe en todos los detalles, en la adecuada selección de imágenes y en esa exhaustiva relación de fuentes y cuidada bibliografía, tanto en su abundancia como en la pertinencia de sus citas. La publicación de este ensayo es, sin duda, necesaria por venir a completar y redefinir los estudios existentes sobre Egas Moniz; pero, sobre todo, por el innegable valor de su aportación a la historiografía en general y a la de la ciencia en particular. Una lectura que no dejará a nadie indiferente.

Juan Antonio Rodríguez Sánchez
Profesor Titular de Historia de la Ciencia
Universidad de Salamanca

1. Antes de mais

O tema geral deste livro foi objeto de uma tese de doutoramento em História da Cultura recentemente defendida.[1] Daí guardaremos os resultados da investigação empreendida. Queremos porém ir um pouco mais longe, tentando explicar sucintamente o tópico cultural em que Egas Moniz se transformou. Partiremos da documentação disponível e de alguns dos seus manuscritos inéditos e textos publicados, recorrendo também a um conjunto de recensões e comentários de leitura de publicações recentes acerca dos mesmos temas que não puderam ser incluídos na tese original.

A figura de Egas Moniz inscreve-se enigmaticamente na cultura alcançando o pico de notoriedade com o Prémio Nobel de Fisiologia ou Medicina (assim se denominava à época) de 1949. Por isso, o seu exemplo é evocado ritualmente por gentes das ciências, certamente pela importância simbólica de um prémio prestigiante que quase se confunde com a História e a Sociologia da Ciência do Século XX, mas sem dúvida também pelas razões práticas que trouxeram para a Universidade de Lisboa um peso específico nos rankings internacionais e pelo reforço identitário das comunidades que adotaram o inventor da Angiografia Cerebral como totem.

As manifestações de interesse focadas na pessoa, nos seus feitos e atividades ou nos problemas que resolveu (criando outros), continuam a manifestar-se e muito provavelmente continuarão a ser objeto de exame e estudo durante ainda muitos anos. De certo modo por isso fui atraído para a singularidade de um conjunto de problemáticas onde se cruzam ciência, filosofia, arte e política, nem sempre de forma explícita, pondo em evidência ousadias e receios, colocando-nos diante dos temas tratados como se de um espelho português se tratasse.

Proponho, pois, uma viagem inicial à história do Prémio Nobel de Egas Moniz, expondo a intricada estratégia ganhadora, as vicissitudes e alguns dos problemas que criou – filosóficos, científicos e éticos – ao encetar a tentativa de tratar algumas perturbações mentais por via da Leucotomia pré-frontal. A imparável controvérsia que a leucotomia pré-frontal originou forneceu-lhe até aos dias de hoje a notoriedade que o torna alvo de ataques cíclicos e mitificações várias. O totem implica sempre os seus tabus. As simplificações incontornáveis das narrativas heroicas dão-nos um

---

[1] CORREIA, Manuel – Egas Moniz: Representação, Saber e Poder. Tese de Doutoramento em História da Cultura. Faculdade de Letras da Universidade de Coimbra, 2011. Em linha <https://estudogeral.sib.uc.pt/handle/10316/15509>. Orientação científica da Professora Ana Leonor Pereira e do Professor João Rui Pita.

«bom» Egas Moniz pioneiro da Angiografia Cerebral contra um Egas Moniz «mau», inventor da Leucotomia Pré-frontal, popularizada como Lobotomia e inscrita numa abordagem diferente do tratamento de "certas psicoses" que o próprio cunhou com a designação de Psicocirurgia.

Em seguida, trataremos da dimensão política. Do jovem militante monárquico entrado na Universidade de Coimbra, hesitante quanto à vocação, ao deputado do Partido Progressista, médico recém-formado à porfia de uma especialização em doenças nervosas, audaz, apresentando às provas de doutoramento um tema de enorme ousadia para a época: A Vida Sexual. As atribulações de Egas Moniz na política só encontram correspondência no modo com que disfarça a importância que tiveram, quando, mais tarde, pretende desvalorizá-las a favor do perfil de cientista bem-sucedido. As transições sucessivas, as mudanças de campo, o nível de responsabilidades assumidas – de deputado a chefe partidário e de embaixador a Secretário de Estado e a presidente da delegação portuguesa à Conferência de Paz de Paris – oferecem-nos um quadro extenso e denso que não se compagina com a displicência ou ligeireza com que ele próprio e alguns dos seus biógrafos se lhe referem.

Depois abordaremos a sua faceta de homem devotado às belas-artes e às belas--letras, os seus ensaios, biografias e tentativas de trazer a psicanálise para o terreno da crítica literária, leitor atento de muitos dos seus coetâneos, fascinado pelo seu predecessor Júlio Diniz, deleitado com a poesia e a figura de Guerra Junqueiro, cúmplice de Aquilino Ribeiro, par de Júlio Dantas. O colecionador de arte fixado no naturalismo paisagístico de Silva Porto. Como, por outras palavras, o cientista, o político e o homem de cultura – perdoem-se as redundâncias – se encontram e desencontram desafiando da nossa parte uma leitura que tenta impor-lhe uma coerência que ele provavelmente não reconheceria.

Posto isto, explicitaremos os processos de promoção e seleção de alguns aspetos desvalorizados ou ocultados na vida e obras de Egas Moniz. Ilustraremos a tese de que biografia e autobiografia são territórios de disputa de poderes e de luta pela supremacia de uma versão mais conveniente de histórias e perfis.

Por fim retomamos algumas questões em aberto que tornam mais interessante o esclarecimento histórico acerca das ideias que tomam Egas Moniz, as suas atividades e os seus inventos como referência pertinente.

Egas Moniz no seu labirinto – o título deste livro – não deixa com certeza de evocar ressonâncias de outras leituras. A contraposição entre mito e história, como na novela de Gabriel Garcia Marquez *O General no seu Labirinto* e a utopia da Grande Colômbia (Nova Granada);[2] ou a designação da primeira parte das memórias de Marguerite Yourcenar *O labirinto do mundo;*[3] ou ainda Henri Claude e a busca de uma explicação de mais uma crise do capitalismo nos anos 70 do século passado – *Labirinto Monetário*[4] – contendo um ensaio intitulado *O labirinto monetário internacional e os limites históricos do "sistema";* e finalmente a referência marcante

---

[2] MARQUEZ, Gabriel Garcia – *O General no seu Labirinto*. Lisboa: Dom Quixote, 1990.

[3] YOURCENAR, Marguerite – *Memórias. Soovenir pieux.* Lisboa: Difel, 1989.

[4] CLAUDE, Henri – *Labirinto monetário*. Lisboa: Prelo, 1972.

de *Labirinto da Saudade*[5] de Eduardo Lourenço, a cujo conteúdo e rasgo ensaístico é difícil ficarmos indiferentes.

Em quase tudo a metáfora pode ser aplicada aos aspetos menos conhecidos daquilo que nos interessa nas representações de Egas Moniz: à associação entre o seu batismo e a fundação mítica de Portugal por via do nome do aio mais conhecido de Afonso Henriques; a menção do nome desse aio – Egas Moniz – em *Os Lusíadas*, de Luís de Camões (III.36.7; VIII.13.7-15.7);[6] e a adoção de dois versos do Canto V (V.24.5,6)[7] no seu *Ex Libris* (Quando da etérea gávea um marinheiro,/pronto co a vista «Terra! Terra!» brada).

Se, por um lado, diferentemente de outros autores propomos um olhar mais atento às contradições, lacunas e paradoxos – aos aspetos labirínticos da odisseia moniziana – por outro lado, mantemos o contato com as versões glorificadoras dos feitos que nos são apresentados como sucessos. E tal como na asserção de Eduardo Lourenço, *Os Lusíadas*, de braço dado com um entendimento particularista do Saudosismo, continuam a polarizar o imaginário dos portugueses: «Da nossa intrínseca e gloriosa ficção *Os Lusíadas* são a ficção.»[8]

Em tudo, como se verá, na cultura, na política, na ciência as representações de Egas Moniz podem ser projetadas metaforicamente no intricado labirinto que é sempre, bem vistas as coisas, a condição e o denominador comum das nossas histórias.

1.1 Em aberto

Egas Moniz permanece na nossa cultura como um tópico movediço a propósito do qual se teceram muitas loas ao herói genial. Foi tomado como pretexto para discutir problemáticas ligadas à psiquiatria biológica, à psicanálise, à participação dos médicos ou cientistas na política. A avaliação dos resultados da investigação científica, em geral, e a atribuição do Prémio Nobel de 1949 deixaram pelo caminho múltiplas interrogações a merecer estudo e reflexão.

É portanto esperável que por isto e por aquilo se continue a falar dele e destes temas a que ficou associado, e que prossigamos estudando e tentando compreender melhor um e outros.

De resto, um olhar rápido para o que foi publicado mais recentemente acerca de Egas Moniz deteta com facilidade alguns traços comuns.

A bibliografia sobre Egas Moniz, produzida nas últimas duas décadas, apresenta características singulares. Em primeiro lugar, regista valores marginais entre 1990 e 1998, e entre 2001 e 2010, acusando em contrapartida uma produção inusitada, com mais de metade do total dos textos publicados, nos anos de 1999 e 2000, coincidindo este

---

[5] LOURENÇO, Eduardo – *O labirinto da saudade: Psicanálise mítica do destino português*. Lisboa: Dom Quixote, 1988.

[6] CAMÕES, Luís de – *Os Lusíadas*. 4ª Edição. Lisboa: Instituto Camões, 2000, p. 108 e 344.

[7] Idem, Ibidem, p. 219.

[8] LOURENÇO, Eduardo – Ob. Cit., p. 20.

pico com o calendário das comemorações, em 1999, do 50º aniversário da atribuição do Prémio Nobel. Muitas das publicações de 2000, dão acolhimento ainda a esse impulso comemorativo do ano anterior.

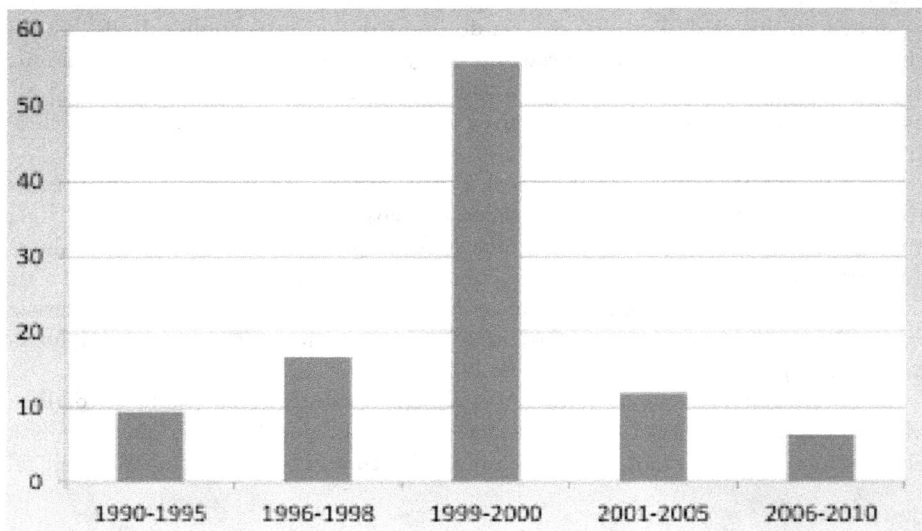

Fig. 1 - Textos publicados acerca de Egas Moniz entre 1990 e 2010 (em percentagem)

Confirma-se aparentemente a tese da frágil inscrição de Egas Moniz na cultura portuguesa. A intermitência das suas aparições mais significativas produz-se sob o comando dos dispositivos encenadores de efemérides, precedidas e sucedidas por eclipses duradouros.

Cerca de 40% de todos os textos constantes da amostra bibliográfica em questão, provêm de um conjunto de sete autores que, no período observado, mais publicou acerca da figura de Egas Moniz e das problemáticas com ela associadas.

António Macieira Coelho, António Valdemar, João Lobo Antunes, Ana Leonor Pereira e João Rui Pita, (quer em coautoria, quer autonomamente), Pedro Luzes e Manuel Correia, são os nomes mais recorrentes. Com ponderações diversas, estes autores produziram quase metade da totalidade dos textos incluídos na amostra.

Sem prejuízo da relevância que a produção destes autores reveste na apreciação global do período em análise, saliente-se a importância que nas duas décadas em apreço, outros textos publicados detêm, independentemente da frequência com que os respetivos autores publicaram. E nesse caso, temos o exemplo de Jacques El Hai e da sua biografia de Walter Freeman;[9] Jack Pressman e a sua obra acerca da prática da psicocirurgia nos Estados Unidos da América;[10] Jean-Noël Missa e a sua história

---

[9] EL-HAI, Jack - *The Lobotomist. A maverick mental genius and his tragic quest to rid the world of mental ilness*. New Jersey: John Wiley & Sons, Inc. 2005.

[10] PRESSMAN, Jack D. - *Last resort. Psychosurgery and the Limits of Medicine*. New York: Cambridge University Press, 1998.

da psiquiatria biológica;[11] aos quais se deveria juntar António Damásio, José Morgado Pereira, António Fernando Cascais, António Pedro Pita, e alguns outros autores que publicaram autonomamente ou assinaram capítulos do livro *Egas Moniz em livre exame*,[12] organizado por Ana Leonor Pereira e João Rui Pita.

Trata-se de contribuições cuja importância sobreleva a vasta produção verificada nestas duas décadas, quer pela riqueza da documentação inédita revelada, quer pela ressistematização e reinterpretação de alguns aspetos até aqui insuficientemente tratados.

Surgem, assim, nestas duas décadas, algumas das mais importantes contribuições para a compreensão do contexto político coincidente com boa parte do trajeto de Egas Moniz – sobretudo com a profusão de publicações acerca do centenário da I República (1910-1926) e da Ditadura Militar e Estado Novo (1926-1974) – e do contexto científico e psiquiátrico – com abordagens mais sistemáticas e inclusivas relativamente ao lugar da psicocirurgia no conjunto das terapêuticas neuropsiquiátricas.

A mudança mais sensível ocorreu no plano cultural, revelando a importância predominante das relações da figura estudada com as instituições, as pessoas e as ideias do seu tempo, enriquecendo as abordagens centradas nas articulações entre indivíduo e contexto, em detrimento do culto tradicionalista e hagiográfico do sábio nobelizado.

De entre os numerosos escritos de caráter biográfico ou com uma componente biográfica assinalável, interessamo-nos à partida por quatro que organizam diferentes modos de ver e entender Egas Moniz.

Primeiramente *Egas Moniz Pioneiro dos Descobrimentos Médicos* (1983), de Henrique Barahona Fernandes; em seguida, *Egas Moniz em livre exame* (2000), volume que recolhe contribuições de diferentes autores, coordenado por Ana Leonor Pereira e João Rui Pita; em terceiro lugar, *Egas Moniz: uma biografia* (2010), de João Lobo Antunes; e finalmente pelo recém-publicado *Psychosurgery. The Birth of a New Scientific Paradigm. Egas Moniz and the Presente Day* (2012), de Zbigniew Kotowicz.

É possível respigar ao longo dos capítulos seguintes contribuições importantes de outros autores. Os quatro livros que trato de imediato destinam-se a destacar o modo como diferentes autores atribuem um significado especial à associação entre realização e biografia.

1.2 Barahona Fernandes e Egas Moniz

O psiquiatra Henrique Barahona Fernandes (1907-1992), muito provavelmente em maior medida do que outro qualquer biógrafo de Egas Moniz, não conseguiu falar do biografado sem se antepor atraindo a atenção do leitor para si próprio. Correu assim o risco que todos os biógrafos correm, agravado pela circunstância, como se verá, de ser parte interessada na gestão da história da psicocirurgia. Fernandes conviveu de perto com Egas Moniz, integrou a sua equipa, fez a avaliação clínica de muitos dos doentes operados sob a direção do Mestre. A sua biografia de Moniz culmina uma longa série de apontamentos, artigos de fôlego menor, entradas em dicionários

[11] MISSA, Jean-Noël - *Naissance de la psychiatrie biologique.* 1ère éd. Paris: PUF, 2006.

[12] PEREIRA, Ana Leonor, e PITA, João Rui - *Egas Moniz em Livre Exame*. Coimbra: Minerva, 2000.

e enciclopédias que produziu ao longo do tempo. Se recordarmos que foi um dos nove nomeadores de Egas Moniz para o Prémio Nobel de 1949, teremos o quadro geral da inter-relação, se bem que lhe fique a faltar a prova do compromisso clínico com que entendeu amarrar-se à figura que cognominou na sua biografia, Pioneiro dos Descobrimentos Médicos.

Barahona Fernandes dá testemunho do fascínio pela figura de Mestre Egas e recorta-lhe o perfil do intelectual "avesso à especulação filosófica e psicológica",[13] aceitando frequentemente os termos e as versões autobiográficas de Egas Moniz, distanciando-se, de quando em quando, da estreiteza do seu organicismo mas temperando pressurosamente essa desfeita com a crença de que ainda assim o Mestre parecia por vezes libertar-se das antinomias típicas da época. Onde um observador minimamente exigente apontaria a Egas Moniz a ausência de explicitações aceitáveis acerca das suas deambulações metodológicas e opacidade de fundamentos, Barahona Fernandes parece encantar-se e comover-se.[14] Confidencia que o pensamento psiquiátrico de Egas Moniz se desinteressava do Sujeito e da Personalidade, mas não deixa de sublinhar, logo a seguir, a "ética cientista nos cuidados de aplicação das suas descobertas.[15]"

Dando um informativo retrato do biografado e das suas principais realizações, Barahona Fernandes vem sobretudo explicar-se acerca da mais controversa invenção de Egas Moniz: a leucotomia pré-frontal enquanto aplicação da psicocirurgia. O biógrafo dedica-lhe mais de metade do volume – da página 54 à 128 – ao longo de cinco dos oito capítulos que estruturam o livro.

Barahona Fernandes começa por demarcar-se da designação polémica. Prefere "cirurgia psiquiátrica" ao termo adotado por Egas Moniz: "psicocirurgia". Conta-nos as objeções que opôs às explicações de Moniz acerca da leucotomia e como este, em resposta, o terá "nomeado" censor psiquiátrico dos resultados da leucotomia.[16]

Uma das formulações que o biógrafo utiliza para delimitar as duas principais invenções de Moniz atesta até que ponto Fernandes considera a Angiografia um empreendimento bem-sucedido, enquanto a leucotomia permanece no limbo das coisas não inteiramente definidas: "De facto, não foi pela artereografia – aliás uma descoberta técnico-diagnóstica concreta e de utilidade comprovada – mas por esta problemática tentativa terapêutica que lhe foi conferido o Prémio Nobel.[17]" E foi esta a opção intelectual de Barahona Fernandes: ceder ao Mestre perante a sua inabalável decisão de experimentar criando ao mesmo tempo para si próprio um reduto de pensamento próprio, crítico e subtil. Nesse reduto, o dileto biógrafo e psiquiatra erudito fez coro com os que louvavam o Mestre pela Angiografia, encomiástico quanto à genialidade do invento, passando com muito tato a relativizar a importância da leucotomia. Assim, a par dos encómios formais foi dizendo também que a leucotomia era afinal

---

[13] FERNANDES, Henrique Barahona – *Egas Moniz pioneiro dos descobrimentos médicos*, p. 139

[14] FERNANDES, H. Barahona – Ibidem, p. 146

[15] Idem, ibidem, p. 147.

[16] Idem, Ibidem, p. 60

[17] Idem, Ibidem, p. 60

uma "… abertura biológica desvendada por Egas Moniz";[18] que discordou da teoria de Moniz, em especial do monismo e reducionismo organicista que iam a par da recusa da psicopatologia fenomenológica;[19] que essa "teoria neuronal" era singela[20]…; e que "A [de Egas Moniz] sua leucotomia (de localização menos rigorosa na substância branca) tinha efeitos menos previsíveis e mais difusos.[21]"

Barahona Fernandes diz-nos ao longo desta sua biografia de Egas Moniz que se comprometeu com a leucotomia desde o início e que o seu entendimento do fenómeno não apenas era diferente do sustentado pelo Mestre e por muitos dos seus colaboradores, como era, além disso, mais informado, atualizado e superior. Constatou as "alterações da personalidade" que muitos negavam e dotou-as de uma justificação teórica em que pôs a psiquiatria ao serviço da cirurgia: "sintonização regressiva" – chamou-lhe. A génese do conceito vem especialmente explicitada numa longa nota (nota 4) baseada na observação da "doente H".[22] Paralelamente, Barahona Fernandes acentuou a indispensabilidade do acompanhamento psiquiátrico recordando que "logo após os primeiros operados vimos que não bastava a cirurgia,[23]" visto que a operação não fazia outra coisa, segundo a própria observação do psiquiatra, do que fazer "regredir" o doente.

Como veremos acerca dos elementos manifestos e latentes nas relações entre biógrafo e biografado, Barahona Fernandes vem afirmar-se no território das relações com Egas Moniz e a leucotomia, redesenhando o seu próprio contributo e o modo lapidar com que o lavra merece ser citado na sua inteireza:

> Contra o que parece, superamos assim, mas não denegamos, a orientação inicial de Egas Moniz. De facto a sua cirurgia foi desde logo concebida como modificadora de "funções" e não "curativa" de lesões (que aliás se não encontram) e /ou de perturbações celulares que serão mais de ordem "bioquímica".[24]

Quando o livro de Barahona Fernandes foi dado à estampa, em 1983, tinha passado já mais de um quarto de século sobre a morte de Egas Moniz. Era porém muito difícil a alguém que fizera parte da constelação psicocirúrgica falar do Mestre e das suas invenções sem se reposicionar e chamar, compreensivelmente, a atenção para o que o distinguia do que poderia parecer o pensamento dominante da época.

De qualquer modo e independentemente das considerações feitas ao conteúdo da obra, esta foi em regra a primeira biografia publicada sobre Egas Moniz. Alguém que o conheceu diretamente, privou com ele, pôde descrevê-lo em pormenor, julgando-o à nossa frente. Embaratecendo o político, como Egas Moniz havia certamente de ter gostado, enfatizou a obra científica e socavou numa parte dela o seu reduto histórico.

---

[18] Idem, Ibidem, p. 82

[19] Idem, Ibidem, p. 81

[20] Idem Ibidem, p. 114

[21] Idem, Ibidem, p. 122

[22] Idem, Ibidem, pp. 151- 155.

[23] Idem, Ibidem, p. 93.

[24] Idem, Ibidem, p. 95.

1.3 Egas Moniz em Livre Exame

Egas Moniz em Livre Exame, volvida uma dúzia de anos sobre a sua publicação, continua a despertar interesse entre os estudiosos e outros curiosos acerca das matérias que trata.

Esse interesse decorre, em 1º lugar, da multiplicidade das abordagens e dos pontos de vista expendidos pelos diferentes autores que para ele contribuíram; em 2º lugar, da diversidade das matérias abordadas; e em 3º lugar, da polémica intertextual que se desenha ao compararmos alguns dos capítulos. Ao passar em revista as facetas do político, cientista, clínico, pioneiro da psicanálise, homem de cultura, colecionador de arte, ensaísta e empresário, os autores recuperam elementos – novos ou esquecidos – que concorrem para a recomposição de uma imagem mais contextualizada, integrada e dinâmica do inventor da Angiografia Cerebral e da Psicocirurgia.

O livro reúne textos da autoria de historiadores, filósofos, neurocientistas, economistas, médicos e engenheiros, integrando as diferentes dimensões da identidade de Egas Moniz, de acordo com as áreas temáticas respetivas. Discute-se acerca dos significados da figura de Egas Moniz e dos temas que com ele se prendem. Neste sentido, reconstitui parcialmente as diferentes receções dos seus trabalhos nos momentos em que foram revelados e mostra-nos o que hoje se pensa acerca dessa receção.

O conjunto convida à reflexão desembaraçada das inibições impostas por cultos exclusivistas do génio, do herói ou do grande homem, desligados da equipa competente e diligente que com ele cooperava, no seio da rede de relações internacionais de onde foi colhendo informação vital e que potenciou a divulgação e replicação das suas invenções.

Os debates resultantes articulam-se em torno de quatro eixos principais: política, psicanálise, psicocirurgia e prémio Nobel, sem prejuízo da abordagem feita a outras facetas, como a da intimidade, iniciativas empresariais, pensamento estético, desempenho académico e crítica literária.

Quanto ao eixo político, discute-se o alcance do desempenho parlamentar, partidário, diplomático e governamental desta figura histórica, ganhando terreno a tese de que, contrariamente ao até aí propalado, Egas Moniz foi de facto um ator político destacado, tendo desempenhado cargos e funções de elevada responsabilidade, sobretudo sob o consulado de Sidónio Pais. Estas reconsiderações marcam uma viragem nítida relativamente à desvalorização dominante que fora feita por via autobiográfica e prolongada nas notas biográficas consonantes, incluindo entradas em dicionários históricos e enciclopédias. Se bem que vários autores tratem de diversos aspetos do desempenho político de Egas Moniz, deve-se ao capítulo assinado por Armando Malheiro da Silva "Egas Moniz e a política. Notas avulsas para uma biografia indiscreta" a abordagem mais completa e inovadora até aí produzida. Contraria a tendência para minimizar a carreira política do líder parlamentar e chefe do Partido Nacional Republicano e identifica os obstáculos historiográficos colocados pelos seus escritos autobiográficos.

As investigações posteriores, quer de Malheiro da Silva quer de outros autores, vieram confirmar que a intensidade, amplitude e alcance da carreira política de Egas Moniz não se podiam compaginar com as fórmulas minimizadoras anteriormente utilizadas.

A Psicanálise concitou sempre o silêncio de uns, a relativização de outros, em contraste com a suma valorização que alguns dos fundadores da primeira Sociedade Portuguesa de Psicanálise lhe consagraram desde o início. Confrontando as reflexões de António Pedro Pita com as de Jaime Milheiro, vemos como dois entendimentos diferenciados podem gerar zonas de complementaridade, sobrando, apesar de tudo, duas apreciações diferentes em aberto.

Enquanto António Pedro Pita no seu texto intitulado "Arte, animal domesticado. A questão da arte na obra de Egas Moniz", deteta os critérios de ordem psiquiátrica na padronização estética que Moniz expressa nos ensaios sobre "Os Pintores da Loucura", atribuindo-lhe uma conceptualização restrita (mecanicista) da Psicanálise, Jaime Milheiro, no capítulo a que chamou "Contributos de Egas Moniz para a psiquiatria e para a psicanálise", estima que, tendo em consideração o que então se conhecia da obra de Freud, Egas Moniz deu conta dos principais conceitos disponíveis. Estas duas interpretações, mesmo que admitamos a sua complementaridade, comprovam as vantagens evidentes das leituras plurais.

Um outro aspeto gerador de forte controvérsia (mais à escala internacional do que doméstica) prende-se com a explicitação teórica e a avaliação dos resultados da Leucotomia pré-frontal, sob o guarda-chuva concetual da Psicocirurgia. É evidente, na obra organizada por Ana Leonor Pereira e João Rui Pita, um julgamento que oscila entre o compreensivo e o severo, revelando alguns dados pouco conhecidos sobre discordâncias fundamentadas acerca da interpretação esperançosa dos primeiros resultados da Leucotomia. O confronto de pontos de vista entre neurocientistas trouxe ao livro um valor acrescentado. António Damásio, com o seu capítulo "Egas Moniz, pioneer of Angiography and Leucotomy"; António Rocha Melo, com o seu "Egas Moniz e a neurocirurgia"; e Miguel Castelo Branco, no texto que titulou "O legado de Egas Moniz", passam em revista praticamente todas as questões relacionadas com a Leucotomia, contextualizando-as e redescobrindo os pontos de contato com algumas das justificações e das sensibilidades de finais do século XX.

António Rocha Melo e Morgado Pereira (este último no texto denominado "O início da leucotomia em Portugal e a querela entre Egas Moniz e Sobral-Cid") em capítulos separados, mas subordinados às mesmas temáticas e bases documentais, aproximam-se e complementam-se, focando a *querela* estabelecida entre Egas Moniz e Sobral Cid a propósito da interpretação dos primeiros resultados da Leucotomia pré-frontal. A tomada de posição de Sobral Cid e a carta de Moniz a Freeman ilustram um aspeto do fechamento de Moniz e da abertura de Sobral Cid que caracteriza elementos de cultura científica em confronto, pelo evitamento da discussão, ou pelo diálogo, frontalidade e valorização ou, pelo contrário, de recusa da controvérsia. Os documentos referidos estavam disponíveis na literatura corrente mas raramente tinham sido tratados nos ensaios biográficos até então publicados.

Associado à questão da Psicocirurgia e da Leucotomia, emerge o debate em torno do Prémio Nobel que Moniz ganhou em 1949 (*ex aequo* com Walter Rudolph Hess). O Prémio foi-lhe atribuído pelo valor terapêutico da Leucotomia no tratamento de certas psicoses. Ao coroar a carreira científica de Moniz com o maior galardão científico do século XX, esta distinção potenciou também a replicação e difusão do método, alargando e intensificando a controvérsia que perdurou até aos dias de hoje.

Tendo inventado uma técnica de diagnóstico cujo impacto foi decisivo para o desenvolvimento da imagiologia médica – a Angiografia – Moniz conseguiu com ela um reconhecimento de uma amplitude enorme, incluindo o Prémio da Universidade de Oslo com que foi distinguido em 1945. Porém, por razões então quase inteiramente desconhecidas, o Comité Nobel do Instituto Karolinska sempre lhe negou mérito suficiente para lhe atribuir o Prémio com fundamento nessa invenção.

Para além destes eixos principais, o livro alojou ainda capítulos cujo caráter informativo ou especulativo não desmerece uma leitura atenta. É o caso do testemunho de um dos sobrinhos netos de Egas Moniz, António Macieira Coelho, que rememora o tio-avô nos espaços privados da intimidade familiar "Vivências na intimidade de Egas Moniz".

Num outro capítulo, "Quando da etherea gávea hum marinheiro", José Cunha Oliveira e Aliete Pedrosa partem do *ex libris* de Moniz em direção a matérias mais enigmáticas, tentando descortinar sentidos dissimulados na prática científica, na clínica e na política. Examinam com algum detalhe as flutuações de discurso dos colaboradores mais próximos de Egas Moniz (António Flores e Barahona Fernandes), isolando contradições e questionando a consistência de alguns discursos.

Apesar de à data da edição do livro em análise não ter sido possível ainda consultar os arquivos da Fundação Nobel, são adiantadas observações pertinentes acerca da ligação possível entre a realização da 1ª Conferência Internacional de Psicocirurgia em Lisboa (1948) e a estratégia ganhadora de Moniz visando a obtenção do Prémio Nobel no ano subsequente. Nesse sentido, são avançadas hipóteses explicativas em relação ao papel decisivo da delegação brasileira ao congresso, designadamente na aprovação por aclamação da moção que recomendou (apesar do seu caráter anti-regulamentar para a Fundação Nobel) Moniz para o grande prémio. O episódio é, sem dúvida, peculiar. O seu caráter de *lobby* e o papel eventualmente desempenhado pela própria esposa de Egas Moniz, D. Elvira Macedo, brasileira de nascimento, é perspicazmente adiantado por estes autores.

A institucionalização do Centro de Estudos Egas Moniz (texto de Alexandre Castro Caldas); a vida do aluno e, mais tarde, professor da Universidade de Coimbra (da autoria de A. Tavares de Sousa); a padronização do pensamento científico-estético (assinado por António Pedro Pita); o colecionador de obras de arte (pela pena de Rosa Maria Rodrigues); e o "Direito biomédico e investigação clínica" (de Guilherme F. Falcão de Oliveira) completam a panóplia, apesar deste último não se reportar diretamente às invenções de Egas Moniz. Todavia, ao introduzir várias reflexões a propósito da investigação clínica e de ensaios em seres humanos, como que colmata uma lacuna pressentida.

Finalmente, dois textos cuja inserção temática não se descortina: "Cultura científica e cultura de massas: novas freguesias e novos rituais" da autoria de António Lafuente e Tiago Saraiva; e "Psicanálise e Cinema. É na penumbra que os fantasmas florescem" assinado por Carlos Amaral Dias.

As obras acerca de Egas Moniz e problemáticas correlativas, publicadas na primeira década deste século, retomaram (eu diria quase obrigatoriamente) algumas das linhas de discussão que *Egas Moniz em Livre Exame* trouxe à colação. Não se tratando propriamente de uma biografia, o livro acaba por produzir um importantíssimo conjunto de ensaios temáticos de caráter biográfico que são úteis para as investigações e para a satisfação de outras curiosidades suscitadas nestas áreas de estudo.

As ressonâncias luteranas do título escolhido vêm a propósito. De certo modo, este livro sulcou uma extensa bibliografia, interessante e informativa, sem dúvida, mas dominada pelas limitações reverenciais e celebrativas que têm acompanhado o culto do herói nacional. As críticas, as dúvidas e as interrogações pareciam ter sido banidas, em grande parte, da análise histórica e da tessitura biográfica.

O "livre exame" veio recordar-nos que a Bíblia pode ser lida por olhares e entendimentos diferentes dos do Papa. Os graus de liberdade de que os historiadores dispõem só devem admitir os limites requeridos pela competência hermenêutica e, claro, pela honestidade intelectual.

1.4 Novos e velhos olhares

Entre o Verão de 2010 e a atualidade novos textos tomando Egas Moniz por objeto foram surgindo nos escaparates – livros, artigos e outras produções.

No final desse ano chegou às livrarias *Egas Moniz. Uma Biografia*, de João Lobo Antunes. O autor escrevera numerosos capítulos em livros seus ou em coautoria acerca de Egas Moniz e anunciara nos últimos anos a intenção de escrever uma biografia que fizesse jus ao biografado. Nos capítulos seguintes citamos por diversas vezes observações suas extraídas de textos anteriormente publicados.

Um ano depois, em Dezembro de 2011, o Centro de Filosofia da Ciência da Universidade de Lisboa deu à estampa *Psychosurgery. The Birth of a New Scientific Paradigm. Egas Moniz and the Presente Day*, de Zbigniew Kotowicz. Depois de ter escrito, ao longo das duas últimas décadas uma série de artigos acerca da Psicocirurgia, o autor apresenta-nos agora uma síntese a que acrescenta a tese de a iniciativa de Moniz ter dado origem a um novo paradigma.

O cruzamento de olhares e de ideias expendidas por estes dois autores aponta para outros aspetos da biografia de Egas Moniz. João Lobo Antunes traz a público informação inédita, e Zbigniew Kotowicz propõe diferentes perspetivas com base em informações preexistentes.

Por outro lado – e essa é a questão maior que os dois autores tratam – a Psicocirurgia torna-se objeto de análise e reavaliação.

De certo modo, os autores em questão estão mais interessados numa avaliação global e em responder à questão de saber que tipo de mudança a leucotomia préfrontal (enquanto território da Psicocirurgia) operou.

Curiosamente, situam-se no mesmo patamar de observação, concentrando-se na formação de uma nova metodologia, tirando daí consequências epistemológicas. Separam-se depois no tocante às considerações de ordem ontológica. Zbigniew Kotowicz mais estrito quanto às distinções entre investigação científica e atividade clínica, entre neurologia e psiquiatria. João Lobo Antunes aponta o que, a seu ver, as neurociências vieram confirmar relativamente às intuições de Egas Moniz.

Quer isto dizer que ambos os autores se mostram menos interessados na comparação entre avaliação dos resultados clínicos e o programa inicial da Psicocirurgia, designadamente na parte que o Prémio Nobel da Fisiologia ou Medicina de 1949 abraçou, com toda a variedade de critérios de avaliação, adesões e renúncias, insistências e hesitações. O grosso das duas diligências nesta matéria vai para a resposta à questão: o que é que mudou com a Psicocirurgia? A componente biográfica, que consiste na ligação fundamental da personalidade, do caráter e da história de vida de Egas Moniz com a conceção, a prática e a divulgação da Psicocirurgia é mais pormenorizada por João Lobo Antunes. As observações de Zbigniew Kotowicz a este respeito são muito menos pronunciadas trazendo, todavia, à colação algumas reinterpretações pertinentes quanto à relação de Egas Moniz com o estudo da "doença mental".

1.5 João Lobo Antunes e Egas Moniz

Não é difícil compulsar duas dezenas de textos do autor sobre o biografado sem, no entanto, pretender esgotar tudo o que tem publicado a esse respeito: entrevistas, artigos, capítulos em livros, prefácios e catálogos de exposições *in memoriam*.[25] Trata-se, pois, de um especialista que soma à sua condição de neurocientista como Egas Moniz o foi *avant la lettre*, as de médico, político e escritor. De certo modo, os seus passos ecoam num patamar onde se podem adivinhar ainda as passadas de seu pai, João Alfredo Lobo Antunes (1915-2004); seu tio-avô, Pedro Almeida Lima (1903-1985); e do próprio Egas Moniz. Esta é pois uma biografia de um próximo de próximos, profundo conhecedor dos meandros da neurologia, da cultura e da política em que o biografado habitou; um texto povoado por sucessivas idas e voltas entre o reconhecido fascínio que a personagem exerce sobre o biógrafo, e o esforço de distanciamento necessário para dar conta das dimensões críticas que asseguram a rejeição do modo hagiográfico.

Esta é também uma biografia que reflete, para além da reunião de múltiplas e esparsas anotações que foi escrevendo sobre Egas Moniz, uma série de comentários à vastidão das leituras que fez acerca do que se foi publicando sobre a Angiografia Cerebral, a Leucotomia Pré-frontal, e sobre a figura, as simplificações, inexatidões e distorções.

A estruturação do texto obedece a um esquema quase cronológico, em que são valorizadas fases da vida, atividades e episódios geralmente omitidos ou desvalorizados no acervo de textos de caráter biográfico, biografias científicas e outros ensaios afins, publicados até hoje, incluindo naturalmente a produção do próprio Egas Moniz.

O Mestre Egas que sai da pena de João Lobo Antunes é de uma humanidade mais consentânea com as ideias que temos sobre os homens: contraditório, ambicioso, vaidoso e determinado. Adianta informação desconhecida ou pouco divulgada, combinando habilidosamente evidências de escala variável, o tamanho do calçado e o egocentrismo que tendia a eclipsar a importância dos outros.

Pela leitura dos textos que o biógrafo dedicou ao assunto no passado é fácil intuir que formou ao longo dos anos a imagem que agora nos oferece do sábio de Avanca, julgando-lhe os traços de caráter, a personalidade e a obstinação com base em muito mais do que nos revela por via das fontes consultadas. Esta circunstância faz de João Lobo Antunes um biógrafo privilegiado que partilhou testemunhos de gentes que conviveram e trabalharam com Egas Moniz. De outro modo, pormenores como o dos olhos de cadáveres que seu pai guardou no frigorífico do Hospital de Santa Marta, lado a lado com o recipiente do almoço, não teriam sido possíveis. E se, à primeira vista, estes pormenores podem parecer anódinos, não deixam de revelar-se

---

[25] Destacamos: ANTUNES, João Lobo - As cartas de Egas Moniz para Almeida Lima. In ANTUNES, João Lobo, *Um modo de ser*, 10ª ed, Lisboa, Gradiva, 1996, pp. 173- 201; Egas Moniz homem de letras. In ANTUNES, João Lobo – *Numa cidade feliz*. Lisboa: Gradiva, 1999, pp. 213-223; Pedro Almeida Lima. In ANTUNES, João Lobo – *Um modo de ser*, 10ª ed. Lisboa: Gradiva, 1996, pp. 139-145; Psicocirurgia — Uma história. In ANTUNES, João Lobo – *Numa cidade feliz*. Lisboa: Gradiva, 1999. p. 225-248; Egas Moniz – uma palavra sobre o Outro. In ALVES, M. Valente – *1911-1999. O ensino médico em Lisboa no início do Século. Sete artistas contemporâneos evocam a geração de 1911.* Lisboa: Fundação Calouste Gulbenkian, 1999. Catálogo da Exposição; e Egas Moniz hoje. In ANTUNES, João Lobo – *O Eco Silencioso*. Lisboa: Gradiva, 2008, p. 97-109.

tópicos reconstituintes do contexto, emprestando vivacidade ao discurso e ancoragem humanista ao quotidiano.

Relativamente ao objeto cultural (e de cultura científica) em que a figura de Egas Moniz se converteu, João Lobo Antunes vem dizer-nos duas coisas importantes. Primeiro, que se demarca da ladainha elogiosa do cientista mitificado que é suposto celebrar enaltecendo-lhe o génio e evitando ao máximo deslustrar a pessoa que foi. Segundo, que as suas invenções – a Angiografia e a Leucotomia – foram realizações extraordinárias, aquela mais consensual, apesar da falta de clarividência com que muitos (incluindo os membros do Comité Nobel) a receberam, esta mais controversa mas também valiosa, não fosse, na época e hoje, a incapacidade de avaliar o alcance da Psicocirurgia.

Digamos que, para "fazer justiça" ou "resgatar" a memória de Egas Moniz,[26] João Lobo Antunes revelou as luzes e as sombras do ator histórico, dentro de certos limites, num enquadramento benévolo da carreira política de Moniz, da *militância progressista* durante a Monarquia Constitucional até aos incómodos do *sidonismo*, mas recusou uma discussão mais contrastada acerca da Leucotomia. O tom perentório e o julgamento radical em que embrulha as posições dissonantes diferem da série de abordagens dialogantes e matizadas dos capítulos anteriores. Este encarniçamento súbito faz supor haver nesta área uma espécie de reduto simbólico. Aqui chegado, o biógrafo dardeja em todas as direções, nalguns casos com inteira razão, mas recusando a problematização de um método que sempre coxeou tanto teórica como clinicamente e que, ainda que outras dúvidas fundadas não houvesse, se nutriu de clamorosos enviesamentos na avaliação dos resultados.

Poder-se-ia dizer que estes debates em torno das invenções de Egas Moniz extravasam o círculo biográfico adotado nesta obra de João Lobo Antunes e que o neurocirurgião ocupa de súbito todo o espaço discursivo, não podendo deixar passar em claro o chorrilho de inexatidões que tem lido e ouvido, assumindo que, no caso da Psicocirurgia, se deve olhar para Mestre Egas com outras lentes que não as das simplificações nem as das superficialidades que povoam os escritos de quem tem uma diferente perspetiva disso tudo. Porém, neste aspeto, a biografia cede o passo a uma peleja destemida contra a *ignorância* reinante. Digamos que neste ponto ficamos todos a perder com a lacuna histórica de um debate que, tal como muitos outros debates, foi evitado ou censurado pelo *status quo* intelectual e científico, deixando-nos prisioneiros da nossa curiosidade, sem sequer dispormos de uma história da *psicocirurgia*, continuando a evitar ou desvalorizar a parte mais sombria de um método tão questionado.

João Lobo Antunes subestima na sua síntese o afastamento gradual de Diogo Furtado, após uma colaboração direta na primeira série de leucotomias; os comentários de Luís Cebola, diretor clínico da Casa de Saúde do Telhal, onde tiveram lugar muitas dessas leucotomias; o alcance das flutuações de enunciado de Barahona Fernandes; as observações desabonatórias de alguns elementos da equipa do Hospital Júlio de Matos; a oposição de Sobral Cid; o estudo empreendido por Nunes da Costa, que vem inserido na bibliografia selecionada, mas que não foi objeto de nenhuma referência no texto e, *last but not least,* a subtil demarcação do próprio Almeida Lima relativamente à psicocirurgia (enquanto conceito) e à própria leucotomia (método primitivo).

---

[26] Duas das expressões que se têm repetido nas entrevistas e recensões acerca desta biografia.

Uma questão interessante a colocar seria a de saber se em 1949, quando Egas Moniz recebeu o Prémio Nobel, a neurologia tinha já conseguido superar as dúvidas que Egas Moniz e Diogo Furtado tinham expresso em 1937.[27]

No tocante à receção esperançosa de uma neurocirurgia que parecia abrir enfim caminho a melhorias ou curas do foro psiquiátrico, o autor traça com felicidade o quadro de uma época em que a escassez de terapêuticas eficazes explicava o recurso combinado à indução do coma insulínico, ao *torpedeamento* (choques elétricos), aos banhos gelados ou escaldantes, à camisa-de-forças, aos abcessos de fixação e à psicanálise.

Há, no entanto, na apreciação histórica de João Lobo Antunes, um problema que merece discussão: o dos purismos anti-anacronistas. Este problema coloca-se em dois planos: o da análise de contexto, desvalorizando as contradições significativas já então existentes, focando, ao invés e preferencialmente, as críticas formuladas muito mais tarde; e o da simetria, afrouxando demasiado a vigilância em relação ao que no desenvolvimento da neurocirurgia pode ser considerado o legado de Egas Moniz e Almeida Lima.

No primeiro plano, sublinhe-se a desvalorização que no processo científico foi feita relativamente à componente teórica. O protesto foi tão generalizado e efetivo que o próprio Egas Moniz, por altura da sua jubilação e, ainda sem o saber, a cinco anos de lhe ser atribuído o Prémio Nobel, declarou a intenção de se ocupar mais desse aspeto, pois mesmo até os médicos organicistas levantavam objeções.[28] A lesão frontal infligida pela leucotomia desencadeava uma série de efeitos, em cerca de 30% dos casos produzia uma alegada melhoria do estado de saúde do doente, mas porquê? Porque é que, sendo procedimento igual para todos os operados, os resultados eram tão díspares? Egas Moniz não respondeu a esta questão. Porém, foi no seu tempo, no seu contexto, que as dúvidas começaram a fervilhar. Neste aspeto, nós fomos apenas os herdeiros de uma história de controvérsias.

É claro que nesse tempo a precisão ortogonal das neurocirurgias de hoje era impossível. Acusá-lo de não conseguir aquilo que só mais recentemente se tornou viável seria uma exigência risível. E é claro, também, que o grau de invasividade e precisão das leucotomias primitivas era dificilmente comparável com o aparato estereotáxico aperfeiçoado na segunda metade do século XX. Qualquer reparo nesse sentido redunda em pura fantasia. Mas, então, passando agora ao segundo plano – o plano da simetria – como atribuir ao legado de Moniz o mérito de desenvolvimentos posteriores? É neste ponto que nos podemos interrogar acerca do teste avançado pelo purismo anti-anacronista. Quando olhamos o passado julgando-o com os conhecimentos, valores e sensibilidades de hoje, cometemos um erro crasso, já que as pessoas do passado não estavam em condições de pensar, sentir e orientar-se como nós o fazemos. Mas quando imaginamos o passado a olhar para nós, vendo no que fomos construindo ao longo dos anos, coisas que eles não podiam ainda saber nem, em muitos casos, compreender ou sequer imaginar – de que se trata? Não serão esses méritos retroativos vítimas do tipo de anacronismo simétrico?

---

[27] MONIZ, Egas e FURTADO, Diogo - *Essais de traitement de la schizophrénie par la leucotomie pré-frontale*. Extrait des Annales Médico-Psychologiques (Nº 2. Juillet 1937). Paris: Masson, 1937

[28] Ver MONIZ, Egas, *Última lição*, Lisboa, Portugália, 1944, p. 25.

No *Livre Exame* que Ana Leonor Pereira e João Rui Pita coordenaram em 2000 fez-se uma espécie de balanço das diferentes perspetivas acerca de Egas Moniz, vida, obra e representações.[29] A riqueza de conteúdo, a abertura temática e a pluralidade das posições expressas davam o sinal de que a forma de existência do conhecimento é controversa e exprime-se frequentemente nas controvérsias. Juntamente com os estudos de António Fernando Cascais,[30] Tiago Moreira, [31] Maria Helena Roque, [32] e outros mais que injustamente aqui omito, João Lobo Antunes veio assegurar-nos, com esta sua biografia, que Egas Moniz continua a suscitar interesse e a merecer estudo.

1.6 Zbigniew Kotowicz e Egas Moniz

Zbigniew Kotowicz, investigador do Centro de Filosofia da Ciência da Universidade de Lisboa, publicou recentemente o livro intitulado *Psychosurgery. The Birth of a New Scientific Paradigm. Egas Moniz and the Presente Day*. Este autor consagrou ao tema uma série de artigos acerca da Psicocirurgia e apresenta neste livro uma síntese a que acrescenta algumas teses fruto de uma reflexão acerca da emergência da psicocirurgia, considerados alguns traços biográficos, o contexto internacional e a História da Psiquiatria.

Zbigniew Kotowicz passa em revista a documentação mais significativa relacionada com a génese da Psicocirurgia, chamando a atenção para a proposição que está na base do desenvolvimento do que considera uma espécie de programa de investigação: *a doença mental é uma doença do cérebro*. A referência que o autor faz aos "programas de investigação", no sentido que lhe atribuiu Imre Lakatos, traz automaticamente para primeiro plano uma das bandeiras kantianas do filósofo húngaro, ao sustentar que a filosofia da ciência sem a história da ciência é vazia; e a história da ciência sem a filosofia da ciência é cega. [33]

O autor discute as tendências que se formaram desde meados do século XIX para artilhar esse programa de investigação com metodologias apropriadas, levando

---

[29] PEREIRA, Ana Leonor e PITA, João Rui, (Org.) – *Egas Moniz em Livre Exame*. Coimbra: Minerva, 2000.

[30] CASCAIS, António Fernando – A inversão do princípio de legitimidade da intervenção bio-médica no corpo humano: de Egas Moniz à engenharia genética, *CTS. Revista de Ciência, Tecnologia e Sociedade*, 10. 1989, pp. 30-33. CASCAIS, António Fernando, –De Egas Moniz à engenharia genética: Um questionamento bioético. *Sociologia - Problemas e Práticas*, 9, 1991, p. 57-76. Ver também CASCAIS, António Fernando – A cabeça entre as mãos: Egas Moniz, a psicocirurgia e o prémio Nobel. In NUNES, João Arriscado e GONÇALVES, Maria Eduarda, (Orgs. et al) – *Enteados de Galileu? Semiperiferia e intermediação no sistema mundial da ciência. A sociedade portuguesa perante os desafios da globalização*, Vol. V. Porto: Afrontamento, 2001, pp. 291-359.

[31] MOREIRA, Tiago – *Large gain for small trouble. The construction of cerebral angiography*, Edimburgh, Msc. in Science and Technology Studies, The University of Edimburgh, 1996-1997.

[32] ROQUE, Maria Helena Neves - *Positivismo e visibilidade na obra de Egas Moniz (1874-1955)*, Tese de Mestrado, Universidade Nova de Lisboa, Faculdade de Ciências e Tecnologia, Secção Autónoma de Ciências Sociais Aplicadas, 2002.

[33] LAKATOS, Imre - *História da Ciência e suas reconstruções racionais*. 1ª Edição. Lisboa: Edições 70, 1998, p. 21.

a uma espécie de fusão da psiquiatria com a neurologia, desembocando na hibridez da neuropsiquiatria cuja inconsistência epistemológica é extensivamente discutida.

Zbigniew Kotowicz não aceita algumas das ideias mais simplistas colhidas facilmente na literatura acerca da natureza neurocirúrgica da Psicocirurgia. Para ele a psicocirurgia não é uma extensão da neurocirurgia mas, opostamente, uma clara violação das regras epistemológicas que aliam a neurologia e a neurocirurgia.

E este é talvez um dos territórios mais estimulantes da discussão que trava. Para o autor, a linha divisória entre a neurologia (que se poderia estender hoje às neurociências) e a psiquiatria, apesar de relativizada por muitos, permanece justificada pela diferença fundamental entre os respetivos objetos.

A articulação entre história da psiquiatria, história da psicocirurgia e a biografia de Egas Moniz acrescenta algumas anotações pertinentes acerca da lógica individual dos procedimentos que puseram Moniz na senda da psicocirurgia, as suas principais propostas, o silêncio embaraçoso a que deu azo e uma certa caricatura intelectual e científica a que o autor se opõe determinadamente, denotando um conhecimento aprofundado da história de vida de Egas Moniz e dos seus próximos, diferenciando-o de Burckhardt, o psiquiatra suíço que é recorrentemente alinhado como precedente na história da psicocirurgia. Zbigniew Kotowicz salienta as razões pelas quais a experiência de Burckhardt foi criticada e execrada, enquanto a iniciativa de Egas Moniz, apesar da incerteza dos resultados, da intensa controvérsia que envolveu, permaneceu na prática clínica com altos e baixos e esteve mesmo na base da atribuição do prémio Nobel da Fisiologia ou Medicina que Egas Moniz recebeu em 1949, *ex aequo* com o neurofisiólogo suíço Walter Rudolph Hess.

O livro *Psychosurgery. The Birth of a New Scientific Paradigm. Egas Moniz and the Presente Day* contém ainda uma série de reflexões estimulantes acerca das limitações das neurociências para descreverem e compreenderem satisfatoriamente o psiquismo. São abordados igualmente alguns dos dilemas científicos e éticos que o autor correlaciona com a temática, nomeadamente neurociências, psiquiatria; investigação científica e atividade clínica.

Um dos capítulos é dedicado ao caso célebre de Phineas Gage, que Egas Moniz nunca referiu, mas se tornou clássico na literatura desta área de estudos. O autor traça a sua própria análise do caso, polemizando com António Damásio, entre outros, acerca da estreiteza e enviesamento de estudos que passa em revista.

O conjunto de publicações de que Zbigniew Kotowicz é autor abarca diferentes áreas temáticas de que são exemplo os seus livros sobre Laing[34] e Fernando Pessoa.[35]

Os seus pontos de vista acerca de Egas Moniz e da Psicocirurgia constituem uma abordagem original em muitos aspetos. Para Kotowicz, Egas Moniz imaginou as ideias obsessivas como curto-circuitos na rede neuronal e interrompeu cirurgicamente "certas" conexões, criando um novo paradigma. Kotowicz sublinha igualmente as aparentes incoerências de um neurologista e professor de neurologia que conciliava no seu ideário a psicanálise e o hipnotismo juntamente com a convicção de que era nos fluxos energéticos e nas sinapses que residiam as bases fundamentais do psiquismo normal e patológico.

[34] KOTOWICZ, Zbigniew – *R. D. Laing and the Paths of Anti-psychiatry*. London: Routledge, 1997.

[35] KOTOWICZ, Zbigniew – *Fernando Pessoa. Voices of a Nomadic Soul*. 2ª ed. London: The Menard Press, 1996.

Estas teses requerem evidentemente uma discussão à altura do interpelante texto que o autor nos trouxe.

1.7 À volta do poder biográfico

O leitor terá certamente reparado que me preocupei em abordar as questões de ordem biográfica não propriamente como uma matéria que nos fornece unicamente informação útil acerca do biografado (Egas Moniz, neste caso), mas antes como um complexo de produção de sentido em que o produto final não pode deixar de refletir o emaranhado de estratégias intelectuais, profissionais e discursivas dos próprios biógrafos, entrando em linha de conta com as tentativas de delimitação do campo que os próprios biografados fazem (fizeram) ao alimentarem versões próprias dos biografemas que mais lhes interessam, designadamente escrevendo e fazendo publicar obras de caráter autobiográfico.

A este respeito, introduzi o conceito de Poder Biográfico,[36] alertando para a necessidade de nos recordarmos a cada passo que alguém nos está a tentar persuadir, com maior ou menor apoio probatório. Acontece que, no caso de certos biógrafos, a relação de pertença ao universo narrado é comprometedora, no sentido de haver um compromisso subentendido. Como exemplo, no caso de João Lobo Antunes, o pai do autor, João Alfredo Lobo Antunes trabalhou na equipa de Egas Moniz; o tio-avô, Almeida Lima foi um dos pioneiros da Neurocirurgia em Portugal e o principal colaborador de Moniz. João Lobo Anttunes inscreve-se, assim, nesse friso intelectual e profissional, sublinhando explicitamente a sua quota-parte de pioneirismo em relação à Neurocirurgia e a sua afinidade eletiva com Egas Moniz. Ciente dessa condição, João Lobo Antunes desenvolve algumas reflexões genéricas acerca das vicissitudes do fazer história e naturaliza, por essa via, as suas afirmações menos fundamentadas. Assume-se sem rebuço como um biógrafo fascinado pela figura do biografado, mas fica um pouco aquém quando lhe exagera o desempenho[37] e vai mais além sempre que a sua sensibilidade ética é desafiada. [38]

Zbigniew Kotowicz segue um percurso diferente. Filósofo e Psicoterapeuta, nascido no Reino Unido no seio de uma família oriunda da Polónia, fez várias aproximações à cultura portuguesa. Membro da Philadelphia Association, fundada por Ronald Laing e outros. É Investigador do Centro de Filosofia da Ciência da Universidade de Lisboa onde coordena o Projeto "Bachelard: Ciência e Poética". Zbigniew Kotowicz investigou e escreveu uma série de artigos acerca da conceção e difusão da leucotomia pré-frontal e de Egas Moniz. O seu livro a que fazemos referência é de certo modo a síntese de um trabalho efetuado ao longo do tempo.

Para João Lobo Antunes, logo que os riscos envolvidos na leucotomia se tornaram percetíveis, designadamente no tocante às alterações irreversíveis da personalidade, as

---

[36] O conceito será extensivamente desenvolvido no capítulo 2 e 4.

[37] "Egas Moniz quis tudo e quase sempre o conseguiu", ANTUNES, João Lobo – *Egas Moniz. Uma biografia*, p. 23.

[38] Caso Maria Adelaide Coelho da Cunha. ANTUNES, João Lobo – Ob. Cit., p. 78.

reservas surgiram. Porém, teve o mérito de criar uma via de reflexão.[39] Constata que a Psicocirurgia ressurge nos nossos dias com "outra maturidade científica".[40] Das ablações para o "silenciamento temporário dos neurónios e dos circuitos que integram", João Lobo Antunes vê uma relação sucessiva, a confirmação e o reforço das intuições de Egas Moniz. Elogia-lhe o "destemor" e a abertura do caminho "sem retorno da cirurgia funcional do sistema nervoso".[41]

Estas premonições forçadas na construção biográfica de Egas Moniz são muito partilhadas. Não se vê, em geral, nenhum inconveniente em traçar uma linha de continuidade entre a imprecisão na lesão dos alvos, os métodos primitivos de Moniz--Lima, Freeman-Watts e Fiamberti. No entanto, se excetuarmos a convicção comum de que cerca de um terço dos leucotomizados parecia melhorar, conceções, alvos e técnicas houve-os para todos os gostos, mais entusiásticos e ambiciosos no início, mais comedidos e modestos por meados dos anos 40 do século XX. [42]

A ideia de induzir com uma lesão um novo síndroma no paciente, esperando que uma das doenças elimine, neutralize ou desagrave a outra doença, não era virgem na história da chamada psiquiatria biológica. Dos abcessos de fixação à malarioterapia e convulsivoterapia (coma insulínico, cardiazol, ECT), os pacientes eram "chamados" para um outro estado que a psiquiatria reputava então mais favorável à recuperação da sanidade mental. Egas Moniz conheceu e empregou como neurologista muitos desses métodos então considerados terapêuticos, e transportou para o encéfalo humano uma prática laboratorial cuja evidência científica se foi adaptando, em baixa, de renúncia em renúncia, até que a barreira de "reservas" motivada pelos danos colaterais (vulgo, deterioração da personalidade) e a emergência dos psicotrópicos a relegaram para a ordem das intervenções de último recurso.

Numa das mais interessantes reflexões acerca do tempo e do modo de fazer história oferecidas em *Egas Moniz. Uma Biografia*, João Lobo Antunes adverte que "(...) todo o olhar para trás é inevitavelmente deformado pelo óculo do tempo em que se vive. Por isso (...) a história deveria limitar-se à narrativa dos factos provados, livre de interpretações, juízos e preconceitos". [43]

Formulada esta agradável utopia historiográfica, torna-se difícil resistir à tentação de suprimir o complemento "para trás" da frase. Afigura-se-nos que o óculo do tempo deforma inevitavelmente tudo. Logo, as precauções metodológicas, dado o inescapável assentamento do óculo no presente, não deveriam ser afrouxadas em nenhuma direção. Apontado o óculo do tempo ao futuro do passado (o presente), a deformação não é menos provável.

---

[39] "De certo modo, a psicocirurgia teve o mérito de suscitar uma reflexão académica, filosófica e moral que hoje se estende a muitos outros domínios das neurociências."ANTUNES, João Lobo, *Egas Moniz. Uma biografia*, p. 324.

[40] E acrescenta: "... pelo progresso da biologia das doenças psiquiátricas, por maior rigor na sua aplicação, pelo desenvolvimento de novas técnicas de imagiologia funcional e por outras exigências quanto à ética do consentimento." ANTUNES, João Lobo, Ob. Cit., p. 325.

[41] ANTUNES, João Lobo, Ob. Cit. p. 327.

[42] A testemunhá-lo estão as multivariadas abordagens apresentadas na 1ª Conferência Internacional de Psicocirurgia realizada em Lisboa, em 1948. C.f. *Psychosurgery*, Lisboa: Livraria Luso-Espanhola, 1949.

[43] ANTUNES, João Lobo, Ob. Cit., p. 314.

Para Zbigniew Kotowicz, antes de mais, Egas Moniz é uma figura central cuja incursão no território da psiquiatria deixou uma marca profunda na profissão, possibilitando posteriores desenvolvimentos e abrindo o caminho para a intervenção direta no cérebro.[44] Em segundo lugar, Zbigniew Kotowicz aponta Moniz como autor de uma das teorias neuronais da doença mental, recordando, de passagem, que Barahona Fernandes a classificou como "neuronismo radical". E, em terceiro lugar, forneceu a base lógica para o primeiro programa científico em psiquiatria. Zbigniew Kotowicz remata sustentado que a introdução da psicocirurgia acarretou um ajustamento epistemológico e uma nova estrutura de autoridade no exercício da profissão de psiquiatra.

---

[44] E sintetiza: "Where Freud had said that dreams were the royal road to the unconscious; psychosurgery was to be the royal road into the brain". KOTOWICZ, Zbigniew, *Psychosurgery. The Birth of a New Scientific Paradigm. Egas Moniz and the Present Day*, p.7.

2. ARREGAÇANDO AS MANGAS

2.1 Inserção biográfica do Prémio Nobel

O primeiro Prémio Nobel a distinguir um cientista de nacionalidade portuguesa foi atribuído ao neurologista Egas Moniz, no ano de 1949, em Fisiologia ou Medicina. António Caetano de Abreu Freire Egas Moniz ia então completar 75 anos. Fora jubilado 5 anos antes. O estado de saúde não aconselhava grandes deslocações e, por isso, Egas Moniz, felicitado e aclamado em Portugal e no estrangeiro, acabou por receber os respetivos diploma e medalha, na sua casa de Lisboa, das mãos do embaixador da Suécia, em 3 de Janeiro de 1950.[45] O prémio desse ano foi ganho também pelo investigador suíço Walter Rudolf Hess, facto que não diminuía em nada a importância do galardão, posto que, contrariamente ao que alguns detratores de Egas Moniz alvitravam, o Comité Nobel já assim tinha procedido anteriormente, dividindo o prémio anual por dois ou mais cientistas. Isto aconteceu doze vezes, desde a atribuição do primeiro Prémio Nobel, em 1901.

De acordo com o Comité Nobel do Karolinska Institutet,[46] de Estocolmo, Egas Moniz mereceu a distinção pela "descoberta do valor terapêutico da *leucotomia préfrontal* no tratamento de certas psicoses". Tal "valor terapêutico" merecera contestação praticamente desde o início, e haveria de fazer ainda correr rios de tinta sobre resmas de polémica, mas, a partir de então, Egas Moniz ascendeu a um patamar de notoriedade onde se reúnem simbolicamente os membros dessa *ultra-elite*[47] constituída por sábios, génios e outros cientistas de sumo talento, bem-sucedidos nos seus trabalhos de pesquisa e experimentação, que fizeram, nos termos que Alfred Nobel testamentou, *algo extraordinário em prol do bem-estar e da felicidade do género humano.*

A partir daí, Egas Moniz ascendeu à categoria dos heróis nacionais, cobiçado por instituições e grupos que reivindicavam e lhe disputavam os laços de pertença,

---

[45] Cfr PEREIRA, Ana Leonor; PITA, João Rui e RODRIGUES, Rosa Maria – *Retrato de Egas Moniz*, Lisboa, Círculo de Leitores, 1999, p. 111.

[46] Instituição indicada no testamento de Nobel para decidir da atribuição anual do Prémio na classe de Fisiologia ou Medicina.

[47] Harriet Zuckerman designa a comunidade imaginária que reúne os prémios Nobel como uma ultra-elite, na medida em que os seus membros são extraídos de elites pré-existentes, passando, pois, a integrar uma elite de elites. ZUCKERMAN, Harriet – *Scientific Elite. Nobel Laureates in the United States*, New York, Free Press, 1977.

considerando Egas Moniz um dos seus, tentando engrandecer as respetivas causas, argumentações e legitimações, com a declaração vitoriosa e retumbante de que o primeiro (e único, durante muitos anos) Nobel português alinhava no grupo com o qual partilhavam uma identidade excecional.

Não que Egas Moniz não fosse já famoso ao tempo em que recebeu o Nobel, mas a distinção atribuída pela prestigiada instituição sueca acrescentava um troféu sem par à sua biografia, coroando uma carreira científica tardia mas faustosa.

Egas Moniz notabilizou-se, primeiro, com as provas da Angiografia Cerebral, que possibilitaram um avanço sem precedente no plano do diagnóstico, permitindo visualizar, através dos raios X, boa parte da rede vascular cerebral. Essa sua grande realização, cuja divulgação se iniciou em 1927, cobrira-o de glória, levando a sua notoriedade aos quatro cantos do mundo.

Ora, se Egas Moniz já se tinha tornado num cientista de renome antes do início da II Grande Guerra, então, a partir de 1949, passou a ser uma referência incontornável, dado constituir um exemplo raro de trajeto, conjugação de carreiras, peculiar aptidão para gerir a sua imagem e projetar a sua notoriedade.

Tal como outros autores já observaram, Egas Moniz investiu bastante na elaboração da sua autoimagem. Fazia um esforço sério, e frequentemente bem-sucedido, para que os *media* falassem a seu respeito, num sentido que lhe fosse favorável; tirava partido de outras oportunidades que se lhe apresentavam, designadamente no caso da publicidade farmacêutica;[48] e da publicação de vários volumes de caráter autobiográfico, de entre os quais se destacam *Um ano de Política (1919),*[49] *Confidências de Um Investigador Científico (1949),*[50] e *A Nossa Casa (1950).*[51] O pendor autobiográfico tinge, de forma incontornável, muitos outros dos seus escritos, (*A Última Lição, Ramón y Cajal, Subsídios para a História da Angiografia*), mas a trilogia atrás descrita concentra intenção e género de modo peculiar.

Moniz desenvolve um gigantesco trabalho de memória, recordando e ressistematizando as matérias que considerou mais significativas para compor a autoimagem que nos legou. Esse esforço particular começa a refletir-se nos seus escritos com maior veemência a partir da altura da sua jubilação, – *A Última Lição*[52] – e encerra-se com a comunicação que apresenta em 1955 à Academia de Ciências de Lisboa.[53]

Pelas razões aduzidas, justifica-se o alinhamento de um conjunto de reflexões a este respeito, destacando as particularidades detetadas nos seus trabalhos de memória.

A importância simbólica de Egas Moniz, para a ciência, para a política, e para a cultura do século XX contrasta com as abordagens parciais e fragmentárias de que

---

[48] Ver série de artigos da autoria de Ana Leonor Pereira e João Rui Pita a este respeito, nomeadamente, PEREIRA, Ana Leonor, e PITA, João Rui, (Coord.), "Egas Moniz e a publicidade medicamentosa (1)" in *Jornalismo e Ciências da Saúde* – Actas do II Congresso Luso-Brasileiro de Estudos Jornalísticos e do IV Congresso Luso Galego de Estudos Jornalísticos, Porto, Universidade Fernando Pessoa, 2005, (CD), p. 401-406.

[49] MONIZ, Egas, *Um Ano de Política*, Lisboa, Portugal-Brasil, Lda, 1919.

[50] ... *Confidências de um Investigador Científico*, Lisboa, Ática, 1949

[51] ... *A Nossa Casa,* Lisboa: Paulino Ferreira & Filho. Reeditado pela Câmara Municipal de Estarreja, 2001.

[52] ... *A Última Lição*, Lisboa: Portugália, 1944.

[53] ... "Subsídios para a história da angiografia" in *Separata dos Anais Azevedos*, Lisboa, 1955.

tem sido objeto. Uma figura envolta em controvérsia, da qual os grupos sociais que nutrem a seu respeito um sentimento de pertença, selecionam e evocam alguns aspetos do seu trajeto, omitindo ou desvalorizando outros.

Por isso, ao metermos mãos à obra, vimo-nos obrigados a um paciente trabalho de desconstrução de algumas simplificações mitificadas, quer com o empenhamento do próprio, quer com a contribuição de numerosos testemunhos, geralmente laudatórios, que aceitaram as periodizações e classificações avançadas pelo próprio Egas Moniz nos escritos de carácter autobiográfico.

É assim que a representação (auto e hetero), o saber (a detenção de um grau universitário, de conhecimentos científicos e de uma profissão intelectual) e o poder (os estatutos de autoridade conferidos pelos cargos políticos, científicos, académicos e empresariais), se conjugam num desenho biográfico afastado da hagiografia impenitente que vai transformando as figuras em efígies, e, mercê desse afastamento, se encaminha para uma região de escolhas mais inclusivas, que permitem reconstituir ideias, conceitos, modos de estar, mais informativos acerca da sua interação com o meio, com a sociedade, com a cultura desses tempos.

A escolha de uma entidade biográfica para pretexto e base de análise social apresenta vantagens narrativas, posto que o fio condutor e o ponto de retorno estão facilitados, mas apresenta igualmente dificuldades metodológicas, pois é muito difícil descrever a deslocação de toda a rede de interações à medida que o ego se desloca.

Egas Moniz e muitos dos seus biógrafos descrevem a saga investigatória que desembocou na Angiografia Cerebral e na Psicocirurgia, omitindo ou desvalorizando alguns dos pré-requisitos científicos e tecnológicos a partir dos quais estabeleceram as suas próprias agendas de pesquisa.

O efeito de enviesamento biográfico deixou o político na sombra do cientista em que Moniz se tornou a partir de meados dos anos 20 do século passado, eclipsando igualmente algumas informações certamente úteis para evitar que nos quedemos pela simplificação icónica em que o celebracionismo tende a transformar Egas Moniz.

O impulso simplificador da biografia começa com o esforço autobiográfico do próprio Egas Moniz e prolonga-se nos indivíduos e grupos, de acordo com a maior ou menor afinidade com os aspetos que selecionam para garantir a continuidade da interpretação hagiográfico-épica, heróica e laudatória, desconhecendo ou desvalorizando aspetos complementares atinentes ao biografado e à época.

Muita da evidência eclipsada converge para uma caracterização das *figurações* em que Moniz se inscreve. Se imaginarmos, como marcadores civilizacionais,[54] a centralização do exercício da justiça e o monopólio da violência; a universalidade do direito e a subordinação ao princípio da legalidade, afigura-se-nos que Moniz mantinha o *ethos* da aristocracia oitocentista que dirimia as questões envolvendo os atentados à honra e as ofensas do bom-nome, através de duelos; que preconizava uma eugenia proativa, retirando, na versão negativa, se necessário, o direito de opção

---

[54] Na aceção de padrões de cultura, crenças, relações de poder (sempre assimétricas), lugar reivindicado no sistema social e político, gestão de recursos, incluindo o tempo, a violência e a imagem simbólica.

aos visados; e que, nessa matéria como noutras, outorgava ao médico a decisão final, mesmo que "acima das leis".[55]

Enquanto acionista fundador da Companhia de Seguros "A Nacional" e Médico Chefe do Ramo de Seguros de Vida, chama igualmente a si a responsabilidade de um despacho favorável ou desfavorável à celebração dos contratos, bem como a aplicação dos critérios para estabelecer o valor dos prémios.

Recatado relativamente às suas atividades empresariais – fundara igualmente uma fábrica de produtos lácteos, em Avanca, mais tarde adquirida pela "Nestlé" – refere-se--lhes muito raramente, e não as inclui nas revelações autobiográficas que dá à estampa. De igual modo, também, não faz quaisquer referências ao seu envolvimento em duelos ou à sua pertença à Maçonaria.

O Egas Moniz que ressalta dos escritos autobiográficos é um homem excecional, consagrado à investigação científica e, também, em boa medida, às letras e às artes. Gostava de dar a ideia de que a sua passagem pela política fora breve, pouco auspiciosa, selada com uma obra de contexto – *Um Ano de Política*.

Desdobra-se em comunicações e conferências, tomando parte no associativismo científico do seu tempo, mantendo contatos com a Real Academia de Ciências e, depois, já eleito sócio correspondente, na denominação republicana de Academia de Ciências de Lisboa, tornando-se seu presidente por consecutivas e numerosas vezes.[56]

Adentro das instituições médicas e científicas, Egas Moniz ocupa-se diligentemente dos lugares e das funções cuja autoridade lhe franqueia o acesso ao exercício da influência que abre portas, concita apoios, consolida posições e alimenta projetos.

A estreiteza temática que nos é dada através da imagem do cientista coroado de sucesso, abundante em boa parte da literatura acerca de Egas Moniz, reduz a possibilidade de dar conta de um muito mais variegado feixe de traços biográficos, designadamente em aspetos que nos auxiliam melhor a compreender o homem na sua rede de relações. Os modelos de descrição biográfica geralmente adotados apresentam limitações que decorrem da vontade biográfica de amarrar a representação de Moniz a um dos seus aspetos – amiúde o de cientista nobelizado – desvalorizando ou omitindo quer as dimensões polémicas associadas às suas principais realizações, quer os diferentes tipos de atividade que sustentou, e que são reveladores de uma ancoragem social e cultural mais cromática e informativa.

Ao invés, a nossa sistematização procura acrescentar novos elementos para o conhecimento da interação entre o personagem e a sua época, indiferente à incoerência aparente que resulta do contraste entre as facetas reveladas e o enfoque excessivo que muita da historiografia anterior concentrava na afirmação heróica de um grande homem.

O modelo de análise por nós adotado valoriza igualmente o que é polémico na produção científica de Moniz. As potencialidades heurísticas da polémica abundam

---

[55] MONIZ, Egas, "A geração humana e as doutrinas de Exeter". *Conferências Médicas*. Lisboa: Portugália Editora, 1945, p. 20.

[56] Egas Moniz foi eleito sócio da Academia de Ciências de Lisboa em 21 de Janeiro de 1916. Foi Presidente da Instituição em 1928, 1932 e 1940; Presidente da Classe das Ciências em 1940, 1947, 1948, 1950, 1951 e 1952; e Vice-Presidente da Classe das Ciências em 1930, 1931, 1939, 1952, 1953, 1954 e 1955. Vidé Arquivo da Academia de Ciências de Lisboa, Processo de Egas Moniz.

vantajosamente, em ordem à produção de novos conhecimentos, e à descrição dos consensos. Estes são, em geral, resultantes do exercício de um poder institucional eficaz, estabilizador e conformista, enquanto as linhas de tensão e de rutura da polémica dão conta de uma pluralidade de pontos de vista que se confrontam, produzindo linhas de argumentação diferenciadas, escrutinando as teses adversas, expondo-lhe as fragilidades e assinalando, uma vez por outra, igualmente, as zonas de acordo e os pontos fortes.

Visando aparentemente o reforço da representação heróica, a tradição que consiste em desvalorizar obstáculos colocados por rivais ou opositores circunstanciais das teses de Moniz acaba por dar uma ideia porventura errada acerca do terreno instável, não adquirido, pejado de incertezas e de riscos que acompanha o presente histórico da produção e reprodução da sociedade.

Nesse incessante devir, os dados não se apresentam do mesmo modo como mais tarde virão a ser narrados, descritos com apoios documentais ou testemunhais. As versões da história que fizeram vencimento até aos nossos dias não eram então mais do que um esboço possível, uma perspetiva que, entretanto, mercê dos jogos de força (de poder), de retórica (saber), e inscrição comunicacional (representação), vieram a afigurar-se aceitáveis, dominantes e quase oficiais.

À partida, nada estava adquirido. As sucessivas intervenções de Egas Moniz a propósito do modo como, por vezes, tendia a ser representado o significado da sua atividade política, atestam a relativa plasticidade do sentido que diferentes atores políticos tentavam atribuir-se uns aos outros.

Para lá das imagens fragmentadas que parecem autonomizar-se, estilhaçando as narrativas em vez de se reconfigurarem a partir das suas contiguidades e complementaridades, o aparente divórcio entre o ser político e o ser cientista, tentando uma delimitação clássica, exterior aos sujeitos, nos territórios especializados, continua a negar a evidência da unidade estratégica que, para cada ator social, os seus diferentes papéis sociais representam.

O Moniz cientista, publicista, médico, político, empresário, empreendedor, duelista, e membro da Maçonaria é um só, embora saibamos que o homem não é um acumulado biográfico linear, para o qual os critérios de coerência, consistência e justificação lógicas constituam esquemas de aferição inteiramente fiáveis.

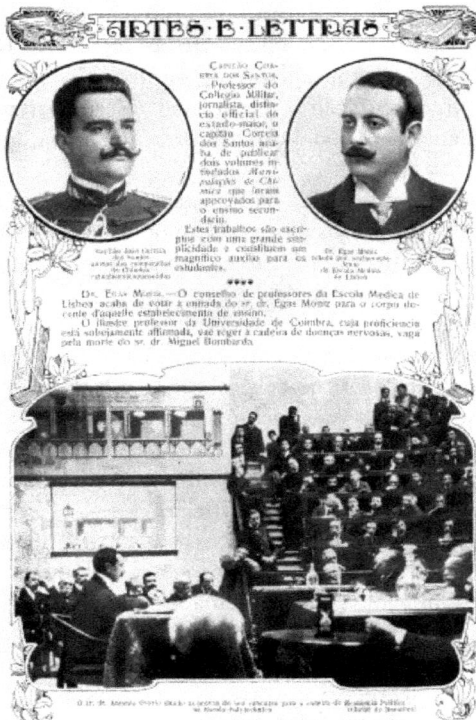

Fig. 1 Notícia da eleição de Egas Moniz para lente da Escola Médica de Lisboa

Egas Moniz mudou de campo inúmeras vezes, e essas mudanças, independentemente do julgamento que se lhe queira fazer com base em critérios de coerência, valem como reposicionamentos, escolhas suas, justificadas ou não, com maior ou menor clareza.

2.2 O Poder Biográfico[57]

Quem está em posição de ditar os termos em que quer ser recordado, definir o que farão da sua imagem e dos objetos que lhe pertenceram é detentor de um poder

---

[57] Conceito descritor do exercício do poder narrativo orientado para a construção de um perfil biográfico de acordo com as estratégias conjugadas do biografado (e autobiografado) com os indivíduos e instituições interessados. Ver CORREIA, Manuel, "Espelho meu...- Ilusão biográfica e ideal historiográfico: a construção de Egas Moniz". *Estudos do Século XX*, Nº 8 - Cultura: imagens e representações, Coordenação: Vítor Neto. Coimbra, Imprensa da Universidade de Coimbra, 2008, pp.345-362.

especial.[58] Forçar uma versão biográfica; persuadir os biógrafos presentes e vindouros de que essa é a boa versão; estabelecer os termos do que deve ser considerado relevante, são faculdades que relevam de um poder especial – o Poder Biográfico.

Egas Moniz exerceu-o plenamente, desde a presidência da Tuna Coimbrã até às meticulosas instruções que exarou no seu testamento, passando pela influência direta e indireta nos órgãos de comunicação social do seu tempo.

Na linha de demarcação com a dominante panegírica, destacam-se, ainda alguns outros autores cujas contribuições para a reapresentação de Egas Moniz acrescentaram valor analítico e reflexivo ao que já era conhecido à data. António Fernando Cascais, Tiago Moreira, João Lobo Antunes, Maria Helena Roque, Júlio Machado Vaz, entre outros, avançaram com investigações autónomas ou releituras que valorizam níveis de análise menos frequentes.

Em proporções diferentes, os seus biógrafos mais próximos – Barahona Fernandes, como vimos atrás, mas também Almeida Lima e Diogo Furtado – deixaram interessantes contribuições cujos testemunhos se complementam sob aparentes contradições.

De resto, o registo das efemérides fechou sempre os ciclos da praxe com menções mais ou menos generosas. Centenário do nascimento, cinquentenário da atribuição do Prémio Nobel, emissão de selos evocativos, bustos e estátuas, presença toponímica, atribuição do seu nome a edifícios, hospitais, centros de saúde e escolas.

E esse é o outro obstáculo de caráter metodológico que se ergue, dificultando a tarefa de "voltar a falar" do herói nacional, do regozijo imaginário que alimenta o orgulho patriótico e a autoestima nacional. António Fernando Cascais chamou-lhe a "ferida narcísica".[59] Sempre que, de "fora" ou de "dentro" alguma nota dissonante perturba o coro de elogios, um sobressalto eclode para que tudo possa continuar como estava dito, estabelecido e arrumado. Divisa-se nessa forma de memória acerca de Egas Moniz uma versão lendária que circula em Portugal e pelo Mundo, incluindo episódios mais ou menos fantasiosos, imprecisões surpreendentes, injustiças gritantes e exageros bizarros.

Tal como sucede com os mitos, Moniz é alvo de versões fantasiadas de alguns episódios da sua vida, tendo sido, supostamente, assassinado por um paciente leucotomizado; ou passado o resto dos seus dias, após o atentado de 1939, numa cadeira de rodas; tendo recebido o prémio Nobel pela Angiografia Cerebral; sendo contrário a qualquer tipo de misticismo; e sendo conhecido pelo seu "pseudónimo"; etc.

Não vemos, nestes desvios às versões sustentadas documentalmente e certificadas intersubjetivamente por aqueles que ainda o conheceram ou que com ele privaram, nada de especialmente dramático ou inesperado. Porém, é tarefa da história reordenar também as descrições do passado, apontando inconsistências e fornecendo dados e interpretações complementares que melhoram o conhecimento acerca do que está em questão.

A história faz-se também pelas sucessivas integrações de diferentes escalas e sequências de registos. É assim que as biografias individuais se encaixam nos relatos

---

[58] Diametralmente oposto à ausência de poder dos homens "infames" no sentido atribuído por Foucault. Ver FOUCAULT, Michel, "La vie des hommes infâmes" in *Dits et écrits, 1954-1988, III, 1976-1979*, Paris, Gallimard, 1994, p. 247 e seguintes.

[59] Ver CASCAIS, António Fernando, "A cabeça entre as mãos: Egas Moniz, a Psicocirurgia e o Prémio Nobel" in NUNES, João Arriscado e GONÇALVES, Maria Eduarda, [orgs.], *Enteados de Galileu? A Semiperiferia no Sistema Mundial da Ciência*, Porto: Afrontamento, 2001.

das ações coletivas e os atores históricos reconhecem que estão a participar nos mesmos conflitos ou a cooperar nas mesmas realizações. A chave para a compreensão é, pois, a minuciosa inclusão dos aspetos porventura desvalorizados, na expectativa de obter um conhecimento tanto mais completo das inscrições quanto mais informação trouxerem para a base de interpretação histórica.

Tentando superar a tensão permanente que se estabelece entre a perspetiva diacrónica tão militantemente sustentada por Butterfield,[60] contra as interpretações presentistas, anacrónicas e triunfalistas, a que chamou "whig", por um lado, e, por outro, os anacronismos que se insinuam, aqui e acolá, no nosso próprio discurso, muitas vezes apenas com o fito de tornar mais facilmente entendíveis ideias e atitudes devolutas, fazemos caminho dando importância a aspetos, dimensões e documentos que, integrados, alargam o campo das representações mais pertinentes de Egas Moniz, considerando o seu trajeto, as figurações em que se inscreveu, as suas afirmações e os seus silêncios.

Além da sistematização de informação dispersa (fontes primárias e fontes secundárias), procedemos também à recolha de alguns depoimentos e testemunhos de pessoas que se avistaram com Egas Moniz: Pedro Luzes, Graça Barahona Fernandes, António Coimbra de Matos, José Joaquim Fernandes e Aires Gameiro.

Tornou-se, assim, indispensável, alargar a representação anacrónica de Egas Moniz, esfíngico, proléptico, coroado com os louros do Nobel, tratado em numerosos escritos como um vencedor antecipado, um sábio etéreo ou um "grande homem", beliscado apenas por alguns detratores alegadamente atiçados por motivações inconfessáveis.

Ao fazê-lo, munimo-nos de um maior número de pontes para o contexto biográfico figuracional, privilegiando a informação que descreve as relações estabelecidas entre entidades exteriores a Moniz e as formas de registo que pela sua própria pena ou pelo empenho de outros atores, nos mereceram crédito.

No enquadramento que a história da cultura desenha, tornava-se imperioso compreender a relação de Egas Moniz com o Estado, com as ideias circulantes, com as ideias-programa (ou ideias-projeto) que visam a transformação da sociedade e da humanidade; do homem, da mulher, das sexualidades.

Incluímos, assim, no estudo, algumas dimensões cuja abordagem nos pareceu injustificadamente rara: a prática duelística e as convicções eugenistas.

A representação de Egas Moniz que emerge dos estudos inclusivos torna-se mais densa, mais interessante e menos suscetível de ser reduzida a uma efígie. Perde em simplificação manipulatória; ganha em sinalização das múltiplas ligações de contexto, pondo em evidência escolhas, justificações, renúncias e evitamentos, tudo aquilo que, afinal, torna mais entendível e sensível o trajeto de Moniz.

A proposta de recomposição dos dados biográficos implica, ao fim e ao cabo, um ato de poder; uma reestruturação dos biografemas de acordo com outro ordenamento.

---

[60] BUTTERFIELD, Herbert, *The Whig Interpretation of History*, New York, W. W. Norton, [1939] 1965, e BUTTERFIELD, Herbert, *The Origins of Modern Science*. Revised Edition, New York: The New Press, 1965.

Agregamos às representações correntes da vida, obra e atividades de um dos primeiros neurologistas portugueses elementos até há pouco desvalorizados, omitidos ou desconhecidos, sustentando que esses novos elementos nos aproximam dos desafios, dos interesses e das escolhas de Egas Moniz.

A biografia, enquanto género historiográfico, foi objeto de flutuações. Por um lado, sobrecarregou-se o indivíduo de sentido - os heróis e os semi-deuses da antiguidade, os santos, os sábios e os mártires da Idade Média, os "grandes homens" e as "figuras tipo" do Romantismo. Por outro lado, o indivíduo foi esvaziado de relevância em favor das "estruturas", dos atores coletivos e da *longue durée*.

Esse tipo de oscilações continua a manifestar-se nos nossos dias, quer sob a forma de abordagens reverenciais (Rui Ramos: *D. Carlos*[61] e *João Franco*[62]) ou de assumida empatia (Luís Reis Torgal: *António José de Almeida*[63]), quer de revelações e recomposições (Magda Pinheiro: Mouzinho de Albuquerque[64] ou James Hawes: Kafka[65]), revestindo alguma consensualidade a circunstância de a expressão individual fornecer informação privilegiada acerca do modo como as ideias são recebidas, entendidas, processadas, adotadas e adaptadas. Neste particular, o consenso atravessa mesmo algumas correntes pós-modernas[66] que reconhecem, no modo como o indivíduo lida com as ideias circulantes, um momento extraordinariamente azado para a compreensão daquilo a que chamamos metaforicamente a viagem das ideias.

A procura de uma articulação satisfatória entre as dimensões históricas das estruturas e dos trajetos individuais foi expressa com particular premência por Wright Mills, em reação à proposta estrutural funcionalista de Talcot Parsons, que diluía a importância da história quer mediante a imposição de critérios teleológicos quer pela proeminência que dava aos equivalentes funcionais. Wright Mills, há cerca de meio século, preocupava-se com os "pontos de intersecção da biografia com a história na sociedade"[67] enquanto perspetiva fulcral da análise social.[68]

A dimensão biográfica, sob este olhar, afigura-se indispensável à compreensão das estruturas sociais.

---

[61] RAMOS, Rui, *D. Carlos*, Rio de Mouro, Círculo de Leitores, 2006.

[62] RAMOS, Rui, *João Franco e o Fracasso do Reformismo Liberal (1884-1908)*, Lisboa Instituto de Ciências Sociais, 2001.

[63] TORGAL, Luís Reis, *António José de Almeida e a República*, Lisboa, Círculo de Leitores, 2004.

[64] PINHEIRO, Magda, *Mousinho de Albuquerque: um Intelectual na Revolução*, Lisboa, Quetzal, 1992.

[65] HAWES, James, *Excavating Kafka*, London, Quercus, 2008.

[66] Casos de Epstein e Walker. Este último propõe uma superação dos quadros conceptuais de Barthes e Foucault: WALKER, Cheryl, "Persona Criticism and the death of the Author" in EPSTEIN, William H, *Contesting the subject. Essays in the Postmodern Theory and Practice of Biography and Biographical Criticism*, Indiana, Purdue University Press, 1991, pp. 109-133.

[67] MILLS, C.Wright, *The Sociological Imagination*, New York, Oxford University Press, 1999, p. 7.

[68] "What are the social sciences all about? They ought to be about man and society and sometimes they are. They are attempts to help us to understand biography and history and the connections of the two in a variety of social structures." MILLS, C. Wright, *The Sociological Imagination*, New York, Oxford University Press, 1999, p. 31.

Fig. 2 - Egas Moniz aos 19 anos, em Coimbra[69].

Este empenho específico em divulgar uma determinada versão de factos e acontecimentos levanta um obstáculo de caráter metodológico que, para ser superado, exige uma reelaboração da narrativa cultural, social, política e científica orientada para a verificação das fontes, a (res)sistematização da informação disponível, e a inclusão das dimensões, aspetos e papéis cuja importância foi apoucada ou, pura e simplesmente, omitida.

Esta aceção do poder reveste uma importância particular, porque surge associada aos poderes geralmente entendidos como tal (o poder económico, o poder político, o poder profissional e o saber-poder, derivado do domínio de sistemas complexos de difícil acesso) reforçando, no plano simbólico, uma faculdade especial que consiste em conseguir a aceitação generalizada de uma narrativa conveniente.

2.3 Tomando o sujeito à história

Contestamos a ideia difusa de que o alcance e o investimento de Egas Moniz na sua carreira política foram despiciendos; desmontamos parte do intricado processo de nobelização e propomos a recomposição do perfil biográfico de Moniz, agregando-lhe os aspetos que lhe conferem maior densidade social, cultural e histórica, sublinhando os principais pontos de contato entre o indivíduo e a sua época, que o mesmo é dizer, entre o ser individual e as instituições; Moniz nas suas figurações, na esteira de Norbert Elias, ou, ainda, de acordo com Wright Mills, nos pontos de intersecção entre estrutura social e biografia.

O resultado ficará, por certo, mais distante da efígie resumida num selo postal ou numa medalha, numas quantas datas e considerações que são ciclicamente repetidas desde meados do século passado. Em contrapartida, fica mais próxima de numerosas outras já esquecidas, ignoradas ou desvalorizadas inscrições que nos informam acerca

---

[69] Foto da Casa Museu Egas Moniz, reproduzida em PEREIRA, Ana Leonor, PITA, João RUI e RODRIGUES, Rosa Maria, *Retrato de Egas Moniz*, Lisboa, Círculo de Leitores, 1999, p. 27.

do complexo enfrentamento de novas ideias filtradas pelos interesses, crenças e disposições dos sujeitos.

De um modo geral, os ensaios biográficos acerca de Moniz têm tentado responder a questões muito genéricas, de ordem causal (porque foi o Nobel atribuído a Moniz?), situando-se as respostas entre o essencialismo genial que teria dado ao sábio de Avanca o brilho e talento necessários para a empresa, e uma outra explicação que atribui ao sucesso anteriormente obtido com a Angiografia Cerebral a fama que pavimentou a via para o prémio de Oslo e, quatro anos depois, para o Prémio Nobel da Fisiologia ou Medicina.

Apesar da relativa capacidade explicativa da segunda hipótese, que entronca num padrão analítico *mertoniano*,[70] e que partilhamos parcialmente, na medida em que se apoia na evidência de uma aturada "construção da notoriedade", não nos parece que a sistemática recusa do Comité Nobel em valorizar suficientemente a Angiografia, pela qual Egas Moniz foi nomeado cinco vezes,[71] se tenha convertido num cálculo de compensações, de acordo com o qual, o Comité Nobel quis, a pretexto da Leucotomia pré-frontal, premiar o criador da Angiografia.

De um modo ou de outro, na perspetiva da história da ciência, a formação de Moniz (sobretudo os estágios em França e o convívio com Sicard[72]), o suporte radiológico sobre o qual se arquiteta o novo método de diagnóstico, as atribulações na disputa da prioridade na utilização do torotraste e a decisiva introdução do *carroussel radiológico*, constituem fundações provenientes de diferentes autorias que vão reforçando o dispositivo Angiográfico. A hipótese sustentada por Tiago Moreira[73] merece, neste particular, um crédito especial, pois admite que Moniz estivesse a procurar obter a visualização do córtex – um espaço da neurologia – e a derivação para a árvore vascular tenha sido um caso de serendipidade, cuja tipicidade surge lendariamente associada à história da radiologia.[74]

Partindo do princípio de que a "descoberta científica" se realiza mediante múltiplas contribuições – umas registadas, outras não – convergências de experiências próprias e alheias, hipóteses, tentativas e erros, a história da atividade e das realizações científicas pode ser também substancialmente condicionada pelas alterações de contexto político, cruzando, uma vez mais as problemáticas do saber e do poder.[75] Egas Moniz, sem

---

[70] Designadamente no que toca à teorização alicerçada no "efeito Mateus" que pretende explicar a ampliação do prestígio de quem já se posicionou na comunidade científica, e a dificuldade em se fazer ouvir de quem ainda não o conseguiu. MERTON, Robert K, "The Matthew effect in science". in *Science*, 159 (3810): 56-63, January 5, 1968. Retomaremos esta ideia no Capítulo 4.

[71] Estamos a referir as nomeações de 1928, 1933, 1937, 1949 e 1950, sendo esta última nomeação menos conhecida.

[72] Jean-Athanase Sicard (1872 – 1929) foi um dos neurologistas franceses com quem Egas Moniz estagiou e manteve contato.

[73] MOREIRA, Tiago, *Large gain for small trouble. The construction of cerebral angiography*, MSc Thesis in Science and Technology Studies, Edinburgh, University of Edinburgh, 1997.

[74] Ver, p. ex, HIRSCH, I. Seth, "I can peer into your stomach and foretell your future" in *Popular Science*, July, New York, 1928.

[75] Ver, p.ex, a Biografia Científica do Abade Correia da Serra: SIMÕES, Ana, DIOGO, Maria Paula e CARNEIRO, Ana, *Cidadão do Mundo. Uma Biografia Científica do Abade Correia da Serra*, Porto, Porto Editora, 2006.

embargo de alguns episódios de desditas e contrariedades políticas, em que esteve preso, quer ainda durante a Monarquia Constitucional, devido à sua participação na chamada Intentona da Biblioteca; quer no tempo da República, por suspeita de envolvimento no movimento que levou à ditadura de Pimenta de Castro; quer, já sob a ditadura do Estado Novo, algumas horas, na sequência de uma greve académica na Universidade de Lisboa, conseguiu sempre desenvolver as suas atividades em Portugal e, apesar da manifesta falta de meios que, por mais de uma vez, denunciou, pôde concretizar os seus planos, realizar-se intelectual, política e profissionalmente, agraciado pela imprensa e pelo reconhecimento generalizado dos seus pares.

Investigações mais recentes põem em destaque os apoios (porventura insuficientes mas efetivos) que Egas Moniz recebeu da Junta de Educação Nacional (1929-1938) e depois do Instituto para a Alta Cultura, sistematicamente desvalorizados ou omitidos. Embora escassos, as investigações permitem conhecer subsídios vários que apoiaram estágios, viagens e aquisições de equipamento a favor do esforço de pesquisa científica.[76]

Egas Moniz surge, pois, como um conjunto de representações, organizadas – construídas, pensadas e dadas a ler – que são identificadas, ao longo do tempo (em diferentes lugares e momentos), segundo estratégias bem definidas.[77]

A continuada recolha documentação original e o reexame das fontes secundárias disponíveis ajudam-nos a responder a três questões maiores no conjunto das investigações em curso:

1 – Qual a efetiva ponderação do protagonismo político de Egas Moniz? Da resposta a esta questão, decorrem consequências interpretativas para a avaliação do tipo de investimento de Egas Moniz na sua imagem pública, e para ajuizar do peso e da abrangência no entrelaçamento de fatores que acompanham o seu *modus faciendi*. São conhecidas, da história da ciência, as hipóteses que apresentam os projetos de investigação como exemplos de ação política, ou muito semelhantes à ação política. Para além das questões levantadas sob essa perspetiva, é relevante a verificação das operações (quase todas de tipo político) através das quais Moniz e os seus próximos regularam a "intensidade" biográfica que deveria ser atribuída ao fator político. Dado que a ciência moderna surge associada à putativa desejabilidade de fazer corresponder a superioridade epistemológica à elite governante, interessa também apurar até que ponto estas ideias acerca do poder-do-saber estão presentes na cultura científica e política de Egas Moniz.

---

[76] LOPES, Quintino – *Portugal, 1940. A Internacionalização dos Cientistas do VIII Congresso do Mundo Português,* Dissertação de mestrado em Estudos Históricos Europeus apresentada à Universidade de Évora, 2010. Ver também LOPES, Quintino; NUNES, Fátima; FITAS, Augusto – *A Junta de Educação Nacional/(Instituto para a Alta Cultura) - 1929/38 - e os Congressos Científicos: Trocas e Circulação de Saberes* in FIOLHAIS, Carlos et all. (coord.). – *Actas do Congresso Luso-brasileiro de História das Ciências.* Coimbra: Imprensa da Universidade de Coimbra, 2011. pp. 1399-1411.

[77] Cabe recordar que os propósitos patrióticos e quejandos moldam frequentemente a apresentação de Egas Moniz, o que está longe de constituir um caso isolado na história da ciência. "Uma determinada fracção da história da ciência foi escrita por motivos patrióticos, destinando-se a chamar a atenção para a excelência da ciência da nação ou a defender exigências de prioridade nacional". KRAGH, Helge, *Introdução à História da Ciência*, Porto, Porto Editora, 2001, p. 15.

2 – Quais os traços mais salientes do processo de nobelização que tem início no ano imediatamente posterior à realização das primeiras "encefalografias arteriais"[78] e se prolonga até 1949, trazendo à colação a atividade de lobby, por um lado, a relutância "anti-angiográfica" dos sucessivos avaliadores das candidaturas de Moniz, por outro, e, ainda, por outro lado, o grau de exigência na avaliação dos resultados científicos e terapêuticos que fez vencimento no período pós 2ª Grande Guerra?

3 – Movendo-nos, como nos movemos, nas fronteiras do método biográfico, atravessadas igualmente pela variante autobiográfica, atentos aos seus limites, simplificações, potencialidades historiográficas e enviesamentos típicos, interessa aquilatar em que medida, em que casos e com que intensidade, Moniz e os que se entregaram à produção de notas, ensaios e outras excursões biográficas a seu respeito, foram sensíveis ao padrão que consideramos resultar do exercício do "poder biográfico".

---

[78] Designação correspondente à primeira fase da visualização exclusiva do sistema arterial dada pelas provas de raios X, a que Egas Moniz chama "arteriografias" e que se inicia em 1927: MONIZ, Egas, *Confidências de um Investigador Científico*, pp. 65-67.

3. OS MEANDROS DO PRÉMIO NOBEL

A Fundação Nobel mantém inacessíveis durante 50 anos todos os processos de nomeação e atribuição do Prémio. Esse meio século de inacessibilidade é contado a partir da data da atribuição do Prémio. Desse modo, o conjunto de documentos relativos à nomeação, candidatura e avaliação de Egas Moniz, em 1949, apenas foi libertado em 1999. Esta norma restritiva corresponde, no entanto, a uma cedência do Comité Nobel. Até 1974, data em que os Estatutos da Fundação foram reformados, a documentação relacionada com o Prémio era total e indefinidamente secreta.[79]

Uma vez divulgada a documentação[80] existente nos arquivos da Fundação Nobel à guarda do Karolinska Institutet,[81] pudemos ajuizar, com maior justeza e rigor, o que na história da ciência permanece enigmático: um cientista de um país periférico,[82] cujo baixo potencial científico, o desinvestimento na ciência, o fechamento, a intolerância e a resistência face à inovação, o afastava, em princípio, da rota dos prémios Nobel, conseguir uma das maiores distinções científicas do século XX.

O resumo das relações que Egas Moniz (1874-1955) e a Fundação Nobel mantiveram cifra-se em 6 (seis) processos em que o inventor da Angiografia Cerebral é nomeado – respetivamente em 1928, 1933, 1937, 1944, 1949 e 1950 – e 3 (três) outros em que Egas Moniz é nomeador – 1951[83] e 1952. [84]

---

[79] Vide Estatutos da Fundação Nobel, §10 "... A prize-awarding body may, however, after due consideration in each individual case, permit access to material which formed the basis for the evaluation and decision concerning a prize, for purposes of research in intellectual history. Such permission may not, however, be granted until at least 50 years have elapsed after the date on which the decision in question was made".

[80] CORREIA, Manuel, *Egas Moniz e o Prémio Nobel*, Coimbra, Imprensa da Universidade de Coimbra, 2006.

[81] Visita realizada no âmbito dos trabalhos de doutoramento, financiado pela FCT – Fundação da Ciência e Tecnologia do MCES – Ministério da Ciência e Ensino Superior. Foi principalmente graças a esse apoio que este trabalho se tornou possível, designadamente sob a forma da Bolsa de Doutoramento de que fui beneficiário - SFRH/BD/8772/2002.

[82] Tomando ao de leve a inspiração Braudelliana da oposição "centro/periferia", partindo do princípio que o "centro" é onde "as coisas se passam": REYNAUD, Alain, *Société, Espace et Justice*, Paris, PUF, 1981, p.583.

[83] http://www.nobelprize.org/nobel_prizes/medicine/nomination/nomination.php?action=show&showid=5235, consultado em 2012-03-05. Processo nº 73.0, sem avaliação. Egas Moniz nomeia em 1951 Manoel Abreu pela chapa radiográfica em série, inicialmente chamada *abreugrafia*.

[84] Egas Moniz nomeia em 1952 Oskar Vogt, Cécile Vogt e Karl Kleist, Processo nº 83.0. Vogt pelos seus estudos acerca das relações entre funções cerebrais e estrutura anatómica; Kleist pelos seus estudos sobre o sistema nervoso, relação anatómica e fisiológica com alterações psicomotoras na afasia e na apraxia. (Idem, Ibidem).

A nomeação de 1950 é talvez a mais conspícua pois acontece no ano imediatamente a seguir ao da concessão do Prémio. Percival Bailey (1892-1973), discípulo de Harvey Cushing (1869-1939) e, ao tempo Diretor do Instituto Psiquiátrico do Estado do Illinois; e Almeida Prado (1889-1965) Professor de Medicina de São Paulo, propõem Moniz com base na leucotomia e na angiografia.[85]

Por sua vez, as nomeações a que Egas Moniz procede – Manoel de Abreu (1889--1965), Oskar Vogt (1870-1959) e Karl Kleist (1879-1960) – são reveladoras das suas preferências e afinidades eletivas, por um lado, e, por outro, derivam da sua nova condição de nobelizado, pois que ao receberem o prémio os galardoados passam a integrar por inerência a Assembleia Nobel cujo estatuto lhes outorga a credencial para anualmente procederem às nomeações que entenderem.

A Angiografia Cerebral (1927) e a Leucotomia Pré-frontal (1935) estão na base das razões pelas quais Egas Moniz foi nomeado para o Prémio Nobel. As nomeações para o Prémio Nobel ilustram a reputação que Egas Moniz granjeou com os seus inventos. Pela leitura da documentação disponível nos arquivos da Fundação Nobel, podemos acompanhar as hesitações, as dúvidas e as recusas que os relatores (avaliadores) do Comité Nobel vão averbando, enquanto a Escola Portuguesa de Angiografia toma nascimento em Lisboa e as Arteriografias e depois as Flebografias se complementam e dão lugar à Angiografia propriamente dita.

Assiste-se às aparentes hesitações que consideram em pé de igualdade a Arteriografia de Egas Moniz e a Ventriculografia de Walter Dandy; ao destaque dado ao sofrimento dos pacientes e aos efeitos indesejáveis; à experimentação das diversas soluções opacificantes.

Quando em 1950 (um ano depois de ter recebido o Prémio Nobel) Egas Moniz volta a ser nomeado, a Angiografia foi a justificação para 5 (cinco) nomeações (1928, 1933, 1937, 1949 e 1950) e a Leucotomia para 4 (quatro) (1937, 1944, 1949 e 1950). A maioria dos principais hospitais do mundo inteiro tinha já adotado a Angiografia. A própria escola sueca de neurorradiologia procedera a pequenas alterações do método, dedicando-lhe uma atenção especial.

Todavia, apesar da – ou precisamente devido à – estreita ligação entre a escola sueca de neurorradiologia e o Comité Nobel, a exclusão da Angiografia manteve-se até ao final.

Moniz, peculiarmente cauteloso e aplicado em assegurar a sua notoriedade, gerindo estrategicamente a sua imagem, deixou-nos, de entre os numerosos escritos que publicou,[86] três obras maiores de caráter autobiográfico.

A primeira foi publicada em 1919, e intitula-se *Um Ano de Política*; à segunda, de 1949, chamou-lhe *Confidências de um Investigador Científico*; e a terceira, de 1950, designou-a *A Nossa Casa*.

Este investimento do autor na versão que dá da sua própria biografia, reveste alguns aspetos singulares. O ator histórico contribui, de um modo irrepetível, para a descrição e avaliação de como viveu e sentiu aquilo que se lhe atribui, posto que ao reconhecer a relevância histórica do seu testemunho, nele se revê, também, nessa qualidade. Porém, na elaboração do seu testemunho, entram, em doses variáveis:

---

[85] Cfr. Processos nºs 16.0 e 10.0 respetivamente. (Idem, Ibidem).

[86] Compulsámos, da produção bibliográfica de Egas Moniz, 16 volumes de obras científicas; 301 memórias e artigos científicos e 68 ensaios políticos e literários, incluindo reedições.

a sua convicção acerca do que passou; a perspetiva que guardava do sucedido, com um grau de envolvimento variável e uma seleção apropriada daquilo que entendia ser mais importante para perdurar na memória dos vindouros, dando conta da dimensão do esforço, do alcance dos feitos, da grandeza da entrega e, claro, também, de um ou outro episódio mais infeliz ou menos bem conseguido, na ausência do qual mais facilmente se duvidaria da veracidade e da verosimilhança da narrativa.

O registo das suas memórias faz-se de acordo com uma espécie de afastamento simétrico do período relatado. As suas memórias da política ativa (1900-1920) são escritas a quente. *Um Ano de Política* veio a lume em 1919, com o propósito manifesto de contrariar versões parcelares do seu desempenho partidário, parlamentar, governamental e diplomático, já que, em sua opinião, tais versões deslustravam ou menorizavam o sentido do seu combate político.

Cerca de trinta anos depois, – no período em que se consagrou, a fundo, à atividade científica – sai do prelo, fiscalizado e com "cortes" da censura do Estado Novo, *Confidências de um Investigador Científico*, porventura o principal pilar dos seus escritos autobiográficos. Aí relata, por vezes em pormenor, o que considera mais relevante nas suas atribuições de professor, clínico e homem de ciência, os episódios que considerou mais significativos – encontros, conversas, viagens, incidentes – sublinhando cuidadosamente os seus próprios traços de caráter e as características de personalidade de que se orgulhava.

Finalmente, no ano seguinte, *A Nossa Casa*, relata uma saga que abrange, pela primeira vez, a infância, as vivências mais íntimas e familiares, alargando-se, depois, a outras, da escola, da academia e do mundo.

Moniz descreve os momentos que precederam a confirmação de que havia finalmente recebido o Prémio Nobel com uma ponta de ansiedade:

> Foi no dia 23 de Outubro que houve o primeiro relato de que me poderia pertencer o prémio Nobel de 1949. Uma empresa jornalística pediu um retrato meu para Estocolmo. Nada disse. Em 24 procuraram-me em nome de um jornal sueco. As suspeitas avolumaram-se. Comuniquei a minha mulher sob o maior segredo. Julguei que seria um dos candidatos prováveis ao prémio e que os jornais (...) desejavam coligir elementos para os aproveitarem no caso de a escolha cair em alguns dos nomes catalogados. Em 25 continuou o assédio da imprensa escandinava agora pedindo desenvolvidos dados biográficos. Disseram que era eu o premiado. Ainda permaneci na dúvida; mas nessa noite não dormimos, eu e minha mulher. Queríamos que surgisse a alvorada do dia 26. De manhã chegaram notícias positivas e a seguir o telegrama oficial.
>
> Então já podíamos falar sem o receio do ridículo que, em caso de insucesso seria vergonhoso.[87]

De seguida, relata as implicações políticas, a alegria geral, o regozijo dos amigos, familiares e outros próximos.

---

[87] MONIZ, Egas, *Apontamentos a propósito do Prémio Nobel*, Manuscrito de 1954, reproduzido em CORREIA, Manuel - Egas Moniz: Representação, Saber e Poder, Tese de Doutoramento em História da Cultura, Coimbra, Imprensa da Universidade de Coimbra, 2011. Disponível online (pdf) < https://estudogeral.sib.uc.pt/handle/10316/15509> p. 1, em *Anexos*, p. 21.

Tinha publicado, no decurso desse mesmo ano, na Ática, o volume intitulado *Confidências de um Investigador Científico*.

Assim, é só a partir do ano seguinte, quando dá à estampa *A Nossa Casa*, que o cientista nobelizado toma o lugar do sujeito dos seus escritos.

Vejamos agora os registos das sucessivas nomeações a partir do arquivo da Fundação Nobel, no Karolinska Institutet.

3.1 Cérebro à vista

Está bem de ver que Moniz não partiu do nada para a sua primeira grande invenção. Por volta de 1924, entregou-se, com determinação, à investigação científica. O objetivo, de acordo com os seus escritos, era o de encontrar uma forma de poder observar o interior do cérebro num ser vivo.

Tiago Moreira, conferindo meticulosamente as sucessivas etapas da experimentação, inclinou-se para uma explicação diferente da relatada por Egas Moniz e muitos dos seus biógrafos. É sabido que os cientistas tendem a narrar as suas descobertas de um modo odisseico, deslocando o objetivo fixado para a última etapa como se esse objetivo se mantivesse inalteradamente o mesmo que foi traçado na primeira etapa, omitindo a sucessão de tentativas e erros, no decurso dos quais vão sendo reformulados os objetivos da pesquisa.

Moreira é de opinião que, à partida, Moniz prosseguia a visualização dos tecidos nervosos, tal como Ramón y Cajal houvera feito por via histológica. Perante a impossibilidade imediata de consegui-lo, seguiu então a pista do lipiodol, na senda de Sicard. Tratando-se de uma hipótese interpretativa, contém, no entanto, uma boa dose de verosimilhança.

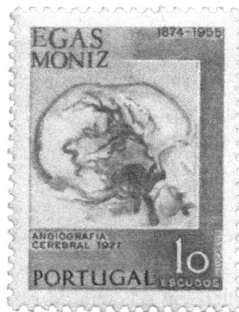

Fig. 3 - Selo alusivo à Angiografia Cerebral
do 1º Centenário do Nascimento de Egas Moniz.[88]

---

[88] O selo de 10 escudos que apresentamos (Fig. 3) faz parte de um conjunto de quatro selos criados com o intuito de celebrar o centenário do nascimento de Egas Moniz, e representa uma Angiografia Cerebral cuja designação figura na respectiva legenda. A circulação teve início a 27 de Dezembro de 1974. A comemoração filatélica incluiu um carimbo especial e sobrescritos alusivos. Ver a este respeito PITA, João Rui, "Egas Moniz nos selos portugueses. O homem, o universitário e o cientista", *Cábula Filatélica*, 17 (14), 1998, pp. 24-27.

Tratava-se de um desiderato comum a uma boa parte dos "neurocientistas" da época. A localização dos tumores cerebrais era incerta e a intervenção cirúrgica baseava-se em cálculos e deduções frágeis.

Walter Dandy (1886-1946) tentava aperfeiçoar a *Ventriculografia*, que consistia na injeção de ar nas cavidades do encéfalo (ventrículos cerebrais), dilatando-as com o intuito de registar, por meio de raios-X, os contrastes anatómicos do interior do crânio. Porém, após muitos e denodados esforços, os resultados não foram de molde a animar os investigadores ou os clínicos. Todavia, o método de Walter Dandy mereceu, durante um longo período, grande simpatia na comunidade dos neurologistas. Na época em que Moniz lançou mãos à obra, persistia ainda alguma expectativa relativamente aos possíveis desenvolvimentos da *Ventriculografia*.

Ramón y Cajal (1852-1934), um histologista cujo contributo para a estabilização e reforço do paradigma neuronal foi decisivo, exerceu uma forte influência sobre Egas Moniz. Cajal ganhou o 6º prémio Nobel em Fisiologia ou Medicina (1906), *ex-aequo* com Camilo Colgi (1843-1926), cientista italiano, pelos trabalhos sobre a estrutura do sistema nervoso.

A inspiração em Santiago Ramón y Cajal foi muito para além da descrição histológica acerca das células nervosas. O exemplo de investigador e o método de contraste aplicado de modo a poder visualizar os tecidos nervosos inspiraram Egas Moniz na sua postura de investigador e foram, além disso, um dos pontos de partida do processo, largo e sinuoso, que haveria de levar à *Angiografia Cerebral*.

Certo é que, por volta de 1924, Moniz dedicava já uma atenção especial à radiologia, preparando ensaios e refletindo acerca do dispositivo que lhe viria a permitir a visualização do cérebro humano *in vivo*.[89]

Por esse tempo, o prestígio internacional e o potencial simbólico do Prémio Nobel eram já enormes.

Além do reforço do papel da ciência em todas as esferas da vida social, a emergência dos prémios Nobel contribuíra para a constituição de uma categoria especial de cientistas, cuja influência se prolongava muito para além do campo científico. Tratando-se de uma espécie de elite selecionada de entre as elites de cientistas de cada país ou região, poderia até considerar-se, como o fez Harriet Zuckerman, uma ultra-elite.[90]

Júlio Dantas, na qualidade de Presidente da Academia de Ciências de Lisboa, permitir--se-á endereçar uma carta ao Presidente do Karolinska Institutet, de Estocolmo, dando-lhe a conhecer uma espécie de "proposta de candidatura" de Egas Moniz ao Prémio Nobel da Medicina, aprovada pela Academia de Ciências de Lisboa.[91] Na volta do correio, a resposta informa-o acerca dos procedimentos estatutários, sublinhando que o Comité Nobel não recebe, por força do seu regulamento, quaisquer "propostas» ou «sugestões avulsas".[92] Não conheceria Júlio Dantas, ainda, a mecânica das nomeações, mais de vinte

---

[89] É disso exemplo o testemunho de Eduardo Coelho quando escreve "Estou em crer que, quando em 1924, [Egas Moniz] me escreve para Berlim para lhe trazer um exemplar do Tratado de Radiologia, de Assmann - já tinha traçadas na sua mente investigações a fazer por meio do método de Röntgen". COELHO, Eduardo, "A vida científica de Egas Moniz" in *Jornal do Médico*, Porto, Separata XV (373), 1950, pp. 432-436.

[90] ZUCKERMAN, Harriet, *Scientific elite. Nobel laureates in the United States*, p. 11.

[91] Arquivo da Academia de Ciências de Lisboa, Processo de Egas Moniz, Pasta nº 2.

[92] Idem, Ibidem.

anos após a primeira candidatura de Moniz, e 48 anos depois da institucionalização do Prémio, em consequência das cláusulas que Alfred Nobel incluiu no seu testamento? É pouco provável. A explicação mais plausível é a de que a campanha nacional e internacional que então se desenvolveu em favor do Prémio para Egas Moniz, ultrapassou, em muito, o mínimo exigido pelas regras formais estabelecidas, configurando uma espécie de campanha cujo objetivo era mostrar que, para lá das nomeações que obedeciam ao rigor das normas estabelecidas, um largo consenso se estabelecera e alargara a grande número de cientistas e instituições.

3.2 As duas primeiras nomeações

A primeira nomeação de Egas Moniz para o Prémio Nobel de Fisiologia ou Medicina data de 1928. Escassos meses após ter feito, no Hospital Necker, em Paris, uma demonstração do *modus operandi* da então denominada *Encefalografia Arterial*, o Comité Nobel recebia as cartas de nomeação, assinadas por Azevedo Neves e Bettencourt Raposo. Ambos se dirigiam ao Comité Nobel escrevendo em francês. Azevedo Neves utilizava a designação de *encéphalographie artérielle*, para designar a razão fundamental que o impelia a nomear Egas Moniz para candidato ao Prémio Nobel desse ano, enquanto Bettencourt Raposo se referia à descoberta da *radioartériographie cérébrale*.[93]

Esta discrepância na designação do método revela mais do que imprecisões de tradução. Egas Moniz intensificava os trabalhos laboratoriais, nem sempre sendo bem-sucedido nas demonstrações. O percurso experimental que vai dos primeiros resultados em que conseguiu visualizar, aos raios X, parte da rede arterial, até lograr a captação de imagens do sistema vascular cerebral no seu conjunto (arterial e venoso) é longo e complicado. A falta de uniformidade terminológica não constituía, em todo o caso, um fator favorável de apreciação.

Uma vez nomeado, a avaliação da candidatura de Moniz coube a Hans Christian Jacobaeus.

Num relatório de pouco mais de uma página, Jacobaeus, após uma descrição sumária do método e de uma ponderação meteórica dos resultados obtidos, enfatiza os inconvenientes para o paciente,

> A injecção da solução de iodo é dolorosa, sendo por isso necessário administrar morfina ou atropina antes da operação. Nestas condições, parece que as dores são suportáveis. Num dos casos surgiram convulsões durante três minutos depois da injecção.[94]

e acentua a inexistência de dados resultantes de replicações da responsabilidade de diferentes equipas, concluindo que, por tudo isso, está "pouco comprovado para poder ser considerado merecedor do Prémio".[95]

---

[93] Cópias do processo em *Anexos*, pp. 61-64. CORREIA, Manuel - *Egas Moniz: Representação, Saber e Poder.*

[94] JACOBAEUS, Hans Christian, "Documento 1 – Avaliação da Candidatura de Egas Moniz em 1928" in CORREIA, Manuel, *Egas Moniz e o Prémio Nobel*, Coimbra, Imprensa da Universidade de Coimbra, 2006, p. 104

[95] JACOBAEUS, Hans Christian, Ob. Cit, Ibidem.

Curiosamente, a vontade testamentada de Alfed Nobel era precisamente a de galardoar trabalhos desenvolvidos no ano anterior ao da atribuição do Prémio. Se bem que rapidamente inviabilizada pelos membros do Comité Nobel, que enfrentaram bastantes dificuldades práticas em respeitar taxativamente essa imposição temporal.[96] Apesar de se ter tornado raro um candidato receber o Prémio logo à primeira nomeação, o conhecimento desta cláusula poderia ter levado Egas Moniz e os dois nomeadores desse ano a supor que valeria a pena fazer a tentativa.

Hans Christian Jacobaeus, o indigitado avaliador da candidatura de Egas Moniz era, então, Presidente do Comité Nobel. Um reputado médico e investigador do Karolinska Institutet, onde também ensinava Medicina Interna; conhecido, entre outras coisas, por ter publicado, em 1910, uma série de estudos acerca das cavidades peritoneal, pericardial e pleural, e tendo, um ano mais tarde, cunhado o termo *laparoscopia* para designar o exame directo da cavidade torácica e abdominal.

Jacobaeus foi incumbido pelo Comité Nobel, a que presidia, de fazer o relatório sobre as duas primeiras nomeações de Egas Moniz. Primeiro, em 1928; depois, em 1933. Nestas duas nomeações estava em causa principalmente, a invenção da *Arteriografia Cerebral* (também designada, por vezes, *Encefalografia Arterial*) que, com o prolongamento dos testes e após aperfeiçoamentos e incrementos vários, se veio a denominar *Angiografia Cerebral*.[97]

Em contraste com a brevidade e o laconismo do relatório de 1928, Jacobaeus faz, relativamente às nomeações de 1933, uma circunstanciada exposição da biografia científica do nomeado, bem como das virtudes da razão principal invocada para o merecimento do Nobel.

Moniz fora nomeado, de novo, por dois colegas da sua universidade: Lopo de Carvalho e Salazar de Sousa. A designação do método é agora a de *encéphalographie artérielle*, visto que, nessa fase, Moniz apenas tinha explorado com algum sucesso a visualização das artérias. Só após os ensaios com o torotraste, ao conseguir abranger também a parte venosa do sistema vascular, (a *flebografia*), passará a designar-se *Angiografia Cerebral*. Decorreram, entretanto, seis anos sobre a data em que o invento foi publicamente anunciado, e cinco sobre a primeira nomeação.

Desta feita, Jacobaeus acentuará na sua recomendação ao Comité Nobel, a par de outras considerações, a de que não pertence a Moniz a prioridade das tentativas de visualização de segmentos do sistema vascular através da injecção de soluções opacificantes.

> As primeiras tentativas de visualização a raios X dos vasos sanguíneos e do coração em ser vivo parece terem sido efetuadas na Alemanha, onde Frank e Alwens, em 1910, em ensaios em animais, usaram um óleo de bismuto injetado em vasos sanguíneos e no coração, enquanto estudavam os efeitos em ecrã de raios X. Quase na mesma altura

---

[96] O testamento de Alfred Nobel reza exactamente que "The whole of my remaining realizable estate shall be dealt with in the following way: the capital, invested in safe securities by my executors, shall constitute a fund, the interest on which shall be annually distributed in the form of prizes to those who, during the preceding year, shall have conferred the greatest benefit on mankind.": NOBEL, Alfred Bernhard, *Alfred Nobel's will*, Paris, 1895, at (http://nobelprize.org/nobel/alfred-nobel/biographical/will/will-full.html).

[97] Ver, a este respeito, o interessante texto de Tiago Moreira, *Large gain for small trouble:*.

investigações semelhantes foram efectuadas por Schepelmann, experimentando uma série de diferentes possibilidades na escolha da substância de contraste.[98]

Em seguida, recorda que experiências semelhantes foram levadas a cabo em França, por Sicard[99] e Forestier, em 1923, e por Sicard e Huguenot, pela mesma altura. Segundo Jacobaeus, face às complicações que então emergiram, os investigadores terão decidido interromper os ensaios. Apesar dessas e de outras tentativas anteriores, Jacobaeus reconhece que

> É contudo quando Egas Moniz em 1927 e anos seguintes cria a encefalografia arterial que uma região vascular se torna sistematicamente, racionalmente e com verdadeiro sucesso estudada em uso clínico através da radiologia de contraste.[100]

e Jacobaeus prossegue numa pormenorizada descrição das circunstâncias técnicas em que Moniz realizou os seus ensaios. Os bons resultados e os insucessos intermédios são referidos em detalhe. Jacobaeus propõe mesmo, implicitamente, uma periodização dos ensaios que Moniz fez, com base na adoção e rejeição das substâncias opacas aos raios X. Com a introdução do torotraste

> é que uma nova era começa para a angiografia.[101]

Jacobaeus vai deixando, aqui e acolá, ao longo do texto, pequenas anotações com grandes consequências. Diz, por exemplo, que dois alemães, Löhr e Jacobi

> (ao mesmo tempo que Moniz) introduziram e desenvolveram a arteriografia cerebral através do torotraste[102]

o que, como é bom de ver, desvaloriza ou anula a primazia de Moniz perante o Comité Nobel. A seguir, em compensação, enaltece a inovação técnica que Moniz e Pereira Caldas levaram a cabo para encurtar a duração entre recolhas de imagem – o *carrossel radiológico* – e como, graças às experiências de Moniz, se passou a conhecer melhor as especificidades da circulação sanguínea após a passagem do fluxo pelo *sifão carotídeo* (designação também cunhada por Moniz).

Estando recenseadas até então cerca de 600 arteriografias (400 das quais usando o torotraste), e tendo-se já alargado o campo de aplicação a outras regiões vasculares,

---

[98] JACOBAEUS, Hans Christian, "Documento 2 – Avaliação da Candidatura de Egas Moniz em 1933" in CORREIA, Manuel, *Egas Moniz e o Prémio Nobel*, p. 106.

[99] Egas Moniz, tal como referimos anteriormente, conheceu pessoalmente Sicard, quer durante os estágios que fez em França após a sua formatura na Universidade de Coimbra, quer quando da apresentação dos primeiros resultados das suas experiências angiográficas. Ver a este respeito MONIZ, Egas, *Confidências de um Investigador Científico*.

[100] JACOBAEUS, Hans Christian, "Documento 2 – Avaliação da Candidatura de Egas Moniz em 1933", p. 106.

[101] Ibid., p. 109.

[102] Ibid., p. 110.

dando lugar à angiopneumografia (pulmões), aortografia (região cardíaca), arteriografia visceral (vasos sanguíneos abdominais), o mérito de Moniz apresenta-se de um modo muito distinto do de cinco anos antes. Porém, Jacobaeus, na parte final do seu relatório, sem deixar de reconhecer traços inovadores no método, porá em evidência dois aspetos específicos que servirão de base à recusa do Prémio.

O primeiro aspeto mostra uma aparente confusão entre a precedência de Moniz e a alegada familiarização com o método por parte de investigadores da equipa do próprio Jacobaeus. Segundo ele, um dos seus assistentes estaria já a recorrer a procedimentos similares.

> Finalmente, gostaria de referir neste contexto os ensaios do meu assistente Dr. Rousthöis em animais, que conseguiu em coelhos imagens nítidas das artérias coronárias aos raios X, através da introdução de um cateter da artéria carótida até ao bulbo aórtico, injectando de seguida torotraste. Electrocardiogramas obtidos simultaneamente mostraram resultados interessantes relativamente ao efeito da substância de contraste na actividade cardíaca. Finalmente, foram também realizadas arteriografias dos membros em casos patológicos, estudos que, pelo menos em parte, se realizaram antes da encefalografia arterial de Moniz.[103]

Acrescentando, imediatamente a seguir, que

> Como se vê, aperfeiçoa-se este método um pouco por todo o organismo, donde se espera a continuação do desenvolvimento da imagiologia dos vasos sanguíneos, e cujo impulso, temos de reconhecer, partiu da encefalografia de Moniz.[104]

O relatório contribui assim para que se gere ambiguidade quanto à questão da precedência de Moniz. Por um lado, reconhece que a primazia é evidente, não tendo sido até aí, aliás, objeto de qualquer disputa conhecida; mas, por outro lado, vai lançando alvitres, "revelando" que experiências semelhantes já teriam sido conduzidas antes da data com que Moniz reclamava a originalidade e o ineditismo dos primeiros resultados nesta matéria.

Egas Moniz ver-se-á obrigado a recorrer a um conceituado neurologista alemão, o Professor Nonne, para esclarecer a pretensão de Lohr (referido no relatório de Jacobaeus), segundo a qual seria ele, e não Egas Moniz, quem primeiro levou a cabo com sucesso os ensaios arteriográficos. Será Schaltenbrand, finalmente, quem dará publicamente razão a Egas Moniz, reconhecendo-lhe a paternidade do método. Os episódios relacionados com esta disputa impressionaram compreensivelmente Egas Moniz. Faz-lhes referência, por diversas vezes, nos seus escritos, nomeadamente nas páginas do livro *Confidências de um Investigador Científico*. A par da sua versão dos acontecimentos, fornece ainda outros pormenores relacionados com o modo como se sentiu e reagiu ao assunto.[105]

O segundo aspeto da apreciação de Jacobaeus consiste na comparação da *Angiografia* com a *Ventriculografia*. A *Ventriculografia* era conhecida desde 1918. Walter Dandy, seu

---

[103] Ibid., p. 112.

[104] Ibid., Ibidem.

[105] MONIZ, Egas, *Confidências de um Investigador Científico*, pp. 157-163.

criador, era, como já atrás aludimos, uma referência no mundo da neurocirurgia. Jacobaeus encontra, na comparação dos dois métodos, uma vantagem para a *Ventriculografia*, que não explicita mas favorece no seu julgamento.

> Uma comparação com o método da ventriculografia cerebral de Dandy é inevitável. O método de Moniz parece menos arriscado do que o de Dandy, mas este último é ainda o que mostra mais possibilidades diagnósticas.[106]

para rematar, um pouco mais adiante

> ... temos de considerar que a ventriculografia de Dandy tem sido quanto a diagnóstico muito mais útil. Parece-me impossível neste contexto conceder o prémio a Moniz, sem que Dandy também o receba. A ventriculografia é na minha opinião um método mais antigo e uma descoberta tão independente e original como a arteriografia. Como este não foi proposto, não pode ser discutida a eventual partilha do prémio pelos dois, o que me pareceria atraente.[107]

Moniz fica, assim, em fila de espera para um futuro Prémio Nobel, tendo pesado na avaliação, tal como em 1928, o caráter recente da sua descoberta.

De acordo com outros autores,[108] terá sido caso, também, de julgamento em causa própria. Jacobaeus, a quem era reconhecida a invenção da *laparoscopia* desde cerca de 1911, poderá ter reagido de modo parcial perante alguém que, de rompante, não apenas resolvera a questão da opacificação dos vasos sanguíneos, como invadira praticamente todas as regiões diagnosticáveis do corpo humano, incluindo as "suas".

Seguindo a leitura que Ligon fez dos relatórios que Jacobaeus assinou em 1928 e em 1933, João Lobo Antunes estima que

> ... o julgamento de Jacobaeus teria bases mais complexas, pois ele próprio fora pioneiro em técnicas de diagnóstico imagioglógico das afecções do sistema nervoso, particularmente com o uso de ar no canal raquidiano (pneumomielografia) na localização de tumores medulares.[109]

Essa visão "interessada" de Jacobaeus tornaria menos estranhas as referências (aparentemente contraditórias e despropositadas) com que redigiu o relatório acerca da nomeação de Egas Moniz para o Prémio Nobel de 1933.

---

[106] JACOBAEUS, Hans Christian, Ob. Cit, p. 113.

[107] Ibid., Ibidem.

[108] Vidé, entre outros, LIGON, B. L, "The mystery of angiography and the «unawarded» Nobel Prize: Egas Moniz and Hans Christian Jacobaeus legacy", *Neurosurgery*, 43(3), 1998, pp. 602-611; ANTUNES, João Lobo, "Egas Moniz na investigação científica" in AAVV, *Homenagem a Egas Moniz*, Porto, Fundação de Serralves, 1999; e STÖLT, Carl-Magnus, "Moniz, lobotomy and the 1949 Nobel Prize" in CRAWFORD, Elisabeth, (Edit), *Historical Studies in the Nobel Archives. The Prizes in Science and Medicine*, Tokyo, Universal Academy Press, 2002.

[109] ANTUNES, João Lobo, "Egas Moniz – uma palavra sobre o Outro" in *1911-1999. O ensino médico em Lisboa no início do Século. Sete artistas contemporâneos evocam a geração de 1911*, Catálogo da Exposição, Lisboa, Fundação Calouste Gulbenkian, 1999, p. 56.

Em 1935, Almeida Lima escreve a Egas Moniz dando-lhe a conhecer o que considera um passo importante para a Arteriografia. De acordo com a versão da carta dada por Serafim Paranhos, Almeida Lima descreve o que se passou no serviço de Herbert Olivecrona, no Karolinska Institutet:

> A coleção de angiomas, aneurismas arterio-venosos e aneurismas arteriais apresentados pelos radiologistas do serviço de Olivecrona é verdadeiramente notável, mais rica e minuciosa do que a nossa, e o trabalho radiográfico excelente. (...) Olivecrona apresentou a seguir um caso de "artéria vertebral", muito correcto e mostrando conhecer o último livro de V. Exa. que citou frequentemente. Nada porém de interesse para nós.[110]

A denominada Escola de Neurorradiologia de Estocolmo, a que Herbert Olivecrona e Erik Lysholm estiveram intimamente ligados, adotou os métodos mais avançados da época (a ventriculografia de Walter Dandy e a Angiografia de Egas Moniz, entre outros), testou-os e aperfeiçoou-os com um esmero técnico que podemos ajuizar pela observação de Almeida Lima na carta atrás aludida. A Escola teve nascimento no Hospital Serafima e mais tarde transferiu-se para o Instituto Karolinska onde pontificava a massa crítica da Assembleia Nobel. Egas Moniz podia assim aperceber-se da atenção consagrada ao método angiográfico mas, simultaneamente, da banalização a que se votava a importância da prioridade do seu invento.

Como se verá a seguir, a fixação na alegada superioridade do método de visualização inventado por Dandy, e a relativização dos aspetos mais inovadores da tecnologia de diagnóstico avançada por Egas Moniz enformarão um critério de rejeição a que a afirmação e a auto-estima da Escola de Neurradiologia de Estocolmo não poderão ser completamente estranhas.

3.3 E a leucotomia

Subsistem dúvidas acerca do encadeamento de circunstâncias que levaram Egas Moniz a orientar-se para as experiências cirúrgicas que conduziram à *Leucotomia Pré-frontal*. Alguns autores vêem um sinal desse interesse na publicação de *A Neurologia na Guerra*,[111] cerca de dezoito anos antes das célebres *Tentatives opératoires*.[112] Sem descartar completamente a influência que esses trabalhos poderão ter tido na reflexão de Moniz, a convicção de que o 2º Congresso Internacional de Neurologia, que decorreu em Londres em 1935, manteve um papel preponderante na sua decisão, está bastante generalizada. A partir do final desse mesmo ano, a denominação de *Psicocirurgia*,

---

[110] Entrechos de carta escrita por Almeida Lima a Egas Moniz, datada de 11 de Junho de 1935, Copenhague. PARANHOS, Serafim – A neurocirurgia em Portugal. Porto: Sociedade Portuguesa de Neurocirurgia, 2000, p. 89.

[111] MONIZ, Egas, *A Neurologia na Guerra*, Lisboa, Livraria Ferreira, 1917.

[112] MONIZ, Egas, *Tentatives opératoires dans le traitement de certaines psychoses*, Paris, Masson, 1936.

cunhada pelo próprio Moniz, passou a designar o tratamento de doenças mentais através da neurocirurgia.[113]

O Congresso de Londres reuniu algumas das mais destacadas personalidades da época, na área da neurologia. Em primeiro lugar, John Fulton, que apresentou duas chimpanzés submetidas a lobectomias (ablação dos lobos frontais). De acordo com as descrições de participantes no congresso, um dos animais que antes da operação (lobectomia) se enfurecia com as suas falhas, após a operação aparentava uma conduta "calma", insuscetível de "enervamento" ou "irritação" mesmo quando não conseguia concluir uma tarefa simples.

Perante tal quadro, Egas Moniz teria colocado a questão de saber porque não se haveria de tentar algo semelhante com humanos? Apesar de Egas Moniz declarar ter iniciado anos antes a reflexão e preparação das primeiras *psicocirurgias,*[114] a versão de que foi este o acontecimento inspirador das primeiras leucotomias pré-frontais generalizou-se.

Além de Fulton e Ivan Pavlov, Walter Freeman, que se tornaria em breve num dos mais famosos discípulos de Egas Moniz, viera também ao Congresso. O seu primeiro encontro com Egas Moniz não o impressionou favoravelmente.[115] Mais tarde, reconhecerá ter-se enganado redondamente. Sob a aparência de um homem gotoso, deprimido, macilento, vergado pelo peso dos anos e da doença, Egas Moniz iria surpreendê-lo, tornando-se seu mentor e referência incontornável no plano da *psicocirurgia*. Estabelecer-se-á entre Egas Moniz e Walter Freeman uma estreita colaboração, uma admiração recíproca, e também uma certa cumplicidade. Acerca da estreita colaboração e da admiração recíproca, a história da *psicocirurgia* registou inúmeros exemplos, desde logo a adaptação que Walter Freeman e James Watts fizeram do método que rebatizaram como *Lobotomia Frontal*; quanto à cumplicidade, retomá-la-emos mais adiante, quando tratarmos da nomeação de Egas Moniz para os Prémios Nobel de 1944 e 1949.

O certo é que, ainda nesse ano de 1935, regressado a Lisboa, Egas Moniz, com a colaboração do futuro neurocirurgião Almeida Lima, inicia as experiências. Primeiro com injeções de álcool, em 12 de Novembro e, quinze dias depois, realizando a primeira leucotomia.[116]

3.4 Avaliação, dúvidas e resultados

A avaliação dos resultados foi, durante muito tempo, matéria polémica. Egas Moniz, em Lisboa, e Walter Freeman, nos EUA, enfrentaram as críticas que lhes chegaram, desde o início, com uma olímpica indiferença. Tinham para eles que todas as inovações – e quanto mais ousadas fossem, pior – provocam sempre reações de caráter conservador. Desse modo, não consideravam surpreendente o coro de reservas que se levantou contra a *Leucotomia Pré-frontal* e a *Lobotomia Frontal*.

---

[113] É designada também por Neurocirurgia Funcional ou Cirurgia Psiquiátrica (sobretudo no Brasil).

[114] MONIZ, Egas, *A leucotomia está em causa*, Lisboa, Lisboa: Academia das Ciências de Lisboa, 1954, p. 5.

[115] EL-HAY, Jack, *The Lobotomist. A Maverick Medical Genius Tragic Quest to rid the World of Mental Illness*, New Jersey, Wiley & Sons, 2005, p. 95.

[116] MONIZ, Egas - *How I came to perform prefrontal leucotomy*, Lisboa: Ática, 1948, p. 17.

Em matéria de críticas de cientistas portugueses, o exemplo paradigmático vem de Sobral Cid.[117] Psiquiatra, colega e amigo de Egas Moniz, Sobral Cid era da opinião que a leucotomia préfrontal só alterava positivamente o estado dos doentes que, mesmo sem intervenção cirúrgica, tenderiam, de qualquer modo, a melhorar. Para ele, era o estado de "apatia acinética" que dava a impressão de melhoria do estado de saúde mental após a leucotomia. Sustentava, do mesmo passo, que se tratava de uma terapêutica puramente sintomática, supressora dos estímulos endógenos.[118] E, dado o fundamento da sua convicção, colocava a questão também no plano moral e deontológico

> ... on peut se demander si on a le droit d'infliger au malade une mutilation centrale si considérable pour le délivrer d'un syndrome psychotique qui est curable par sa nature et qui aurait spontanément guéri en quelques mois?[119]

Todavia, à parte de uma referência que Moniz lhe faz, em carta enviada a Walter Freeman,[120] dando a entender que poderia haver algo da ordem do despeito na recusa de Sobral Cid em lhe fornecer pacientes para poder prosseguir a programada série de *psicocirurgia*s, não se lhe conhece outra alusão, reflexão ou resposta à oposição do seu amigo e par científico.

Quatro anos depois da segunda nomeação para o Nobel, Egas Moniz é de novo apontado como candidato para o galardão da Academia Sueca. Passaram dois anos sobre a realização das primeiras leucotomias. Os nomeadores – Moreira Júnior e Azevedo Neves[121] – enfatizam, a par da invenção da *Angiografia Cerebral* (com as vantagens que apresentava como método de diagnóstico), a *Leucotomia pré-frontal*, enquanto terapêutica promissora para o "tratamento de certas psicoses". Todavia, Herbert Olivecrona, – o membro do Comité Nobel que teve a incumbência de elaborar o relatório referente às nomeações de Moniz para o prémio de 1937, – apenas se debruçará sobre a problemática da *Angiografia Cerebral*, omitindo surpreendentemente a argumentação

---

[117] José de Matos Sobral Cid, (1877-1941) médico psiquiatra e professor universitário. Acerca do seu legado, ver PEREIRA, José Morgado, "O Professor Sobral Cid na história da psiquiatria portuguesa", *Revista da Associação para o Estudo, Reflexão e Pesquisa em Psiquiatria e Saúde Mental*, 1, (1) 1996, pp. 8-9.

[118] Sobral Cid, em reunião da Sociedade Médico-Psicológica de Paris, (sessão de 26 de Julho de 1937) após ter ouvido a exposição de Diogo Furtado, da equipa de Egas Moniz, acerca das vantagens e promessas da leucotomia pré-frontal, manifestou-se meridianamente em desacordo, apresentando uma curta comunicação intitulada "La leucotomie pré-frontale" in SOBRAL CID, José de Matos, *Obras*, Vol. I, Lisboa, Fundação Calouste Gulbenkian, 1983 pp. 265-269.

[119] SOBRAL CID, José de Matos, *Ibid.*, p. 268. "pode perguntar-se se há direito de impor ao paciente uma mutilação Central tão considerável para o libertar de um síndroma psicótico que é curável por natureza e que se teria curado espontaneamente nalguns meses?"

[120] Trata-se de uma carta que Moniz escreveu a Freeman em 1946, na qual se queixa da falta de colaboração e animosidade de Sobral Cid, alegando, na sua versão, que haveria, da parte de Sobral Cid, uma reação motivada quer pelas diferentes conceções do funcionamento cerebral que os separavam, quer pelo melindre resultante de Moniz *invadir o território psiquiátrico* do colega. PEREIRA, José Morgado, "O início da leucotomia em Portugal e a querela entre Egas Moniz e Sobral Cid" in PEREIRA, Ana Leonor e PITA, João Rui, (Org.), *Egas Moniz em Livre Exame*, p. 157.

[121] É de realçar que Azevedo Neves nomeia Egas Moniz pela segunda vez para o Prémio Nobel. Trata-se de um antigo correligionário do Partido Progressista e do Governo de Sidónio Pais.

de Moreira Júnior e Azevedo Neves em relação à *Leucotomia Pré-frontal*. Isto, apesar de os nomeadores, quer um, quer outro, serem taxativos a respeito da importância que, em paralelo com a Angiografia, atribuíam à Leucotomia.

Após realçar, na primeira parte da sua carta, o alcance da Angiografia, Moreira Júnior enfatiza:

> À la fin de 1935, Monsieur le professeur Egas Moniz a initié de nouveaux travaux dans une nouvelle orientation. En faisant une très développée étude sur les fonctions des lobes pré-frontaux et en mettant en jeu les phénomènes organiques en liaison avec les manifestation psychiques, il a créé une théorie organiciste sur l'activité mentale qui l'a conduit à faire des tentatives opératoires pour obtenir la guérison de certaines psychoses, tentatives suivies de résultats encourageants.[122]

Seguem mais duas páginas de elogio a esta segunda descoberta de Egas Moniz, ficando claro que a intenção expressa do nomeador era a de sustentar a candidatura com base naquelas duas justificações e não apenas numa delas.

Azevedo Neves, por outro lado, logo na primeira página da sua carta de nomeação faz a advertência de que, por seu turno, divide os trabalhos originais de Moniz em "duas categorias". A primeira é a da criação da *Angiographie clinique* – consagrando-lhe cerca de duas páginas – esclarecendo inclusivamente que

> La seconde catégorie de travaux de Egas Moniz date de 1935 et ils sont dirigés dans un sens tout à fait différent: "Traitement opératoire de quelques psychoses".[123]

ocupando, com o desenvolvimento desta "segunda categoria", as três páginas restantes da sua carta, que remata num parágrafo de síntese.

> A Egas Moniz nous devons un grand travail original, presque complet, sur l'angiographie cérébrale qui a rendu de grands services en clinique et prêté de notables renseignements sur questions anatomique et physiologiques liées à la circulation du cerveau. Aussi important que ce travail est la découverte de la leucotomie préfrontale, pleine de promesses pour la clinique et pour l'étude de la physiologie du cerveau humain.[124]

---

[122] Carta de nomeação assinada por Manuel António Moreira Júnior, (Arquivos Nobel, Volume 1936-1937, Gr. IV, pp. 122). Moreira Júnior era então Professor de Obstetrícia da Faculdade de Medicina da Universidade de Lisboa; Diretor da Maternidade de Santa Bárbara; Cirurgião dos Hospitais; Membro Efectivo da Academia de Ciências de Lisboa; Antigo Deputado e Ministro de Estado. Em 1900, os juramentos de Egas Moniz e Moreira Júnior da Câmara dos Senhores Deputados, foram aceites na mesma sessão. "No final de 1935, o Senhor Professor Egas Moniz iniciou novos trabalhos com uma nova orientação. Fazendo um estudo muito desenvolvido sobre as funções dos lobos pré-frontais e lidando com os fenómenos orgânicos em ligação com as manifestações psíquicas, criou uma teoria organicista acerca da atividade mental que o levou às tentativas operatórias para conseguir a cura de certas psicoses, tentativas a que se seguiram resultados encorajantes."

[123] Carta de nomeação assinada por João Alberto Pereira de Azevedo Neves, Arquivos Nobel, Volume de 1936-1937, Gr. IV, pp. 127. Azevedo Neves assina nas qualidades de Professor de Medicina Legal da Faculdade de Medicina da Universidade de Lisboa e Diretor do Instituto de Medicina Legal de Lisboa; Reitor da Universidade Técnica de Lisboa e Membro da Academia de Ciências de Lisboa.

[124] Idem, ibidem, 130.

Face à determinação de ambos os nomeadores em colocar praticamente em pé de igualdade a *Angiografia* e a *Leucotomia*, Olivecrona, sem justificar a sua opção, lavra um relatório em que omite, em absoluto, a *Leucotomia*.

Olivecrona começa por historiar a candidatura anterior de Egas Moniz (1933), recordando a apreciação de que fora objeto por Jacobaeus. Recenseia a sucessão de substâncias opacificantes ensaiadas – dos iodetos ao torotraste – apontando o progresso realizado com os primeiros *flebogramas*. Todavia, a tese central de Olivecrona é a de que

> ... o método é demasiado complicado para concorrer com a ventriculografia e não tem praticamente utilidade senão em casos especiais, como por exemplo, desconfiando--se de um aneurisma na artéria vertebral.[125]

Admite que, em muitas circunstâncias, o grau de perigosidade é menor, mas continua, na senda argumentativa de Jacobaeus, a achá-lo menos performativo do que a ventriculografia. Consequentemente, a recomendação final é a de que

> A descoberta de Moniz deu-nos um novo método de diagnóstico dos tumores cerebrais que, sobretudo no que diz respeito à determinação da espécie do tumor, se mostrou de grande utilidade prática. Contudo, sou de opinião que precisamos de mais experiências comprovativas antes de decidir definitivamente sobre o valor do método para o diagnóstico de espécie dos tumores cerebrais, e por isso penso que Moniz não deve, por enquanto, ser considerado candidato ao prémio. De acordo com Jacobaeus sou da opinião que não é possível conceder o prémio a Moniz sem que Dandy também o receba. A sua descoberta da ventriculografia tem sem dúvida maior significado prático do que a descoberta de Moniz.[126]

Nesta recomendação pesou bastante a influência das anteriores apreciações de Jacobaeus (a de 1928 e, sobretudo, a de 1933); a estranha omissão da proposta da *leucotomia pré-frontal*, bastante destacada nas duas cartas de nomeação já aludidas; e a sombra tutelar de Walter Dandy e da sua *ventriculografia*.

Curiosamente, Walter Dandy foi nomeado por duas vezes para Prémio Nobel da Fisiologia ou Medicina. Da primeira vez, em 1934, o Prémio foi para três concidadãos seus, de Harvard (George Richards Minot e William Perry Murphy), e de Rochester (George Hoyt Whipple). Recorde-se que Jacobaeus, no seu relatório (de 1933) acerca da nomeação de Egas Moniz, declarara não ser "justo" atribuir o prémio a um (Moniz), sem também o atribuir ao outro (Dandy). Tal como em 1934, em 1936, quando Walter Dandy foi nomeado pela segunda vez, o Comité Nobel recusou-o, galardoando *ex-aequo* Sir Henry Hallet Dale, inglês, e Otto Loewi, austríaco, por *descobertas relacionadas com a transmissão química de impulsos nervosos*. Por coincidência, o avaliador da candidatura de Walter Dandy, nesse ano foi, precisamente, Herbert Olivecrona.

---

[125] OLIVECRONA, H – Volume de 1937, Secção III: 10, Documentos Secretos, Parecer sobre Egas Moniz, p. 4. Ver *Anexos*, pp. 95-109.

[126] Idem, ibidem, p. 5

Os trabalhos de Dale e Loewi sobre a ação da substância gerada pelo nervo vago (acetilcolina) confirmavam experiências anteriores (1921) acerca das trocas químicas que ocorrem nas sinapses, mais tardes denominadas de neurotransmissores. Esta confirmação de um novo conhecimento científico acerca do funcionamento do sistema nervoso foi premiada com o Nobel no mesmo ano em que a Masson trazia a público em Paris o primeiro livro de Egas Moniz acerca dos resultados da leucotomia.

Em suma, não seria justo, alegadamente, atribuir o prémio a Egas Moniz sem o atribuir, também, a Walter Dandy, segundo os avisados pareceres de Jacobaeus, primeiro, e de Olivecrona, a seguir. Todavia, Dandy foi "chumbado" nas únicas duas vezes em que foi nomeado, sendo que, na última, o relator foi o mesmo Olivecrona que considerou a *ventriculografia* mais performativa do que a *Angiografia*. Assim, o Prémio Nobel não foi atribuído a Egas Moniz porque seria injusto premiá-lo deixando Walter Dandy de fora; e, na ocorrência, também não foi concedido a Dandy...

3.5 Moniz: primus inter pares

Em 1944, em plena II Grande Guerra, Egas Moniz é nomeado, uma vez mais, para candidato ao Prémio Nobel da Fisiologia ou Medicina. Passam sete anos sobre a candidatura imediatamente anterior (a terceira). O candidato vai fazer, em breve, 70 anos. O seu amigo e parceiro do outro lado do Atlântico, Walter Freeman, irá nomeá-lo. Será, aliás, o único cientista acreditado pelo Comité Nobel nesse ano a fazê-lo. Passara a haver entre os dois neurologistas (Moniz e Freeman) para além de uma larga identidade de pontos de vista em torno da prática da *psicocirurgia*, admiração recíproca, estima e, como mencionámos antes, uma assinalável cumplicidade.

Na sua carta de nomeação,[127] Freeman expõe sucintamente as razões científicas que o levam à nomeação de Egas Moniz – a sua contribuição fundamental para o tratamento cirúrgico de psicoses funcionais – embrenhando-se, a seguir, em considerações acerca do facto de Egas Moniz entretanto se ter reformado, e de padecer de sequelas relacionadas com o atentado de que fora vítima em 1939. Walter Freeman anexa literatura de apoio às suas pretensões e, a fechar, pede ao Comité Nobel o favor de entregar ao Doutor Gösta Rylander a monografia de que era co-autor, juntamente com o neurocirurgião James Watts.

Termina reafirmando que, fazendo-lhe o Comité Nobel esse favor, ficaria duplamente grato...

Erik Essen-Möller (1901-1992) foi o psiquiatra encarregado pelo Comité Nobel de elaborar o relatório sobre a candidatura de Egas Moniz, em 1944. Essen-Möller começa por fazer a resenha das anteriores nomeações de Egas Moniz, enfatizando que se tinham baseado na *arteriografia cerebral*, o que não era, de todo, exacto. Primeiro, porque, com a realização das *flebografias*, – já destacadas anteriormente

---

[127] Carta assinada por Walter Freeman, MD, datada de Washington DC, 1943/12/1, Arquivos Nobel, Volume de 1943-1944, nº 12, Gr. IV, pp. 1. Ver *Anexos*, pp. 111-112. CORREIA, Manuel - Egas Moniz: Representação, Saber e Poder.

por Olivecrona[128] – Egas Moniz conseguira visualizar não apenas a parte arterial do sistema vascular (arteriografia), mas, igualmente, a parte venosa (flebografia), dando assim lugar à *Angiografia Cerebral* (arterioflebografia); depois, porque, Olivecrona, inexplicavelmente, não considerou na íntegra a fundamentação dos nomeadores. Ambos apontavam, de facto, quer a *Angiografia Cerebral*, quer a *Leucotomia Pré-frontal*, como justificações da candidatura.

Essen-Möller passa em revista a história das experiências relacionadas com os lobos frontais, isolando teorias e debruçando-se mais pormenorizadamente sobre alguns enunciados de Egas Moniz, detendo-se, finalmente, nas "provas".

Passando em revista os 20 casos correspondentes a *leucotomias* efectuadas entre 1935 e 1936, Essen-Möller observa:

> Ao olhar para todo o trabalho de Moniz, podemos em primeiro lugar pôr em causa se a teoria sobre a natureza das psicoses abordadas, que deu origem à operação, está bem fundamentada. Entre outras, podemos questionar se a hipótese de localizar fundamentalmente a principal actividade patológica nos lobos frontais está certa e se em vez disso não será o tronco cerebral que tem o principal papel; o facto de terem sido constatadas melhoras depois da operação à parte frontal do cérebro não prova muito (segundo até o próprio Moniz).[129]

...acrescentando, depois, que

> Se passarmos por cima das bases teóricas e tentarmos avaliar o valor prático do método, a ideia com que ficamos do trabalho de Moniz é que realmente alguns estados de instabilidade afectiva e psicomotora melhoraram logo a seguir à operação, e que essas melhoras não se podem remeter somente a uma tendência de regressão espontânea. Contudo, não é possível tirar qualquer conclusão sobre se as melhoras foram mais do que temporárias, visto os períodos de observação depois das operações terem sido espantosamente curtos.[130]

Essen-Möller sopesa enunciados teóricos e resultados, colocando, a dado passo, uma questão curiosamente semelhante à que Sobral Cid avançara cerca de sete anos antes:

> Podemos perguntar-nos evidentemente se as melhoras não teriam acontecido espontaneamente mesmo se os doentes não tivessem sido operados[131]

---

[128] Ver OLIVECRONA, Herbert – Documento 3, Avaliação da Candidatura de Egas Moniz em 1937, in CORREIA, Manuel, *Egas Moniz e o Prémio Nobel*, Coimbra, Imprensa da Universidade de Coimbra, 2006, pp. 115–119.

[129] ESSEN-MÖLLER, Erik, Arquivos Nobel, *Parecer sobre António Egas Moniz*, Volume de 1943-1944, Anexos, pp. 114-121. CORREIA, Manuel - Egas Moniz: Representação, Saber e Poder.

[130] Idem, Ibidem.

[131] ESSEN-MÖLLER, Erik, Arquivos Nobel, *Parecer sobre António Egas Moniz*, Volume de 1943-1944, *Anexos*, pp. 114-121. Egas Moniz: Representação, Saber e Poder.

Com efeito, as reservas, quer de Essen-Möller, quer de Sobral Cid, radicam menos na descrição do quadro clínico pós-operatório – visto que ambos constatam as mudanças apontadas por Moniz – e mais na interpretação e na explicação das alterações. A passagem seguinte revela, com maior clareza, a natureza das objecções do avaliador.

> Perguntamo-nos se outros métodos de tratamento, menos intervenientes não poderiam dar resultados da mesma forma favoráveis. Como se sabe as opiniões estão ainda bastante divididas sobre o valor permanente dos métodos de insulina, cardiazol e electrochoques, quando se compara com casos não tratados e durante o mesmo tempo de observação e tomando em conta as recidivas. Que esses métodos têm um certo efeito parece ser incontestável, mesmo sendo porventura menor do que se esperava quando da sua introdução. Mesmo se supusermos, com maior ou menor grau de veracidade, que a frequência de melhoras depois de tratamento cirúrgico está ao mesmo nível que os tratamentos de insulina e de electrochoques parece contudo ser possível que a operação tenha resultados mais permanentes e menos recaídas. É verdade que os choques eléctricos podem ser repetidos sempre que necessário. Contudo, há diversos casos relatados em que o tratamento de choques mostrou não ter resultados mas uma posterior leucotomia trouxe melhoras. Mas tudo isto é difícil de julgar no seu valor real; não seria de admirar se houvesse casos que não tivessem sido melhorados pela operação mas por uma cura de insulina![132]

A suspeita quanto à alegadamente comprovada eficácia do método, analisados os resultados e perscrutados os fundamentos teóricos, ressalta da passagem anterior com toda a evidência.

Essen-Möller confessa, aliás, logo a seguir:

> Sinto a falta sobretudo de uma comparação exaustiva, sistemática, de um material de leucotomias bem acompanhadas com um material correspondente tratado por outros métodos.[133]

exprimindo, assim, a dificuldade de julgar, fora de um plano experimental a que faltava um grupo de controlo, o grau de eficácia de um método que se impunha, ele próprio, como critério absoluto das vantagens terapêuticas que sustentava.

A postura de Essen-Möller relativamente à generalidade das soluções cirúrgicas era moderada. Para ele

> A intervenção cirúrgica é e será sempre uma operação mutilante.[134]

Assim sendo, só perante uma nítida e bem fundamentada vantagem terapêutica, o método cirúrgico poderia ser, na sua ótica, valorizado e avalizado.

---

[132] Idem, ibidem.

[133] Idem, ibidem.

[134] Idem, ibidem.

Ora o avaliador, sem deixar de reconhecer vantagens aparentes e parciais nas descrições dos resultados que lhe chegavam (entre elas, avultava o testemunho do nomeador de Egas Moniz, nesse ano, Walter Freeman), permanece desconfiado. Na sua opinião, Egas Moniz não explicita satisfatoriamente as bases teóricas do seu método. Por outro lado, a caracterização dos resultados é insuficiente e cobre períodos de acompanhamento demasiado curtos.

> ... as reflexões teóricas que levaram Moniz ao seu método parecerem tão vagas, e o material do próprio Moniz por causa do acompanhamento curto e relativamente superficial a seguir às intervenções cirúrgicas não chega para convencer. É na verdade apenas ao longo do estudo dos trabalhos publicados pelos seus sucessores que compreendemos que o método algo heróico é merecedor de uma atenção mais séria. Por outro lado, se o método for laureado, não será outro que não Moniz a merecê-lo.[135]

Deste modo, Essen-Möller expõe as ideias de base que irão fundamentar a recusa de recomendação de Moniz para o Prémio Nobel de 1944, não deixando de acenar, todavia, com um condicional promissor: "se o método for laureado...". Contudo, é no penúltimo parágrafo do seu parecer que explicita, com maior desenvolvimento, um entendimento dilemático acerca das "terapias experimentais".

A questão poderia ser assim formulada:

– Estará a leucotomia pré-frontal entre as práticas médicas que provocam alterações esperançosas mas deixam indesejáveis sequelas?

> Para quem não conhece de perto a praxis do Comité na avaliação é apropriado recordar a decisão deste respeitante a outros métodos terapêuticos dentro da psiquiatria, que já foram objeto de apreciação particular. O tratamento da Malária contra a paralisia geral[136] que sociabilizou um número não insignificante de doentes mas que de resto mantém as várias sequelas, foi no seu tempo laureado, os novos métodos de tratamento de insulina e electrochoques não o foram. Talvez experiências futuras venham justificar a equiparação do método de Moniz, quanto ao seu valor e utilidade terapêutica, com o de Wagner Von Jauregg; por agora deve contudo ser remetido para a categoria dos métodos insuficientemente comprovados.[137]

A equiparação do método de Egas Moniz ao método do então já nobelizado Julius Wagner-Jauregg,[138] introduz aqui um dado que dilata o campo de análise.

---

[135] Idem, ibidem.

[136] "O plasmódio da Malária era utilizado para o tratamento da sífilis, uma infecção provocada pela espiroqueta. A febre elevadíssima atingida pela malária inativava a espiroqueta, mantendo no entanto as lesões irreversíveis entretanto instauradas". CORREIA, Manuel, *Egas Moniz e o Prémio Nobel*, Coimbra, Imprensa da Universidade de Coimbra, 2006, p. 131. *Nota da Tradutora (*Teresa Guerra*)*.

[137] ESSEN-MÖLLER, Erik, Arquivos Nobel, *Parecer sobre António Egas Moniz*, Volume de 1943-1944, *Anexos*, p. 120.

[138] Julius Wagner Von Jauregg (1857-1940), Prémio Nobel da medicina ou Fisiologia em 1927 pela "descoberta do valor terapêutico da inoculação da malária no tratamento da então chamada *demência paralítica*".

Julgava-se, na época em que Julius Wagner-Jauregg foi nobelizado (um ano antes da primeira candidatura de Moniz), que infligir ao paciente uma doença (malária) para debelar uma outra (paralisia originada pela sífilis), constituía um progresso que fazia com que as sequelas de ambas as doenças se tornassem razoáveis e aceitáveis. Foi precisamente na medida em que tal aceitação parecia constituir um progresso (para a medicina e para a sorte do doente) que o médico austríaco ganhou o Prémio Nobel.

Essen-Möller parece duvidar que o método de Egas Moniz pudesse, no imediato, vir a ser considerado do mesmo modo.

O método de Egas Moniz (a *Leucotomia pré-frontal*) lesionava o encéfalo alterando o comportamento do doente. As conclusões a que chegara tentavam demonstrar que, após a operação, uma percentagem razoável de leucotomizados vivia melhor do que antes. Porém, para Essen-Möller, esse alegado saldo positivo não se tornara ainda evidente. Apesar disso, a comparação deixava no ar estranhas reverberações metafóricas.

Produção Científica de Egas Moniz (em percentagem do total)

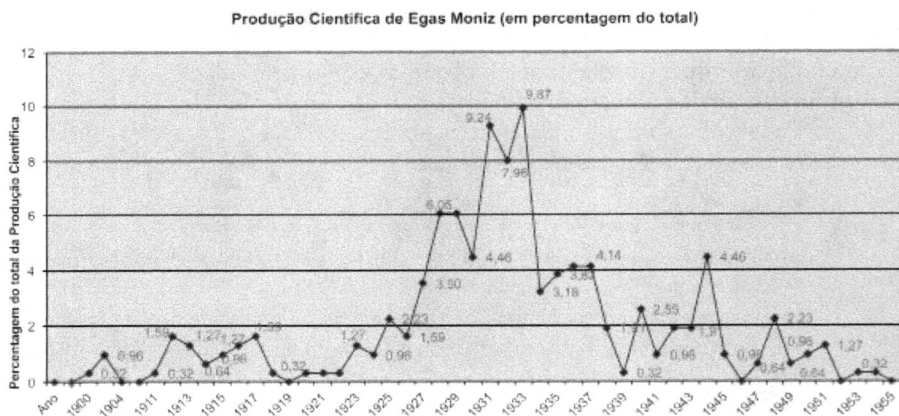

Gráfico nº 1

3.6 Por fim

Egas Moniz teve um trajeto atípico enquanto cientista. No início dos anos vinte do século passado, quando supomos que começou a planear os primeiros ensaios em busca da visualização dos tecidos nervosos, ia nos seus 50 anos. A produção científica anterior, a par da atividade política que cresceu em intensidade na parte final (1900 – 1920), foi modesta[139] e desfocada das matérias em que viria, no final dos anos 20 e, depois, em meados dos anos 30, a aprofundar as duas principais investigações.

---

[139] Entre 1898 e 1926, Egas Moniz publica, em média, 2,3 artigos por ano. Em contraste, com o período seguinte, de 1927 a 1955, em que essa média sobe para 11,5. Vide Gráfico nº 1.

Estava à beira de completar 53 anos de idade quando publicou o artigo com que assinalou a originalidade da sua *Encefalografia Arterial*.[140] Como que a compensar a revelação, algo tardia, da vocação científica, a imprensa fez da afirmação dos seus feitos uma causa nacional.[141] O *Diário de Notícias* de 9 de Julho de 1927, por exemplo, levou o assunto para manchete seguido de fotografia de uma *encefalografia arterial*, a meia página, com a legenda:

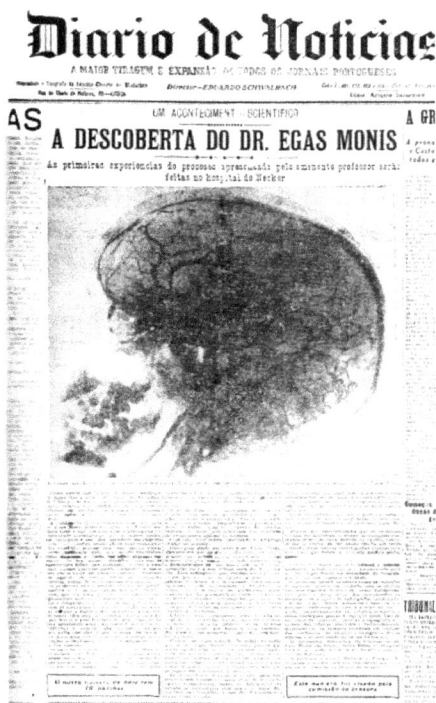

Fig. 4 - Primeira página do Diário de Notícias de 9 de Julho de 1927
Artérias cerebrais vistas no cadáver aos raios-X depois de injectadas com as substâncias opacas empregadas pelo Dr. Egas Moniz.

Como vimos anteriormente, no ano imediatamente a seguir à divulgação dos primeiros resultados da *Encefalografia Arterial*, Egas Moniz foi nomeado, pela

---

[140] MONIZ, Egas, "L'encéphalographie artérielle, son importance dans la localisation des tumeurs cérébrales", *Revue Neurologique*, 1927, 2, p. 72.

[141] "O discurso celebracionista acerca de Egas Moniz começou a forjar-se nas condições do Estado Novo. A primeira realização importante de Moniz no plano científico-técnico foi publicitada nomeadamente na primeira página do *Diário de Notícias* de 9 de Julho de 1927, após a eclosão do movimento militar do 28 de Maio que pôs fim à I República Portuguesa e abriu caminho à ditadura fascista (1926-1974). A sua singularidade científica começa, então, a afirmar-se. O propósito de internacionalizar os resultados obtidos é dado pela notícia atrás referida, em que foi feito o anúncio da replicação que viria a ser ensaiada, no dia seguinte, no hospital francês", CORREIA, Manuel, "Egas Moniz: Imagens e Representações". *Estudos do Século XX*, nº 5, 2005, p. 68.

primeira vez, candidato ao Prémio Nobel. O parecer do membro do Comité Nobel incumbido de o avaliar – Jacobaeus – é breve e categórico. O método não tinha sido suficientemente testado e a sua replicação, além de escassa, acarretava alguns problemas por cuja resolução se aguardava ainda.

Em 1933 – cinco anos depois –, ao ser renomeado, deparou-se, de novo, com o mesmo avaliador que manteve, não apenas as reservas já enunciadas no parecer de 1928, mas, igualmente, a preferência por um outro método – a ventriculografia, – do norte-americano Walter Dandy. A coincidência de Moniz ter sido, consecutivamente, objeto de avaliação do mesmo membro do Comité Nobel não lhe trouxe qualquer vantagem. Depreende-se que Jacobaeus estava tomado de uma forte inclinação que o levava a desvalorizar o método apresentado por Egas Moniz.

Encerrou-se assim o primeiro ciclo de tentativas em que Egas Moniz buscava alcançar reconhecimento universal pelos seus feitos.[142]

Quando foi nomeado candidatado, pela terceira vez, em 1937, Egas Moniz acrescentara ao rol das justificações passíveis de reconhecimento científico, a par do aperfeiçoamento do método arteriográfico, a *Psicocirurgia*, avançando com uma série de resultados promissores, segundo o próprio e seus próximos.[143] Não foi esse, porém, o entendimento do membro do Comité Nobel encarregado de avaliar, dessa vez, a candidatura de Egas Moniz – Herbert Olivecrona –, que optou por ignorar completamente uma parte da argumentação dos nomeadores – a relativa à Leucotomia pré-frontal –, retendo somente, na apreciação que relatou, o tópico da Angiografia Cerebral.

As recusas, quer de 1928, quer de 1937, não levaram Egas Moniz, nem os seus apoiantes, à desistência. De então para o futuro, viria a ser ainda nomeado, como apreciámos em detalhe nas páginas anteriores, de novo em 1944, finalmente com sucesso em 1949 e ainda uma outra vez em 1950.

O que se alterou, entretanto, para que Egas Moniz pudesse, após quatro recusas, sair finalmente vencedor?

Primeiro, uma crescente internacionalização dos dois métodos a que o seu nome ficou associado até aos nossos dias. A *Angiografia Cerebral* e a *Leucotomia pré-frontal* foram largamente divulgadas e replicadas, ganhando a segunda, sobre a primeira, a vantagem de beneficiar de uma rede de contatos já estabelecida.[144] Quando, em 1939, Egas Moniz foi vítima de um atentado no seu consultório da Rua do Alecrim, a avalanche de cartas, telegramas, notícias e outras expressões de preocupação que chegaram a Lisboa atestavam

---

[142] Ilustrando a sua disposição de «deixar» assinalada obra por si feita, Moniz confidencia: "A ânsia de concorrer para aumentar o património científico desde o início me seduziu. Ideia vaga e imprecisa, mas guia constante dos meus passos, ainda então muito vacilantes" MONIZ, Egas, *Confidências de um investigador científico*, p. 10.

[143] Egas Moniz publica, em 1936, no seu livro *Tentatives opératoires*, os resultados obtidos a partir de uma série de 20 casos: MONIZ, Egas, *Tentatives opératoires dans le traitement de certaines psychoses*, p. 54.

[144] "O processo de internacionalização da leucotomia pré-frontal repete em grande medida o da angiografia, mas com uma celeridade e uma economia de meios - comparativamente - que o prestígio da angiografia entretanto fez catalisar. A fácil aceitação da leucotomia pré-frontal na comunidade médico-científica internacional, ao contrário dos demais tratamentos de choque, não é de modo nenhum alheia a esse facto." CASCAIS, António Fernando, "A cabeça entre as mãos: Egas Moniz, a Psicocirurgia e o Prémio Nobel" in NUNES, João Arriscado, e GONÇALVES, Maria Eduarda, [orgs.], *Enteados de Galileu? A semiperiferia no sistema mundial da ciência*, p. 333.

a sua dilatada notoriedade, dentro e fora do país. A transformação do método leucotómico foi um dos fatores que mais contribuíram para a propagação da lobotomia frontal.

Egas Moniz dá a sua última lição em 29 de Novembro de 1944, ano em que Walter Freeman é o único cientista credenciado a nomeá-lo, conforme vimos anteriormente. No ano seguinte, a 3 de Setembro de 1945, a Faculdade de Medicina de Oslo descerra--lhe um Prémio pela Angiografia Cerebral. Moniz está, então, à beira dos 71 anos.

As diligências que foi fazendo, após ter tomado conhecimento de que o Prémio Nobel lhe fora recusado uma vez mais, culminam com a organização, em Lisboa, da 1ª Conferência Internacional de Psicocirurgia. A conferência tem lugar em 1948.[145] Numa das sessões será aprovada uma moção reconhecendo a Egas Moniz o merecimento de um Prémio Nobel. O peso do apoio da delegação brasileira foi evidente.[146]

Finalmente, em 1949, graças a muito empenho seu, às nomeações assinadas por cada um dos 9 cientistas que o candidataram e à convergência de um concerto proclamatório, a candidatura de Egas Moniz fez vencimento e foi-lhe atribuído o Prémio Nobel de Fisiologia ou Medicina *ex aequo* com o suíço Walter Rudolf Hess.

Aos 75 anos, Moniz recebia o maior galardão científico do século XX no mundo ocidental.

As nomeações de Egas Moniz para candidato ao Prémio vieram de Copenhaga (E.M. Busch); de Lisboa (Celestino da Costa, Barahona Fernandes, Castro Freire, J. M. Loureiro e António Flores); e de São Paulo (Souza Campos, R. Locchi e Jayme Regallo Pereira). O relator encarregado do parecer final foi outra vez Herbert Olivecrona. O mesmo que, em 1937, tinha assinado a avaliação da terceira candidatura de Moniz, não o tendo, então, recomendado para o Prémio.

No parecer de 1949, Olivecrona faz o historial das anteriores candidaturas e das respectivas apreciações. Deter-se-á, por breves instantes, sobre a *Angiografia Cerebral*, para explicitar a posição do Comité Nobel e encerrar o assunto:

> A angiografia cerebral, que foi descoberta e em grande parte desenvolvida por Egas Moniz, constitui sem dúvida uma contribuição científica significativa. A angiografia é usada diariamente num grande número de clínicas neurológicas e neurocirúrgicas em todo o mundo, e mostrou ser um método de diagnóstico praticamente indispensável, sobretudo no diagnóstico diferencial pré-operatório de tumores cerebrais, diagnóstico de malformações vasculares, aneurismas e hematomas e outras patologias cerebrais. Atendendo a que a ventriculografia com a qual a angiografia mais de perto se pode comparar quanto à sua importância não foi galardoada, e que tanto o Comité Nobel

---

[145] A demonstrar a eficácia do impacto que o Congresso teve, está a referência que Olivecrona lhe faz no texto de avaliação de 1949: "No ano passado houve em Lisboa o primeiro congresso dedicado à Psicocirurgia, no qual foram apresentados resultados de cerca de 10 000 leucotomias, e não haverá dificuldade hoje em dia em encontrar material suficiente para permitir formar uma opinião sobre o significado prático da leucotomia pré-frontal." OLIVECRONA, Herbert, "Documento nº 5, Avaliação da Candidatura de Egas Moniz em 1949" in CORREIA, Manuel, *Egas Moniz e o Prémio Nobel*.

[146] "Na última sessão científica a delegação brasileira, na totalidade dos seus membros – Professores Pacheco e Silva, Paulino Longo e Hélio Simões, Doutores Matos Pimenta, Mário Jahn, Aníbal Silveira e António Carlos Barreto –- apresentou uma moção aprovada por aclamação, na qual se propõe a sugestão da candidatura do Prof. Egas Moniz ao Prémio Nobel da Medicina", *Anais Portugueses de Psiquiatria*, Vol. I, nº 1, Outubro de 1949, p. 138.

como o colégio até agora se mostraram negativos a todas as propostas de galardoar os métodos de diagnóstico radiológico de contraste, parece-me consequente que não se considere a atribuição do prémio a Moniz pela descoberta da angiografia.[147]

Apesar de a *Angiografia Cerebral* se ter revelado um meio de diagnóstico praticamente indispensável em todo o mundo, o Comité Nobel adotou taxativamente o critério de não galardoar os "métodos radiológicos de contraste". Porquê? Há uma parte da argumentação que está bem explicitada na resposta a esta questão:

> Atendendo a que a ventriculografia com a qual a angiografia mais de perto se pode comparar quanto à sua importância não foi galardoada.[148]

Aliás, perpassava, nas apreciações anteriores, assinadas quer por Jacobaeus, quer por Olivecrona, a perceção de uma estranha rivalidade entre os métodos de Egas Moniz e de Walter Dandy. Tal competição teria mais a ver com a diferença de pontos de vista existentes no seio do Comité Nobel e no Colégio, do que, propriamente, com quaisquer propósitos deliberados de Egas Moniz ou de Walter Dandy em se defrontarem publicamente. Mesmo assim, foi essa a razão sucessivamente invocada para não premiar a Angiografia Cerebral. Curiosamente, tal como já foi anteriormente referido, a candidatura de Walter Dandy, estribada na Ventriculografia, acabou também por ser recusada.

Esta disputa surda, e certamente involuntária, entre Egas Moniz e Walter Dandy, reveste um aspeto histórico de injustiça relativamente ao primeiro. A Ventriculografia cedeu o passo sobre o avanço, generalização e aperfeiçoamento do método angiográfico, tendo ficado provada a vantagem do método inventado por Egas Moniz. Todavia, mesmo no ano em que Egas Moniz beneficiou do parecer positivo de Herbert Olivecrona, a Angiografia foi considerada, para efeitos de eventual nobelização, em pé de igualdade com a Ventriculografia.

A outra parte da resposta (que não está explicitada) reporta-se à formação do critério. Por que razão, o Comité Nobel e o Colégio excluíram os "meios de diagnóstico radiológicos de contraste" do conjunto dos quesitos de elegibilidade para quaisquer candidaturas? Porque o inventor dos raios-X, Wilhelm Conrad Röntgen, foi o ganhador do primeiro Prémio Nobel da Física, em 1901, e, quer o método ventriculográfico, quer o angiográfico, dependiam determinantemente da tecnologia concebida por Röntgen? É possível. Porém, na teia intricada de elementos que corporizam um critério, este segundo aspeto da recusa continua a levantar interrogações.

Olivecrona prossegue a sua avaliação, considerando que, com o fim da guerra e a generalização do método leucotómico, teve acesso a numerosos exemplos que ainda não existiam ou não estavam disponíveis cinco anos antes, quando a candidatura de Moniz fora examinada por Essen-Möller. Após chamada de atenção para uma certa nebulosidade teórica que ensombrava o método leucotómico, e para a disparidade

---

[147] OLIVECRONA, H – Volume de 1937, Secção III: 10, *Documentos Secretos, Parecer sobre Egas Moniz*, Arquivos Nobel, Vol. de 1949, *Anexos*, p. 151.

[148] Ibidem.

dos critérios de acompanhamento dos resultados das cirurgias ao longo do tempo, Olivecrona cita dois estudos de acompanhamento realizados em anos mais recentes. Um, abrangendo uma amostra de 200 leucotomizados,[149] e outra de 1000.[150]

Dos resultados, o avaliador concluirá que, no respeitante à primeira amostra,

> Apesar da recuperação social só ter sido alcançada num grupo relativamente pequeno, compreende-se facilmente que significa um enorme alívio no problema do tratamento poder enviar para casa ou transferir para enfermarias calmas 2/3 desses casos tão difíceis de cuidar.

Ilustra-se deste modo uma tendência que na literatura crítica será abundantemente denunciada. Tal cuidado parecia incidir mais sobre a organização dos serviços hospitalares do que sobre o bem-estar e a qualidade de vida dos leucotomizados. Acalmar os doentes, enviá-los para casa ou transferi-los para enfermarias "pacíficas" eram objetivos muito pragmáticos que tomavam, por vezes, a dianteira relativamente a outros tipos de preocupações post-operatórias.[151]

Olivecrona ocupa-se, a seguir, do que poderia ser levado na conta de desvantagens do método de Moniz. De entre elas, destaca uma cuja discussão subsistiu até aos nossos dias, e a que o próprio Egas Moniz aludiu, numa das raras ocasiões em que aceitou responder a críticas acerca da leucotomia.[152] Tratava-se da questão das alterações de personalidade.

Sabendo-se que os defensores do método tendiam a minimizar a ocorrência de alterações psíquicas verificadas após a operação, Olivecrona afirma que

> Essas alterações psíquicas são quase imperceptíveis, mas uma exploração psíquica detalhada, feita entre outros por Rylander, mostra que existem alterações de personalidade. Um certo aplanamento emocional, falta de tacto, e também, no plano intelectual, perda de capacidade criativa, são as alterações mais salientadas. Não é raro a família queixar-se de que o paciente se tornou uma pessoa completamente diferente. Estas alterações são evidentemente de segundo plano quando se trata de psicoses graves e de estados patológicos tais que transformam a existência do paciente num inferno insuportável, mas impõem evidentemente ao médico certas

---

[149] "The Connecticut Lobotomy Committee" (The Frontal Lobes, 1948, Williams e Wilkins Baltimore), que publicou os resultados de 200 casos uniformemente avaliados e bem acompanhados. OLIVECRONA, Herbert, Volume de 1949, Secção III: 10, *Documentos Secretos, Parecer sobre Egas Moniz*, p. 3. *Anexos*, p. 153 e seguintes. CORREIA, Manuel - Egas Moniz: Representação, Saber e Poder.

[150] Levado a efeito pelo Board of Control for England and Wales 1947. OLIVECRONA, Herbert – Volume de 1937, Secção III: 10, *Documentos Secretos, Parecer sobre Egas Moniz*, p. 5. *Anexos*, p. 155. CORREIA, Manuel, Ob. Cit., 2011.

[151] É disso exemplo a passagem do texto de Olivecrona em que salienta: "A hipótese de Moniz de que seria possível eliminar os estados de ansiedade emocional através da leucotomia foi comprovada de forma flagrante." OLIVECRONA, Herbert, Volume de 1949, Secção III: 10, *Documentos Secretos, Parecer sobre Egas Moniz*, p. 6. CORREIA, Manuel – Ob. Cit., 2011.

[152] MONIZ, Egas – *A leucotomia está em causa*, 1954.

restrições relacionadas com as indicações, sobretudo nos casos em que a mente do paciente está intacta.[153]

O peso social e cultural na seleção dos casos julgados apropriados para serem submetidos à leucotomia é exemplificado pela reflexão do neurocirurgião Percival Bailey[154] que escreveu a esse propósito em 1933:

> Hesitei antes de amputar um lobo frontal [para a extracção de um tumor]. Esta operação é sempre seguida de uma alteração mais ou menos importante do caráter e de um défice de capacidade intelectual. Isto pode ter pouca importância numa lavadeira, mas se o paciente é um homem de negócios, que toma decisões que interessam a numerosas pessoas, estes efeitos podem ser desastrosos.[155]

Depreende-se, por conseguinte, que já então a severidade dos efeitos era do conhecimento clínico, dependendo do estatuto social (e do tipo de funções exercidas) o critério que minimizava ou maximizava a importância das alterações previsíveis no quadro pós-operatório.

Olivecrona prepara, agora, o fecho da sua avaliação. Aparentemente superadas as desvantagens que foi apontando ao longo do texto, destaca a eficácia terapêutica da leucotomia pré-frontal, alargando o seu campo de aplicação à dor crónica, classificando, como prova do seu êxito, a muita procura já existente na Suécia, onde a capacidade de resposta cirúrgica ficou submersa sob a vaga de uma procura cada vez maior.

> Do que foi dito anteriormente parece comprovar-se que a leucotomia significa um avanço científico de grande significado, pela qual um número grande de psicoses, refractárias a outro tipo de tratamento ou com várias recidivas a seguir a tratamento de choques ou outro, puderam ser socialmente recuperadas ou de tal forma melhoradas que passaram a ser cuidadas em casa ou em enfermarias calmas. Uma das provas do grande significado terapêutico da leucotomia é a enorme procura deste tratamento que existe nos hospitais psiquiátricos do nosso país, e que ultrapassa em muito a capacidade que as nossas clínicas neurocirúrgicas podem prestar. Também como tratamento cirúrgico da dor a leucotomia parece ter um valor consistente.[156]

Apesar de subsistirem dúvidas quanto à questão das "alterações psíquicas", ou da fundamentação teórica, cuja eventual superação é formulada evasivamente, Olivecrona ressalva que

---

[153] OLIVECRONA, Herbert, Volume de 1949, Secção III: 10, *Documentos Secretos, Parecer sobre Egas Moniz*, p.7.

[154] Percival Bailay virá a nomear de novo Egas Moniz para o Prémio Nobel um ano depois de Moniz ter recebido o Prémio. O significado pleno dessa nomeação não é evidente. Ver *Anexos*, p. 58.

[155] Citado por Marc Jeannerod, *Sobre a fisiologia mental. História das relações entre Biologia e Psicologia*, Lisboa, Instituto Piaget, 2000, pp. 79-80.

[156] OLIVECRONA, Herbert, Volume de 1949, Secção III: 10, *Documentos Secretos, Parecer sobre Egas Moniz*, p.8. CORREIA, Manuel, Ob. Cit., 2011.

Os fundamentos teóricos que serviram de ponto de partida a Moniz foram também em grande parte comprovados pelas experiências, apesar dos mecanismos das alterações profundas da vida mental que tomam lugar depois de uma leucotomia não terem sido ainda esclarecidos.[157]

O parecer positivo de Herbert Olivecrona iria ser homologado pelo Comité Nobel e Egas Moniz conseguiria, assim, com esta quinta nomeação, o tão almejado galardão.

Fig. 5 - Notícia da expectativa acerca da atribuição do Prémio a Egas Moniz.
Diário Popular de 27/10/1949.

3.7 Mudar o passado?

O modo como encaramos o passado vai mudando. A apoteose que se seguiu à nobelização de Egas Moniz foi cedendo, a pouco e pouco, face a interrogações em suspenso e a críticas acumuladas. Com a introdução da clorpromazina na medicação dos doentes psiquiátricos e uma mais cuidada observância dos princípios éticos e deontológicos, a Psicocirurgia deixou de ser praticada em tão grande escala. O número de neurocirurgias equiparáveis à leucotomia pré-frontal e à lobotomia baixou drasticamente.

---

[157] Ibidem.

Cinco anos após ter recebido o Prémio Nobel, Egas Moniz profere uma conferência cujo texto é depois dado à estampa por diversas vezes. *A leucotomia está em causa* é o título.[158]

Servindo-se de um artifício retórico que consistiu em fazer outros falar em seu lugar, juntando, aqui e acolá, um ou outro comentário da sua lavra, Egas Moniz defendeu com denodo os seus pontos de vista, tendo reservado para outras circunstâncias o ajuste de contas pendente com Sobral Cid, entretanto já desaparecido.

O cientista que recolheu os louros de um método neurocirúrgico que, mau grado a controvérsia, se foi replicando, adaptando, generalizando e internacionalizando (conforme testemunha, entre outros, o próprio Olivecrona, em 1949), ainda veio também a assistir à crescente contestação das alegadas potencialidades terapêuticas que os seus defensores apregoavam, e ao gradual declínio da sua prática.

Sintomaticamente, na lição de despedida, em 1944, Egas Moniz reserva um espaço diminuto à leucotomia, alargando-se muito mais no tratamento da Angiografia.[159] A perda da importância relativa da leucotomia em favor da angiografia inscrevia-se claramente no discurso de Egas Moniz, no ano da sua quarta nomeação para o Prémio Nobel. Na circunstância, o autor reconhecia o carácter polémico da leucotomia e a insistência de certas críticas:

> Se me sobrar vida e disposição, ocupar-me-ei ainda com desenvolvimento do aspeto teórico da questão, pois se a operação foi acolhida por muitos com interesse, as suas bases não mereceram, entre os próprios psiquiatras organicistas, unanimidade de vistas. Há ideias preconcebidas que ficam em potencial de oposição.[160]

Imediatamente a seguir, ergue a sua barragem anti-metafísica, que retomará uma década depois, na sua já mencionada conferência *A Leucotomia está em causa*:

> Ocorre-me uma frase de Bailley, a este propósito, que julgo verdadeira: "A indignação dos que se opõem à leucotomia reside na convicção subconsciente de que a remoção de uma parte do cérebro rouba ao homem uma parte da sua alma."[161]

Proferindo esta sua *Última Lição*, em 29 de Novembro de 1944, Moniz teria já tido ecos de Estocolmo. O Prémio Nobel não lhe fora ainda atribuído nesse ano. Tal como ressalta do anteriormente explanado, as reservas e críticas colocadas ao método leucotómico eram partilhadas, em boa medida, inclusive, pelo avaliador da sua candidatura – o psiquiatra Essen-Möller – e pelo Comité Nobel.

Quatro anos após a sua jubilação, reunia-se em Lisboa o 1º Congresso Internacional de Psicocirurgia, selado pelo reconhecimento e apoio oficial do Estado Novo, quer

---

[158] MONIZ, Egas – *A leucotomia está em causa*, 1954.

[159] "De notar, de passagem, que na sua *Última Lição* com que em 29 de Novembro de 1944 se despede da docência, vinte páginas são dedicadas à Angiografia e apenas três à leucotomia" CASCAIS, António Fernando, "A cabeça entre as mãos: Egas Moniz, a psicocirurgia e o prémio Nobel", p. 33.

[160] MONIZ, Egas, *Última Lição*, Lisboa, Portugália, 1944, p. 25.

[161] MONIZ, Egas, Ob. Cit, p. 25.

através do financiamento de parte das despesas com o evento, quer pela presença, nas cerimónias de abertura e encerramento, de figuras gradas do regime.

Tudo apontava para a consagração celebrativa de Egas Moniz. Primeiro, porque a designação do novo método neuropsiquiátrico – a *Psicocirurgia* – fora cunhado por ele, por altura das "tentativas operatórias", com a experimentação da Leucotomia Pré--frontal; depois, porque a destacada participação de Freeman reforçava a união entre as duas maiores referências da *Psicocirurgia* – Egas Moniz e Walter Freeman – ressalvando sempre a precedência fundadora do cientista português; finalmente, porque, ao fazer aprovar uma moção que recomendava o Prémio Nobel para Egas Moniz, essa proposta se revelava igualmente um dos intuitos dos organizadores do Congresso de Lisboa.

Certo é que, tal como já sublinhámos anteriormente, Herbert Olivecrona engloba a realização deste 1º Congresso de Psicocirurgia na conta das manifestações internacionais que concorrem para a valorização da prática leucotómica e dos aspetos promissores do método.

ACADEMIA DAS CIÊNCIAS DE LISBOA

BIBLIOTECA DE ALTOS ESTUDOS

A LEUCOTOMIA ESTÁ EM CAUSA

POR

EGAS MONIZ
PRÉMIO NOBEL

Lição proferida em 20 de
Maio de 1954.

LISBOA — 1954

Fig. 6 - Capa da obra em que Egas Moniz faz a recensão das críticas ao método leucotómico

Porém, a par da glória finalmente coroada com o Prémio Nobel, outras linhas de argumentação menos lisonjeiras, faziam também a sua inscrição histórica.

> Several trends characterised the ensuing four decades of psychosurgery. Firstly, the population of patients operated on grew explosively, then collapsed. Only rough estimates are possible, but by 1954 more than 10.000 patients had undergone lobotomy in England and Wales and several times that number in the United States. The claim that violence might be due to surgically treatable brain disease led to fears that psychosurgery

would be misused to address complex social problems, such as the urban violence of the 1960s in the United States. By the 1970s, only a few hundred operations were being done annually, and in subsequent years the number declined further.[162]

Boa parte dos estudos de acompanhamento pós-operatório era realizada pelos mesmos membros das equipas clínicas que efetuavam as neurocirurgias. Examinando os resultados do seu próprio trabalho, os "experimentadores - avaliadores" terão tendido a valorizar mais entusiasticamente o que consideraram, em virtude da sua própria obra, sinais positivos de recuperação, enquanto depreciavam as sequelas, prestando-lhes menor atenção.

The lobotomy started to fall out of favor as the follow-up neurologic sequelae became more evident. Reports in the scientific and medical literature suggested that the efficacy of the lobotomy was dubious. Moreover, the clinical indications were rather poorly defined and its side-effects could be severe. Inertia, unresponsiveness, decreased attention span, blunted or inappropriate affect, and dis-inhibition led to the conclusion that the treatment was worse than the disease. It became clear that many unqualified practitioners were performing lobotomies in unsterile conditions, further increasing the risk of serious and sometimes fatal sequelae. Thereafter, lobotomy became less and less popular, and, in many countries and states, illegal. Many criticized the practice of merely quieting, rather than curing, the patient.[163]

A interpretação dos resultados que Egas Moniz fez da primeira série de leucotomias pré-frontais que levou a cabo com Almeida Lima, entre 1935 e 1936, levantou fortes reservas. É comum encontrar-se na literatura da especialidade, quer relativamente ao voluntarismo frenético de Walter Freeman, quer relativamente à postura esperançosa de Egas Moniz, traduzida, a quente, num artigo histórico,[164] comentários assinalando estupefação, mesmo quando equilibrados e respeitosos acerca das figuras em causa.[165]

---

[162] OVSIEW, F, e FRIM, D. M, "Neurosurgery for psychiatric disorders", *J. Neurol. Neurosurg. Psychiatry*, 63, 1997, p. 701. "Várias tendências caracterizaram as seguintes quatro décadas de psicocirurgia. Em primeiro lugar, a população de pacientes operados cresceu explosivamente, para entrar, logo a seguir, em colapso. Apenas estimativas grosseiras são possíveis, mas em 1954 mais de 10.000 pacientes foram submetidos a lobotomias na Inglaterra e no País de Gales e várias vezes esse número nos Estados Unidos. A alegação de que a violência se podia dever a doenças cerebrais tratáveis cirurgicamente levou a temores de que a psicocirurgia poderia ser indevidamente usada para fazer face a problemas sociais complexos, como a violência urbana da década de 1960 nos Estados Unidos. Na década de 1970, apenas algumas centenas de operações foram sendo feitas anualmente, e nos anos seguintes o número diminuiu ainda mais".

[163] MASHOUR, George A. WALKER ERIN E. e MARTUZA, Robert L. "Psychosurgery: past, present and future", *Brain Research Reviews*, 48, 2005, pp. 411-412. "A lobotomia começou a cair em desuso, à medida que o acompanhamento das sequelas neurológicas se tornou mais evidente. Relatos na literatura médica e científica sugeriam que a eficácia da lobotomia era duvidosa. Além disso, as indicações clínicas eram bastante mal definidas e os seus efeitos colaterais podiam ser graves. Inércia, apatia, diminuição da capacidade de concentração, afetividade embotada ou inadequada, e desinibição levaram à conclusão de que o tratamento era pior do que a doença. Tornou-se claro que muitos profissionais não qualificados realizavam lobotomias em condições não estéreis, aumentando ainda mais o risco de sequelas graves e às vezes fatais. Depois disso, a lobotomia tornou-se cada vez menos popular, e, em muitos países e estados, ilegal. Muitos criticaram a prática da mera ação de acalmar em vez de curar o paciente.

[164] MONIZ, Egas, *Tentatives opératoires dans le traitement de certaines psychoses*, Paris, Masson, 1936.

[165] "Os princípios da psicocirurgia são fulgurantes. (...) Ao fim de quatro meses, Moniz observou uma cura clínica ou «social» em sete casos, uma melhoria em sete outros, e nenhum resultado em seis casos. A conclusão dos

Ganha, assim, um significado especial a publicação, em 1957, do estudo de 197 casos de leucotomizados,[166] baseado no Hospital Júlio de Matos, com, segundo o autor, a cooperação de, entre outros, Almeida Lima e Barahona Fernandes. A circunstância merece uma referência especial, já que estes últimos foram colaboradores ativos de Egas Moniz, tendo participado ambos – Almeida Lima, na prática cirúrgica, sob a orientação direta de EgasMoniz, Barahona Fernandes, em várias avaliações pós-operatórias – em numerosas publicações que, com raríssimas exceções, descreviam favoravelmente os resultados da emergente Psicocirurgia. Além disso, no coletivo da revista em que o estudo foi publicado, António Flores, neurologista de mérito reconhecido, ocupava igualmente um lugar proeminente na direção redatorial, para além de, juntamente com Barahona Fernandes, entre outros, ter proposto ao Karolinska Institutet, de Estocolmo, a nomeação de Moniz para candidato ao Prémio Nobel de 1949.[167]

A sistematização e interpretação dos resultados, de acordo com uma grelha cuidadosamente estruturada, são concludentes.

O autor compara o registo do estado dos leucotomizados seis meses após a operação, conjugando os factores do foro psiquiátrico e psicológico com as dimensões sócio-económicas (integração social, incluindo a familiar) e traça o quadro a seguir reproduzido.[168]

TABLEAU n.º 3

Classification	Totaux	6 mois				Catamnèse				
		R D	S A	A	Morts	R S	R D	S A	A	Morts
Schizophr. paranoïdes	99	16	52	25	6	4	9	28	42	16
Hébéphrénies.	41	3	22	13	3	—	3	9	18	11
Psych. m. dépress.	16	6	9	—	1	2	3	9	1	1
Psych. atypiques	8	2	4	2	—	—	3	2	2	1
Épilepsies.	5	—	4	—	1	—	—	4	—	1
Olygophrénies	12	—	7	4	1	—	—	7	3	2
Psych. organiques	2	—	—	1	1	—	—	—	—	2
Psychopathies	6	—	3	2	1	—	—	3	1	2
Névroses	7	7	—	—	—	1	6	—	—	—
Sans maladie mentale	1	1	—	—	—	1	—	—	—	—
Totaux	197	35	101	47	14	8	24	62	67	36	16%

Tabela 1 - Catamnese de Nunes da Costa[169]

seus primeiros ensaios foi que «a destruição de certas porções dos centros ovais dos lóbulos frontais dos doentes mentais provoca notáveis alterações da sua sintomatologia psíquica. A relação entre as lesões cerebrais e as perturbações psíquicas pareceu-nos evidente. Há muito a investigar nesta orientação neurológica; ela permitirá grandes progressos na psiquiatria". Como o dirão Freeman e Watts alguns anos mais tarde, "sem lóbulos frontais, deixará de haver psicose". JEANNEROD, Marc – Sobre a fisiologia mental. História das relações entre Biologia e Psicologia, pp. 81 – 82.

[166] COSTA, Nunes da – "Catamnèse de 197 leucotomies." Anais Portugueses de Psiquiatria, Vol. IX, Lisboa, Hospital Júlio de Matos, Dezembro de 1957, Nº 9.

[167] Arquivos Nobel, Vol. de 1949.

[168] COSTA, Nunes da, Ob. Cit, p. 33.

[169] A seguir à coluna dos "Totaux", as siglas significam: RD – Remissão com Defeito; SA – Sem Alteração; A – Agravamento. Após a coluna seguinte, "Morts", RS – Remissão Social; RD – Remissão com Defeitos; SA – Sem alteração; e A – Agravamento.

Comparando as duas séries de resultados, constata-se que, para esta amostra de 197 indivíduos, a remissão minimamente satisfatória totaliza cerca de 16%. Mesmo assim, o autor do estudo, ao descrever essas duas categorias, não deixará de frisar que considerou "Remission Sociale" (RS)

> a) (...) disparition des symptômes, petit déficit[170] de la personnalité; intégration sociale à un niveau inférieur;

Descrevendo, nas alíneas seguintes, as restantes codificações:

> b) Rémission avec défaut (RD) – disparition ou soulagement des symptoms; deficit remarquable de la personnalité; intégration sociale à un niveau inférieur.
> c) Sans Altération (SA) – symptômes sans altération ou avec des altérations isolées; petit deficit de la personnalité; situation hospitalière ou familière sans altération, sans ou avec des modifications de l'adaptation.
> d) Aggravation (A) – symptômes sans altération ou aggravés; deficit remarquable de la personnalité; situation hospitalière ou familière sans altération, sans ou avec des modifications de l'adaptation.[171]

O autor do estudo tem consciência de que os resultados que apresenta e a interpretação que deles faz vão ao arrepio daquilo que no seu meio era, até então, considerado, por muitos, normal ou correto. Torna-se, por isso, particularmente interessante atentar num dos pressupostos teóricos e deontológicos da sua postura intelectual.[172]

À imagem do princípio político da separação de poderes, o princípio da separação entre a atividade clínica e a atividade de investigação experimental tornara-se incontornável na reflexão médica e científica.

Nunes da Costa refere-se diretamente a essa questão:

> Dans la leucotomie, cette distinction entre les buts du médecin et de l'investigateur possède à nôtre avis une particulière importance, pour deux raisons basilaires: la première car, sans se diriger à des situations où la vie du malade soit en risque et l'action du médecin puisse résulter décisive, tout de suite elle fait monter au premier plan la valeur humaine de la vie psychique du malade; la seconde car, comme la leucotomie est à la fois

---

[170] «Nous tenons comme petit déficit de la personnalité un petit effacement de l'affectivité, de l'initiative ou de l'idéation, et comme déficit remarquable un fort effacement de ces fonctions, accru ou non d'altérations du caractère et de la conduite» COSTA, Nunes da, "Catamnèse de 197 leucotomies", *Anais Portugueses de Psiquiatria*, Vol. IX, Dezembro de 1957, Nº 9, Lisboa, Hospital Júlio de Matos, p. 20, Nota 1.

[171] COSTA, Nunes, Ob. Cit, p. 20. "a) ... desaparecimento dos sintomas, pequeno défice de personalidade; integração social a um nível inferior; b) Remissão com defeito (RD) - desaparecimento ou alívio dos sintomas; déficit notável da personalidade integração social num nível inferior./c) sem alteração (SA) - sintomas sem alteração ou com alterações isoladas pequeno déficit da personalidade; situação hospitalar ou familiar sem alteração, com ou sem modificações da adaptação. /d) Agravamento (A) - sintomas sem alteração ou agravados, déficit notável da personalidade; situação hospitalar ou familiar sem alteração, com ou sem alterações na adaptação.

[172] Para além de o autor nunca referir, no estudo citado, a explicação para um leucotomizado "sans maladie mentale"...

une méthode d'investigation scientifique et une thérapeutique, il lui est facile de nous induire à classifier les résultats selon un critère empirique ou trop exclusiviste, pendant qu'en réalité différents critères s'imposent. Quand nous parlons, par ex., d'améliorations cliniques, il se peut bien que nous ne veuillons par là que signifier le soulagement de certains symptômes, sans tâcher d'apprendre ce que par eux-mêmes ils peuvent déjà exprimer comme diminution de valeur par rapport au malade.[173]

Desta *nova* postura resultou um diferente compromisso entre o campo limitado do que se aceitava ver, antes, e o esboço de um novo protocolo de observação.

3.8 Christine Johnson e a ideia de desnobelização

Nos Estados Unidos, depois da execração de Walter Freeman, – *The lobotomist*[174] – as problemáticas associadas ao tratamento das doenças mentais vêm à tona mediática ciclicamente.

Entre meados dos anos 30 e finais dos anos 50 do século passado, algumas figuras mais conhecidas deram rosto a uma multidão de leucotomizados e lobotomizados cujos exemplos jazem na sombra do esquecimento e do anonimato. Rosemary Kennedy, irmã de John F. Kennedy (que foi Presidente dos Estados Unidos); Sigrid Hjertén, pintora sueca; Raúl Proença, escritor português. O friso de leucotomizados ou lobotomizados é numeroso. Estes são apenas alguns dos exemplos mais conhecidos.

Ora foi exatamente por aqui, pela injustiça que reside em recordar uns e não outros, que começou Christine Johnson, a mulher norte-americana que criou um Memorial dos Lobotomizados (virtual) – Psychosurgery.org[175] – empreendendo, a seguir, uma campanha pela retirada do Prémio Nobel a Egas Moniz.

Bibliotecária, com um Mestrado em Técnicas Documentais e Informação Científica, Christine Johnson decidiu tomar em mãos a causa da *maioria silenciosa* dos lobotomizados. A motivação principal, segundo ela própria, advém do facto de a sua avó ter sido submetida a uma lobotomia, em 1954, permanecendo no Hospital Psiquiátrico cerca de vinte anos.

Christine Johnson considera os lobotomizados vítimas de um erro da ciência, e a lobotomia uma tragédia. O seu objetivo – segundo ela própria – é impedir que as vítimas, o erro e a tragédia sejam esquecidos. Acrescenta que, desse modo, dará uma contribuição significativa para que se evite a repetição de acontecimentos semelhantes.

---

[173] COSTA, Nunes da, Ob. Cit, p. 15. "Na leucotomia esta distinção entre os objetivos do médico e os do investigador tem, em nossa opinião, uma particular importância por dois motivos basilares: primeiro, porque sem se dirigir a situações em que a vida do doente está em risco e ação médico pode ser decisiva, levanta imediatamente para primeiro plano o valor humano da vida psíquica do doente, o segundo, porque, como leucotomia é ao mesmo tempo um método de investigação científica e uma terapêutica fácil de induzir-nos a classificar os resultados de acordo com um critério empírico ou muito exclusista, enquanto que, na realidade, diferentes critérios se impõem. Quando falamos, por exemplo, de melhoria clínica, pode muito bem acontecer que apenas queiramos dizer com isso o alívio de certos sintomas, sem tentar apreender o que eles próprios podem já exprimir como diminuição do valor relativamente ao doente."

[174] Assim lhe chamavam, de acordo com uma biografia com esse mesmo título publicada há cinco anos: EL-HAI, Jack – *The Lobotomist. A Maverick Medical Genius Tragic Quest to Rid the World of Mental Illness*, New Jersey: Wiley & Sons, 2005.

[175] O endereço web do Portal é http://www.psychosurgery.org/

Christine Johnson promoveu uma campanha que aconselhava o envio maciço de mensagens de email para o Comité Nobel, enquanto alguns jornais de referência iam publicando artigos alusivos a essa questão.

A iniciativa de responsabilizar o Comité Nobel por ter potencializado, com a atribuição do Prémio Nobel a Egas Moniz, a multiplicação das práticas psicocirúrgicas em todo o mundo, encorajando a utilização extensiva do método, adequa-se bem à estratégia que definiu, ao tomar o estrito ponto de vista da preservação da memória dos lobotomizados. Do ponto de vista da sua estratégia, a campanha tornar-se-ia mais dramática e apelativa se lhe juntasse um objetivo que não se limitasse a interpelar o destinatário (o Comité Nobel), mas que o provocasse e lhe exigisse que, à guisa de reparo moral, fizesse algo altamente difícil e improvável. Algo que bulisse com os poderes aparentes e efetivos dos humanos, que dá às instituições a solidez mnésica que explica o seu prolongamento no tempo: a solidariedade histórica com os que já desapareceram; algo que tivesse a ver com uma versão da história e a gestão da memória.

Assim, quando Christine Johnson[176] formulou o objetivo de exigir ao Comité Nobel que retirasse o Prémio Nobel a Egas Moniz, ela sabia que, com exceção da previsível adesão da maioria dos *media* de todo o mundo, certamente sensíveis a uma estória tão absurda, a exigência não poderia, com certeza, ser satisfeita. Mesmo assim, ciente de que estava a pedir o impossível, prosseguiu.

A primeira reação da Fundação Nobel foi a publicação de um artigo de Bengt Jansson, intitulado "Controversial Psychosurgery Resulted in a Nobel Prize", divulgado no site Nobel Prize. Org,[177] gerido pelo e-Museu e pela Fundação Nobel.

O autor descreve, a traços largos, a génese da Psicocirurgia, sustentando que, dado o contexto terapêutico da época, a leucotomia conseguia, pelo menos, tornar mais aceitável a vida dos leucotomizados e dos seus próximos. Depois, com o surgimento dos primeiros neurolépticos, no início dos anos 50, a medicação passou gradualmente a constituir uma alternativa à Psicocirurgia, sendo que, no início dos anos sessenta, as formas modificadas (mais precisas e rigorosas) que lhe sucederam, foram-se tornando cada vez menos frequentes.

Uma das principais razões que Bengt Jansson aponta para que o método de Egas Moniz tivesse sido aceite, enquanto as tentativas anteriores não tinham vingado, reside no prestígio e na notoriedade de Egas Moniz, em virtude da descoberta da Angiografia Cerebral. A replicação e internacionalização do método angiográfico criou relações de confiança e aceitabilidade que favoreceram a divulgação da leucotomia pré-frontal.

Para explicar a popularidade do método nos anos 40, o autor socorre-se de um outro artigo, publicado em 1995,[178] que aponta, primeiro, a inexistência de terapêuticas alternativas; segundo, o número elevadíssimo de doentes mentais que se acumulava nos hospitais psiquiátricos, com 100.000 novos doentes entrados em 1943, dos quais só 67.000 tiveram alta, enquanto em 1946, cerca de metade das camas dos hospitais públicos estava ocupada por doentes mentais; terceiro, a alta taxa de mortalidade

---

[176] Alguma da informação referida neste subcapítulo baseia-se na troca de correspondência com a própria Christine Johnson.

[177] O endereço exacto do artigo online é http://nobelprize.org/medicine/articles/moniz/index.html

[178] SWAYZE II, VW: "Frontal leukotomy and related psychosurgical procedures in the era before antipsychotics (1935-1954): A historical overview". *American Journal of Psychiatry 1995*, 152 (4):505-515.

entre os doentes mentais devido à tuberculose e a outras infecções hospitalares que aconselhavam períodos de internamento mais curtos.

Bengt Jansson, finalmente, concorda que Egas Moniz mereceu, de facto o Prémio Nobel, tendo os efeitos secundários, que afetavam a personalidade dos leucotomizados, sido relatados de forma neutra, não havendo no texto arrumado sob esse subtítulo, qualquer comentário.

Depois deste artigo, que os promotores da mencionada campanha tomaram como resposta oficiosa do Comité Nobel, seguiu-se uma carta de Christine Johnson ao Comité Nobel. [179]

Dear Sir or Madam, [179]

My name is Christine Johnson and I am the founder of Psychosurgery.org. We are a collection of lobotomy victims and their families who are still trying to recover from the immense damage that lobotomy, leucotomy, and related operations did to our families.

It is difficult to describe how painful your posted article on Egas Moniz is to us. In our years of talking to victims we have found no one who was helped by these operations. Not one. We have members who Moniz and Freeman claimed as success stories who will attest that those assertions were false. These doctors hurt us, they did not help us in any way. Many of the discharged people went on to lead horrible lives - often their children were put into foster care. The worst part of the article is the claim that it was only used when there were, "...very special indications such as in severe anxiety, and compulsive syndromes which have proved to be resistant to other forms of therapy." This is not true. One boy was lobotomized when he was 12 years old for delinquent behaviour.

One woman's mother was lobotomized while pregnant for headaches. My own grandmother was lobotomized in 1954 and was still held in a psychiatric hospital for twenty years. Obviously there was no great cure there.

Your author asserts that we should not feel indignant because it was the only treatment available at the time. That is a disgusting, cavalier statement that could only be made by a person who did not live through being victimized by psychosurgery. Our relatives were severely damaged and we are angry about it.

The members of our group would like you to take that article down from your website. We find it to be extremely hurtful and insulting. Frankly, we place some of the blame of what happened to us at the Nobel Committee's feet... if you had not endorsed this monstrous treatment perhaps some of us might have been spared.

We look forward to a response on this matter.

Sincerely,

Christine Johnson
Founder, Psychosurgery.org "

---

[179] Caro Senhor ou Senhora,/Chamo-me Christine Johnson e sou fundadora do site Psychosurgery.org. Somos um grupo de vítimas da lobotomia e suas famílias que continuam a tentar recuperar do imenso prejuízo que a lobotomia, leucotomia e outras operações semelhantes trouxeram às nossas famílias./É difícil descrever quão doloroso é para nós o artigo que publicaram sobre Egas Moniz. Não encontrámos ninguém que tivesse melhorado com estas operações. Nem um. Temos membros que Moniz e Freeman apresentaram como histórias de sucesso que irão testemunhar que essas afirmações eram falsas. Esses médicos feriram-nos; não nos ajudaram de todo. Muitas das pessoas que receberam alta levaram uma vida horrível - em muitos casos, os seus filhos tiveram de ser colocados em orfanatos./A pior parte do artigo é a alegação de que a lobotomia foi usada apenas quando havia "... indicações muito especiais, como na ansiedade severa, e síndromas compulsivos que provaram ser resistentes a outras formas de terapia." Isso não é verdade. Um menino foi lobotomizado quando tinha 12 anos por comportamento delinquente./Uma mãe foi lobotomizada durante a gravidez por ter dores de cabeça. A minha própria avó foi lobotomizada em 1954 e esteve confinada num hospital psiquiátrico durante vinte anos. Obviamente que não havia grande cura por ali./O seu autor afirma que não devemos sentir-nos indignados, porque se tratava do único tratamento disponível nesse tempo. Essa é uma afirmação repugnante e arrogante que só poderia ser feita por uma pessoa que não foi vítima da psicocirurgia. Os nossos familiares foram severamente atingidos e nós estamos irados com isso./Os membros do nosso grupo gostariam que retirasse esse artigo do site. Achamos que é extremamente agressivo e insultante. Francamente, atribuímos parte da culpa do que nos aconteceu ao comité do Nobel... se não tivesse credibilizado este tratamento monstruoso talvez alguns de nós pudéssemos ter sido poupados./Aguardando uma resposta sobre este assunto./Atenciosamente,/Christine Johnson/Fundadora do Psychosurgery.org.

O respetivo texto foi afixado no portal *Psychosurgery.org*, para que o exemplo pudesse ser seguido e mensagens iguais ou semelhantes fossem enviadas para Estocolmo. Os aderentes da campanha poderiam copiá-lo e fazê-lo seguir. [180]

"The Nobel Prize Committee[180] would like to whitewash their terrible error in awarding Egas Moniz half of the Nobel Prize for the prefrontal leucotomy in 1949. In an article they have on their website about the "controversy" regarding Moniz's win, they have the gall to say: "However, I see no reason for indignation at what was done in the 1940s as at that time there were no other alternatives!" http://www.nobel.se/medicine/articles/moniz/index.html Perhaps the Nobel people would see it differently if it had been their loved one whose brain was under the knife. The Nobel Committee has never taken responsibility for the fact that they awarded a prize for an operation that was a total failure and without any scientific merit. In the United States alone lobotomy, leucotomy, and related operations resulted in at least 50,000 surgical casualties. Through the Committee's actions, they endorsed this brutal operation and provided justification for thousands of more operations. Psychosurgery.org has made our complaints to the Nobel Prize Committee known, but so far they have not even bothered to answer us. Please help us put some pressure on them! Email the Nobel Prize Committee at comments@nobel.se and tell them that their article about Moniz's prize is unacceptable. Let them know it's high time they apologized to the victims of psychosurgery and took responsibility for their grave error. We have tried to tell them that it's not so easy to be cavalier about lobotomy and leucotomy when it has affected someone you love. They won't listen to us alone, but maybe they will if you help! If you do email them, please copy Christine@pscyhosurgery.org. THANK YOU FOR YOUR HELP!"

3.9 Resposta em nome da Fundação Nobel

Cerca de seis semanas depois, a 15 de Julho de 2004, finalmente, a Fundação Nobel, através de uma responsável do Nobel e-Museum, respondia a Christine Johnson:

---

[180] "O Comité do Prémio Nobel gostaria de redimir-se do seu erro terrível ao atribuir a Egas Moniz meio Prêmio Nobel para a leucotomia pré-frontal, em 1949. Num artigo que figura no site da Fundação Nobel sobre a "controvérsia" relativa ao prémio de Moniz, têm a ousadia de dizer:/No entanto, não vejo nenhuma razão para indignação com o que foi feito na década de 1940 dado que na época não havia outras alternativas!" Http://www.nobel.se/medicine/articles/moniz/index.html/Talvez as pessoas da Fundação Nobel vissem o assunto de maneira diferente se tivessem sido os seus entes queridos a terem o cérebro sob a faca./O Comité Nobel nunca assumiu a responsabilidade do fato de terem atribuído um prémio a uma operação que foi um fracasso total e sem qualquer mérito científico. Só nos Estados Unidos, a lobotomia, a leucotomia, e operações afins tiveram por resultado pelo menos 50.000 baixas cirúrgicas. Através da atuação do Comité, que aprovou esta operação brutal e justificou milhares de outras operações./Psychosurgery.org apresentou os seus protestos ao Comité Nobel, mas até agora o Comité não se preocupou em nos responder. Por favor, ajude-nos a exercer pressão sobre ele! Envie um email ao Comité Nobel para comments@nobel.se e diga-lhe que o artigo sobre o prêmio de Moniz é inaceitável. Faça-os saber que chegou o tempo de apresentar desculpas às vítimas da psicocirurgia e assumir a responsabilidade pelo seu grave erro./Tentámos dizer-lhes que não é tão fácil ser realista sobre a lobotomia e leucotomia quando isso afetou alguém que ama. Eles não nos dão ouvidos, mas talvez o façam com a sua ajuda!/Se enviar o email, por favor faça seguir cópia para Christine@pscyhosurgery. org./OBRIGADO PELA AJUDA.

Dear Ms Johnson,[181]

Please accept our apologies for this late response.
The purpose of the essays on the Nobel e-Museum is, amongst other things, to inform the general public about previous Nobel Prizes, to give some background information and to describe the history that led to the awarding of the prizes. The essay «Controversial Psychosurgery resulted in a Nobel Prize» by Bengt Jansson, a former Professor of Psychiatry, who lived and worked during the time when this controversial therapy was introduced and practiced, is such an example. The Nobel archives are kept closed for 50 years after the awards have been made. It has therefore not been possible until recently (1999) to comment publicly on the prize to Egas Moniz (1949) based on information in the archives. When the archives were made accessible, the editorial board of NeM found it important to invite a knowledgeable expert to write an essay on this controversial and heavily criticized prize.
The essay describes the history leading to the establishment of lobotomy as a treatment for psychiatric disease for which, at the time, there was no effective alternative therapy. Treatment changed dramatically when first ECT, and somewhat later neuroleptic drugs were introduced. The opinions expressed in the essays are those of the author and not the editorial board. However, the editorial board thinks that the essay in a fair, critical and balanced way recapitulates the history and the period following the gradual abandoning of lobotomy. We therefore are unwilling to remove it from our repertoire of essays.
We have also consulted Professor Jansson who has read your e-mail and decided not to change the text. We sympathize with your views expressed in your letter regarding the long-term, negative consequences of lobotomy. Fortunately, thanks to continuous research efforts, which have led to the development of new neuroleptic drugs, the medical profession can today offer much more humane and effective therapies for the severely mentally ill patients.
Yours sincerely,
Agneta Wallin Levinovitz
Executive Editor
Nobel e-Museum

The Nobel Foundation

Nessa resposta, a Fundação Nobel, por intermédio da Editora Executiva do Nobel e-Museum, reconheceu a importância internacional da campanha, decidindo reagir e pondo, assim, pelo seu lado, uma pedra sobre o assunto. Para Christine Johnson e para os outros ativistas em campanha, os objetivos foram aparentemente atingidos, pois não

---

[181] "Cara Sra. Johnson,/Por favor, aceitem as nossas desculpas por esta resposta tardia./O objetivo dos ensaios sobre o e-Museu Nobel é, entre outras coisas, o de informar o público em geral sobre os prêmios anteriores do Nobel, para dar algumas informações de contexto e descrever a história que levou à atribuição dos prémios. O ensaio "A psicocirurgia Controversa resultou num prémio Nobel" de Bengt Jansson, antigo Professor de Psiquiatria, que viveu e trabalhou durante o tempo em que esta terapia controversa foi introduzida e posta em prática, é um exemplo disso. Os arquivos Nobel são mantidos secretos por 50 anos após a a atribuição dos prémios. Consequentemente, não foi possível até recentemente (1999) comentar publicamente o prêmio de Egas Moniz (1949) com base nas informações dos arquivos. Quando os arquivos se tornaram acessíveis, o conselho editorial de NEM achou importante convidar um perito experiente para escrever um ensaio sobre esse prémio polêmico e muito criticado. /O ensaio descreve a história que conduz à prática da lobotomia como tratamento de doenças psiquiátricas para as quais, nesse tempo, não havia terapia alternativa eficaz. O tratamento mudou radicalmente quando os ECT primeiro, e um pouco mais tarde os neurolépticos foram introduzidas. As opiniões expressas no ensaio são as do autor e não da redação. No entanto, o conselho editorial pensa que o ensaio, recapitula de maneira crítica e equilibrada a história e o período que seguiu o gradual abandono da lobotomia. Assim, não estão dispostos a retirá-lo do nosso repertório de ensaios./Também consultámos o Professor Jansson que leu o seu e-mail e decidiu não alterar o texto. Somos sensíveis aos pontos de vista que expressou na sua carta sobre as consequências negativas da lobotomia a longo prazo,. Felizmente, graças aos esforços de pesquisa contínua, que levaram ao desenvolvimento de novos neurolépticos, a medicina pode hoje oferecer terapias muito mais humanas e eficazes aos pacientes com doenças mentais graves./Atenciosamente,/Agneta Wallin Levinovitz/Editora Executiva/Nobel e-Museu Nobel/A Fundação Nobel.

teriam contado nunca com a possibilidade efetiva de convencer a Fundação Nobel a nada mais do que, correndo tudo de feição, uma resposta oficial, fosse ela qual fosse. Deste jeito, o assunto tem sido bastante ventilado nos *media*. O facto de os ativistas desta causa estarem a interpelar uma instituição centenária e, em vez de tentarem pôr a nu as circunstâncias em que o prémio foi atribuído, optarem por requerer a *desnobelização* de Egas Moniz, coloca duas questões do mais vasto interesse para a história dos cientistas nobelizados.

Em primeiro lugar, se abstraíssemos os contextos em que os prémios foram atribuídos, a revisão daqueles que tiveram ou não tiveram merecimento à luz de conhecimentos adquiridos nos anos seguintes, levaria, por piores ou melhores razões, a retirar o galardão a vários.

A contestação de figuras agraciadas com o Prémio Nobel não é de hoje. Há uma copiosa bibliografia tratando de controvérsias em torno de nobelizados que não teriam merecido o prémio, tal como de bastantes não premiados que deveriam tê-lo sido.

Kissinger, Arafat (entre os que o receberam indevidamente, na opinião de muitos); Gandhi, entre os que mereciam e não receberam; Adolf Hitler chegou a ser nomeado por um membro do Comité Nobel, em 1939.

Da Paz para as ciências, Sigmund Freud (1856-1939) foi nomeado por doze vezes, mas nunca premiado. Julius Wagner-Jauregg (1857-1940) recebeu o Prémio, em 1927, pela "descoberta do *valor terapêutico* da inoculação da malária no tratamento da demência paralítica", originando a *malarioterapia* que também foi praticada em Portugal. Um cientista alemão, Fritz Haber (1868-1934), envolvido na produção do gás mostarda, utilizado nas trincheiras da Primeira Grande Guerra, recebeu o Prémio Nobel da Química, em 1918, pela síntese do amoníaco a partir dos seus constituintes (hidrogénio e azoto). O empenhamento de Fritz Haber na síntese de gases letais, em apoio do esforço de guerra alemão, não se compagina com o ideal de Alfred Nobel, expresso no seu testamento, de premiar as descobertas e os inventos que pudessem contribuir para o bem-estar e felicidade humanos. A coincidência da atribuição do prémio no final da 1ª Grande Guerra não podia deixar de levantar dúvidas.

Além do mais, a mudança de perspetiva e as alterações de contexto levam a sucessivas interpelações aos produtos "tecnológicos de base científica", e a pôr em causa avaliações científicas anteriores. O caso mais singelo talvez seja o do DDT. Paul Hermann Müller (1899-1965) recebeu o Prémio Nobel da Fisiologia ou Medicina em 1948 (um ano antes de Moniz) pela alta eficácia do inseticida desenvolvido no seu laboratório (na Suíça). Anos depois, o uso do DDT começou a ser abandonado quando se "descobriu" que prolongava os seus efeitos agressivos no ambiente, atingindo os processos reprodutivos de peixes e pássaros, além de muitos outros exemplos de bioacumulação.[182]

Como se pode ver, as contradições são muitas. Porém, se nalguns casos os nomeadores tentaram corrigir a mão, fazendo justiça a alguém que merecia o prémio sem o ter recebido, ainda não aconteceu retirarem-no a quem quer que o tivesse já recebido.

---

[182] LEVINOVITZ, Agneta Wallin e RINGERTZ, Niels, (Ed.), *The Nobel Prize: The First 100 Years*, London, Imperial College Press and World Scientific Publishing Co, 2001. Disponível também online, em [http://nobelprize.org/medicine/articles/lindsten-ringertz-rev/]. Anote-se que, recentemente, foi admitida a reutilização do DDT, com medidas precaucionárias especiais (*International Herald Tribune* de 15/09/2006).

3.10 Enigma periférico

Não é possível compreender como o Comité Nobel pôde galardoar um cientista português, vivendo e trabalhando em Portugal, em meados do século XX, se olharmos apenas para ele, professor jubilado, nos seus 75 anos, de saúde periclitante e já praticamente afastado da investigação; ou, então, olhando somente para Portugal, onde, a um ambiente avesso à criatividade e à investigação, se somavam as perseguições e prisões por motivos políticos, levando muitos intelectuais ao exílio, após terem sido expulsos das universidades e de outros cargos públicos. Como salientou Hermínio Martins, o "nacionalismo metodológico"[183] impede-nos de abarcar processos cuja vastidão não se conforma com fronteiras tradicionais.

A figuração moniziana – aqui no sentido dos processos, fluxos e redes de interações em que Moniz tomava parte[184] – tinha uma solidez institucional forte, mercê dos cargos de direção hospitalar e académica que detinha; contava com uma neutralidade pactuante por parte de importantes setores do Estado Novo, e prolongava-se em França, Itália, Alemanha, Inglaterra, Estados Unidos da América e Brasil. As suas ligações políticas de outrora, a par dos estágios no estrangeiro após a formatura na Universidade de Coimbra, e dos cargos diplomáticos que desempenhou durante o Sidonismo, em conjugação com regiões de influência onde a adoção da Angiografia Cerebral se consolidou, dotaram-no de uma plataforma internacional, onde a autoridade das Sociedades Médicas, as Academias, Institutos, Hospitais e Clínicas se articulavam para lhe conferir apoios, credibilidade científica e uma ampla notoriedade.

Muitos dos seus artigos foram publicados em revistas científicas de autoridade firmada e circulação internacional, lidas praticamente no mundo inteiro. A replicação e adoção do seu método angiográfico de diagnóstico foram assinaladas, do Japão à Escandinávia, e do Canadá à Argentina.

Quando, em finais de 1935, procedeu às primeiras "Tentatives opératoires...",[185] já tinha sido nomeado por duas vezes para o Prémio Nobel da Medicina ou Fisiologia (1928 e 1933). A aceitação das suas propostas; a adoção dos seus métodos; as avaliações dos resultados distribuem-se por *figurações* que não se confinam à pessoa (sem embargo do destaque individual afirmado nessas *figurações*) nem às fronteiras nacionais.

Setores muito significativos das comunidades científicas (que não só das ciências médicas) apoiaram-no e partilharam com ele o entusiasmo, a perspetiva que então dominava acerca do grau de adequação dos métodos terapêuticos, e a apreciação sobre os resultados.

Egas Moniz foi um cientista bem-sucedido numa época e num espaço de relações que constituem uma configuração histórica e cultural bastante vasta e coerente.

---

[183] "Em geral, o trabalho macro-sociológico submeteu-se largamente a pré-definições nacionais de realidades sociais: uma espécie de nacionalismo metodológico - que não coexiste necessariamente com o nacionalismo político por parte do investigador - impõe-se a si mesmo na prática como a comunidade nacional como a unidade terminal e condição limite para a demarcação de problemas e fenómenos para a ciência social". MARTINS, Hermínio – *Hegel, Texas e outros Ensaios de Teoria Social*, Lisboa, Edições Século XXI, 1996, p. 144.

[184] Na mesma acepção que temos vindo a utilizar desde o início: ELIAS, Norbert – *A Sociedade dos Indivíduos*, Lisboa, Dom Quixote, 1993, e ELIAS, Norbert – *Introdução à Sociologia*, Lisboa, Edições 70, 2005.

[185] MONIZ, Egas – *Tentatives opératoires dans le traitement de certaines psychoses*.

A excessiva fulanização do julgamento a que recorre a referida campanha pela desnobelização, mesmo para efeitos de marketing ao serviço de causas nobres, empobrece a abordagem e esvazia o interesse cultural do lance polemizador.

Analisando as questões em apreço, não é possível acrescentar seja o que for, com algum interesse, retirando Egas Moniz do âmbito das suas *figurações*.

3.11 O leito de Procusto

Apesar de se tratar de uma figura de estilo um tanto abusada, o exemplo do velho delinquente da Ática não podia vir mais a propósito. Os resultados, as demonstrações e os estudos de acompanhamento dos leucotomizados e lobotomizados obedeceram a normas muito variáveis, repousando forçadamente na forma do leito para eles preparado. Tal como na história de Procusto, foi necessário esticar os resultados que não se adequavam convenientemente à forma do leito, amputando aqueles que o ultrapassavam.

Os primeiros resultados produzidos por Egas Moniz e Almeida Lima, que fundamentaram "estatisticamente" o optimismo que se seguiu, foram, mais tarde, em geral, considerados intempestivos e enviesados. Outros estudos, mesmo em Portugal, encaixados em diferentes leitos, deram resultados muitíssimo menos empolgantes. De um modo geral, o grau de exigência na elaboração das grelhas de análise, a independência dos avaliadores relativamente à equipa que tinha procedido às cirurgias, e o tempo decorrido após as operações, fazia variar a feição dos resultados.

Independentemente, os depoimentos da época[186] mostram que era opinião corrente entre os neurologistas, psiquiatras e neurocirurgiões que a leucotomia pré-frontal, ou a lobotomia frontal, propiciava sequelas indesejáveis, défices de personalidade, perdas de autonomia, abulia, etc.

Uma das melhores ilustrações da contenção e da moderação na apreciação dos resultados é a fornecida pelo Dr. Gösta Rylander, no 27º Encontro Anual da Associação para a Investigação das Doenças Nervosas e Mentais, relatada pelo New York Times, em 1947. O mesmo Rylander a quem Herbert Olivecrona reconhece autoridade médica e científica no relatório que atrás citámos.

> A warning that personality changes might result from frontal lobotomy, the comparatively new brain operation that relieves pain, was voiced yesterday before 700 doctors here by dr. Gosta Rylander of the Royal Caroline Institute, Stockholm.

---

[186] "Negative effects on personality were observed as early as the end of the 1930s. In 1948, Swedish professor of forensic psychiatry Gösta Rylander, reported a mother as saying: "She is my daughter but yet a different person. She is with me in body but her soul is in some way lost." Hoffman (1949) writes: "these patients are not only no longer distressed by their mental conflicts but also seem to have little capacity for any emotional experiences - pleasurable or otherwise. They are described by the nurses and the doctors, over and over, as dull, apathetic, listless, without drive or initiative, flat, lethargic, placid and unconcerned, childlike, docile, needing pushing, passive, lacking in spontaneity, without aim or purpose, preoccupied and dependent." JANSSON, Bengt, (S/D) "Controversial Psychosurgery Resulted in a Nobel Prize", in *Nobel Prize.org* [http://nobelprize.org/medicine/articles/moniz/].

The Swedish psychiatrist and surgeon, reported that he had used the operation successfully for the relief of certain mental illnesses, but termed it "risky" in that field because of the personality deterioration that might occur.[187]

Os riscos mencionados pelo Dr. Gösta Rylander eram conhecidos e levados em consideração no contexto científico-técnico da época. A questão que então se colocava (e ainda hoje se coloca, em muitos casos) era a de saber se, face ao quadro clínico específico de um dado paciente, a lesão irreversível que a leucotomia ou a lobotomia provocava, traria ou não benefício para o bem-estar e para a qualidade de vida do paciente em causa.

Marcada desde o início por uma forte polémica,[188] que em certo sentido se prolongou até ao presente – e não apenas em virtude da campanha de que temos vindo a falar – a leucotomia pré-frontal e a lobotomia frontal dividiram sempre as comunidades científicas e médicas de tal modo que Erik Essen-Möller, o psiquiatra de Upsala que avaliou a candidatura de Moniz em 1944, (8 anos decorridos sobre o início da prática psicocirúrgica) declarou não haver ainda provas concludentes de que a lesão leucotómica trazia vantagens claras aos pacientes submetidos à operação, não recomendando Moniz para o Nobel desse ano.[189] Coerentemente, três anos depois, Rylander, no simpósio já referido, alertava para os riscos da operação.

Ademais, apesar de nos arriscarmos a ceder a um certo anacronismo, quer os imperativos éticos associados à experimentação em humanos, quer à problemática do consentimento informado, encontravam já expressão na época, revestindo a argumentação dos que, face à incerteza dos resultados, preconizavam uma criteriosa precaução. O próprio Egas Moniz, aliás, virá a assumir, mais tarde, uma maior contenção na administração da leucotomia.

> Não esqueçamos nunca que a leucotomia é uma operação reservada a doentes graves, nos quais o processo mórbido deixou forte marca. [190]

Abreviando: a resposta cabal à questão do risco envolvido foi dada pela prática clínica que, após a emergência dos neurolépticos levou à redução drástica do número de operações deste tipo.

---

[187] *The New York Times*, December 14, 1947, page 51. "Um alerta de que a Lobotomia Frontal, a relativamente nova operação ao cérebro que alivia a dor, podem resultar alterações de personalidade foi aqui declarada ontem, perante 700 médicos, pelo dr. Gösta Rylander do Instituto Real Karolinska, de Estocolmo./O cirurgião e psiquiatra sueco informou que tinha nalguns casos operado com sucesso, obtendo a melhoria de certas doenças mentais, mas classificou o método "arriscado" devido à deterioração da personalidade que pode ocorrer".

[188] O próprio Egas Moniz assinala algumas dificuldades e resistências: "Se me sobrar vida e disposição, ocupar-me-ei ainda com desenvolvimento do aspeto teórico da questão, pois se a operação foi acolhida, por muitos, com interesse, as suas bases não mereceram, entre os próprios psiquiatras organicistas, unanimidade de vistas." MONIZ, Egas, *Última Lição*, p. 25.

[189] ESSEN-MÖLLER, Erik, Documento 4, "Avaliação da Candidatura de Egas Moniz em 1944" in CORREIA, Manuel, *Egas Moniz e o Prémio Nobel*, Coimbra, Imprensa da Universidade de Coimbra, 2006, pp. 121-131.

[190] MONIZ, Egas – *A leucotomia está em causa*, Lisboa, p.43.

3.12 Direito à memória

Como aludimos anteriormente, a dificuldade que temos em compreender Egas Moniz e o que dele recordamos, ou o que a emergência das sucessivas campanhas nos convida a recordar e reexaminar, releva sobretudo do défice de discussão acerca de alguns temas com ele associados. Em consequência, as diferentes interpretações radicam no modo particular de apropriação que diferentes grupos fizeram e fazem das representações de Moniz, recortando-o de acordo com as suas próprias identidades, sensibilidades e estratégias.

É impossível esboçar o quadro da incidência da Psicocirurgia em Portugal sem levar em consideração a postura crítica de Sobral Cid[191] ou o estudo meticuloso de Nunes da Costa[192] que, em momentos diferentes, discordaram da simplificação glorificadora e voluntarista da leucotomia, apresentando as suas perspetivas críticas. Tal como é historicamente inconsistente a conformação com a inexistência (ou desvalorização?) de depoimentos das pessoas que foram submetidas a cirurgias e de familiares seus, que descrevem as alterações de comportamento que constataram no pós-operatório. Que tipo de historiografia se poderia conformar com visões e versões tão marcadamente unilaterais?

Por outro lado, se para os promotores da campanha de revogação do Prémio Nobel de Egas Moniz faz sentido concentrar nele todo o peso do ataque fantasmático, abstraindo da corresponsabilização dos seus pares que replicaram ou modificaram o método inicial e o ultrapassaram intensa e extensivamente, por outro lado, para outras comunidades e grupos, cujas identidades se associam a aspetos diferentes da vida e obras de Egas Moniz, reduzi-lo à Psicocirurgia seria incorrer num reducionismo mistificador.

Talvez devido à predominância do veneracionismo e do celebracionismo, os estudos em torno das figurações que compreendem Moniz (dadas nos chamados Estudos Monizianos) com raras exceções, não têm descolado de uma disposição dúplice, que não pode deixar de celebrar alguns dos feitos do homenageado, mas também não quer ir muito longe na produção de novas sínteses ou na revelação de documentos pouco conhecidos. O celebracionismo é uma espécie de parente pobre do cesurismo,[193] com a agravante de repeti-lo esterilmente em rituais legitimados pelos cultos da memória e pouco mais.

A campanha de desnobelização veio, pois, redespertar-nos para a actualidade do passado, e para a vantagem de nos munirmos com um melhor conhecimento do que foi mudando anteriormente, dando lugar a processos em que também nos viemos a envolver. Representa, com certeza, uma negociação de sentido global,[194] sublinhando a exiguidade do número de prémios Nobel concedidos a indivíduos de nacionalidade portuguesa, pois, independentemente das intenções dos promotores, a campanha acabou por ser utilizada também nessa vertente.

---

[191] SOBRAL CID, José de Matos, *Obras*, Vol. I, Lisboa, Fundação Calouste Gulbenkian, 1983, pp. 267-269.

[192] COSTA, Nunes da, "Catamnèse de 197 leucotomies" in *Anais Portugueses de Psiquiatria*, Lisboa, Hospital Júlio de Matos Vol. IX, N° 9, Dezembro de 1957.

[193] Para uma interessante discussão acerca do cesurismo e seus termos, ver o ensaio de Hermínio Martins "Tempo e Teoria em Sociologia", *Hegel, Texas e outros Ensaios de Teoria Social*, pp. 151 e seg.

[194] SANTOS, Boaventura Sousa, *Pela mão de Alice. O social e o político na pós-modernidade*. Porto, Edições Afrontamento, 1994.

Ao eleger Egas Moniz como bode expiatório de um tempo e de um modo de fazer ciência, tal como de avaliar os seus resultados, foram desprezados os consensos e as polémicas que nos tempos de Egas Moniz atravessaram as comunidades científicas; cedeu-se à tentação simplificadora da fulanização. Porém, e em contrapartida, ao fazê-lo, levantaram-se também inúmeras questões. Designadamente, a de uma perspetiva que, partindo de um entendimento inclusivo da ciência e das práticas da medicina, é sensível aos pontos de vista, à cultura e à sensibilidade dos pacientes e seus próximos, que disputam legitimamente, a par de todos os outros participantes no processo, o direito à memória.

3.13 Versões complementares

Quando Moniz foi nomeado para o Nobel da Fisiologia ou Medicina pela terceira vez, em 1937, o membro do Comité Nobel encarregado de elaborar o parecer sobre a candidatura, Herbert Olivecrona procedeu de forma enigmática. Reproduziu o núcleo fundamental da argumentação expendida por Hans Christian Jacobaeus a propósito das duas candidaturas anteriores de Egas Moniz. Em resumo, julgavam, um e outro, que o método da ventriculografia, de Walter Dandy, que permitia a visualização *in vivo* de alguns aspetos do encéfalo, era, além de anterior, superior ao método angiográfico de Egas Moniz, que permitia visualizar, também *in vivo*, a rede vascular do cérebro. Enganaram-se ambos. O método angiográfico veio a revelar-se uma preciosa técnica de diagnóstico, adotada em praticamente todo o mundo, enquanto a ventriculografia foi gradualmente abandonada. Curiosamente, Herbert Olivecrona não se pronunciou, então, sobre o tópico da leucotomia, apesar de tal tópico constar claramente, com já sublinhámos, das cartas de nomeação, em pé de igualdade com a Angiografia. Olivecrona, inexplicavelmente, não lhe fez referência.

O mesmo Herbert Olivecrona que, 12 anos depois (1949), incumbido outra vez de elaborar o parecer sobre nova candidatura de Egas Moniz, o recomenda para o Prémio desse ano, apesar de, na circunstância, voltar a reproduzir o argumento da superioridade da Ventriculografia de Walter Dandy.

Porém, no momento seguinte, quando a Assembleia Nobel homologou o parecer e a recomendação de Olivecrona, atribuindo o Prémio Nobel de 1949 a Egas Moniz, a assunção dessa responsabilidade já então muito repartida, passou a ser muito mais vastamente partilhada.

Responsabilizar apenas Egas Moniz, ou a Fundação Nobel, é *desfigurar* um processo que cruzou e ainda atravessa as comunidades científicas, des-historicizando (des-temporalizando) os acordos estabelecidos, apesar das contestações igualmente significativas. Hoje, em diferentes termos e por diferentes meios, é ainda desse processo que estamos a falar.

Como nada do passado ou do presente está assente em termos definitivos, Egas Moniz é ciclicamente evocado, discutido e a sua imagem apropriada por diferentes comunidades que tomam dele os aspetos que consideram mais positivos, obliterando os restantes.

A campanha pela revogação do Prémio Nobel de Egas Moniz veio recordar-nos que a natureza do passado histórico é eminentemente ideológica e está em permanente reelaboração. Por outro lado, veio ajudar-nos a questionar o modo como inscrevemos Egas Moniz nas nossas memórias e nas nossas narrativas históricas.

Além do reforço do papel da ciência em todas as esferas da vida social, a emergência dos prémios Nobel contribuiu para a constituição de uma elite especial de cientistas, cuja influência se prolonga muito para além do campo científico. Há, com certeza, nas diversas reacções, uma perceção mais ou menos difusa de pertença projectada (através de Egas Moniz) nessa espécie de ultra-elite que referimos no início deste capítulo.

A fragmentação da informação histórica e a compartimentação cultural entre grupos e comunidades de sentido levam a que certas características de uma instituição ou de um conjunto de indivíduos se mantenham desconhecidos (de muitos) durante muito tempo.

As memórias excessivamente fragmentadas que guardamos da história da ciência, da política e da cultura, dificultam-nos a tarefa de, a propósito desta ou de outras campanhas que muito provavelmente se seguirão, representarmos os lugares de Egas Moniz na história. A integração dessas visões dispersas tem sido problemática, apesar de alguns esforços feitos nesse sentido.[195]

3.14 Resumindo

Melvin G. Alper, em artigo de síntese histórica publicado no fim do século passado,[196] aponta Arthur Schüller (1874-1957), Walter Dandy (1886-1946) e Egas Moniz como os três pioneiros da Neurorradiologia. Esta postura histórica contrasta com a relativa desvalorização que alguns autores pertencentes à chamada Escola de Neurorradiologia de Estocolmo fazem do invento de Egas Moniz.

Ao explicar a linha de continuidade que a Escola de Neurorradiologia de Estocolmo estabeleceu entre o Hospital Serafimer e, após 1963, no Instituto Karolinska, Lindgren e Greitz comprovam a adoção do método angiográfico, apontam-lhe as limitações e assumem o protagonismo dos aperfeiçoamentos introduzidos,[197] consagrando a Moniz uma breve alusão. Dessa alusão não resulta o reconhecimento do alcance dos trabalhos de Egas Moniz, como Alper faz, nem são citados quaisquer dos trabalhos de referência que Egas Moniz publicou em inglês, francês ou alemão.

Esta postura contribui para uma possível explicação da sistemática e paradoxal recusa da atribuição do Prémio Nobel a Egas Moniz com base na Angiografia.

Lindgren e Greitz exprimem, no artigo já citado, uma conceção extraordinariamente particularista da História. Atente-se no hiperbolismo regionalista

> Porque é que este desenvolvimento começa em Estocolmo e não noutro lugar da Suécia ou da Europa? O primeiro e maior pré-requisito foi o facto de ter sido criado um departamento independente de Neurologia no Hospital Serafimer dirigido logo

---

[195] Alguns dos esforços até hoje mais significativos consistem na publicação de trabalhos contemplando perspetivas críticas bem estruturadas. Ver, entre outros, «Egas Moniz em Livre Exame» PEREIRA, A. L. e PITA, J.R, (Org.), *Egas Moniz em livre exame*, Coimbra, Minerva, 2000 e "A cabeça entre as mãos" CASCAIS, António Fernando, "A cabeça entre as mãos: Egas Moniz, a Psicocirurgia e o Prémio Nobel".

[196] ALPER, M. G, "Three pioneers in the early history of neuroradiology: de Snyder lecture", *Documenta Ophtalmologica*, 98, 29-49, 1999.

[197] LINDGREN, Erik e GREITZ, Torgny, "The Stockholm school of neuroradiology", *American Journal of Neuroradiology*, nº 16, pp. 351-359, 1995.

desde 1887 por um professor de neurologia do Instituto Karolinska. Fora a França, não existiam na Europa ou nas outras regiões da Suécia departamentos de neurologia com importância correspondente. Isso explica também o porquê de as primeiras neurocirurgias feitas na Suécia terem tido lugar em Estocolmo.[198]

Enfatizando a importância das variáveis organizacionais e gestionárias, o apuramento tecnológico aplicado à ventriculografia e à pneumoencefalografia, operando sobre elas várias inovações incrementais, aqueles autores não deixam claro, nem no texto nem na bibliografia, que se trata de métodos importados quer dos Estados Unidos quer de Portugal. Egas Moniz é referido ao de leve e Walter Dandy não chega a ser sequer aludido.

Este registo historiográfico tintado de um certo nacionalismo é mais comum do que podemos imaginar. Não deve por isso constituir surpresa nem motivar qualquer menção especial. Torna-se mais significativo quando reparamos na coincidência que se verifica já no século XX entre os paladinos da Escola de Neurorradiologia de Estocolmo e os membros do Comité Nobel.

De facto, a doutrina seguida pelos membros do Comité Nobel desde a primeira nomeação de Egas Moniz, em 1928, até à penúltima nomeação de 1949 quando lhe foi atribuído o prémio pelo *valor terapêutico da leucotomia em certas psicoses*, consistiu em desvalorizar o alcance do método, revelando indecisão na comparação com a ventriculografia de Walter Dandy e recusando o Prémio quer a Moniz quer a Dandy pelos seus inventos. Em sede de avaliação científica, os avaliadores das nomeações registaram os desenvolvimentos mais marcantes do método angiográfico, a emergência da flebografia após a arteriografia; a fase do torotraste cuja letalidade radioativa também não despertou a atenção dos sábios do Comité Nobel; e a adoção generalizada do método. Porém, mantiveram-se inabaláveis até ao fim quanto à dimensão nobelizável dos méritos respetivos.

Sabendo que o próprio Herbert Olivecrona (1891-1980 um dos pioneiros suecos da neurocirurgia, intimamente relacionado com a Escola Neurorradiológica de Estocolmo, quer no Hospital Serafimer onde exerceu, quer, mais tarde, no Instituto Karolinska era parte interessada na construção dessa marca de primazia e excelência cuja narrativa Lindgren e Greitz nos oferecem, pode compreender-se talvez melhor o que escreve na recomendação que foi encarregado de apresentar ao Comité Nobel em 1949.

Após elogiar a eficácia do método angiográfico e o elevado grau de reconhecimento que já lhe era devido, Olivecrona discorre:

> Atendendo a que a ventriculografia com a qual a angiografia mais de perto se pode comparar quanto à sua importância não foi galardoada, e que tanto o Comité Nobel como o Colégio até agora se mostraram negativos a todas as propostas de galardoar os

---

[198] "Why did this development start in Stockholm and not elsewhere in Sweden or in Europe? The first and main prerequisite was the fact that an independent department of neurology had been created at the Serafimer Hospital and was headed by a professor of neurology at the Karolinska Institute as early as 1887. Outside France, independent departments of neurology of a corresponding importance did not exist in Europe or in other parts of Sweden. This also explains why the first neurosurgical operations in Sweden were performed in Stockholm." LINDGREN, Erik e GREITZ, Torgny, "The Stockholm school of neuroradiology". *American Journal of Neuroradiology*, nº 16, 1995, p. 351.

métodos de diagnóstico radiológico de contraste, parece-me consequente que não se considere a atribuição do Prémio a Moniz pela descoberta da angiografia.[199]

Nesta passagem poderíamos entrever três critérios. Dois deles podem ser demonstrados e o terceiro apenas intuído.

O primeiro critério fez escola desde 1928 e deriva da aparente indecisão face aos méritos da ventriculografia e da angiografia. A ventriculografia surge anteriormente (1919) e é uma das primeiras técnicas de diagnóstico adotada no Hospital Serafimer longamente testada e aperfeiçoada. O método angiográfico surge quase uma década depois. Dado que não permite visualizar toda a árvore vascular na fase arteriográfica e restam dúvidas acerca do modo de injeção e do composto opacificante, é compreensível que os neurorradiologistas do Hospital Serafimer tenham feito passar para o Comité Nobel uma série de apreciações desabonatórias.

O segundo critério é menos claro mas, ainda assim, racionalizável. Tendo o cientista que descobriu os Raios X, Wilhelm Conrad Röntgen (1845-1923) recebido o primeiro Prémio Nobel da Física (1901) e sendo qualquer um dos métodos de contraste em análise dependentes da utilização dos Raios X, premiá-los seria admitir que a componente já distinguida – a descoberta dos Raios X – se tornaria um termo menor da equação do mérito científico. Esta teoria poderia harmonizar-se com a negatividade do Comité Nobel e do Colégio face a quaisquer métodos de contraste.

O terceiro critério, apesar de indemonstrável, resulta de uma combinação dos dois critérios anteriores com a autoavaliação que os membros da Escola Neurorradiológica de Estocolmo vertem nas suas narrativas heróicas. Ao enunciar as características organizacionais, de gestão e de apuramento tecnológico que se outorgam, o reconhecimento do valor científico (prioridade e ineditismo) dos trabalhos de Walter Dandy e de Egas Moniz ameaçaria o brilho singular que reclamavam para Estocolmo e para a Suécia. A relativização dessas contribuições e a acentuação das virtudes da Escola pareciam impor-se pela via nacionalista.

No contexto da circulação internacional dos saberes médicos, a Angiografia partiu, pois, do Hospital de Santa Marta. Alargou-se, depois, a uma rede mundial de hospitais e clínicas que testaram, adotaram e, nalguns casos, melhoraram o método. O facto de não ter regressado à Escola Portuguesa de Angiografia sob a forma de Prémio Nobel continua a provocar compreensivelmente uma certa perplexidade.

---

[199] OLIVECRONA, Herbert, "Parecer acerca da nomeação de Egas Moniz para o Prémio Nobel da Medicina ou Fisiologia de 1949" in CORREIA, Manuel, *Egas Moniz e o Prémio Nobel*, Coimbra, Imprensa da Universidade, 2006, p. 132.

4.O Nome dos Poderes: o Político na sombra do Cientista

Por obra e convicção do seu tio, abade de Pardilhó, o sobreapelido Egas Moniz foi acrescentado ao patronímico Abreu Freire (António Caetano de Abreu Freire). Uma tal diferenciação relativamente aos irmãos, contentados com Abreu Freire, inaugurou, necessariamente, um capítulo de auto e heteroquestionamento, a que o nomeado foi respondendo ao sabor das solicitações, sem dar a sensação de nisso fazer finca-pé.

Se, por um lado, esta evidência ontológica o alertou para a eventualidade de pertencer a uma linhagem com raízes no período da fundação da nacionalidade, o que em finais do século XIX se revestia de uma importância excecional, com a busca exacerbada de elementos refundadores da identidade nacional, por outro lado, esta crisma investiu-o de uma espécie de responsabilidade histórica que implicaria, sendo ele digno de tal distinção "natural", um esforço de tipo superior para se destacar de entre os demais, com feitos de nomeada, com brio e brilho, deixando obra feita à altura do apuro e da nobreza da sua descendência.

Por isto, Egas Moniz foi singularmente dado a refletir bastante sobre a História, o modo de inscrição que se recorta nas grandes narrativas da memória, preservando a evocação dos feitos ilustres, contra a vulgaridade e o esquecimento.

4.1 Arquitetura da identidade

Nos seus escritos, e pelo que está documentado acerca das suas atividades, Egas Moniz incorporava sempre nas suas estratégias, como elementos tão relevantes quanto os objetivos a atingir, a quota-parte de construção da notoriedade que lhe parecia apropriada.

Houve, pois, desde muito cedo, uma familiarização especial do jovem Egas Moniz com os modos de articulação "passado-presente-futuro", que o levou a tomar em consideração as conjugações correlativas, em praticamente todas as decisões de alcance público. Nessa arquitetura da identidade, Moniz interrogava-se, a cada passo, sobre qual o sentido de cada um dos seus atos; qual o nexo entre o putativo herdeiro da linhagem do aio de D. Afonso Henriques (já de si uma rara densidade aristocrática) e o próximo passo; qual a previsível perceção pública desse passo e dos gestos correlacionados; de que modo se inscreviam na sua estratégia; e o que fazer para os dissimular ou promover, de acordo com os seus desejos e conveniências.

Nessa arquitetura da identidade existia uma teoria da representação implicada no conjunto de preocupações que gizavam a sua estratégia. Prestava uma especial atenção ao tempo que flui, ao que dele se guarda e ao que se esquece, oculta e apaga.

Esta propensão para seguir com particular atenção as problemáticas associadas ao tempo, à memória e à história, perpassa nos seus escritos, no seu modo de resolver as questões relacionadas com a imagem e a notoriedade; e nos objetos de que se rodeou e a que quis permanecer associado, *in memoriam*.

4.2 Poder batismal

As circunstâncias em que o tio abade de António Caetano de Abreu Freire acrescentou o nobiliárquico suplemento de "Egas Moniz", naqueles dias de Dezembro de 1874, não estão completamente esclarecidas. A perspetiva aqui adotada não nos impede de divisar um ato de poder – de estar no lugar social e nas funções que permitem dar a um recém--nascido o mesmo nome ressoante que foi também o do mais conhecido aio do primeiro rei de Portugal, no século XII. Outro qualquer, de outro lugar e funções, não teria a mesma latitude decisória, e confrontar-se-ia com um severo rol de limitações. Em qualquer caso, o gesto do tio abade foi um gesto de poder, gesto esse que deu origem a uma particularidade que, por mais de uma vez, beneficiou a imagem do jovem avanquense, conferindo-lhe uma amplitude simbólica de que os seus pais e irmãos não beneficiaram.

Acompanhando a exacerbação do regresso ao passado que se desenvolveu no último quartel do século XIX, o nome daquele aio do primeiro rei de Portugal obtinha ressonâncias patrióticas que tornavam especialmente notado o seu titular. A crise finissecular favorecia a busca de símbolos patrióticos, e o regresso às raízes da nacionalidade perfilava-se como uma forma particular de afirmação nacionalista acicatada pela propaganda republicana. O ultimatum de 1890 veio facilitar ainda mais a argumentação da "nação ofendida" que proclamava serem os opositores da monarquia os "verdadeiros patriotas", enquanto a "velha aristocracia" se afogava em escândalos e deixava de encarnar, com autenticidade, os valores pátrios.

De acordo com a versão lendária,[200] Egas Moniz personificava uma adesão máxima aos valores da verdade, da honra e do dever, ao ponto de se oferecer em imolação a Afonso VII, rei da Galiza, de Leão e de Castela – autoproclamado Imperador de toda a Hispânia –, em penhor da palavra dada e não cumprida pelo seu monarca, Dom Afonso I de Portugal. Tal exemplo, que viria também a ser explorado pelo imaginário do Estado Novo, representava uma das mais expressivas consagrações da superioridade nobiliárquica igualmente associada ao tempo da fundação da nacionalidade.

O jovem António, ao receber um suplemento patronímico com cerca de sete séculos, teve de habituar-se às numerosíssimas manifestações de estranheza, admiração, estupefação, simpatia e curiosidade que recebia sempre que o seu nome era pronunciado pela primeira vez, na escola, na rua, numa visita, nas férias. Orgulhava-se, pois, daquela distinção que desde o início fora explicada pelo tio abade de forma natural, clara e perentória.

O facto de a referência identitária remeter para um putativo antepassado de sete séculos antes, acabou por contribuir positivamente para a afirmação antimonárquica. Primeiro, porque, ao cavar no passado, pouco mais se poderia encontrar do que

---

[200] Ver biografia de D. Afonso Henriques da autoria de José Mattoso, *D. Afonso Henriques*, Rio de Mouro: Temas & Debates, 2007.

nobres insignes; segundo, porque a distância temporal permitia apagar a sugestão de quaisquer desforços contra a "opressão dos nobres" recentemente exercida. Egas Moniz tirava assim partido do melhor que a inspiração simbólica podia proporcionar, sem ser demasiado afetado pelos sentimentos fortes do ódio e da vindicta que levaram, por exemplo, ao regicídio.

A fidalguia fundacional, no ambiente republicano, convivia bem com as profissões de fé antimonárquicas, dado que Egas Moniz não podia ser apodado de "adesivo" de última hora. Datada de 1905, com a sua inclusão na Dissidência Progressista, a sua rutura com o rotativismo monárquico e o caminho feito em comum com os republicanos, granjearam-lhe respeito e admiração compagináveis com a linhagem imaginária que o nome de Egas Moniz lhe conferia.

Quando foi iniciado na Maçonaria, na Loja Simpatia e União, em 1910,[201] escolheu o pseudónimo de "Egas Moniz", provando que a sua admiração pelo aio de Dom Afonso I ia muito para além da circunstância de ter sido batizado com o seu nome. A escolha documenta uma relação intensa com aquela figura do passado cujo nome utilizava com brio e orgulho.

Mais tarde, pareceres avisados fizeram constar que muito dificilmente se poderia traçar a descendência em que o tio abade de Moniz teria acreditado.[202]

Nas páginas de *A Nossa Casa*, em 1950, Egas Moniz distancia-se da crença nobiliárquica do seu tio abade atribuindo-a a prosápias de fidalguia:

> A família do lado de meu pai tinha prosápias de fidalguia pelos Resendes, Sás, Abreus, Freires, Valentes, Almeidas, Pinhos... eu sei lá! um nunca acabar de ascendências ilustres a que as pessoas de idade se referem com devoção (...).Ora, como os Resendes, segundo autoridades na matéria, provêm de Egas Moniz, aio de Dom Afonso Henriques, que, pela sua numerosa prole, deixou descendestes para repartir por todas as velhas casas do Norte, resolveu meu padrinho, Rev. Caetano de Pina Rezende Abreu Sá Freire, substituir o Rezende pelo apelido mais pomposo do ascendente Egas Moniz.[203]

Ficou, assim, dada a explicação, 76 anos transcorridos sobre o registo batismal efetuado pelo seu tio abade. É difícil imaginar agora o mesmo trajeto seguido por António Freire (de António Caetano de Abreu Freire), com diferente ressonância evocativa. De facto, perante a coincidência histórica, ainda hoje há muito quem questione se Egas Moniz seria algum tipo de pseudónimo. A resposta à questão está

---

[201] Egas Moniz foi iniciado na Maçonaria (Loja Simpatia e União, em 15 de Dezembro de 1910, de acordo com os arquivos do Grande Oriente Lusitano).

[202] É a conclusão a que chega Armando Malheiro da Silva, ao cabo da sua investigação a este propósito: "As suas origens não tão remotas e mais verosímeis, mergulharam até ao século XVI e ao fundador da Casa do Mato, em Avanca, Valentim Pires Valente, a quem D. João III concedeu carta de brasão de armas em 1548. Dessa Casa, arruinada em meados de novecentos, procederam todas as outras – Marinheiro, Outeiro, Areia... – e, nas sucessivas gerações de parentela, D. Ana Rosa Tavares de Resende, casada com André Norton e bisavô do general José Mendes Ribeiro Norton de Matos, republicano, mação, ilustrado colonialista e figura de proa da oposição ao Estado Novo de Oliveira Salazar." SILVA, Armando Malheiro da, "Egas Moniz e a política. Notas avulsas para uma biografia indiscreta", in PEREIRA, Ana Leonor e PITA, João Rui, (Org.), *Egas Moniz em livre exame*, p. 239.

[203] MONIZ, Egas, *A Nossa Casa*, pp. 15-16.

dada, apesar de o próprio titular o ter eventualmente utilizado também como uma espécie de pseudónimo (nome simbólico) na altura em que foi iniciado na Maçonaria. Esse jogo de assunção e distanciamento relativamente ao significado do nome que lhe foi dado, ilustra, desde o princípio, a interpenetração das instâncias de *representação, saber* e *poder*, potenciando o adquirido e criando, a partir dos resultados obtidos, novas condições mais vantajosas visando o reforço da ação, a afirmação de projetos e a notoriedade, enquanto elementos de reforço da identidade.

De certo modo, o nome de Egas Moniz preencheu os quesitos de um título nobiliárquico sem arcar com os eventuais dissabores que os autênticos títulos nobiliárquicos poderiam desencadear nos conturbados anos que precederam e se seguiram ao advento da I República. A linhagem simbólica tornou-o num português cujo nome evocava o de um outro fidalgo cujo exemplo perdura, aclamado por sucessivas gerações, encarnando os valores mais prezados da coragem, lealdade, coerência, honra e indefetível respeito pela palavra dada. A imagem legendária do fidalgo e respetiva família, trajando as vestes dos sentenciados, de baraço ao pescoço, povoou e povoa ainda os imaginários colectivos acerca dos momentos marcantes da história de Portugal. Uma tal carga simbólica dificilmente poderia prejudicar Egas Moniz.

Relacionamento com o próprio nome e relação com a história coincidiam, pois, em Egas Moniz. Não podia um deles deixar de evocar o outro, com as múltiplas implicações que tinha ver-se um – o médico – no lugar do outro – o aio – automaticamente recordados por mimese. A hipótese de essa circunstância ser entendida como a presença de um (o aio) no outro (o ego) decorre do peso que tinha a descendência nas mentalidades da época e, *a fortiori*, na doutrina da hereditariedade suportada pelo darwinismo social que então assentava arraiais. Em torno da descendência improvável de Egas Moniz, os preconceitos de linhagem e o enquadramento científico dos estudos sobre a hereditariedade conjugavam-se para conferir um toque de exclusividade ao titular.

O sentido de missão, a perceção da particularidade do ser, e o desejo de deixar obra feita, revezavam-se para criar uma lógica de excecionalidade na personalidade e no comportamento de Egas Moniz.

Essa representação fundacional da pátria, que é um gesto de força e poder visando a criação de um novo espaço identitário (do Condado Portucalense ao Império d'Aquém e d'Além mar), implica um saber, um conhecimento dos meandros da história que se completa na assunção de um poder reforçado na representação subsequente. Egas Moniz representava, nos tempos da sua existência, as qualidades desses outros poderes e, ao fazê-lo, impunha-o com a autoridade simbólica que fazia com que lhe fosse reconhecida essa particularidade.

Não que um homem possa ser acusado de tirar partido do seu nome, mais do que das suas obras e do seu prestígio, mas, no caso de Egas Moniz, o nome do antepassado mítico, por cima do nome do pai, constituiu uma mais-valia singular.

4.3 Com os Jesuítas

Egas Moniz cresceu e foi educado, na primeira fase da sua vida, num meio em que dominavam os ideais legitimistas. Os seus familiares mais chegados persignavam-se quando se falava dos liberais ou do liberalismo. O tio paterno (abade de Pardilhó) era um destacado membro do clero local, e um seu tio avô tinha mesmo combatido ao lado dos miguelistas na guerra civil.[204]

A avaliação que faz da sua passagem pelo Colégio de São Fiel mostra até que ponto essa fase da sua vida constituiu uma experiência marcante. Moniz recorda-se dela em pormenor e, refletindo-a, deixa algumas observações críticas acerca do ambiente e do tipo de ensino que lá se ministrava.

As anotações críticas que inseriu nas páginas de *A Nossa Casa* [205] revelam um distanciamento notável relativamente ao cadinho religioso em que se formou. Egas Moniz, no entanto, não poderia ser acusado de anticlericalismo. O Padre Gomes de Azurara, que dirime com ele nas páginas da revista dos Jesuítas as questões levantadas acerca do ambiente pedagógico existente em São Fiel, dá-lhe razão, nalguns aspetos, e discorda dele noutros.[206]

À guisa de recensão desse livro de Egas Moniz, editado dois anos antes, Azurara aborda elogiosamente o modelo de ensino jesuíta, dispensando-se de aludir a relação de causa-efeito subjacente, uma vez que, tendo Egas Moniz tido um tal sucesso, a sua formação de base aí haveria de estar associada nalguma medida.

Fig. 7 - Convento de São Fiel

Havia, contudo, um problema a resolver. Moniz acusara também, nas memórias agora chamadas à colação, alguns aspetos negativos na distribuição dos tempos letivos. Onde Egas Moniz escreveu

> No colégio, ao lado da exagerada vida religiosa, que nos levava tempo e roubava actividade,[207]

[204] Ver SILVA, Armando Malheiro da, "Egas Moniz e a política. Notas avulsas para uma biografia indiscreta" in PEREIRA, Ana Leonor e PITA, João Rui (Org.), *Egas Moniz em Livre Exame*, pp. 239-240.

[205] MONIZ, Egas, *A Nossa Casa*, Lisboa, Edição Paulino Ferreira, 1950.

[206] AZURARA, Gomes de, "O primeiro Prémio Nobel português/aluno dos Jesuítas", *Brotéria*, Vol. LII, 1951, Fasc. 4.

[207] MONIZ, Egas, *A Nossa Casa*, p. 254.

Gomes de Azurara introduz uma chamada para nota de rodapé:

> Há evidente exagero nesta afirmação. Existem os regulamentos do colégio desse tempo. A distribuição das práticas religiosas mostra que elas eram o que sempre foram e são de uso, em colégios verdadeiramente católicos.[208]

Todavia, logo a seguir, aquiesce relativamente a um remoque da mesma natureza do anterior. Diz Egas Moniz, no parágrafo seguinte da mesma página:

> O equilíbrio entre orações, exercícios físicos e estudo, merecia ser melhor estabelecido.

Responde Gomes de Azurara que

> É possível. A pedagogia moderna tem alargado horizontes, neste ponto, e os Jesuítas, nos seus sistemas, têm beneficiado com isso.

Mais adiante, Azurara verbera Moniz relativamente a expressões como "cilícios mentais" impostos aos ordenados, para concluir, mudando de tom, que

> Dentro destas reservas, folgamos com o registo de tão abonatório testemunho do primeiro prémio Nobel português à pedagogia dos seus mestres jesuítas.[209]

Cruzam-se, neste episódio, além de Egas Moniz e do Padre Azurara, dois outros homens que pesam decididamente na figuração moniziana: o Padre Manuel Fernandes de Santana, também jesuíta, que foi professor de Egas Moniz em São Fiel, e Miguel Bombarda, referência incontornável da psiquiatria em Portugal, clínico, professor e líder republicano. Cada um a seu modo, ambos tiveram influência significativa sobre Egas Moniz. Para além disso, noutro plano temporal, Santana e Bombarda envolveram-se numa célebre polémica,[210] a que Moniz alude, de passagem, no mesmo capítulo em que recorda memórias do colégio de São Fiel.

Moniz não partilhava do anticlericalismo radical de Bombarda. O facto de um dos seus tios paternos ser padre, a sua passagem pelo Colégio Jesuíta de São Fiel, e um período de hesitação face à possibilidade de seguir a carreira eclesiástica, temperaram nele uma certa circunspeção em matérias relacionadas com a religião e a Igreja Católica. A Casa do Marinheiro incluía uma pequena capela; o reatamento

---

[208] AZURARA, Gomes de, Ob. Cit. pp. 421

[209] Ibid., pp. 424-425.

[210] O livro de Miguel Bombarda, *Consciência e Livre Arbítrio*, de 1898, suscitou uma recensão de Manuel Fernandes Santana, no *Correio Nacional* e, depois, em obra própria, *Questões de Biologia — o Materialismo em Face da Ciência*, desafiando Bombarda, que lhe responde veementemente com o texto, *Ciência e Jesuitismo — Réplica a Um Padre Sábio*. Ver BOMBARDA, Miguel – *Consciência e livre arbítrio*, Lisboa: António Maria Pereira, 1898; BOMBARDA, Miguel – *A ciência e o jesuitismo. Réplica a um padre sábio*, Lisboa: António Maria Pereira, 1900 e SANTANA, Manuel Fernandes – *O materialismo em face da ciência*, Lisboa: Tipografia da Casa Católica, 1899.

das relações diplomáticas entre Portugal (após a revolução republicana) e a Santa Sé processa-se com o seu decisivo empenhamento no período em que é embaixador (Ministro Plenipotenciário) em Madrid; não lhe são conhecidas precauções de carácter confessional. Porém, ao avaliar globalmente a prestação do seu mestre jesuíta Fernandes Santana, Moniz "lamenta" que a estatura de intelectual do seu antigo professor de Matemática do Colégio de São Fiel tenha sido submetida aos "cilícios mentais" da Ordem. Tal expressão, como por certo Azurara bem compreendeu, dá a entender que, por trás da circunspeção que sugeria uma certa neutralidade religiosa, Egas Moniz não aprovava o radicalismo teológico de que Santana deu prova na polémica que o opôs a Miguel Bombarda. Azurara, pelo contrário, detém-se na polémica Bombarda-Santana, dedicando-lhe alguns parágrafos. Resumindo abruptamente os termos, coloca-se do lado de Santana, justificando-o. O Padre Gomes de Azurara quisera, sobretudo, colocar em destaque a pertença de Egas Moniz àquele universo da educação jesuíta, sublinhando a qualificação que trouxera ao recém-nobelizado cientista. Aquiescendo no acessório sem ceder demasiado às críticas que Egas Moniz formulara, Gomes de Azurara estava a repetir o que muitos outros, de diferentes quadrantes fizeram ao enfatizar a associação de pertença que existira – e, por ter existido, continuava a existir – entre um cientista particularmente bem sucedido e o grupo ou instituição de que ele, Azurara, era porta-voz. A glória de um reforçava a grandeza dos outros. Aquele que venceu na vida (Egas Moniz) em parte o ficou a dever à educação jesuíta que recebera na sua juventude. Egas Moniz, que explanou nas páginas de *A Nossa Casa*[211] a sua perceção do positivo e do negativo dessa experiência, dificilmente acompanharia Azurara nalgumas passagens deste seu artigo na *Brotéria*. Porém, não se conhece da parte de Egas Moniz nenhuma ida ao diálogo com o padre jesuíta. As coisas ficaram aparentemente por ali.

4.4 Presidente da Tuna

Já na Universidade de Coimbra, Egas Moniz torna-se um ardente militante político, evoluindo, a pouco e pouco, para posições liberais, rompendo, assim, com as intransigências legitimistas que dominavam no seu meio de origem.

Moniz falava frequentemente aos colegas. Falava bem, alto, denotando um gosto e um domínio do verbo que eram do agrado de muitos. Ao que parece, por isso, foi convidado para presidir à Tuna Académica. Apesar de não se sentir particularmente dotado para a música, nem, na ocorrência, praticar com qualquer espécie de instrumento musical, Egas Moniz aceitou, tendo desempenhado de modo competente e entusiasta as suas funções de líder.

---

[211] MONIZ, Egas, *A Nossa Casa*, Lisboa, Paulino Ribeiro & Filhos Ltda, em reedição da Câmara Municipal de Estarreja, 2001.

Fig. 8 - A Tuna Académica da Universidade de Coimbra

Acompanhou, desse modo, os périplos da Tuna, chegando a deslocar-se ao estrangeiro em diversas ocasiões.[212] Dessas deslocações deixa um traço particularmente emocionado nas páginas de *A Nossa Casa*,[213] recordando uma visita a Santiago de Compostela e o discurso que então proferiu.

Nesse discurso, perpassam elementos soltos do seu ideário. O nacionalismo, o tom elegíaco cujo gosto confirmará na sua admiração por Teixeira de Pascoaes e pelas numerosas referências à "saudade".

A compatibilização filosófica Egas Moniz-Teixeira de Pascoaes é saliente na base monista, na importância dada à natureza e a algumas das suas manifestações visíveis (a paisagem que serve também a Egas Moniz de indicador de aferição do grau de morbilidade psíquica dos artistas plásticos) na discrepância entre o instinto e o espírito (sugerindo uma espécie de "dualismo monista") vivido como uma saudade do Ser, e de um certo panteísmo totalizante.

[212] Cortesia da Tuna Académica da Universidade de Coimbra, e da sua Presidente, Mafalda Gala, a quem agradecemos a autorização de reprodução. Cabe aqui também um agradecimento a Octávio Sérgio, do Blog Guitarra de Coimbra III, que trouxe a foto a público. Egas Moniz está junto à janela do fundo e identifica-se facilmente pelo bigode e pelo risco ao lado, no cabelo.

[213] MONIZ, Egas, *A Nossa Casa*, pp. 330-341.

Fig. 9 - Pormenor da fotografia anterior.

4.5 O Partido Progressista e a Vida Sexual

Confrontado desde muito cedo com a problemática da representação, Moniz, após ter ocupado, na Câmara dos Deputados, o lugar que os eleitores progressistas lhe confiaram, desligou-se do Partido Progressista, em 1905, aderindo à "Dissidência Progressista" que o seu amigo José Maria de Alpoim liderou. A representação, também neste caso, envolvia uma certa complexidade. Egas Moniz representava o Partido Progressista, no qual militava; representava os votantes que o tinham apoiado nas eleições precedentes e, naturalmente, os interesses que decorriam da sua atividade política e empresarial.

Entre o ano em que findou os estudos universitários e o da adesão à "Dissidência Progressista" entregou-se a uma série de realizações que vieram a ter uma importância capital no seu futuro.

A escolha do tema para as provas de admissão a lente granjeou-lhe elevada notoriedade, pois quer a favor, quer contra, a sexualidade era encarada com um puritanismo e um evitamento que não poderia deixar de suscitar celeumas. Porém, a ousadia provou ser altamente compensadora. Egas Moniz passou a ser uma referência incontornável no âmbito das disfunções e doenças associadas à sexualidade. Por outro lado, os dois livros que publicou na altura, – mais tarde reunidos num só volume – passaram a ser objeto de todo o tipo de curiosidade e de procura, tornando-se num caso editorial singular, quer pela procura especial de que foi alvo quer, ainda, por razões particulares que assinalamos mais adiante.

Fig. 10 - Capa da 2ª edição de A Vida Sexual, Physiologia.

4.6 A Casa do Marinheiro e o *ex libris*

A recuperação da Casa do Marinheiro, reconstruída em 1915 na base de um projeto encomendado ao arquiteto Ernesto Korrodi, sob a direção do Padre António Maria Pinho, preenche um dos capítulos da preocupação de Egas Moniz com o cortejo de imagens e objetos associados à sua pessoa. A importância que a casa tem para ele transparece no título que escolheu para o seu último livro de maior fôlego e teor autobiográfico, *A Nossa Casa*; no cuidado com que a geriu e lá depositou as obras de arte que ia colecionando; e o ícone em que a quis tornar com a determinação testamentária de dela fazer Casa Museu e sede da futura Fundação com o seu nome.

Fig. 11 - Ex libris de Egas Moniz.

À morte de Elvira Egas Moniz, foi constituída a Fundação Egas Moniz, cujos estatutos foram aprovados por despacho ministerial.[214]

Após delongas e peripécias várias, extinta a Fundação, o seu espólio foi integrado, primeiro, no Museu Nacional da Ciência e da Técnica, tendo passado, depois, para a alçada da Câmara Municipal de Estarreja, que tratou da sua conservação, e passou a ocupar-se, mais recentemente, do tratamento do importantíssimo acervo documental lá existente.[215] Em finais de 2009 teve início a digitalização de parte do espólio.

Tal como se depreende da leitura do texto que figurava no anterior *site* da Casa Museu, preservou-se a maioria dos espaços funcionais para produzir nos visitantes a sensação de aceder à geografia íntima do quotidiano de Egas Moniz, esposa, restantes familiares, visitantes e criados. A guia das visitas à Casa Museu vai enaltecendo os dotes e qualidades do "anfitrião" revelando pormenores do dia-a-dia na casa, classificando mobiliário e obras de arte, num panegírico sem mácula a roçar o hagiográfico.

No Lugar da Congosta, Avanca, Rua Dr. Egas Moniz, acede-se ao solar pelo grande pátio que separa o portão de entrada da porta principal. Tudo está disposto para condizer com o guião do elogio e do louvor.

Fig. 12 - Alçado frontal da Casa Museu Egas Moniz em Avanca

"Sente-se nesta casa uma harmonia e ordem perfeitas que imediatamente dão ao espírito do visitante a certeza que nada de banal se encontra nesta casa e que a pessoa criadora deste ambiente teve a necessidade espiritual de dar a tudo que a rodeou um pouco de si mesma, rodeando-se por isso de mil e uma pequenas coisas que disso fossem dignas. Para além da sua secção artística, possui a Casa Museu, uma secção científica, que nos apresenta os objectos referentes às suas investigações científicas da Angiografia até à pragnante exposição gráfica das etapas sucessivas das investigações científicas que conduziram à primeira visualização radiológica das artérias cerebrais do Homem vivo e da leucotomia pré-frontal, no género da exposição que foi apresentada pelos seus colaboradores de Santa Maria aquando do Congresso de Neurocirurgia pelos seus colaboradores do Hospital Júlio de Matos."
Texto retirado do site da Casa Museu Egas Moniz.

---

[214] Despacho Ministerial de 7 de Março de 1966 publicado no *Diário do Governo*, III Série, de 28 de Março de 1966.

[215] DUARTE, Adelaide Manuela da Costa, *O Museu Nacional da Ciência e da Técnica (1971-1976)*, Coimbra: Imprensa da Universidade de Coimbra, 2007, pp. 218-219.

4.7 Os seguros de vida e a Nestlé

No elenco das atividades de que Egas Moniz se ocupou, alguns autores[216] sublinham o seu lado empreendedor, historiando sucintamente a seu estatuto de cofundador, em 1923, da *Sociedade de Produtos Lácteos, Lda,* que obtém, dez anos depois, a exclusividade do fabrico e venda dos produtos Nestlé. A empresa sucedânea ainda existe, reservando--lhe, em jeito de reconhecimento e homenagem, um lugar destacado no seu historial.[217] Todavia, mais do que a cofundação e cogestão da fábrica de produtos lácteos, Egas Moniz dedicou uma atenção muito particular à atividade seguradora. Primeiro como médico-chefe do ramo vida de companhias de seguros norte-americanas,[218] e depois, a partir de 1906, acumulando esse encargo clínico com o estatuto de acionista fundador da Companhia de Seguros *A Nacional.* Nessa condição, veio a ser eleito para o respetivo Conselho de Administração, permanecendo na qualidade de membro dos corpos gerentes até final.

A Companhia de Seguros *A Nacional,* fundada no Porto, veio a fundir-se em 1980, juntamente com a Garantia Funchalense, com a atual Companhia de Seguros *A Tranquilidade,* fundada igualmente no Porto, em 1871, sob a designação de Companhia de Seguros *Tranquilidade Portuense* (nacionalizada em 1975 e reprivatizada em 1990).

No exercício da sua profissão, Egas Moniz montara consultório em Lisboa, o que implicava uma certa atenção à gestão de mais esse espaço, havendo notas curiosas dando conta do grau de pormenor com que se ocupava das pequenas e grandes obras tal como da distribuição dos encargos com os respetivos custos.[219] Porém, poder-se-ia considerar banal esse tipo de ocupações num grupo social cuja condição habilitava aos arranjos mínimos com a conservação e manutenção do património familiar, o que implicava um sem número de operações para as quais era necessária alguma atenção, capacidade de decisão, direção de algum pessoal (criados e serventes). Os profissionais liberais eram quase sempre gentes detentoras dessas capacidades e competências. Não se poderiam, por aí, confundir com grandes ou médios industriais, comerciantes ou financeiros da banca ou dos seguros. Tratando-se, apesar de tudo, de uma ocupação prestigiante não vem mencionada na maioria dos ensaios biográficos publicados, guardando o próprio Egas Moniz um silêncio absoluto acerca dos seguros de vida e outras atividades correlativas nos seus escritos.

4.8 O político e o cientista

As evocações, celebrações e estudos acerca de Egas Moniz têm adotado três posições--chave em relação à atividade política de Egas Moniz. As diferentes opções mantêm entre si uma tensão surda. Uma tende a omiti-lo; outra, procede à sua glorificação,

---

[216] Ver, p. ex, COELHO, António Macieira, "Vivências na intimidade de Egas Moniz" in PEREIRA, Ana Leonor e PITA, João Rui, (Org.), *Egas Moniz em Livre Exame,* p. 58.

[217] Ver OLIVEIRA, Isabel, "80 anos de papas" na revista *Única,* Semanário EXPRESSO nº 1619 de 8/11/2003.

[218] *Mutual Life Insurance Company.* Ver CAEIRO, Armando, "Elementos sobre a história do Seguro de Vida em Portugal". *APS Notícias – Boletim Trimestral da Associação Portuguesa de Seguradores,* Lisboa, nº1, Abril - Junho, 2003.

[219] ANTUNES, João Lobo, *Um Modo de Ser,* Lisboa, Gradiva, 1997, pp. 173 e seguintes.

em consonância com a auto-imagem que Egas Moniz fixou, designadamente nas suas obras de caráter autobiográfico, desvalorizando-a em geral e omitindo-a em grande parte; e finalmente uma outra, assente em posturas críticas, reconhecendo a importância de considerá-la na rede de relações em que se inseriu, procurando avaliar a enorme capacidade de adaptação de que deu provas face às mudanças sucessivas que foi enfrentando ao longo da vida.

Fig. 13 - Notícia de Conferência política de Egas Moniz,
a poucos dias do golpe de Estado de Sidónio Pais.

A desvalorização e omissão têm provocado, ao longo do tempo, um bloqueio objetivo da imagem de Egas Moniz, a partir de posições diferentes, na origem, mas afinal convergentes.

Este enfoque complica-se, na medida em que o próprio Egas Moniz, desvalorizando claramente a sua atividade política e pretendendo avantajar-se e ser lembrado pelo reconhecimento científico com que foi distinguido, contribuiu, parcialmente, para deixar na sombra uma fase notável da sua vida que acompanhou a debilitação e o fim da Monarquia Constitucional – rotativismo, ditadura de João Franco e regicídio – e a implantação da I República, – entre as chamadas República Velha e República Nova.

O movimento de Gomes da Costa, em 28 de Maio de 1926, coincide com uma fase da vida de Egas Moniz em que voltara a distribuir os seus tempos pela clínica, investigação científica e atividade empresarial, tendo praticamente abandonado a política ativa.

Não sendo exata a ideia de que o Estado Novo lhe criou dificuldades, escondendo ou desvalorizando os resultados da sua atividade científica, herdámos, no entanto, por via da apropriação simbólica que dele fizeram alguns setores da Oposição Democrática, a impressão de que o regime fascista o teria ostracizado. Todavia, as indicações disponíveis apontam para um relacionamento mais matizado de Egas Moniz com o salazarismo. Nem o Estado Novo deixou de lhe prestar a atenção que entendeu adequada, não impedindo a imprensa da época de cobrir e ilustrar profusamente os momentos de consagração da obra moniziana, nem Egas Moniz se coibiu de tirar partido dessa coexistência pacífica, com vantagens para ambas as partes.

O bloqueio omissor da sua figura torna-se efetivo mais tarde, e não parece decorrer da oposição entre o político e o cientista, que Egas Moniz e muitos dos seus panegíricos resolveram, apagando, quase por completo, a dimensão política da sua biografia. A oposição que virá explicar a discriminação relativa de Egas Moniz no plano da divulgação da neuropsiquiatria estabelecer-se-á entre o criador da Angiografia Cerebral e o teorizador da Psicocirurgia e da Leucotomia Pré-frontal.

Face a dificuldades de abordagem de uma figura tão densa e complexa, cuja história de vida e experiência histórica comportam elementos fundamentais para a compreensão dos movimentos sociais e políticos do seu tempo, houve quem optasse pelo silêncio. Um silêncio onde se misturam certamente motivações desencontradas: de embaraço (o político na sombra do cientista); avaliação negativa de alguns aspetos da sua prática científica (o "bom" Egas Moniz da Angiografia Cerebral contra o "mau" Egas Moniz da leucotomia pré-frontal); e a convicção de que a recusa em debater as dimensões polémicas que envolvem a sua figura é suficiente para abafar os detratores e críticos sem beliscar a projeção e a grandeza do génio.

A constatação das omissões é feita verificando em que circunstâncias o seu nome deveria "obrigatoriamente" ter sido referido e não o foi. Disso é exemplo, entre outros, a série de 25 números da revista *Colóquio Ciências* [220] (1988-2000). Egas Moniz não é aí referido apesar das "oportunidades" patentes. Não é citado nem aludido nos artigos acerca da História da Academia de Ciências – de que foi membro e Presidente – nem é mencionado em nenhum outro artigo cuja temática se ocupe do domínio das neurociências.

A posição glorificadora traduz-se num registo venerador e justificativo, enaltecendo o homem e a obra, tomando a sua defesa e tentando explicar alguns dos enigmas históricos que parecem envolvê-lo, quer no plano político, quer no científico.

Há um lote abundante de obras escritas por próximos e distantes admiradores rendidos à singularidade do homem e à excecionalidade da obra, que incluímos na lista bibliográfica dos textos acerca de Egas Moniz.

De um modo geral, essa literatura põe em destaque a carreira científica, as realizações e as distinções de que Egas Moniz foi objeto, recortando um perfil heróico a partir de uma atividade densa e diversificada na cultura, ciência e artes. De acordo com a vontade expressa pelo próprio Egas Moniz, o período de intensa dedicação à política é omitido ou meramente aflorado.

O registo venerador não deixa, porém, de fornecer informação importante acerca de como os próximos e distantes admiradores o viam, coligindo observações que, pela sua diversidade, acabam por constituir um leque variado de testemunhos que ajuda a reconstituir o quadro das figurações de que Egas Moniz fazia parte.

Apreciações sobre a sua faceta mística, confidências acerca de inspirações científicas que Egas Moniz evitou confirmar, testemunhos sobre o secretismo que encobria o curso das suas investigações, ressaltam dessa literatura, com a garantia de provirem de admiradores seus e de comporem, sem malícia nem detração, uma figura humana, flexível e contraditória.

---

[220] *Colóquio Ciências*, Revista de Cultura Científica, Lisboa, Fundação Calouste Gulbenkian, 1988-2000.

A posição crítica começa por ser pouco óbvia. As observações discordantes acerca da avaliação dos resultados da leucotomia pré-frontal eram raras e pouco divulgadas, no início.

Quer em Portugal, quer no estrangeiro, a discussão acerca dos fundamentos, avaliação dos resultados, implicações filosóficas, inquietações morais, religiosas e dúvidas de caráter científico e ético foram aparecendo.

O surgimento de trabalhos orientados por uma perspetiva crítica, procurando superar enviesamentos provocados por via do endeusamento, ou da diabolização, orientados para a interpretação equilibrada das relações de Egas Moniz com os diferentes contextos em que interagiu, puseram em evidência a capacidade de adaptação de um homem que delineou cuidadosamente as suas estratégias, por vezes determinado e implacável, conhecedor dos meandros das instituições médicas, científicas e políticas, firmemente empenhado em deixar obra feita e, por isso mesmo, gerindo a projeção do seu trabalho e cuidando da sua imagem com uma meticulosidade notável.

4.9 Dois enigmas

Comparando diferentes fontes detectámos factos e circunstâncias que Egas Moniz decidiu não referir nos escritos de caráter político que publicou. A evolução das reflexões e convicções que o levam da dissidência monárquica, à convicção republicana e, daí, a entusiasta da República Nova, deixando pelo meio a sua iniciação na Maçonaria, o seu envolvimento no golpe sidonista e alguns duelos. Estes factos e circunstâncias são desigualmente tratados pelo próprio nos escritos de pendor autobiográfico, desvalorizados, nuns casos, ou pura e simplesmente omitidos, noutros.

É curioso notar que o cientista apresenta traços comportamentais semelhantes aos que evidenciou enquanto político: agudo sentido da estratégia; uma determinação enérgica e obstinada, não isenta de precipitação; uma confessada predileção pela notoriedade; e uma prática frequentemente resguardada pelo secretismo de inspiração conspirativa.

Estes aspetos da sua personalidade, aliados à riqueza da sua cultura e experiência política, ajudam a explicar, em boa parte, um dos principais *enigmas monizianos*: como pôde um país periférico, com um sistema científico incipiente, debilitado pelas políticas restritivas purgatórias do Estado Novo, "produzir" um cientista cuja obra, reconhecida internacionalmente, veio a ser premiada com um Prémio Nobel?

Para ensaiar uma resposta fundamentada, somos tentados a reformular a questão. Egas Moniz conhecia bem as potencialidades científicas distribuídas pelos espaços geopolíticos. Complementou a sua formação de neurologista estagiando em Bordéus, Paris e Bruxelas, com alguns dos mais proeminentes neurologistas e psiquiatras do seu tempo. Geria com perícia a sua rede de relações, e preocupava-se sistematicamente com a distribuição das informações que descreviam a sua atividade.

Assim, poderíamos formular a questão de outro modo: como conseguiu um neurologista português, apesar de tudo – apesar do défice científico nacional –, uma notoriedade elevada e sucessivas nomeações para o Prémio Nobel?

A resposta reside no seu talento, esforço, empenhamento e persistência, antes de mais, mas incontornavelmente também no modo como o seu investimento (estratégia e determinação) se conjugou com as representações positivas que dele se fizeram, tanto nas comunidades médicas e científicas como, em geral, por obra do esforço publicista que empreendeu, alimentou e frequentemente orientou de acordo com os seus propósitos.

É nessa confluência de representações partilhadas que muitos dos seus pares, mestres, dirigentes políticos, e concidadãos, dele se apropriam para, ao mesmo tempo que o celebram e glorificam, engrandecerem e reforçarem as suas próprias identidades.

O Prémio Nobel, precedido pelo Prémio de Oslo, veio coroar simbolicamente esse encontro histórico em que a urgência de caráter nacionalista tornou o elogio de Egas Moniz num imperativo patriótico, fragilizando a assimilação crítica das problemáticas associadas à política (a sua adesão ao Sidonismo, por exemplo) e à Ciência (as controvérsias em torno da leucotomia pré-frontal e da lobotomia).

Era claro para Egas Moniz que a reputação desejada passava pelos grandes centros de produção científica com efetiva influência internacional.

A afirmação identitária do médico e do homem de ciência aspirando a progressões sucessivas dos seus estatutos académico, político e científico, foi sempre atravessada pela necessidade da deslocação (interna e externa), da viagem, da visita, tudo isso programado sobre um roteiro preciso, esquematizado de acordo com uma estratégia bem definida.

De certo modo, o mundo que Egas Moniz quis visitar, conhecer melhor, e incluir no seu roteiro específico, era um mundo já duplamente "descoberto", em virtude das suas atividades científicas e políticas anteriores, designadamente resultantes de estágios e visitas de estudo destinadas a examinar os feridos de guerra,[221] e da sua passagem pelo posto de embaixador e pela pasta ministerial dos Negócios Estrangeiros; era também um mundo cujos pontos de aproximação estavam intimamente associados às experiências mais avançadas no campo da neurologia e da psiquiatria.

Associando-se, de perto, aos cientistas de nomeada na sua especialidade, Egas Moniz procedia à complementar construção das autoridade e notoriedade, reforçando a sua posição em Portugal e constituindo-se simultaneamente em interlocutor avisado no plano internacional.

Ao enumerar aqueles que considerou seus mestres, Egas Moniz enfatizava frequentemente a importância da internacionalização. De Augusto Rocha, por exemplo, diz ser um "dos poucos mestres viajados".[222] A implícita censura ao imobilismo de "outros", acantonados na rotina paralisante, torna-se, por vezes, mais expressiva nos seus textos, constantemente mencionada como parte integrante do seu critério de avaliação da competência científica.

Num dissimulado autoelogio, misto de experiência, reflexão e contato internacional, proclama:

> As Universidades não podem nem devem ser constituídas por aqueles que apenas se contentam com a ciência feita.[223]

---

[221] MONIZ, Egas, *A Neurologia na Guerra*, Lisboa, Livraria Ferreira, 1917.

[222] MONIZ, Egas, *Confidências de Um Investigador Científico*, Lisboa, Ática, 1949, p. 10.

[223] MONIZ, Egas, Ob. Cit, p. 20.

Sugere, assim, que a avaliação dos professores seja ponderada de modo a que a inquirição acerca dos contatos científicos internacionais ocupe um lugar de relevo, mostrando a sua preferência pelos que

> ... continuavam a receber estímulos dos centros científicos estrangeiros, convivendo com mestres competentes e dinâmicos. [224]

Após a jubilação, a par das numerosas referências a Ramón y Cajal, de cuja obra afirmava guardar, não apenas a conceção neuronal, mas, igualmente, algo do método contrastivo por ele posto em prática, Egas Moniz aponta a França como lugar de eleição, onde se houvera deslocado com o intuito de, primeiro, especializar-se e, depois, quer por razões ligadas à atividade política, quer devido à necessidade de afirmação, defesa e consolidação das suas posições no campo da neurologia e da Psicocirurgia. No livro *Confissões de um Investigador Científico*, que o próprio Egas Moniz considera a sua melhor obra, confirma-o:

> O que sou em ciência devo-o à França, aos seus Mestres, ao seu ensino e especialmente ao estímulo que imprimem aos frequentadores das suas clínicas para estudarem e progredirem.[225]

É esse o primeiro eixo estruturante das rotas preferenciais que Egas Moniz desenhou para se dotar de uma dimensão internacional, de uma visibilidade tão nítida como a que pretendia para a sua Angiografia Cerebral. Com a divulgação dos primeiros resultados da arteriografia, o mapa da sua influência virá a diversificar-se, e a sua rede de contatos alargar-se-á. Foi porém em França que Egas Moniz fez o seu primeiro e decisivo investimento.

Assim, a França surge na estratégia de Egas Moniz como a primeira placa giratória para as comunidades médicas e científicas internacionais.

Logo que estima estar na posse de elementos de prova suficientemente sólidos para iniciar o processo de aceitação da sua então denominada Arteriografia Cerebral, logo decide deslocar-se a Paris com o fito de obter uma primeira avaliação positiva por parte dos seus mestres franceses.

Paralelamente, apresenta comunicações sobre o mesmo assunto na Sociedade de Neurologia – de que Babinski,[226] um dos seus mestres, foi cofundador – e na Academia de Medicina de Paris.

> Só depois da aceitação pelos grandes nomes da neurologia francesa é que, já seguro da situação, comunicou os seus achados em Portugal, em especial à Academia de Ciências e à Faculdade de Medicina.[227]

---

[224] MONIZ, Egas, Ob. Cit, p. 18.

[225] MONIZ, Egas, Ob. Cit, p. 69.

[226] Joseph Jules François Félix Babinski (1857-1932). Neurologista francês, discípulo de Charcot, com quem Egas Moniz manterá sempre uma relação estreita.

[227] FERNANDES, Barahona Henrique, *Egas Moniz, pioneiro de descobrimentos médicos*, Lisboa, Instituto de Cultura e Língua Portuguesa, M.E, 1983.

A geografia de influência e a concomitante rede de contatos alarga-se, nos anos seguintes, à Alemanha, Brasil, Inglaterra, Itália, Japão e Suécia. À medida que a Angiografia Cerebral era replicada e adotada, os novos contatos sucediam-se, granjeando-lhe prestígio e reputação científica crescentes.

A viagem que decide fazer a Paris imediatamente após ter conseguido, com Almeida Lima, a primeira arteriografia cerebral, decorreu sob forte tensão emocional, mas tal não impediu que tivesse também sido objeto de meticulosa preparação. Tudo leva a crer que fazia parte de um plano longamente amadurecido. Se é certo que afirma recordar--se de inúmeros pormenores que traduz sob a forma de apontamentos paisagísticos, entrecortados por manifestações de enervamento e ansiedade

> Ainda em viagem, já vagueava por Paris na inquietação dos momentos sempre angustiosos que marcam as grandes exibições.[228]

Também é verdade que a agenda de encontros, reuniões e apresentação de comunicações foi cuidadosamente preparada. Além dos encontros prévios com Babinski, por um lado, e Souquès, por outro, Egas Moniz receberá, durante a sua estadia em Paris, o material que pedira a Almeida Lima (que ficou, como quase sempre, nos bastidores laboratoriais a ultimar as provas) para lhe enviar de Lisboa, a fim de completar as apresentações programadas. Mesmo em relação ao que poderia parecer menos importante, Egas Moniz empenhava-se com denodo. Com um indisfarçado nacionalismo: lembra aos convivas da casa de Babinski que elogiavam o *cognac* servido após a refeição, que o vinho do Porto possui um paladar e uma textura excecionais, presenteando-os com uma prova das garrafas que, para o efeito, levara consigo na bagagem.

Esta atenção aos mínimos pormenores, que tinha em vista a criação de um ambiente favorável à sua aceitação, tal como a excecional capacidade de planificação, serviam a estratégia delineada por Egas Moniz que visava sobretudo 1) o estabelecimento da autoria da arteriografia cerebral (fundamental para mais tarde, em caso de disputa, fazer prova de anterioridade, como foi o caso); 2) a exposição das virtualidades da sua criação perante os seus pares; e 3) colocar-se num patamar superior de autoridade científica.

Apesar de nem tudo lhe ter corrido bem no Hospital Necker quando procedeu à demonstração arteriográfica descrita nas suas comunicações, Egas Moniz regista, em tom proclamatório:

> Já podiam agredir-me os médicos patrícios, sempre prontos a amesquinhar o esforço dos conterrâneos e a deitar ao desprezo as conquistas científicas alcançadas no país. Os Mestres parisienses em que confiava tinham julgado em última instância, e a minha obra avultava aos meus próprios olhos como sempre a vira, mas agora com uma solidez que o meu exclusivo critério não era suficiente para lhe dar.[229]

Estava claro para Egas Moniz que, não obstante o valor que o próprio atribuía aos resultados das suas investigações, estas só se viriam a consubstanciar em tecnologias de

---

[228] MONIZ, Egas, Ob. Cit, p. 66.
[229] MONIZ, Egas, Ob. Cit, p. 91.

diagnóstico, partilhadas e aceites, se conseguisse vencer as resistências à mudança (provocadas, em geral, por quaisquer inovações), alcançando, concomitantemente, a indispensável notoriedade com o que ela implica de autoridade, reconhecimento e afirmação.

Logo a seguir é convidado a participar na Semana Médica de Bruxelas, já na qualidade de Presidente da Academia de Ciências de Lisboa e, pouco depois, Aloysio de Castro convida-o oficialmente a visitar o Brasil, onde participará numa série de reuniões, proferindo várias conferências, quer no Rio de Janeiro, quer em São Paulo.

Nas suas memórias, a descrição destas viagens é mais sucinta, o nervosismo e a ansiedade vão-se dissipando. Como já vimos, a boa impressão que deixou entre os colegas brasileiros valer-lhe-á, mais tarde, em retorno, uma ativa e influente corrente de opinião favorável à sua nomeação para o Nobel.

De um modo ou de outro, Egas Moniz estabelece laços com lugares e pessoas. Dotado de um sentido agudo da diplomacia, potenciada decerto pela sua experiência política anterior, dispõe os seus trunfos metodicamente.

João Lobo Antunes frisa, a este propósito, que para além da publicação tempestiva de artigos em revistas famosas de circulação internacional, como a *Lancet* e o *New England Journal of Medicine*

> Egas Moniz tinha entre os seus colaboradores verdadeiros embaixadores que vão praticar a técnica angiográfica em serviços estrangeiros, como o de Cairns, em Londres, ou o de Olivecrona, em Estocolmo.[230]

Tal como aflorámos anteriormente, ao arrepio quer da vitimização simplificadora, quer da hiperbolização do génio de Egas Moniz com intuitos panegíricos, uma corrente mais recente empreendeu uma abordagem aprofundada e descomplexificada acerca do significado e alcance do homem, da obra e dos contextos correlativos.

Tiago Moreira, de acordo com um dos pressupostos capitais da corrente teórica em que se inscreve,[231] qualifica o acesso que Egas Moniz tinha aos meios internacionais como uma espécie de vantagem comparativa:

> Diretor do Serviço de Neurologia do Hospital de Santa Marta e professor de Neurologia Clínica na Faculdade de Medicina de Lisboa (...). Tinha poder e recursos. Tinha relações com um dos centros mundiais da neurologia, França.[232]

Da arteriografia à Angiografia Cerebral e, depois, à leucotomia pré-frontal, Egas Moniz constitui-se gestor de um dispositivo de produção técnico-científica, disputando a

---

[230] ANTUNES, João Lobo, "Egas Moniz – uma palavra sobre o Outro" in *1911-1999. O Ensino Médico em Lisboa no Início do Século. Sete Artistas Contemporâneos Evocam a Geração de 1911*, Catálogo da Exposição, Lisboa, Fundação Calouste Gulbenkian, 1999.

[231] ANT – Ator Network Theory. A Teoria do Ator-Rede, também conhecida pela Sociologia da Tradução, teve como principais referências John Law, Michel Callon e Bruno Latour: CALLON, Michel, "Some Elements of a Sociology of Translation: Domestication of the Scallops and the Fishermen of St. Brieuc Bay" in *Power, Action and Belief. A New Sociology of Knowledge?* edited by J. Law, London, Routledge & Kegan Paul,1986, e LATOUR, Bruno, *Science in Action: How to Follow Scientists and Engineers through Society*, Cambridge,University Press, 1987.

[232] MOREIRA, Tiago, *Large gain for small trouble,* p. 10.

primazia dos seus produtos, publicando, fazendo-se representar quando impossibilitado de se deslocar, multiplicando-se em contatos, missivas e delegações.

Quando, em 14 de Março de 1939, sofreu o atentado, baleado por um dos seus pacientes, os jornais de cá e do estrangeiro noticiaram a ocorrência, fazendo chover, em Lisboa, mensagens de pesar e de inquietação pelo seu estado de saúde. Esta cascata de cuidados e preocupações tornava óbvio tratar-se já de um cientista de renome. O mapa das suas viagens e pontos de influência posteriores a 1935, ano da realização do II Congresso Internacional de Neurologia, em Londres, e do início das suas experiências ligadas à leucotomia pré-frontal, consistirá, em parte, numa sobreposição do mapa de influências já desenhado pela difusão da *arteriografia cerebral* sobre o mapa da influência da leucotomia pré-frontal. Enquanto a vertente europeia dessa rede de influências é enfraquecida pela emergência da II Grande Guerra, nos Estados Unidos da América, Walter Freeman[233] e James Watts[234] adotam a leucotomia pré-frontal, convertendo-a, depois, na lobotomia frontal e acrescentando, desse modo, um facto decisivo para o reconhecimento público da primazia de Egas Moniz na recém-formulada Psicocirurgia.

As suas viagens ulteriores inscrevem-se na mesma senda. Dispensará, nas suas memórias, espaço e atenção diferenciados a cada uma delas. A viagem a Itália, em 1937, por exemplo, entre descrições de sessões de trabalho, cursos, experiências e fruição artística, ocupa mais de dois capítulos das *Confidências de um Investigador Científico*. A sensibilidade para a gestão do dispositivo que montou, e de que a sua imagem permanece *a marca principal*, mantém-se sempre desperta.

Sustentando a existência de um dado equilíbrio entre a importância dos trabalhos de Egas Moniz e esse *savoir faire* diplomático que aludimos, João Lobo Antunes estima que

> Para uma nova técnica diagnóstica ou uma terapêutica revolucionária serem adoptadas na prática médica corrente, é necessário que, em primeiro lugar, tragam solução a problemas até então por resolver. Mas é também indispensável que elas sejam apresentadas aos poderosos e influentes em cenários apropriados, além de publicadas nas revistas de maior prestígio. Egas Moniz foi um mestre na arte de comunicar ciência.[235]

A nobelização de Egas Moniz em 1949 constitui, pois, o corolário da carreira científica de um homem atento aos nichos de oportunidade existentes na sua época, na sua profissão, e num espaço mais vasto, para além do país onde nasceu. Em todo o caso, alguém "... extraordinariamente hábil na luta do mundo". [236]

O *enigma periférico* – dado pela discrepância entre um país de baixo potencial científico e a "produção" de um cientista nobelizado – pode, pois, ser desvendado deste modo. Os fatores associados à sua inserção na rede internacional que conhecia, valorizava e utilizava, surgem com uma maior capacidade explicativa do sucesso que alcançou, do que as justificadas mas insuficientes alusões ao génio e sumo talento do cientista.

---

[233] Walter Jackson Freeman (1895-1972), neurologista norte-americano e um dos principais responsáveis pela larga difusão da psicocirurgia nos Estados Unidos da América.

[234] James Wisnton Watts (1904-1994), neurocirurgião norte-americano, colega de Walter Freeman.

[235] ANTUNES, João Lobo, "Egas Moniz – uma palavra sobre o Outro", p. 6.

[236] Ibid., p. 7.

Sigmund Freud, cuja influência no pensamento do século XX teve um impacto maior e mais abrangente, não ganhou nenhum Prémio Nobel, apesar de, para tal ter sido nomeado várias vezes. Ignorasse Egas Moniz as circunstâncias em que se começavam a produzir e validar os conhecimentos científicos no primeiro quartel do século XX, e não teria provavelmente sequer conseguido reclamar, com êxito, a prioridade da Angiografia Cerebral, quando a disputou a cientistas alemães e japoneses que pretendiam firmar publicamente a primazia. Faltasse a Egas Moniz essa habilidade "na luta do mundo" que João Lobo Antunes enfatiza, e ter-lhe-ia provavelmente acontecido o mesmo que a muitos outros cientistas que com ele se cruzaram em conferências e congressos: a sombra do esquecimento, independentemente dos respetivos méritos.

Vale a pena, por isso, assestar a observação sobre os elementos de cultura científica que Egas Moniz propugnava e trazê-los para primeiro plano. A compreensão que no nosso tempo podemos estabelecer acerca das diferentes facetas da sua vida e obra carece da complementaridade do político e do cientista.

O *enigma político,* que impende sobre Egas Moniz, consiste no contraste entre mais de duas décadas de intensa dedicação à política ativa, com o parco ou quase nulo lugar a ela reservado nos seus escritos posteriores a 1920.

No dobrar do século XIX para o século XX, Egas Moniz, casa-se, é eleito deputado pelo Partido Progressista, e prepara, ao mesmo tempo, a sua tese de doutoramento. *A Vida Sexual* constitui um objeto histórico e cultural da mais alta importância.[237] Exerce influência sobre o pensamento republicano, designadamente em matérias como as problemáticas sexuais, o eugenismo e a contraceção; ousa abordar matérias relacionadas com o sexo e a sexualidade, geralmente consideradas tabus, e, com o advento do Estado Novo, verá a sua circulação restringida.

No período que vai do início do novo século até 1908, Egas Moniz dedica-se simultaneamente à política e à clínica, com algum prejuízo do desempenho académico.[238] Abandona o Partido Progressista e, juntamente com o grupo dissidente de José Maria de Alpoim, aproxima-se dos principais dirigentes republicanos. Participa na frustrada intentona republicana de 28 de Janeiro de 1908.

Considerando o contexto político, a cultura de origem e a forte componente religiosa da sua educação, Egas Moniz distanciou-se bastante da mundividência arcaica da sua adolescência. Recordando a intransigência absolutista dos critérios em voga nesses tempos, Egas Moniz ironizará

> Os que não seguem a nossa opinião, seguem sempre, em Portugal, por má estrada! Eu era então deputado progressista, muito avançado para o tempo, na defesa, entre outras aspirações, do ensino laico que estava à cabeça no programa dos liberais mais ousados.[239]

---

[237] MONIZ, Egas, *A vida sexual*, Lisboa, Casa Ventura Abrantes, 1932. A 1ª edição, em dois volumes separados, data de 1900. Incluía "A Vida Sexual I – Fisiologia" (dissertação de Doutoramento) e "A Vida Sexual II – Patologia" (dissertação apresentada às provas para o concurso de Lente da Faculdade de Medicina da Universidade de Coimbra.

[238] Ver, a este respeito, os resultados da investigação de Ana Leonor Pereira e João Rui Pita, PEREIRA, Ana Leonor, e PITA, João Rui, "**Egas Moniz, Prémio Nobel. Materiais inéditos para uma biografia em rede**", *Munda*, Nºs 45/46, Novembro, Coimbra, 2003, pp. 103-106.

[239] MONIZ, Egas, *A Nossa Casa*, p. 255.

Para enquadrar ideologicamente a sua evolução política – rumo a posições que o próprio reputa de "avançadas" – basta voltar a recordar que vinha de um meio "pró-legitimista" em que

> Os liberais eram apodados de pedreiros livres, malhados, e zurzidos ainda com apóstrofes mais cruéis, pois não havia outra maneira de os atacar. [240]

Justificar-se-á mais tarde, no Parlamento, admitindo a sua participação no levantamento republicano mas defendendo-se das acusações de envolvimento na conspiração que conduziu ao regicídio, a 1 de Fevereiro de 1908.

A ditadura de João Franco, com o beneplácito de D. Carlos, isolara as instituições da Monarquia Constitucional, ao intensificar as medidas de natureza repressiva. Com isso, a causa da República fortaleceu-se, favorecendo a passagem de muitos monárquicos (Progressistas e Regeneradores) para o campo da oposição.

Egas Moniz estava entre os 93 suspeitos detidos em vésperas do regicídio, ao lado de, entre outros, António José de Almeida, Afonso Costa e Álvaro Pope. [241]

Depois de libertado, retoma o seu lugar no Parlamento.

Com o advento da República, participou ativamente nos trabalhos da Assembleia Constituinte, debatendo variadíssimas questões que se prendiam com o ordenamento do futuro sistema de poder. Encontra-se, depois, entre os fundadores do Partido Evolucionista Republicano, com António José de Almeida. Após um curto interregno em que deixa a política ativa por considerar não estarem reunidas as condições para vincar a sua autonomia e se exprimir convenientemente, regressa em pleno. Funda o Partido Centrista, reunindo monárquicos dissidentes e republicanos desavindos com o jacobinismo dos "democráticos" de Afonso Costa.

O Partido Centrista dissolver-se-á, dando lugar ao Partido Nacional Republicano, pretensamente diferente dos outros partidos, destinado a apoiar parlamentarmente as soluções políticas do Sidonismo.

4.10 Regresso à Política, em força

No início de Janeiro de 1917, Moniz preparava-se para um regresso retumbante à política ativa. O seu alegado envolvimento com as forças que apoiaram a ditadura de Pimenta de Castro, e já em 1916, a sua prisão a bordo do navio da Marinha de Guerra, Vasco da Gama, sob acusação de participar no movimento revoltoso chefiado por Machado dos Santos, entretanto detido no Palácio do Fontêlo, perto de Viseu, preenchem alguns tópicos do regresso.

Descontentes com o governo da União Sagrada, assente fundamentalmente no entendimento precário entre António José de Almeida e Afonso Costa, o movimento

---

[240] MONIZ, Egas, Ob. Cit, p. 69.

[241] SERRÃO, Joaquim Veríssimo, *História de Portugal [1890-1910]*, Lisboa, Editorial Verbo, 1995, p. 128.

visava uma base de apoio mais ampla, incluindo monárquicos, católicos, e os unionistas de Brito Camacho que tinham ficado de fora da coligação formada por Democráticos e Evolucionistas.

A imprensa da época vai ao seu encontro registando o provável "regresso à política" do "eminente professor", depois de dela andar "arredado", "especialmente pelas razões que determinaram a suspeita da sua cooperação no último movimento revolucionário."

O editorial de *A Opinião*, cerca de um mês depois, faz sentir o vazio político que deveria atrair Egas Moniz, tempos mais tarde. O título – "Republicanisar o paiz" – baseado nas palavras do unionista José Barbosa,

> As forças sociaes, como as da mechanica, dizia Pierre Laffitte, precisam de um ponto de aplicação. Era, segundo ele, o papel que representavam os grandes políticos que sabiam enfeixá-las e dirigi-las. Onde está esse homem entre nós? - perguntará o leitor. Não sabemos, mas, como a função cria o órgão, temos confiança que ele surgirá no momento oportuno.[242]

Imediatamente por baixo, o anúncio de um artigo de Egas Moniz, prometido para a segunda-feira seguinte. Subliminarmente, avança o nome de um dos possíveis homens providenciais de que se fala para chefiar os moderados e conservadores que se opõem aos excessos jacobinistas dos republicanos.

Contrariando *A Nação*, órgão dos monárquicos activistas, *A Opinião* troca picardias com outros órgãos de imprensa, polemiza no editorial de 10 de Fevereiro de 1917, objetando a uma das cargas antidemocráticas que cita em editorial – Progresso e Reacção – observando que

> Pretender agora o sr. João Franco Monteiro, remontar o curso dos séculos para resolver uma crise que é mundial, e não nacional, restabelecendo a monarquia absoluta em Portugal, é desconhecer a história, é ignorar toda a evolução da sociologia moderna, é supor que se reorganiza uma nação, como se renovam os estatutos de uma filarmónica.[243]

Logo abaixo, uma chamada para a publicação de entrevista com o dr. Egas Moniz "em que define a sua atitude perante a actual situação política". E, numa breve entrevista a "um antigo ministro da monarquia, figura de alto prestígio político" que descrê das aspirações restauracionistas a que a imprensa monárquica tem dado alento, e remata com uma tirada que glosa o tema do homem providencial: "... arranjem uma figura de prestígio, que a há, sem dúvida alguma, e o problema político português estará resolvido."

A 12 de Fevereiro, *A Opinião* publica finalmente a entrevista de Egas Moniz que marca o seu longamente anunciado regresso à política. A entrevista fora pré-anunciada n'*A Opinião*, no *Diário de Notícias* e noutros jornais:

---

[242] *A Opinião* de 9/02/1917, primeira página.

[243] *A Opinião* de 10/02/1917, primeira página.

Um acontecimento político/ O sr. dr. Egas Moniz/regressa à vida política/ Não se ligará a nenhum dos grupos políticos existentes/ Entende que soou a hora das classes conservadoras deixarem a dentro/do regimen, o seu retraimento.

Os entrevistadores são encomiásticos. Egas Moniz vitupera as duas maiores figuras do governo chamado da "União Sagrada" – António José de Almeida, chefe do governo e do Partido Evolucionista, e Afonso Costa, líder do Partido Democrático e segunda figura da coalição governamental – que irá durar até 25 de Abril desse mesmo ano, tendo tomado posse cerca de um ano antes, a 15 de Março de 1916. No fundamental, elogia o bloco conservador recém-formado no Parlamento. Perante a dúvida expressa pelo entrevistador quanto ao benefício que o reforço do campo monárquico poderia trazer à República, Egas Moniz explica:

É que o País, a Pátria, esta nacionalidade a que pertencem todos os Portugueses, vale um pouco mais do que a República e a Monarquia.

acrescentando uma consideração que retomará, depois, inúmeras vezes:

Recorde-se dos serviços que o partido republicano prestou nos tempos da monarquia, como fiscalizador do poder. A sua acção foi então bem mais benéfica para o país do que depois do 5 de Outubro. (...) Os monárquicos organizados seriam por sua vez uma força com que só beneficiaria o país.

Questionado sobre objetivos programáticos, o entrevistado não se quer alargar muito mas avança: "moralidade governativa", "pacificação religiosa" e "equitativa distribuição dos impostos". E explicita:

Pouca influência possuo, mas essa estará do lado de todos os conservadores, sem distinção de cores partidárias, que queiram congregar os seus esforços em defesa de uma útil e honesta administração e contra a demagogia do poder.

No dia seguinte, *A Opinião* regurgitava de congratulações pelo surgimento (há muito previsto, esperado e pré-anunciado) da tal figura capaz de preencher o vazio político existente. A entrevista é tratada em múltiplos tons: num editorial ("Nova fase"), na rubrica "Casos do dia", e na reprodução de um "Extracto de um discurso proferido no Parlamento, em 1908, pelo sr. dr. Egas Moniz." O título – "Ontem e hoje.../A propósito de uma/ entrevista política/ Coerência de princípios" – revelava, em parte, o propósito que assistia à publicação de um documento político de havia oito anos. Egas Moniz e *A Opinião* quiseram sublinhar, em papel impresso, que o político agora regressado se rebelara contra o despotismo do final da monarquia, como agora se insurgia contra o cerceamento das liberdades pelo governo da União Sagrada.

Nesses dias de 1908, Moniz conspirara e tivera como companheiros de *complot* e de infortúnio alguns dos líderes republicanos que se encontravam agora a chefiar o Governo. Recaíram, então, sobre eles, suspeitas de envolvimento no atentado contra a Família Real, já que a chamada Intentona da Biblioteca foi abortada precisamente na véspera do regicídio. Ora, para alguns historiadores, esta conspiração entroncava na outra que se veio a consumar na Rua do Arsenal, a 1 de Fevereiro do mesmo ano. Daí o termo usado por alguns – "buissidentes" [244] –, associando o nome de um dos regicidas, Manuel Buissa, à denominação da tendência chamada "Dissidência Progressista" e a tese da "distribuição de tarefas" entre republicanos e "adesivos", encarregando-se os primeiros do recrutamento de homens e os segundos do financiamento.[245]

A publicação, agora, do texto do seu discurso parlamentar de Junho de 1908, depois de Egas Moniz ter sido libertado pelo governo de "acalmação" de Ferreira do Amaral, no rescaldo das eleições de Abril que se seguiram ao regicídio, justificava, de certo modo, os tons extremados da época. Egas Moniz, regressado à Câmara dos Deputados, apresenta um requerimento em nome do Grupo da Dissidência Progressista. À questão fulcral – recordar o caso dos "adiantamentos à Casa Real" com o intuito manifesto de evitar uma solução semelhante à encontrada por João Franco – acrescentou uma série de adendas destinadas a esclarecer o seu posicionamento. É nesse contexto que afirma:

> Em presença dos últimos acontecimentos do reinado de Dom Carlos e das infâmias do governo da ditadura, pergunto se havia ou não o direito de ir até aos últimos extremos na defesa das liberdades que nos haviam cobardemente roubado. [246]

Esta afirmação difere ligeiramente da passagem reproduzida cerca de dois anos depois, em livro

> Em presença dos últimos acontecimentos do reinado de D. Carlos e das infâmias do governo da ditadura, havia ou não o direito de ir até aos últimos excessos? [247]

Tal como em 1908, quando se opôs ao governo de "acalmação", que, na esperança de estabilizar a situação política e serenar os ânimos, incluíra, até, um republicano como Miguel Bombarda, Egas Moniz justificava agora a sua oposição ao governo da União Sagrada, retomando, não tanto a argumentação, mas a postura de uma reclamada coerência.

Seguem-se protestos do editorialista de *A Opinião* contra o aproveitamento que Brito Camacho fez da entrevista de Egas Moniz e do texto da efeméride de 1908. Nas páginas da *Lucta*, o chefe unionista saudou o regresso de Egas Moniz à política ativa e esforçou-se por aproximar o sentido das declarações deste às disposições do bloco monárquico. O editorialista de *A Opinião* remata:

---

[244] A propósito da intentona republicana de 28 de Janeiro de 1908, que alguns autores ligam ao regicídio ocorrido poucos dias depois, Joaquim Veríssimo Serrão, por exemplo, recorda que os que nela tomaram parte "Por alguma razão foram depois chamados 'buissidentes'. Tendo aderido à República, não deixaram alguns deles de lamentar as circunstâncias em que ocorreu o Regicídio, numa forma que, mesmo sincera, foi de tardio arrependimento." *História de Portugal [1890-1910]*, Lisboa: Editorial Verbo, 1995, p. 130.

[245] Ibid., p. 132.

[246] *Diário da Câmara dos Senhores Deputados*, Sessão nº 28 de 15 de Junho de 1908, p. 19.

[247] MONIZ, Egas, *Um Ano de Política*, p. 13.

O sr. dr. Egas Moniz é um conservador de princípios, de tradição e de escola. Já não sucede assim com o sr. Brito Camacho, que apenas é um político, momentaneamente em atitude de conservador.[248]

São ainda feitas referências a outros órgãos de imprensa que glosam, de uma maneira ou de outra, o ressurgimento de Egas Moniz na cena política (*O Liberal*, *O Dia* e a *Lucta*) dando uma ideia do impacto que o acontecimento tivera.

A 20 de Fevereiro, numa *breve*, arrumada ao canto inferior esquerdo da capa, *A Opinião* respondia a uma reação do jornal *A Nação*. Perentoriamente, o texto assevera, em tom sarcástico, que "o sr. dr. Egas Moniz é republicano conservador."

Para que os leitores não esquecessem a incontornabilidade do ator político, *A Opinião* vai informando acerca do estado de saúde e das deslocações de Egas Moniz e esposa, de Avanca para Lisboa.

No princípio de Agosto, Brito Camacho, chefe do Partido Unionista, dá uma entrevista ao *Século*. *A Opinião* proporciona-lhe um destaque especial, publicando, na sua primeira página, uma peça em que respiga várias passagens dessa entrevista. Após declarar ter já abandonado o plano de fusão do seu partido com o dos "evolucionistas", com o fito de encontrar uma base de apoio estável para o seu projecto moderado, Camacho, primeiro, caracteriza a situação:

> A República, instituição política, entregue aos caprichos e ao desvairamento de uma facção, encontra-se em estado de equilíbrio precário, que um exagero de amplitude oscilatória pode romper de vez. O País não quer uma República sectária, uma República facciosa, uma República dentro da qual não haja respeito por todas as opiniões sinceras (...).
>
> O remédio para esse mal, que é grave, consiste na organização das forças de governo, em termos que a República, regime de opinião, coisa de todos, não seja o monopólio, o logradouro de um partido.[249]

E prossegue, mais adiante:

> Estou convencido de que o dr. Egas Moniz há-de levar a bom termo a sua tentativa, e de que, fundidas as forças já organizadas, com as que ele organizar, a crise dos partidos, que é a crise da República, ficará resolvida.[250]

Finalmente, na segunda quinzena de Outubro de 1917, é feita a apresentação pública do Partido Centrista Republicano. Segundo *A Opinião*, o nome "define a sua situação a dentro da política portuguesa e o seu lugar no parlamento".

Na habitual rubrica "Casos do dia", a questão da separação da Igreja e do Estado é referida a propósito de uma apreciação crítica de *O Mundo*. Ora, na esteira das declarações do principal fundador do recém-formado Partido Centrista,

---

[248] "Política de Atitudes", editorial de *A Opinião* de 14 de Fevereiro de 1917, na primeira página

[249] "As declarações do Sr. Brito Camacho", *A Opinião* de 2 de Agosto de 1917, na primeira página.

[250] Ibid.

... não há leis intangíveis desde que se lhes respeite a essência. Só se lucra em lhes modificar as disposições que a prática demonstra serem inconvenientes.[251]

No editorial da mesma edição, é feito o elogio do líder centrista:

> Dentro da monarquia formou à esquerda dos partidos do regime; combateu as violências e os arbítrios de então e feriu em todas as ocasiões oportunas o grande combate dos princípios democráticos. (...) Foi por isso um dos mais vigorosos combatentes da ditadura de 1907 e conheceu após o insucesso do movimento insurreccional de 28 de Janeiro as severidades do cárcere.[252]

A peça contendo o manifesto do Partido Centrista Republicano, fazia a manchete da edição de *A Opinião*. A quatro colunas (fotografia do dr. Egas Moniz a duas colunas), tinha por títulos:

> Alta Política//A agremiação das forças conservadoras//O que pretende o sr. dr. Egas Moniz//Um verdadeiro programa partidário//O nome de Partido Centrista Republicano define a sua situação a dentro/da política portuguesa e o seu lugar no parlamento.[253]

Após delongas e floreados próprios da ocasião, o texto sintetizava alguns dos objetivos da nova força política:

> ... pretendemos formar um centro de atração e convergência a dentro do regime através do qual se esbatam e se espraiem as ondas impetuosas da esquerda, deixando que lentamente se forme e repouse o nateiro fertilizador da reforma sobre o terreno conservado e resistente da direita.[254]

Egas Moniz assume, pois, as mais altas responsabilidades no decurso do movimento sidonista. Chefe partidário, líder parlamentar, Ministro Plenipotenciário em Madrid, Secretário de Estado dos Negócios Estrangeiros, Presidente da Delegação Portuguesa à Conferência de Paz de Paris.

Após o assassinato de Sidónio Pais, em 14 de Dezembro de 1918, Egas Moniz permanece ainda algum tempo como Presidente da Delegação Portuguesa e, na qualidade já de Ministro dos Negócios Estrangeiros, toma assento no Gabinete de Tamagnini Barbosa para, cerca de um mês depois, transitar para o novo gabinete chefiado por José Relvas.

A conjuntura deixa, todavia, uma pequeníssima margem de manobra aos sidonistas. Responsabilizados pelo reforço da oposição monárquica, os setores republicanos que combateram a ditadura de Sidónio Pais atribuíram-lhes a causa

---

[251] *A Opinião* de 20 de Outubro de 1917, na primeira página.

[252] "O Novo Partido", *A Opinião* de 20 de Outubro de 1917, primeira página.

[253] *A Opinião* de 20 de Outubro de 1917, primeira página.

[254] Ibidem.

do enfraquecimento das instituições republicanas, pelo reforço dos inimigos da república cuja expressão maior foi a reinstauração da Monarquia, na cidade do Porto – a denominada Monarquia do Norte – que dividiu o país em dois, com os republicanos ao sul, e os leais a D. Manuel II, chefiados por Paiva Couceiro, entrincheirados na cidade Invicta.

Egas Moniz terá, a este propósito, uma intervenção curiosa. Proporá a José Relvas um apelo de D. Manuel à rendição da Monarquia do Norte, em troca da amnistia aos monárquicos sediciosos. Tal apelo deveria, no entanto, contornar Paiva Couceiro, que não estaria disposto a depor as armas.

Os restantes membros do Governo não viram interesse na proposta, desprezando-a.[255] Poucos dias depois, a República fazia içar a sua bandeira, de novo, na cidade do Porto, pondo cobro à *Traulitânia* dos monárquicos mais radicais.

Terá sido o estigma sidonista responsável pela síntese moderadíssima da sua autobiografia política?

O Sidonismo permaneceu uma referência conservadora de laivos saudosistas na política portuguesa. No início dos anos 30, quando o salazarismo se teoriza, demarcando--se de outras correntes políticas e ideológicas, assistimos, ainda, a uma rasgada simpatia dos meios mais conservadores pelo Sidonismo, mesmo se considerado "inferior" ao salazarismo pelos novos prosélitos do Estado Novo. [256]

Egas Moniz assiste às transformações políticas que vão ocorrendo sem manifestar publicamente qualquer oposição. Remete-se à clínica, à produção científica e a muitos outros afazeres e ocupações que mantinha.

A primeira Encefalografia Arterial é preparada no decorrer do mesmo ano do movimento militar do 28 de Maio; a primeira leucotomia pré-frontal é levada a efeito na fase de consolidação do salazarismo. Apesar das péssimas condições existentes em Portugal, das quais Egas Moniz, compreensivelmente, se queixará até ao fim,[257] o regime fascista dá-lhe um tratamento diferente do que reserva aos que considera seus opositores ativos, expulsando-os dos empregos públicos, prendendo-os e forçando-os frequentemente ao exílio.

Egas Moniz não deixou, todavia, de ser atingido por alguns atos decorrentes do sistema repressivo do regime fascista, nem deixou de confidenciar quanto se opunha à falta de liberdades que caracterizava a vida política.

Após a morte do Marechal Carmona, em 1951, Egas Moniz foi convidado para se candidatar à Presidência da República. Apontado por alguns setores da Oposição Democrática, foi auscultado nesse sentido. Escusou-se, no entanto, alegando a sua débil saúde e manifestando a opinião de que o Almirante Quintão Meireles, merecendo o seu apoio, constituiria melhor solução.

[255] RELVAS, José – *Memórias Políticas*, Vol. I, Lisboa: Terra Livre, 1977, pp. 102-103.

[256] GOMES, António Sousa – "Sidonismo e Salazarismo". *Diário da Manhã* de 24 de Julho de 1933, na primeira página.

[257] "Do governo do ditador Salazar, homem de ideias curtas, a quem o colégio Carolina de Estocolmo deu o desgosto de me fazer Prémio Nobel, nunca tive nem auxílio para o meu serviço de neurologia – nem sequer sombra de reconhecimento para o que consegui para o nosso país, trazendo, pela primeira vez, para a grei que fala português, a mais alta distinção a que pode aspirar um homem de ciência." MONIZ, Egas – *Os Meus Oitenta Anos*, Manuscrito Policopiado de 1954, p. 10, Anexos, p. 7.

4.11 Equilíbrios táticos

Destes episódios tem-se feito, por vezes, uma interpretação excessiva. As forças de oposição ao regime tinham legitimidade e vantagem em arvorarem Egas Moniz como seu ou, pelo menos, como um daqueles intelectuais de nomeada, perseguidos e maltratados pelo regime de Oliveira Salazar. Porém, tal não correspondia ao entendimento tácito e ao apoio, muitas vezes formal, que o regime dispensou a Egas Moniz, quer patrocinando cerimónias públicas em que Egas Moniz jogava papéis de destaque, quer fazendo-o figurar em exposições de âmbito internacional, destacando-o como exemplo das realizações do Estado Novo.

Esse tacticismo a que Egas Moniz se terá votado em meados dos anos vinte, teria, como contrapartida dos poderes públicos, a manutenção de uma "distância calculada"[258] que o próprio ilustra em trechos de carácter autobiográfico, relativamente a situações já anteriormente aludidas.

Egas Moniz fora vítima de um atentado, atingido com cinco tiros de pistola, no consultório da Rua do Alecrim, em 1939. Numerosas entidades nacionais e estrangeiras temeram pela vida do destacado neurologista, então com 65 anos. Após feliz recuperação, Egas Moniz tenciona agradecer presencialmente a algumas das pessoas que se interessaram pelo seu estado de saúde. Entre eles está o Presidente do Conselho de Ministros, António Oliveira Salazar. Egas Moniz faz saber aos serviços da Presidência do Conselho que tenciona agradecer pessoalmente o cuidado que Sua Excelência expressou. Mas, apesar do empenho e insistência de Egas Moniz, Oliveira Salazar não lhe respondeu e não o chegou a receber.

A propósito, Malheiro da Silva chama a atenção para a forma subtil com que Egas Moniz omite, relativiza ou enfatiza factos e episódios transcorridos sob o consulado sidonista.[259] As flutuações interpretativas estão patentes em muitos outros textos que produziu, o que faz apelo a um exercício cuidadoso de comparação e avaliação de diferentes fontes.

4.12 Superação de obstáculos

O debate sobre estes dois *enigmas monizianos* – o *periférico* e o *político* – concita uma informação vasta acerca do período histórico em que Egas Moniz viveu. Do ponto de vista da pesquisa e da análise histórica, representa um modo estimulante de compreender melhor como eram entendidas a política, a ciência, a arte e a cultura que se vão renovando

---

[258] A expressão é de João Lobo Antunes. "Egas Moniz – uma palavra sobre o Outro" in *1911-1999. O Ensino Médico em Lisboa no Início do Século*, p. 32.

[259] "A trilogia escrita pelo próprio biografado facilita o trabalho e complica-o bastante ao ponto de desmotivar a busca árdua e exigente de fiabilidade dos depoimentos legados. E este efeito perverso agrava-se no caso específico de Egas Moniz por causa do seu espírito positivista e cientista escrupulosamente assumido e praticado, mas sempre com o subterfúgio do silêncio quando certas situações vividas esbarravam no crivo do seu juízo moral e social". SILVA, Armando Malheiro da, "Egas Moniz e a política. Notas avulsas para uma biografia indiscreta" in PEREIRA, Ana Leonor, e PITA, João Rui, (Org.), *Egas Moniz em livre exame*, Coimbra, Minerva, 2000, pp. 238-239.

na passagem do final do século XIX até meados do século XX e, já no início do século XXI, nos interpelam questionando as representações que fomos construindo (adotando ou recusando) sobre as heranças que nos endossaram.

Seguindo o trilho do *enigma periférico*, afiguram-se-nos de elevada potência explicativa a aturada estratégia que Egas Moniz delineou em ordem a firmar a sua notoriedade numa rede de contatos pacientemente estabelecida e mantida, privilegiando a dimensão internacional da sua acreditação como cientista, publicando atempadamente textos decisivos para a atribuição autoral dos feitos que reclamava. E assim se resolve ou dissolve o *enigma periférico,* ao revelar-se que, exatamente por ter consciência dos limites "naturais" impostos pela condição semiperiférica de Portugal, Egas Moniz se apercebeu, desde muito cedo, da dimensão política que as atividades científicas encerram. Foi-lhe dado observar, quer como estagiário em França, quer como responsável de cargos diplomáticos, o contraste entre a acumulação de recursos que existia em França, na Inglaterra e na Alemanha, e a ausência de meios que havia em Portugal. Esse mapa de recursos recobria um outro mapa virtual de credibilidades estereotipadas. E Portugal, como era bem de ver, estava excluído dos dois. Os esforços que fez para tentar soluções vantajosas para o Estado português, enquanto Presidente da Delegação à Conferência da Paz de Paris, muitas vezes excedendo o teor das diretivas mais contidas e sóbrias de Sidónio Pais, confirmaram-lhe que teria de ser enérgico, decidido, e contar com uma forte bateria de aliados para vencer os obstáculos que se interpusessem entre ele e os seus objetivos. Neste aspeto, Egas Moniz elabora uma estratégia vencedora ao construir a notoriedade científica fora dos limites socialmente desvalorizados da semiperiferia.[260] Permaneceu português, mas os lances decisivos para a sorte do cientista tiveram uma base internacional.

Medindo o terreno histórico e geográfico, entendeu que o seu passado político deveria ser reformulado e relativizado. Quer para efeitos imediatos, numa espécie de coexistência pacífica com o salazarismo, quer, a longo prazo, dispensando-se de explicações controversas, enredadas e morosas. O enigma político ajusta-se assim à sua firmeza de propósitos: tendo a segunda parte da sua vida sido coroada de reconhecimento e glória, porque não relativizar a primeira?

De um modo ou de outro, foi o que Egas Moniz acabou por fazer.

4.13 Místico da objetividade

Egas Moniz abandonara praticamente a política ativa no início dos anos 20 do século passado. O período marcante da sua produção científica veio, assim, a coincidir com um ambiente político em que o cerceamento das liberdades democráticas, a ideologização fascizante da cultura e o controlo obscurantista exercido pelo fascismo e pelo partido único do regime começavam a desenhar-se.

Quando em 1935, regressado da Conferência de Londres, inicia aquilo que veio a apelidar genericamente Tentativas Operatórias, a terapêutica psicocirúrgica que curaria

---

[260] Para uma discussão acerca da génese e desenvolvimento do conceito de semi-periferia ver Boaventura Sousa Santos, "Estado e sociedade na semi-periferia do sistema mundial: o caso português", *Análise Social*, Vol. XXI, 1985, (87-88-89), 3o-4o - 5o, pp. 869-901.

ou contribuiria para a cura de "certas psicoses", tinha-se já fechado o primeiro ciclo de acontecimentos políticos que levaram do 28 de Maio de 1926 à aprovação da Constituição de 1933, vivendo-se já em plena fase de consolidação da ditadura do Estado Novo.

A sua história de vida, em conexão com as mudanças políticas que se operaram em paralelo, tornam-no um ponto de apoio privilegiado para uma melhor compreensão do que foi mudando ou permanecendo.

Apesar de ser considerado pelos seus próximos como alguém "Sem interesse pela filosofia", "um místico da objetividade",[261] os conceitos que adotou, desde cedo, decorrem de uma categorização filosófica precisa. O Positivismo, com larga influência em Júlio de Matos e Miguel Bombarda, quer na sua versão *naturalista*, quer no enfoque do *materialismo monista*, exerceram uma influência evidente sobre Egas Moniz. O eugenismo de inspiração darwinista e de extração haeckeliana, constituía para ele um programa ideológico supraordenador.

4.14 As psicoses sociais

Em 1939, após convalescer do atentado de que foi vítima, já recomposto e livre de perigo, Egas Moniz retoma gradualmente os seus afazeres. Com a ajuda de António Flores revê a tradução alemã do que viria a dar a sua obra *Die cerebrale arteriographie und phlebographie,*[262] abruptamente interrompida pelo infausto acontecimento. Tenta agradecer, por escrito e, nalguns casos, pessoalmente, à numerosa lista de pessoas e entidades que com ele se solidarizaram e inquietaram. Após o habitual período termal e o repouso em Avanca, volta a Lisboa.

Na sede da Ordem dos Advogados, em 14 de Dezembro, Egas Moniz profere uma conferência. "Psicoses Socias" é o título.

O conferencista que então surge perante o auditório de homens de leis é um homem de ciência, duas vezes agraciado pelos seus pares, cá e no estrangeiro. Desde 1926, pelo registo e prática de uma nova técnica de diagnóstico – a Angiografia Cerebral – que permitira visualizar pela primeira vez, *in vivo*, através do registo em Raios X, a árvore vascular cerebral. Foi esse o seu primeiro feito científico de vulto, cerca de cinco anos após o abandono da vida política ativa. Mas, além disso, é já, também, o reputado iniciador da Leucotomia pré-frontal, operação cirúrgica do lobo frontal do cérebro humano, destinada à terapia de "certas psicoses",[263] que se inscrevia no recém-conceptualizado domínio da Psicocirurgia. Já nomeado para o Prémio Nobel por várias vezes, a notoriedade que conquistara tornara-o prestigiado e louvado em praticamente todos os quadrantes.

---

[261] "Sem interesse pela filosofia, ele possui, entretanto, o método cartesiano. Não o apaixonam conceitos abstractos nem as ideias teóricas. É como que um místico da objectividade – fenómeno estranho em quem, por pouco não seguiu os caminhos das ciências matemáticas e de uma ciência que hoje se chama a física teórica." COELHO, Eduardo, "A vida científica de Egas Moniz". *Jornal do Médico*, Porto, Separata XV (373), 1950, pp. 432-436.

[262] MONIZ, Egas, *Die cerebrale arteriographie und phlebographie*, Berlin, Springer Würzburg, Stürtz, 1940.

[263] Alusão ao carácter vago da formulação. O quantificador indefinido "certas" dificilmente se compagina com as exigências formais do rigor científico.

De que vem, então, Egas Moniz falar aos advogados e outros homens de leis que acorrem à sede da Ordem dos Advogados para ouvi-lo? Dos resultados das suas pesquisas científicas? Dos progressos da Medicina? Não. Egas Moniz vem, ainda, falar--lhes de política. Na ótica particular de um especialista em neurologia e psiquiatria que entende, tal como outros do seu tempo, que a sociedade podia ser considerada como um organismo enfermo, carente de terapêuticas apropriadas, de uma medicação adequada. E que para esses males o tribuno que ali estava diante de uma audiência expectante, também tinha uma palavra a dizer e conselhos a dar.

Num breve exórdio, Egas Moniz faz questão de sublinhar a sua proximidade social e cultural com os homens de leis, elogiando-os, suscitando a sua conivência e, em simultâneo, apontando, em termos gerais, o seu grupo de pertença:

> qualquer assunto arrancado aos arcanos da nossa actividade científica seria aqui compreendido, tão juntos andam médico e advogados nas contendas do foro.[264]

Depois, inicia a explanação dos pressupostos que o levam a considerar que a sociedade e a política podem ser objeto de uma análise baseada nos seus conhecimentos psiquiátricos.

> Julgo que as psicoses não são atributo exclusivo dos indivíduos cuja mentalidade dilaceram e aniquilam. Os aglomerados sociais também podem sofrer de males idênticos que destroem o equilíbrio da vida normal.[265]

Com a transposição das características do organismo humano para essas entidades a que chama – de acordo com a terminologia comtiana, replicada por Teófilo Braga e Júlio de Matos – *aglomerados sociais*, o conferencista passa a comentar a turbulenta situação internacional, sem aludir necessariamente circunstâncias concretas, bastando-lhe, para tal, a competência científica que lhe era reconhecida. De certo modo, o cientista pronuncia-se sobre a dimensão política dos assuntos sociais, sem se colocar na posição que outrora ocupou, de um político que também era médico.

A conceção organicista da sociedade parece, por vezes, próxima da postura corporativista cuja variante doutrinária imediata constituía o principal eixo do Estado Novo. A Constituição de 1933 estatuíra-o limpidamente.[266] Naquela altura, em finais de 1939, as corporações, ainda em número reduzido, ensaiavam, atrapalhadamente os primeiros passos.[267] Esta assimilação da sociedade a um organismo cujas manifestações podiam ser *morbilizadas* ou, ao contrário, consideradas *harmónicas* e *normais* pelo médico-cientista-comentarista político, não constitui, em Egas Moniz, um ato interpretativo isolado. O nosso conferencista pôs frequentemente em evidência a sua preocupação com a problemática da ordem. Mesmo no plano estético, como

---

[264] MONIZ, Egas, *Ao Lado da Medicina*, Lisboa, Bertrand, 1940, p. 9.

[265] Ibid., p. 10.

[266] Nomeadamente no seu artº 5º [Diário do Governo de 22 de Fevereiro de 1933].

[267] OLIVEIRA MARQUES, A. H. de, *História de Portugal*, Lisboa, Palas Editores, 1986, pp. 419-421.

apropriadamente assinala António Pedro Pita,[268] Egas Moniz valoriza aquilo que considera a *ordem natural*, considerando indesejáveis e mórbidos os padrões dos autores que se afastavam desse cânone:

> Nunca nenhum dos discípulos do Mestre Silva Porto se sentiu arrastado para a pintura dos reptos shakespeareanos da desgraça, ou das catadupas frementes das convulsões sociais. (...) As lutas da existência só fugazmente transparecem num ou noutro quadro, porque, em suma, viver é lutar; mas as grandes conflagrações passam de largo, não perturbando o culto da Natureza na sua estática surpreendente ou no movimento quási rítmico da vida quotidiana.[269]

Não apenas a técnica, o estilo e o padrão são visados. Os motivos temáticos também são relevantes para a apreciação que Egas Moniz faz dos artistas que se afastam do culto da Natureza. Entre eles, figuram destacadamente os *reptos da desgraça* e as *convulsões sociais*.

Às suas primeiras palavras na conferência da Ordem dos Advogados, segue-se uma alusão a outra entidade psicossocial, certamente devedora da elaboração teórica de Gustave Le Bom.[270]

> As multidões têm alma própria, com qualidades que as diferenciam e lhes dão forma psíquica especial. Entre uma povoação portuguesa e outra chinesa, há tanta semelhança como entre um branco e um amarelo.[271]

Tendo deixado claro que a sua intervenção assentava nessa metaforização, transfigurada em pressuposto teórico – as sociedades são como os organismos – e tendo exemplificado que formas sociais lhe mereciam destacada reflexão – os *aglomerados sociais* e as *multidões* – Egas Moniz passa à fase de diagnóstico. Enumerará quatro tipos de psicose social – *do medo*, *convulsiva*, *da superstição*, e *da guerra* – e deter-se-á em cada um deles, desenvolvendo, comentando e enfatizando, no final, que o exposto não decorria de uma elaboração opinativa, volátil e questionável, como as meras opiniões costumam ser, mas, pelo contrário, de conclusões a raiar a cientificidade:

> Tristes conclusões que a observação dos factos impiedosamente impõe.[272]

É assim o nosso conferencista: imaginativo, afirmativo e disposto a dobrar a fúria dos elementos, de forma a que estes obedeçam à sua vontade indómita, ao seu saber, cujas particularidades neurológicas e psiquiátricas não saem diminuídas ante a vastidão e a natureza social da temática. Pelo contrário. Os seus conhecimentos são investidos de potencialidades sociológicas e psicossociais possuindo uma espantosa capacidade explicativa.

---

[268] "O elemento organizador do pensamento estético de Egas Moniz é a noção de paisagem": PITA, António Pedro, "Arte: Animal domesticado" in PEREIRA, Ana Leonor e PITA, João Rui, (Org.), p. 228.

[269] MONIZ, Egas, *Três Ensaios Sobre Pintura*, Estarreja, Câmara Municipal de Estarreja, 1999, p. 1.

[270] LE BON, Gustave, *Psychologie des foules*, Paris, PUF, 1981.

[271] MONIZ, Egas, *Ao Lado da Medicina*, p. 10.

[272] Ibid., p. 36.

No final da conferência, o auditório terá sido confrontado com três teses fundamentais: a sociedade é como um organismo dotado de psiquismo; as causas e motivações geradas quer por ideais quer por interesses não são relevantes para compreender a dinâmica social; quaisquer formas ou expressões de desordem estão indissociavelmente ligadas a graves e profundos desequilíbrios da alma coletiva.

Passaram cerca de vinte anos sobre o momento em que abandonou definitivamente a política ativa, e quarenta desde que iniciou a sua participação institucional na política, ao ser eleito deputado pelo Partido Progressista, em 1900. Está com sessenta e cinco anos mas, apesar da gota que o tortura desde os vinte e quatro, e da recente convalescença que se seguiu ao atentado de que foi vítima, mantém uma tenacidade e persistência proverbiais.

Fala da morbidez observável nas coletividades "em crises de medo" e acrescenta uma nota intimamente associada à sua visão dos fenómenos psíquicos:

> O mal generaliza-se [na sociedade] e transmite-se a todos os seus membros, como se estivessem de mãos dadas a receber uma descarga eléctrica.[273]

Isto porque certos acontecimentos sociais podem dar origem ao pânico. Especifica que "As revoluções estão neste caso" e, quando se ocupa, pouco depois, da *Psicose Convulsiva*, determina-lhe uma etiologia associada às grandes causas e crenças que alimentam as grandes movimentações sociais. Segundo ele, a Psicose Compulsiva:

> Tem as suas raízes no fanatismo de colorido religioso, filosófico, político ou social. Erguem-se então em revolta as multidões desvairadas, na estulta pretensão de, dominando os que não comungam das mesmas ideias, subjugar o pensamento humano, eterno e insubmisso, que não cede à força, nem se deixa amordaçar pela opressão.[274]

Esta nítida delimitação das elites, principais protagonistas do "pensamento humano, eterno e insubmisso", para um lado, e das "multidões desvairadas", para outro, exprime uma outra convicção de Egas Moniz acerca dos verdadeiros responsáveis pelas políticas de guerra. Graças a uma espécie de proto-estruturalismo de inspiração psicanalítica, o conferencista remete-nos para outro patamar de inimputabilidade:

> Atribui-se a guerra ao estadista ou estadistas que a declaram, deixando num plano secundário a nacionalidade que a impôs. E, contudo, são as massas populares em que se aglomeram bons e maus, ignorantes e sábios, ousados e medrosos, as impulsionadoras da guerra. É um fundo psicopático colectivo que age e determina o conflito.[275]

A causa mais profunda, isto é, a verdadeira responsabilidade da iniciativa dos conflitos armados entre Estados, não deveria ser imputada, segundo Egas Moniz, aos

---

[273] MONIZ, Egas, Ob. Cit, p. 15.

[274] Ibid., p. 16.

[275] Ibid., p. 24

membros das elites políticas investidos de cargos de Estado, decisores e poderosos, mas, antes, a uma emanação da alma coletiva que os ultrapassa.

> Os dirigentes têm a impressão de que comandam, quando são apenas comandados.[276]

Dos horrores da guerra estampados nos corpos de muitos militares que observou na qualidade de clínico de neurologia, examinando pacientes portadores de lesões cerebrais contraídas em combate, até aos debates que atravessaram a esfera política em véspera do envolvimento de Portugal na Iª Grande Guerra (1914-18), e às altas responsabilidades que assumiu como fundador do Partido Centrista Republicano, Embaixador em Madrid, Secretário de Estado dos Negócios Estrangeiros e Presidente da Delegação Portuguesa à Conferência de Versailles, ninguém se lembraria de acusar o nosso conferencista de desconhecimento das matérias que está a focar. Todavia, Egas Moniz não se confunde com essas *massas populares* que menciona porque, neste caso, tal como noutros, a sua condição de médico e de cientista coloca-o acima das considerações que acaba de expender:

> Desde que a guerra surge, nem todos são absorvidos no ciclópico redemoinhar da contenda. [Os que se situam noutro plano] São os médicos, enfermeiros e auxiliares. (...) em ambos os campos, os médicos lutam pela vida dos feridos, sem olhar à sua proveniência.[277]

Enquanto a maioria dos envolvidos no confronto bélico se aplica a infligir ao inimigo as mais duras provações visando, de preferência, a sua aniquilação pura e simples, conduzindo-se "como se fossem um só homem", as gentes da condição de Egas Moniz agem, de acordo com a sua visão da história, em sentido oposto, desligadas dessa espécie de desforra coletiva, tratando dos feridos, cuidando dos enfermos, salvando vidas.

O conferencista não brindou o seu auditório com um discurso sobre ciência, sobre os seus inventos, já tão celebrados na época, como tantas outras vezes fez. Egas Moniz preferiu falar das "doenças" que vitimam os "aglomerados sociais" e as "multidões". Se não pôde trazer novas acerca da terapêutica mais indicada para elas, conseguiu, pelo menos, diagnosticar as respetivas "psicoses", admitindo que, face a elas, os sociólogos se encontram desarmados, do mesmo modo que os médicos, diante de algumas doenças para as quais não se conseguiu ainda encontrar a cura.

O modo como o nosso discursante encara a sociedade não é no seu hiperreducionismo nada surpreendente na época. As visões organicistas estão ainda em voga. São mesmo, na sua versão corporativista, como já foi aludido anteriormente, doutrina de Estado, com acolhimento constitucional. Confinar a dinâmica social ao binómio elites/massas, implica a desvalorização de uma análise mais fina que dá conta da existência de diferentes grupos sociais, com identidades próprias e com a compreensiva afirmação das suas autonomias culturais, sócioeconómicas, de cujos estatutos derivavam aspirações e reivindicações específicas. Confrontando as ideias que Egas Moniz expressa nesta

---

[276] Ibid., p. 27.

[277] Ibid., p. 32.

129

conferência acerca das *Psicoses Sociais* com outros textos da sua autoria, percebe-se facilmente que ele reconhece a existência de grupos sociais com características próprias. Não se trata tanto de um saber acerca do social. Trata-se, antes, de uma atitude, de uma perspetiva e de uma conceção que confundem os movimentos sociais com a desordem; as reivindicações e aspirações com o desafio da autoridade do Estado; e a atuação autónoma como a transgressão de princípios para os quais não são reconhecidos direitos de participação e representação.

4.15 Organicismo e corporativismo

O panorama geral que Egas Moniz traça da sociedade não surpreenderá, por certo, quem acompanhou atentamente o seu trajeto político. A primeira década de ação política, que coincide com a profissionalização e especialização clínicas, é marcada pela adesão ao Partido Progressista, pelo qual é eleito deputado. Desapontado com o acordo tácito que existia entre o seu partido de então e o Partido Regenerador, que se traduzia numa alternância redundante (o rotativismo), acompanha o grupo de José Maria de Alpoim no movimento conhecido por *Dissidência Progressista*. Aproxima-se dos meios republicanos e participa ativamente na oposição a João Franco e à ditadura consentida e apadrinhada por D. Carlos. O seu ativismo torna-se a tal ponto notado que é preso a 28 de Janeiro de 1908 – exatamente na véspera do regicídio como já aludimos anteriormente – por envolvimento na chamada Intentona da Biblioteca. É iniciado na Maçonaria, na Loja Simpatia e União, em 22/12/1910, e toma assento na Constituinte com o triunfo da República. Em traços sumários, o pendor liberal que ganhou na Universidade e nas suas deslocações a França leva-o à rutura com o Partido Progressista e, depois, à cumplicidade com alguns dirigentes republicanos. Uma vez deputado da Constituinte, Egas Moniz revela-se de um republicanismo moderado, conservador em muitos aspetos, crítico dos excessos jacobinos. Tais posturas pô-lo-ão em rota de colisão com os Democráticos de Afonso Costa, de quem se tornará adversário acérrimo. Já por esse tempo, no conjunto de propostas que apresenta ao Parlamento, se pronuncia "A favor de uma representação 'corporativa'" [278] evidenciando assim uma reflexão peculiar acerca da representação institucional dos diversos interesses socioeconómicos, que retomou na conferência da Ordem dos Advogados de que reproduzimos algumas passagens anteriormente. No final de 1912 tinha-se afastado da atividade parlamentar, considerando que deixara de ter condições para se exprimir livremente. Cerca de quatro anos depois é preso, acusado de envolvimento no Movimento de Pimenta de Castro (que apoiou de facto). Reaparece. Funda o Partido Centrista, no seio da corrente conservadora e moderada que critica fortemente a gestão do Partido Nacional Republicano. O programa Centrista é publicado em Outubro de 1917. O projeto político tem um caráter sumário e imediatista, omisso em grandes áreas como a da Ciência, e vago em matéria de ensino.

---

[278] MONIZ, Egas, *Um ano de política*, Lisboa, Portugal-Brasil Ltda, 1919, p. 28-29.

Em vez disso, propõe a elevação da "nossa cultura média [através do] ensino prático". [279] Tal lacuna não surpreende muito. Para além da prática científica ser então incipiente, quer o entusiasmo, quer os seus objetivos imediatos, nessa época, não se concentravam tanto na atividade científica, como veio a suceder mais tarde. No mesmo programa trata da questão social, reservando uma atenção especial à condição operária. Segundo ele, o capital e o trabalho, a burguesia e o operariado, deveriam aliar-se em vez de se guerrearem, exprimindo o desiderato de uma paz social sem greves. Também neste aspeto enuncia a desejabilidade de soluções de cariz corporativista. A paz social, a ordem e o bom entendimento entre atores sociais constituem para ele uma das condições *sine qua non* para o crescimento e o desenvolvimento económicos. Tal não o impede de reconhecer a insegurança, a pobreza e a vulnerabilidade dos operários, apontando uma série de objetivos tendentes a minorar a situação deplorável em que se encontram. Todavia, o seu pensamento profundo e reservado acerca da condição operária surge dilematicamente sintetizado na frase:

> Se o capital se reproduz pelo juro, o operário amortiza-se pelo filho, e este será valor tanto mais garantido quanto a sua educação for mais cuidada. [280]

Para a harmonização das relações entre capitalistas e operários, Egas Moniz enuncia o que, segundo ele, são os objetivos naturais de cada entidade. Não lhe interessa particularizar. Opera no plano das abstrações socioeconómicas, fazendo sobressair uma espécie de dimensão rentista de ambos os módulos: um reproduz-se pelo juro (amortização dos empréstimos); o outro amortiza-se pelo filho (o salário é um empréstimo). De onde, capital e operário são bens socioeconómicos que tendem para uma realização determinada. O filho do operário (o operário antroponomicamente reproduzido) verá elevar o seu valor próprio em função da educação que receber. Porquê? Egas Moniz não se detém na valorização individual, cultural e cívica do futuro operário. O seu raciocínio é guiado, uma vez mais, por um objetivo de caráter coletivo e corporativo

> E assim instruídos sob a mesma orientação, dirigentes e dirigidos, levantado o nível geral da intelectualidade, dispostos todos à realização de um trabalho útil e essencialmente produtivo, será mais fácil o entendimento entre todos aqueles que, como suprema aspiração, anseiam por um maior bem-estar para todos os homens que, aproveitando a sua actividade, se orientem em melhor sentido para a obtenção de um fim mais durável e mais elevado. [281]

A educação preparará então a harmonização do contraditório. A elevação cultural de uns consistirá na aceitação pacífica das orientações dos outros.

Cerca de vinte anos depois, na conferência de que nos ocupámos anteriormente, Egas Moniz deslocar-se-á para um grau de abstração mais elevado, deixando as diferenciações

---

[279] MONIZ, Egas, Ob. Cit, p. 76.

[280] MONIZ, Egas, Ob. Cit, p. 78.

[281] MONIZ, Egas, Ob. Cit, p. 78.

classistas para trás e ocupando-se exclusivamente dos *grandes aglomerados*. Todavia, em pano de fundo, persistem as mesmas preocupações de vinte anos antes e as mesmas soluções de feição corporativista.

As historiografias de inspiração hagiográfica ou neorrealista, por razões certamente diferenciadas, ocultaram ou menorizaram a dimensão conservadora de um político que não só se bateu denodadamente contra a esquerda da República Velha, personificada no Partido Democrático de Afonso Costa, como programou e conseguiu favorecer a direita do seu tempo. Considerou-se, por certo, despiciendo este aspeto marcante do pensamento e da ação de Egas Moniz. Provavelmente, compaginava-se mal com a produção da imagem de um sábio impoluto ou de um resistente acossado. Estes reducionismos, produzidos pelas simplificações históricas, acabam, a longo prazo, por envolver as figuras humanas e os seus contextos num manto diáfano que deixa apenas vislumbrar os feitos e a glória, desligando-as das grandes questões do seu tempo, das paixões e dos ódios que as tornam mais verosímeis, mais interessantes e mais suscetíveis de merecer interesse e admiração. Para reconhecer social e culturalmente o homem, as suas causas e a sua época, tomemo-lo por inteiro, sem receio de revelar o que, quer o próprio, quer outros, ocultaram ou dissimularam com motivações diversas.

4.16 As doutrinas de Exeter

Desde o seu despertar para a política, Egas Moniz foi adotando diferentes posições. Do meio legitimista onde nasceu e foi educado, até ao evidente tacticismo do último período da sua vida, o inventor da *Angiografia Cerebral* procedeu a diversas adaptações. Foi monárquico de pendor constitucionalista e liberal, republicano conservador, se bem que, com a fundação do Partido Centrista Republicano, tenha reivindicado o epíteto de moderado e conservador, sem desprimor do claro e expresso objetivo de reforçar a direita da I República.

Na sua ação política, perfilam-se duas ruturas principais: a Dissidência Progressista, que o leva, sob a direção de José Maria de Alpoim do campo monárquico para o republicano, em meados da década que antecedeu a instauração da República; a demarcação da esquerda republicana, mais nitidamente dos Democráticos liderados por Afonso Costa; e, na última fase da sua vida, após a jubilação, o desacordo frontal com o regime fascista que não permitia a utilização de métodos democráticos, tornando as eleições autênticas "palhaçadas". A sua conceção da sociedade, porém, ter-se-á mantido ao longo do percurso. O fresco que nos oferece o conferencista das *Psicoses Sociais* não se desvia muito do quadro subjacente a um dos principais pilares em que a sua autobiografia "Um ano de política" assenta. Se avançarmos no tempo e prestarmos atenção a uma outra conferência que proferiu em 1945, poderemos, por um lado, confirmar a permanência da matriz concetual acerca da sociedade e, indiretamente, da política; por outro lado, ser-nos-á dado verificar que à medida que se afastou da política ativa e enveredou por análises de mais elevada abstracção, as ideias expressas põem em destaque os traços mais conservadores da sua conceção do mundo.

A Geração Humana e as Doutrinas de Exeter,[282] foi o título dado por Egas Moniz a uma outra conferência que foi convidado a proferir na Sessão Solene de Abertura

---

[282] MONIZ, Egas, "A geração humana e as doutrinas de Exeter" in *Conferências Médicas*.

dos Trabalhos académicos da Sociedade de Ciências Médicas. Estávamos, então, a 30 de Outubro de 1945.

O conferencista de agora, sendo o mesmo é já também diferente. Passaram os anos da II Grande Guerra. Na primavera anterior, após a Conferência de Yalta, a diplomacia acelerou. As potências do eixo foram, enfim, derrotadas. Em Agosto, sobre os horrores ainda palpitantes de mais de cinco anos de carnificinas, a aviação dos EUA lançou sobre Nagasaki e Hiroshima as duas bombas atómicas que vieram colocar uma questão nunca respondida à consciência dos vencedores e, particularmente, dos cientistas e técnicos que contribuíram para que tal capacidade mortífera pudesse ter conhecido a luz do dia.

Em Outubro, tinham tido início os Julgamentos de Nuremberga e, pouco depois, assistia-se à fundação das Nações Unidas. Jubilado no ano anterior, o conferencista tomara conhecimento de que o Prémio Nobel de Fisiologia ou Medicina desse ano fora atribuído, em simultâneo, a dois ingleses e a um australiano – Alexander Fleming, Ernst Boris Chain[283] e Howard Walter Florey – pela descoberta da penicilina e seus efeitos curativos em várias doenças infeciosas. Ao arrepio das manifestações de alegria que irrompiam por todo o lado, o Governo de Oliveira Salazar decretara, em Maio, três dias de luto oficial pela morte de Hitler.[284]

Entretanto, a sua notoriedade científica alargara-se. O impacto da *Angiografia Cerebral* continuava a trazer-lhe o louvor dos pares de diferentes quadrantes do mundo; a *lobotomia frontal*, método diretamente inspirado na *leucotomia pré-frontal*, era praticada em grande escala por Walter Freeman e outros neurologistas nos EUA. Mercê, sobretudo, da primeira (a *angiografia*), já que a segunda (a *leucotomia*), alvo de maior controvérsia, sempre levantara dúvidas e resistências, fora-lhe atribuído, nesse mesmo ano, o Prémio de Oslo, que poderia ter parecido, naquela altura, o corolário de uma carreira singular.

O conferencista veio falar-nos, neste caso, das experiências levadas a cabo na Clínica de Exeter, no Reino Unido, onde, se procedera com sucesso a experiências no domínio da inseminação artificial. Sabendo da relutância e das resistências que esse procedimento então provocava, decidira dar um passo em frente e tornar público o que de avisado se lhe oferecia dizer. As suas palavras soam como encorajamento ao planeamento familiar, com um peso social e implicações políticas assinaláveis.

Fundamentando as vertentes positiva e negativa da sua conceção do eugenismo, pronuncia-se, primeiro, acerca da indesejabilidade da inércia procriadora

> ... os débeis, os tarados, os achacados de toda a ordem, muitos deles de origem hereditária, são peso morto a cair sobre a colectividade.[285]

pelo que

---

[283] Cientista de origem alemã, naturalizado britânico depois de se refugiar na Grã Bretanha.

[284] Na mesma edição em que é anunciado o luto nacional de três dias, vem a justificação: "Morrendo no seu posto o Führer deixa a garantia da eternidade ao povo alemão", *O Século* de 3 de Maio de 1945, na primeira página.

[285] MONIZ, Egas, "A geração humana e as doutrinas de Exeter" in *Conferências Médicas*, p.15.

... evitar a fecundação é dos preceitos eugénicos que convém divulgar e, em muitos casos, impor.[286]

A imposição de qualquer intervenção terapêutica suscitaria dúvidas no auditório atento às suas sábias palavras? Seria percetível que ao *impor* a esterilização assim subentendida, o conferencista não tomara consciência que podia ir contra os direitos dos visados? É difícil descortinar de que modo, conferencista e auditório, avaliavam a legitimidade desta espécie de programa eugénico. Para eliminar quaisquer compreensíveis conotações com o que se ia sabendo, a pouco e pouco, da "Solução Final", implementada pelos nazis, o conferencista não é perentório

> Na Alemanha de ontem foi esta doutrina mal orientada e exagerada por superstições várias que a levaram à efectivação do meio drástico da esterilização forçada, só admissível em casos muito especiais de marcada hereditariedade psicótica.[287]

Mas há um ponto em que o conferencista é suficientemente claro: a que pessoas ou entidades compete ajuizar, decidir e executar as acções eficazes para pôr em prática esse programa eugénico?

> Aos médicos, e acima das leis, compete essa missão preservando numa actividade protectora das boas qualidades da prole.[288]

Não é difícil dar conta de ecos teóricos e filosóficos de Spencer, Haeckel e Galton, nesta dureza e inflexibilidade de planificação. As certezas inspiradas no darwinismo social, reforçadas pelo materialismo ontogenético, seriam fundamento bastante para elaborar e aplicar os critérios da vida – quem pode ou não procriar; quem tem ou não condições para uma reprodução antroponómica sadia.

A alta importância que o conferencista confere aos do seu estatuto, não pode deixar de estar em relação com a velha "República dos Sábios" preconizada por Auguste Comte. Ao confiar-se o governo do mundo àqueles que o podem desempenhar exclusivamente com base na ciência positiva, as coisas deveriam com certeza correr melhor. Logo, em matéria de saúde, – porque Egas Moniz entendia a *autorização* de procriar como uma matéria de saúde pública – quem, melhor do que os médicos, para desempenhar a função? Todavia, no plano das implicações políticas, nota-se uma inflexão. Não em matéria de construção do estatuto social. Um homem que pertenceu à elite dirigente e que, de certa maneira, continua a dela fazer parte, revê-se tendencialmente como um ser altamente capaz e predestinado para o exercício de quaisquer poderes. Mas, no tocante à arquitetura da República Democrática, as referências liberais, o princípio da separação dos poderes, a aplicação da justiça pelos tribunais, e o primado da Lei, fizeram, e ainda fazem, a diferença entre um democrata e um partidário de qualquer espécie de despotismo.

---

[286] MONIZ, Egas, Ob. Cit, p. 19.

[287] MONIZ, Egas, Ob. Cit, p. 17.

[288] Ibidem, p. 20.

Entre os seus escritos de 1919, 1935, e 1945, nota-se pois um progressivo recurso à abstração, provavelmente decorrente do seu afastamento das preocupações peculiares da política ativa e, nesta conferência de 1945, acerca das doutrinas adotadas na clínica de Exeter, uma acentuação da tendência já anteriormente aludida de morbilização e medicalização do social.

Considerar a sociedade como um organismo não constituía, à época, como já aludimos, nada de surpreendente. O sincretismo organicista, que em Egas Moniz deixa entrever influências da síntese comtiano-darwinista em que Júlio de Matos se empenhou, é um imperativo ideológico do movimento republicano desde o último quartel do século XIX. Pensar a ciência e pensar com a ciência implicava abraçar as grandes teorias da época,[289] que entroncavam no Positivismo forte e fraco de inspiração comtiana, no Darwinismo, no Malthusianismo, na psicologia social de Gustave Le Bon, na sociologia de Spencer, e na absolutização hereditarista de Lombroso.

Mesmo para Teófilo Braga, cuja crença eufórica nas virtudes evolucionistas do proletariado o afastava decididamente do enquistamento antissocialista de Júlio de Matos,

> À ciência da sociologia, revelando-nos as condições de existência do organismo social, compete o descobrir e analisar os pontos em que subsiste a perturbação, e, uma vez determinada, eliminar-lhe as causas por meio de claras noções.[290]

Especificando, noutro lugar, que

> Os fenómenos sociais são uma continuação dos fenómenos orgânicos, imediata enquanto aos atos inconscientes e involuntários, como a sexualidade, a natalidade e a mortalidade, mas sempre em correlação apesar das imprevistas complicações da vontade individual.[291]

Pode, assim, aquilatar-se a recorrência da metáfora organicista nas conceções cientificistas de diferentes pensadores que influenciaram decisivamente o modo de categorização sociológica de toda uma época. O biologismo sociológico que os "nossos positivistas perfilharam"[292] constitui, pois, uma *evidência científica,* fruto de uma visão *positiva* orientada para a *ordem* e para o *progresso*.

Porém, em Egas Moniz despontam lampejos de uma evolução metafórica na forma organicista de encarar a sociedade. Para ele, se a sociedade se pode comparar, em geral, a um organismo, devido aos atributos de reprodutibilidade, evolução e

---

[289] Para uma descrição circunstanciada do entrelaçamento entre diferentes leituras da obra darwiniana, nomeadamente de Teófilo Braga e Júlio de Matos, ver *Darwin em Portugal*, PEREIRA, Ana Leonor, *Darwin em Portugal. 1865-1914. Filosofia, História, Engenharia Social*, Coimbra, Almedina, 2001.

[290] BRAGA, Teófilo, *História das ideias republicanas em Portugal*, Lisboa, Nova Livraria Internacional, 1880, p. 311.

[291] BRAGA, Teófilo, *Sistema de Sociologia*, Lisboa, Tipografia Castro e Irmão, 1884, p. 94.

[292] No dizer de Fernando Catroga, que analisa o contrabando ideológico neutralizador das incompatibilidades do Positivismo comteano com os valores liberais. CATROGA, Fernando – "A importância do positivismo na consolidação da ideologia republicana em Portugal". Separata de Biblos – LIII – *Homenagem a Victor Matos de Sá*, Faculdade de Letras da UC, Coimbra, 1977.

ciclo degenerativo, haveria ainda que compreendê-la na sua dinâmica, nas causas que a mobilizam e têm por desfecho mudanças mais ou menos profundas. Neste particular, Egas Moniz acompanha uma mutação teórica que virá a marcar também a sociologia dos EUA e da Europa Ocidental, fazendo a transição da sociedade como organismo *natural* para a vizinhança da sociedade como comunidade *cibernética*, numa elaboração que para alguns autores[293] continua a ser a projeção do organismo despojado dos fatores antropomórficos, centralistas e arcaicos, que se autodenominou *sistema*.

Para Egas Moniz o fator explicativo dos fenómenos psíquicos era da ordem do fluxo energético, uma espécie de corrente elétrica interneuronal. E apesar das questões ligadas à sexualidade, à reprodução antroponómica, à hereditariedade e ao eugenismo o terem preocupado desde muito cedo,[294] desvalorizava nelas os fatores individuais, enfatizando aquilo que considerava o seu automatismo, o caráter instintivo do acasalamento e da procriação, negando-lhe qualquer lampejo de racionalidade. Que fator faria, então, mover multidões, levá-las a enfrentar ameaças à sua integridade? Qual seria a explicação para as movimentações desordenadas e inesperadas do povo?

4.17 O mundo na cabeça

Ao expor a génese das reflexões que o conduziram à experimentação *in vivo*, cujos resultados viemos a conhecer sob a denominação de *leucotomia pré-frontal*, Egas Moniz salienta que

> Quando Ramón y Cajal descobriu que os prolongamentos da célula nervosa, o denominado neurónio, se não soldavam aos das outras células nem aos seus corpos, mas apenas estabeleciam contatos por meio de minúsculas fibrilhas contidas nos cilindros-eixos e dendrites, operou-se um notável progresso na interpretação de muitos fenómenos até aí pouco elucidados.

Adiantando, logo a seguir, que

> Esta acção sináptica é a origem da vida psíquica. Esta aparece alterada logo que o seu mecanismo deixe de funcionar normalmente. Por outras palavras: é nas sinapses que deve existir o substrato anátomo-patológico de algumas psicoses ditas funcionais.[295]

Revelando, assim, que esses fluxos energéticos, análogos às correntes elétricas, não só animavam os centros da vida psíquica como muito provavelmente a constituíam.

---

[293] Ver, por exemplo, Richard Harvey Brown: *Toward a Democratic Science: Scientific Narration and Civic Communication*, Yale, Yale University Press, 1998.

[294] MONIZ, Egas, *A vida sexual*, 14ª edição, Lisboa, Casa Ventura Abrantes, 1932. *A vida sexual, fisiologia, e A Vida Sexual, patologia*, foram inicialmente publicados em separado, após trâmite académico, e depois reunidas num só volume.

[295] MONIZ, Egas, "Fisiologia do Cérebro", Separata de *O Instituto*, Vol. 115, Coimbra, 1951, pp.11- 12.

A utilização da corrente elétrica para efeitos terapêuticos comprova igualmente a convicção de se estar a utilizar uma "substância" cuja natureza seria similar à dos fluxos energéticos que atravessavam o sistema nervoso. De qualquer modo, num caso e noutro, o galvanómetro acusava a sua passagem, fornecendo a prova empírica da similaridade entre ambas. Haveria outros componentes para explicar algo tão complexo como a vida psíquica? Haveria. Mas seguramente menos evidentes e pouco suscetíveis de uma experimentação tão próxima do visionamento.

Abel Salazar, por exemplo, acentuava, na sua teorização da *correlação íntima do cérebro*, os fatores hormonais, insistindo, pelo menos desde o início dos anos 30, num dinamismo do inconsciente cujo caráter seria "não espacial" e "não anátomo-fisiológico",[296] explicando o conflito social por uma correlação problemática entre o consciente e o inconsciente, enfatizando a dimensão histórica e cultural mas, recorrendo, curiosamente também a uma metáfora em forma de fluxo impreciso

> O inconsciente é um dinamismo cego, a força psíquica, uma corrente subterrânea em fluxo através dos tempos.[297]

Esta *corrente subterrânea* do ideário de Abel Salazar não é a mesma corrente que Egas Moniz podia comprovar com a utilização do galvanómetro. Talvez por isso Egas Moniz, sem muito se deter na consideração das conceções diferentes que sabia existirem acerca da vida psíquica, se limitasse a anotar, de passagem, que, para além dos componentes elétricos, outros haveria...

Quando Egas Moniz projeta na sociedade o modelo do cérebro doente para sublinhar ideologicamente que a desordem social é da ordem do desequilíbrio mental e, portanto, de um estado indesejável que convém contrariar e, se possível, curar, alude também ao fluxo que parece eletrizar os indivíduos, tornando-os como que um corpo só, divorciado da razão.[298]

Numa espécie de jogo isomórfico, a cabeça, ou a mente, no lugar da sociedade; as psicoses no lugar das revoluções e outras movimentações *desordenadas*; os neurónios no lugar dos aglomerados sociais; e um indefinido mas comprovado fluxo energético a atravessar sequências neuronais, sinapses e multidões, desestabilizando comportamentos, dando lugar a rebeliões, levantamentos e protestos.

Nada disto surpreende nas formas de pensar partilhadas por numerosos atores políticos contemporâneos de Egas Moniz, cientistas ou não. Tal como recorda Fernando Catroga

> As revoluções eram comparadas às doenças orgânicas ocasionadas por causas internas ou externas e as suas deflagrações não passavam de reacções do organismo social, as

---

[296] SALAZAR, Abel, *A Socialização da Ciência*, Lisboa, Editora Liberdade, 1933, p. 13.

[297] SALAZAR, Abel, Ob. Cit, p. 15.

[298] MONIZ, Egas, *Ao Lado da Medicina*, Lisboa, Bertrand, 1940, p. 15.

quais, libertando-o dos elementos degenerescentes, visavam instaurar a normalidade progressiva no seu funcionamento.[299]

Na identificação do que estava em harmonia com a natureza e a sociedade organizada e progressiva, os "Grandes Homens"[300] – sábios, cientistas, iluminados pela filosofia positiva – constituíam a elite à qual competia igualmente traçar a linha de fronteira entre morbidez e sanidade, relembrando enviesadamente que "O Estado é a única fonte de 'direito' à violência",[301] nomeadamente da violência que consiste em proceder a classificações que, ao alterar a identidade dos indivíduos, (são/doente; de boa ou de má prole; normal/desequilibrado), afetavam os seus destinos pessoais e coletivos.

O político e o cientista, ao viverem filosoficamente unidos pela crença positiva, projetavam as suas convicções em todos os azimutes. No caso de Egas Moniz, a sociedade é observada com base no modelo da psique humana e do sistema nervoso. Operando toda a metaforização ao jeito de uma equação semântica, a hipótese de o nosso sábio pensar a psique humana com base no modelo assente na sua conceção da sociedade ou, mesmo, do mundo, não deixa de ser tentadora...

4.18 A cabeça no mundo

Algumas das ideias correntes acerca do nosso primeiro cientista nobelizado, mesmo nalguns casos de registo historiográfico, relevam mais da *memória* do que da *história*.[302] Ao que parece, acontece frequentemente que ambos os registos se confundam, sendo por vezes muito árduo o trabalho de destrinçá-los. Fazê-lo, todavia, constitui um exercício que acrescenta conhecimento às ideias que foram ficando acerca dos contextos históricos e dos seus atores, revelando dimensões porventura desconhecidas, fornecendo novas chaves para a compreensão das obras humanas.

Desde a falsa ideia de que o inventor da *Angiografia Cerebral* teve uma *curta passagem* pela política, até à infundada conclusão de que a distância calculada entre ele e o regime do Estado Novo correspondia a um nítido afastamento ideológico, assistimos a uma espécie de braço-de-ferro, mais ou menos dissimulado, entre setores da Oposição Democrática e instâncias do regime fascista, pela apropriação da figura de Egas Moniz. Esse desejo de reivindicar e comprovar a sua pertença simbólica a um quadrante político determinado prosseguiu após a Revolução de Abril de 1974. A análise da sua mundividência e a verificação dos seus atos e dos seus pensamentos em ato, documentados, quer pelo próprio, quer pelos seus contemporâneos,

---

[299] CATROGA, Fernando, "A importância do positivismo na consolidação da ideologia republicana em Portugal". Separata de *Biblos – LIII – Homenagem a Victor Matos de Sá*, Faculdade de Letras da UC, Coimbra, 1977, p. 304.

[300] Sobre a Teoria dos Grandes Homens ver, por exemplo, Teófilo Braga: BRAGA, Teófilo, *Sistema de Sociologia*, Lisboa, Tipografia castro e Irmão, 1884; e Fernando Catroga: Ob. Cit.

[301] WEBER, Max, *O Político e o Cientista*, Lisboa, Presença, 1979, p. 9.

[302] Ver, por exemplo, Luís Reis Torgal, acerca da distinção entre memória e história. *História e Ideologia*, Coimbra, Minerva, 1989, p. 20.

devolvem-nos um trajecto infinitamente mais rico e interessante, ainda que distinto de muitas das memórias que lhe sobreviveram e em que ele próprio se empenhou, estratego hábil, admiravelmente atento e empenhado na construção da sua própria notoriedade.

5. A CONSTRUÇÃO DE EGAS MONIZ

A construção biográfica de Egas Moniz centra-se fundamentalmente nas componentes eufóricas das suas realizações científicas. A respetiva síntese, diretamente elaborada pelo próprio e seus próximos foi plasmada nos 2º e 3º parágrafos dos "Estatutos da Fundação Egas Moniz".[303]

A partir de 1927, ano em que registou nos anais europeus da neurologia a primeira série de arteriografias relativamente bem-sucedida, [304] Egas Moniz conduz com clareza e determinação o apagamento e minimização do lugar que a atividade política tivera na sua vida durante as duas décadas anteriores. Tenta, assim, desembaraçar-se da imagem forte que o seu protagonismo político inscrevera na história recente.

> Os homens passam, as conquistas científicas permanecem ou transformam-se.
> A história, que as arquiva, fará a sua crítica.[305]

5.1 Construção biográfica: Ilusão e poder

Não está ao alcance de todos a tomada de uma decisão eficaz relativamente ao modo como se deveria ser recordado no futuro. É necessário trabalho empenhado, persistência, concordância e aceitação dos coevos, simpatia e sintonia dos contemporâneos. É necessário ser-se detentor do "poder biográfico".

A autorrepresentação selecionada para efeitos da construção da notoriedade e travejamento da (auto) biografia nem sempre triunfa no conjunto das representações que os homens e as instituições vão produzindo acerca dos sujeitos históricos. Com Egas Moniz foi generalizadamente aceite que a faceta científica sobrelevasse as restantes. Os seus textos de caráter autobiográfico coincidem admiravelmente com os principais ensaios biográficos que foram sendo escritos acerca dele. Esta coincidência levanta alguns problemas.

---

[303] Reprodução integral e comentários em MADAHIL, António Gomes da Rocha, *Instituição da "Fundação Egas Moniz" e da sua "Casa-Museu" em Avanca*, Separata do Arquivo do Distrito de Aveiro, Aveiro, Of. de Coimbra Editora, 1966, Vol. 32.

[304] MONIZ, Egas, "L'encéphalographie artérielle son importance dans la localisation des tumeurs cérébrales". *Revue Neurologique*, Paris, Juillet, 1927, volume de 1927, Tomo 2º, fasc. 1º, pp. 72-89.

[305] É assim que Egas Moniz termina a sua "Última Lição", na Faculdade de Medicina de Lisboa, em 29 de Novembro de 1944, acrescentando: "Sinto-me sombra a desvanecer-se nas gerações que se seguem. E agora, ao despedir-me, ouso rematar: esforcei-me por bem cumprir o meu dever", *A Última Lição*, p. 37.

Fig. 14 - Estátua de Egas Moniz. Faculdade de Medicina de Lisboa.

O primeiro deriva de uma incorrespondência. Dela nos ocuparemos mais tarde destacando o jogo de conivências que se vieram a estabelecer contra a evidência documental.

O segundo problema coloca-se relativamente às atividades e pertenças que se encontram profusamente documentadas mas não foram assumidas por Egas Moniz nos seus escritos publicados nem circunstanciadamente considerados nos ensaios biográficos que lhe foram dedicados. Tratando-se de atividades e pertenças "fortes", autênticos "marcadores civilizacionais" nalguns casos, assentir em continuar a contorná--los constitui uma perda grave de conhecimento acerca das ideias, atitudes e valores que ligavam Egas Moniz aos seus contextos.

No âmbito das suas "figurações", deter-nos-emos nos casos da Maçonaria e do mundo dos duelos. A seguir salientaremos algumas das posições que ocupou no plano empresarial.

Após delineação das incorrespondências, passaremos em revisão um dos exercícios de aproximação biográfica que Egas Moniz fez, tomando por êmulo Santiago Ramón y Cajal (1852-1934). A homenagem com que formalmente Egas Moniz presenteia a memória de Cajal contém alguns exemplos da plasticidade com que se pode proceder a tais tipos de ajuste.

O inventário de incorrespondências e de manifestações de uma "pulsão biográfica" orientada para uma representação bem definida, conduz, por fim, a uma série de reflexões acerca da "construção biográfica" enquanto "construção da notoriedade". Tipificando o que ficou dentro e fora dessa seleção de perfis, concluiremos sugerindo que as constelações de características e qualidades atribuídas a Egas Moniz configuram uma filtragem de "biografemas"[306] ao jeito da ideologia que enformava a visão heroica e elitista da história, expendida por Thomas Carlyle.[307] Entre o indivíduo "concreto" e o indivíduo "construído"[308] revelam-se os traços identitários esquecidos ou obscurecidos. Ganha-se em conhecimento o que eventualmente se tem perdido em distanciamento glorificador.

5.2 O político na sombra do cientista

Egas Moniz decidiu, a partir de meados dos anos 20, consagrar-se quase exclusivamente à investigação científica.[309] A partir dessa época, sustentou, em público, por diversas vezes, e deixou escrito que a sua passagem pela política se resumira a algo episódico.[310] O livro que publicou em 1919 tinha sugestivamente um título que poderia dar a entender isso mesmo – *Um Ano de Política*.[311]

Deputado pelo Partido Progressista desde 1900,[312] ligado a José Maria de Alpoim, que foi seu "padrinho" académico, em representação de José Luciano de Castro, na cerimónia de formatura universitária, Egas Moniz manteve-se na política ativa com raras intermitências durante cerca de um quarto de século. Quanto à ideia de um "tempo político escasso", poder-se-ia obtemperar que a extensão temporal não tem de significar forçosamente um curriculum assinalável, separando a grandeza do período da intensidade da ação. Porém, no caso de Egas Moniz, a intensidade conjuga-se com a extensão, deixando entrever um percurso acidentado, feito de numerosas mudanças, transições e ruturas.

---

[306] Unidades biográficas elementares, na base das quais se compõe uma biografia, tal como na linguística estrutural se atribui a designação de fonema à menor unidade fonética articulável. Conceito elaborado por Roland Barthes, mencionado pela primeira vez no prefácio do seu livro *Sade, Fourier, Loyola* (BARTHES, Roland, *Sade, Fourier, Loyola*, Paris, Seuil, Collection "Points", 1971, p. 12).

[307] CARLYLE, Thomas – *On Heroes, Hero-worship and the Heroic in History*, New York: Frederick A. Stokes and Brother, 1888.

[308] Acompanho aqui a crítica a que Pierre Bourdieu submeteu as noções correntes que apresentam as histórias de vida, biografias e autobiografias como narrativas de "trajetos" coerentes, homogéneos e harmoniosos, frequentemente estribados nas metáforas da viagem ou do caminho, com pontos de partida, de chegada, em que intencionalidades bem definidas e constantes orientam a progressão. BOURDIEU, Pierre – «L'illusion biographique». *Actes de la Recherche en Sciences Sociales*, Paris, 62/63, pp. 69-72, Juin, 1986, p. 72.

[309] A carta de Egas Moniz para Berlim, em 1924, encomendando a Eduardo Coelho um exemplar de um *Tratado de Radiologia* aponta nesse sentido. Cerca de três anos depois, Moniz apresenta publicamente os resultados das suas investigações conducentes à *Arteriografia Cerebral*. Tal proximidade temporal leva o destinatário da carta a intuir que, no momento da encomenda, Moniz já teria gizado o plano de investigação revelado mais tarde. COELHO, Eduardo, "A vida científica de Egas Moniz". *Jornal do Médico*, Porto, 1950, Separata XV (373), p. 432-436.

[310] "[...] Terminada a minha missão como Presidente da Delegação Portuguesa à Conferência de Paz, em 1918, dei por concluída a actividade na vida política, recolhendo definitivamente à minha missão de professor e investigador." MONIZ, Egas, *Confidências de um investigador científico*, Lisboa, Ática, 1949, p. 16. Noutra passagem, mais tarde, dá a entender que, tudo se resumia, em Lisboa, depois da implantação da República, a uma distribuição de empenhos "no Parlamento e na Cátedra." MONIZ, Egas, *A nossa casa*, Lisboa, Paulino Ferreira, Filhos Ldª, 1950, p. 370.

[311] MONIZ, Egas, *Um Ano de Política*, Lisboa, Portugal - Brasil Ldª, 1919.

[312] *Diário da Câmara dos Senhores Deputados da Nação Portugueza*, de 8 de Janeiro de 1900.

Do meio legitimista, familiar e religioso, em que nasceu e foi iniciado nas primeiras letras, até à ida para a Universidade de Coimbra; do primeiro mandato de deputado à Câmara dos Deputados, até à Dissidência Progressista, em que alinhou, de novo, com José Maria de Alpoim (1905); da aproximação aos republicanos até à Intentona da Biblioteca e ao Regicídio (1908); da Constituinte de 1910/11, à incompatibilização com os "Democráticos" de Afonso Costa e ao apoio velado à ditadura de Pimenta de Castro; e, finalmente, do apoio e envolvimento no *Sidonismo*, até ser afastado da presidência da Delegação Portuguesa à Conferência de Paz de Versailles, a extensão temporal e a intensidade do protagonismo sobrepõem-se.

Nota-se que Egas Moniz, aqui e acolá, em conferências, colóquios e outros apontamentos, se mantém atento à política, comentando lateralmente acontecimentos, expendendo opiniões resguardadas pela abstração. A propósito das *Psicoses Sociais*,[313] revelou o seu convencimento acerca do modo como funciona a sociedade; a pretexto de *A Geração Humana e as Doutrinas de Exeter*,[314] condenou os "excessos" dos nazis na experimentação em humanos, sem deixar de preconizar medidas eugénicas, positivas e negativas, para enfrentar casos de infertilidade ou de reprodução indesejável.

Após a sua jubilação, em 1944, revelou publicamente a sua discordância com a ditadura do Estado Novo. Absteve-se, em geral, de qualquer condenação das políticas, em concreto. Mas denunciou a ausência de democracia e de liberdades, nomeadamente no decurso dos períodos eleitorais. Participou em movimentos cívicos, pela causa da Paz; foi convidado a candidatar-se à Presidência da República em 1951 (por morte do General Carmona); escreveu na imprensa, denunciando a falta de garantias para as oposições nos atos eleitorais;[315] e anotou o seu desgosto pelo andamento geral da coisa pública nos seus escritos íntimos.[316]

Em síntese: Egas Moniz consagrou à política ativa uma boa parte da sua vida. Ao longo de um quarto de século, interveio em momentos-chave, assumiu responsabilidades e sofreu as consequências das suas opções. Para reforçar a imagem de cientista bem--sucedido tentou minimizar a importância da sua prestação política. Numerosas

---

[313] MONIZ, Egas, *Ao Lado da Medicina*, Lisboa, Bertrand, 1940, p. 9 – 37.

[314] MONIZ, Egas, *Conferências Médicas*, Lisboa, Portugália Editora, 1945, 1º Volume, p. 9 – 64.

[315] O jornal *República* (28/10/1953) titula na primeira página, sobre foto a duas colunas, ao centro: "Egas Moniz, Prémio Nobel, glória da nossa cultura, produz um depoimento esmagador contra a actual situação". Depois vem a manchete: "A comédia vai repetir-se!" E, em seguida, o pós-título: "Eleições sem fiscalização da Oposição não merecem esse nome: são nomeações que poderiam ser feitas no Ministério do Interior – declara à "República" o eminente sábio de prestígio internacional."

[316] "Nunca, desde que o ditador se instalou no poder, houve eleições. Uma burla a constituição da chamada Assembleia Nacional! Os recenseamentos são falsos, só se inscrevem os nomes daqueles que não podem fazer mal. Tocam a campainha das perseguições necessárias e não se admitem reclamações. Tudo é falso e porco; mas se algum protesta, cadeia ou então, com o epíteto de comunista descem aos centros dos campos de concentração desde Peniche à Ilha do Sal. Toda a resistência é inútil. Não há fiscalização de mesas eleitorais, aqueles que as constituem são da grei ditatorial. As operações de apuramento são exclusivamente feitas, por mandatários do partido que a apoia sem que qualquer pessoa prove existir fraude. Esta domina hoje tudo em Portugal!" - MONIZ, Egas, *Apontamentos a propósito do Prémio Nobel de 1949*, - Manuscrito policopiado datado de 30/11/1954, p.13-15. Ver *Anexos*, pp. 19 – 35.

memórias biográficas seguiram esta tónica. Os trabalhos da história revelam um resultado diferente.[317]

5.3 Duelos e Maçonaria: *noblesse oblige*

Se relativamente à política Egas Moniz optou por dar a ideia de uma passagem fugaz, a sua reconhecida e documentada pertença ao mundo dos duelos como forma aristocrática de resolver pendências de honra, tal como a sua iniciação na Maçonaria, são completamente omitidas nos seus textos de carácter autobiográfico. Fazemos-lhes aqui uma breve referência, em conjunto, não tanto por se tratar de instituições da mesma natureza, mas por configurarem alguns traços essenciais comuns no plano da construção biográfica.

Estamos, nos dois casos, perante uma pertença a instituições que então representavam a sobrevivência de códigos medievais relativos ao modo privado de dirimir ofensas e injúrias à margem da ordem jurídica já existente na fase final do regime monárquico: uma, (a dos duelos); outra, (a Maçonaria), associação orientada para a extinção do absolutismo e expansão dos ideais da fraternidade, igualdade e instrução.[318] Pese embora a aparente contradição entre as duas, tem interesse sublinhar, neste ponto, o carácter secreto que revestiam. Apesar de, relativamente a ambas, existir evidência documental bastante,[319] destaque-se que Egas Moniz não fez nenhuma menção a qualquer delas nos textos de carácter autobiográfico que publicou. Sem tentar apurar as motivações de tais secretismos, o certo é que estas duas facetas biográficas, geralmente desvalorizadas na maioria dos testemunhos e ensaios de carácter biográfico, revelam dois aspetos marcantes do modo como Egas Moniz se relacionava com as instituições do seu tempo.

Enquanto a pertença à Franco-Maçonaria significava a selagem de um compromisso profundo com o núcleo duro dos republicanos, o apego aos códigos e rituais dos duelos da velha aristocracia punha em relevo uma cultura política que não reconhecia integralmente ao Estado a exclusividade da administração da violência; aos tribunais

---

[317] Entre outros, Malheiro da Silva, na sua excelente análise sobre Sidónio Pais e o Sidonismo, conclui que Egas Moniz não teve apenas uma forte influência nesse período. Foi a figura central do PNR (formado com base no Partido Centrista de que Moniz fora o principal fundador), ouvido nas principais questões relacionadas com recrutamento político e preenchimento de cargos, e líder da maioria parlamentar. Pode ser considerado uma das figuras mais importantes do Sidonismo. - SILVA, Armando Malheiro da, *Sidónio e o Sidonismo. História de um caso político*, Coimbra, IUC, 2006, Vol. 2. p. 257 e seguintes.

[318] Ver, p.ex. a entrada sobre Portugal na *Encyclopédie de la Franc-Maçonnerie*, da autoria de Oliveira Marques e Alves Dias in AAVV – *Encyclopédie de La Franc-Maçonnerie*, Paris: LGF-Livre de Poche, La Pochotèque, 2002, p. 667-668.

[319] Relativamente à iniciação, em 1910, na Loja Simpatia e União do Grande Oriente Lusitano, ver CORREIA, Manuel – *Egas Moniz e o Prémio Nobel*, Coimbra: IUC, 2006, p.25. Quanto aos duelos, Moniz surge ativamente associado a essa prática, em NORTON, José – *Norton de Matos. Biografia*, Lisboa: Bertrand, 2002, p. 176-178; assumindo os estatutos de "testemunha", "conselheiro de arbitragem", membro do "Tribunal de Honra", em LEMOS, Mário Matos e – "O duelo em Portugal depois da implantação da República". *Revista de História das Ideias, Rituais e Cerimonial*, Coimbra: Instituto de História e Teoria das Ideias, 1993, 15, pp. 580-592); e ao seu contínuo envolvimento, pelo menos até 1925, em SANTOS, José Ribeiro dos – "O último duelo que se travou em Lisboa". *História*, Lisboa, O Jornal, 1981, Março, Nº 29, p. 5.

a capacidade de julgar pendências de honra; e à lei o critério fundamental para a regulação dos conflitos mais graves.

Decorre daqui que o secretismo do próprio Moniz, e o apagamento ou relativização de que estes aspetos foram objeto nos ensaios biográficos que o têm seguido, apesar de compreensíveis à luz da contenção e reserva da nobreza aristocrática e cavalheiresca, operam uma dupla denegação historiográfica. Simplificam os termos da narrativa biográfica pactuando com os secretismos de conveniência e, em simultâneo, empobrecem a informação acerca de aspetos fundamentais daquilo a que se costumava chamar a "mentalidade" da época.

António José de Almeida, entre outros líderes republicanos, assumiu posição de princípio contra a prática obsoleta dos duelos;[320] Egas Moniz, que acompanhou por largo tempo as andanças do Partido Republicano Português e depois no Partido Evolucionista Republicano,[321] não apenas se manteve ativo no âmbito dos duelos, como, para além disso, foi considerado um *expert* na matéria, chamado ao aconselhamento e julgamento prévio de várias pendências.

5.4 Vida empresarial. A indesejabilidade de um perfil

O Egas Moniz empreendedor, gestor dos recursos que foi acumulando com sentido de oportunidade e investimentos diversificados, tem escapado, em grande parte, à generalidade das narrativas biográficas. Mesmo quando lateralmente referidas, tem havido um consenso desvalorizador acerca das informações de caráter socioeconómico e financeiro que concorrem para uma avaliação comparativa a este nível. Mais uma vez é duplamente compreensível que o próprio não se tenha referido a estes aspetos nos seus escritos (recatos da nobreza aliados ao cuidado da seleção biográfica), sendo que, tal como nos exemplos anteriormente aduzidos acerca da Franco-Maçonaria e do mundo dos duelos, o recorte historiográfico amputa duplamente o que a documentação atesta.

Para a compreensão da inserção social de Egas Moniz não é despicienda uma descrição, ainda que sucinta, dos seus rendimentos e interesses; nem é possível avaliar a consistência das numerosas narrativas biográficas sem o estabelecimento de um padrão mínimo a este respeito.

Aquém da exaustividade, assinalam-se algumas das fontes de rendimento de Egas Moniz, para além das que decorriam do património herdado. Professor Universitário (primeiro em Coimbra, depois em Lisboa); Diretor do Serviço de Neurologia do Hospital de Santa Marta; exercício da atividade médica em regime liberal, com consultório na cidade; médico da CP e, a partir de 1903, médico especialista da mesma empresa, até 1945, data em que foi aposentado; médico chefe do ramo vida da Companhia de Seguros Americana Mutual Life; acionista fundador, médico chefe do ramo vida e membro do Conselho de Administração da Companhia de Seguros *A Nacional*; sócio fundador da Sociedade de Produtos Lácteos (Avanca), mais tarde

---

[320] Iniciativa secundada por outros parlamentares que tomou forma no Decreto de 1911 que visava substituir a prática dos duelos por "Tribunais de Honra". LEMOS, Mário Matos e – 1993, Ob. Cit, p. 573.

[321] Tendo sido igualmente um dos seus fundadores em 1912.

adquirida pela Nestlé. Para além de sabermos que Egas Moniz pertencia a um grupo social cujos rendimentos se situavam ao nível da alta burguesia, cujo orçamento era assegurado quer pelas funções públicas (Diretor de Serviços Hospitalares e Catedrático da Faculdade de Medicina), quer pelo exercício liberal da profissão médica, quer ainda, por avenças, rendimentos, prestação de serviços e investimentos vários, de que decorria também, por vezes, a assunção de responsabilidades gestionárias.

Este conjunto de constatações coloca-nos perante um Egas Moniz com interesses, empenhos e atividades diversificadas, remuneradoras quer do seu trabalho qualificado, enquanto médico especialista, quer dos capitais investidos em quotas e ações; mostra-nos a influência do médico e o modo como tirou partido do seu saber e da sua habilidade em setores de atividade em que investiu conhecimentos técnico-científicos e capital.

Do conjunto mencionado, destacamos, por ter sido menos referida[322] na literatura biográfica acerca de Egas Moniz (e, mais uma vez, inteiramente omitida pelo próprio) a sua presença significativa no sector dos seguros, ramo vida.

Egas Moniz adquirira já experiência comprovada no ramo dos seguros de vida. Fora Médico Chefe da Companhia de Seguros Americana, *Mutual Life*.[323] O primeiro relatório[324] que assina na qualidade de Médico Chefe da recém-criada Companhia de Seguros *A Nacional*, revela um conhecimento abrangente da problemática dos seguros de vida e o acompanhamento internacional do que se fazia no setor. Delineia as precauções que a *A Nacional* deve tomar para que a atividade seja rendosa; explica o conjunto de critérios para a sobretaxa dos "prémios" de acordo com os diagnósticos e outras estimativas acerca da longevidade dos potenciais clientes da seguradora. Esta atividade em que os saberes da Medicina se constituem em técnica auxiliar de uma indústria determinada aproxima-nos um pouco mais do "ser social" de Moniz. A sua mundividência incluía forçosamente um certo olhar sobre a vida. A sua escassez e durabilidade podia ser objeto de um interesse particular.

A sua atividade e ligações empresariais tinham consequências políticas à esquerda. O Secretariado do Comité Central do PCP, por exemplo, na sequência da "farsa eleitoral" de 1951, condena a "veleidade" dos que alvitraram o seu nome para candidato da Oposição Democrática, apontando-lhe, além do seu passado político ligado à I República, o seu alinhamento "Atlântico",

[322] Assinale-se, a título de exemplo, a referência que António Macieira Coelho faz à actividade empreendedora do seu familiar Egas Moniz: *"Poucos saberão ter sido ele a lançar em 1923 o surto inovador na sua região com a constituição da Sociedade de Produtos Lácteos, depois comprada pela Nestlé em 1934, também por sua iniciativa, e onde tinha razoável posição accionista. Também tentou estabelecer uma unidade bancária, o Banco Antuã, que teve vida curta por má escolha de associados e lhe causou grandes dissabores."* COELHO, António Macieira, "Vivências na intimidade de Egas Moniz" in PEREIRA, Ana Leonor, e PITA, João Rui, (Org.), *Egas Moniz em Livre Exame*, p. 58. Os dois exemplos de empreendedorismo conferidos, um a título de revelação ("poucos saberão..."), outro a título de tentativa mal sucedida ("Banco Antuã"), prolongam a relativização da faceta empreendedora de Egas Moniz num equilíbrio de soma nula (sucesso versus insucesso), que mantém o traço empreendedor na periferia das características biográficas principais.

[323] Agradeço ao Dr. Armando Caeiro as preciosas indicações e conselhos nesta matéria. CAEIRO, Armando – "Elementos sobre a história do Seguro de Vida em Portugal". *APS Notícias – Boletim Trimestral da Associação Portuguesa de Seguradores*, Lisboa, Abril - Junho, 2003, nº 1.

[324] AAVV, *Companhia de Seguros A Nacional*: Relatório do Conselho de Administração. Parecer do Conselho Fiscal e Relatórios do Diretor e do Médico Chefe, Lisboa, Casa Portugueza, 1907.

... o seu antisovietismo e as suas ligações capitalistas com grandes trusts estrangeiros dominados pelo capital norte-americano (Nestlé - Alimentana) e a sua participação ativa em importantes empresas capitalistas nacionais (Seguro Vitalícia, Seguro A Nacional, Empresa Agrícola de Catanhede, etc.) e que via somente no prestígio científico do Dr. Egas Moniz (como primeiro Prémio Nobel do nosso país) razão suficiente para fazer dele um candidato democrata à Presidência da República.[325]

A atitude, perfeitamente legitimada no quadro dos valores que enformavam o impulso empreendedor, a criação de riqueza, a exploração de oportunidades, a livre empresa e o mercado, pareciam, contudo, menos interessantes à luz da separação cultural entre materialismo e espiritualismo que colocava os homens de ciência de um dos lados dessa trincheira imaginária.

5.5 A afinidade com Ramón y Cajal

No final dos anos 40, Egas Moniz começou a escrever acerca de Santiago Ramón y Cajal.[326] O facto causa alguma estranheza, pois a empatia com que se lhe refere, brota subitamente, cerca de meio século após o triunfo do novo paradigma neuronal. Não há notícia de lhe ter consagrado qualquer texto em qualquer das oportunidades celebrativas em que Cajal foi objeto da atenção de cientistas portugueses.

As duas peças mais significativas dessa aproximação simbólica datam de 1948.[327] Egas Moniz expõe a doutrina de Cajal, atribuindo-lhe uma influência determinante das condições teóricas em que decorreram as suas investigações relativamente à leucotomia pré-frontal.

Nas conferências em que Egas Moniz chama Cajal para tema central, objeto de homenagem e êmulo, as afinidades que deteta excluem dois vivíssimos traços da personalidade de Cajal, enfatizando outros tantos em que se revê. A base da sua informação acerca da biografia de Cajal baseia-se sobretudo no livro *Recuerdos de mi vida,*[328] passando ao largo de *El Mundo visto a los 80 años*[329] e de outros escritos e factos emblemáticos.[330]

---

[325] E a nota prossegue: "... esses democratas ignoravam, por exemplo, que o Prof. Egas Moniz, quando era Presidente da Comissão Nacional para a Defesa da Paz, considerou o Pacto do Atlântico útil e se recusou a assinar o apelo contra o emprego das armas atómicas ou a tomar qualquer atitude pública em defesa da Paz." Partido Comunista Português, *O Partido e as últimas "eleições" Presidenciais,* Secretariado do Comité Central do Partido Comunista Português, Editorial Avante, 1952, p. 2.

[326] Egas Moniz faz-lhe uma curta, mas destacada referência em "A última lição" MONIZ, Egas, *A Última Lição,* Lisboa: Portugália, 1944, p. 24, enumerando "A histologia do sistema nervoso" entre os "subsídios encontrados em duas obras fundamentais", a par de "A anatomia do sistema nervoso dos vertebrados" de Kappers, Huber e Crosby.

[327] Trata-se de duas conferências proferidas na Academia de Ciências de Lisboa a que acrescentou, ao publicá-las no volume III das *Conferências Médicas e Literárias,* um posfácio assinalando a sua nova condição de galardoado com o Prémio Nobel. MONIZ, Egas – *Conferências Médicas e Literárias III, Ramon y Cajal,* Lisboa: Portugália Editora, 1950, p. 93-107.

[328] CAJAL, Santiago Ramón y – *Mi Infancia y Juventud,* Buenos Aires: Espasa-Calpe, 1952.

[329] CAJAL, Santiago Ramón y – *El Mundo Visto a los 80 Años. Impresiones de un Arterioesclerótico,* Madrid: Tipografía Artística, 1934.

[330] Alude-se aqui o facto de Cajal ser membro correspondente da Academia de Ciências de Lisboa desde 1897, (ainda na sua forma histórica de Academia Real de Ciências). Retomaremos mais adiante alguns pormenores que se prendem com esta omissão.

Os propósitos centrais de Egas Moniz visam pôr em evidência o quanto se assemelham os dois "sábios peninsulares" – ele próprio e Cajal, na ocorrência – pela capacidade indómita de vencer obstáculos e realizar obras de vulto em circunstâncias desfavoráveis; pelos traços de caráter e de personalidade alegadamente comuns; e pela forma como a obra de Egas Moniz (sobretudo a *Leucotomia pré-frontal*) dependendo das teorias de Cajal, as (re)compensou do benefício delas colhido, reforçando-as, em contrapartida.

> Sem a doutrina do neurónio e do muito que se tem produzido em torno da ideia inicial, tanto no campo morfológico, como no experimental, eu não teria realizado a leucotmia prefrontal que colaboradores estrangeiros divulgaram, criando novas técnicas operatórias e orientando a intervenção na escolha dos doentes com psicoses mais acessíveis à nova terapêutica cirúrgica.
>
> E a continuar a contar-se por centenas as curas e melhoras, também poderei dizer que a leucotomia cerebral veio, por sua vez, em defesa da doutrina que, há 60 anos, Ramon y Cajal proclamou pela primeira vez.
>
> Nesta troca de serviços eu fui o grande beneficiado. Pelo meu lado apenas ofereço um argumento a mais, a favor do que, há muito, julgo demonstrado.[331]

Egas Moniz profere a sua primeira conferência sobre Cajal quando vai completar 74 anos, mas não toma Cajal como émulo quando se trata da partilha de fraquezas próprias.

Não teria surpreendido se Egas Moniz, insigne membro da Academia de Ciências de Lisboa – e seu Presidente anos a fio,[332] – tivesse, pelo menos, aludido que Santiago Ramón y Cajal fora também eleito seu sócio correspondente em 4 de Março de 1897.[333]

A influência de Cajal exercera-se também desse modo, atestada pelo parecer abonatório assinado, entre outros, por Carlos May Figueira, José Joaquim da Silva Amado e Virgílio César de Oliveira Machado, que fundamentam assim a eleição de Cajal para sócio correspondente da então Academia Real de Ciências:

> O sábio catedrático que é hoje um dos primeiros, senão o principal, na plêiade dos mais egrégios neurohistologistas contemporâneos, veio, com as suas numerosas e importantíssimas investigações sobre a fina estrutura dos elementos nervosos, fazer uma completa revolução neste complexo e até aqui tão imperfeito capítulo da histologia.[334]

---

[331] MONIZ, Egas, *Conferências Médicas e Literárias III, Ramon y Cajal*, Lisboa, Portugália Editora, 1950, p. 92.

[332] Egas Moniz, Académico Correspondente da Academia de Ciências de Lisboa desde 1916, foi nomeado sócio efectivo em 1923, tendo sido eleito Presidente Lisboa em 1928, 1932 e 1940; Presidente da Classe das Ciências em 1940, 1947, 1948, 1950, 1951 e 1952; e Vice - Presidente da Classe das Ciências em 1930, 1931, 1939, 1952, 1953, 1954 e 1955.

[333] O elogio da teoria do neurónio que sobressai do texto do "Parecer da Secção de Ciências" que fundamenta a proposta de Ramón y Cajal para membro da Academia é, com certeza, a par do opúsculo "Os neurones e a vida psíquica" - BOMBARDA, Miguel, *Os neurones e a vida psíquica*, Lisboa, Imprensa Nacional, 1897, - uma das primeiras revelações da influência exercida pelos trabalhos de Cajal no meio científico português. (Arquivo da Biblioteca da Academia de Ciências de Lisboa, Processo Nº 1693.)

[334] *Parecer da Secção de Ciências Médicas da Academia Real de Ciências sobre os trabalhos do Sñr. D. Santiago Ramón y Cajal, Professor numerário de Histologia e Anatomia Patológica da Universidade de Madrid*, Arquivo da Biblioteca da Academia de Ciências de Lisboa, Processo 1693.

As páginas seguintes[335] testemunham um conhecimento aprofundado dos métodos e das teses de Cajal, e uma adesão entusiasta à teoria do neurónio. Esta presença institucional de Cajal, ela própria constituindo um traço biográfico com interesse para o relacionamento cultural e científico de âmbito peninsular, ficou também na penumbra. Egas Moniz, por não a achar relevante ou, pura e simplesmente, por ela não lhe ter ocorrido, omite-a.

Egas Moniz (o "sábio peninsular" sobrevivente) glorifica Cajal (o "sábio peninsular" já desaparecido) para o engrandecimento de ambos, e a procura de um certo equilíbrio entre o *deve* e o *haver* das trocas com o principal autor do paradigma teórico à sombra do qual diz ter trabalhado, mas que, segundo ele, acabou por compensar, já que o sucesso da *leucotomia pré-frontal* teria vindo contribuir, de certo modo, para o reforço da nova doutrina.

Não tendo assinado qualquer texto conhecido para homenagear Cajal noutras oportunidades celebrativas[336] mas declarando, no entanto, a sua adesão desde o início à teoria do neurónio; nem tendo, como muitos dos seus contemporâneos, uma coleção de episódios de proximidade cuja descrição é geralmente utilizada para compor ou completar a impressão desprovida do que nos textos perpassa da personalidade e do caráter dos autores, Egas Moniz optou por um levantamento sistemático da história de vida de Cajal, coligindo a informação relevante para a composição de um autorretrato em que se irmanava a Cajal, numa espécie de cotejo *post factum*, da mesma ordem do que Bocage endereçou a Camões, num soneto célebre.[337]

Com exceção do seu livro *Um ano de política*,[338] que veio a lume em 1919, e em que, para além do registo dominantemente autobiográfico, tomava posição, justificando-se, demarcando-se e respondendo indiretamente a algumas das acusações que contra si então pendiam, Egas Moniz só retomou a fundo essa preocupação no texto consagrador da sua *Última lição*.[339] Tal circunstância colocou a Egas Moniz um exigente trabalho de memória. Aí, Egas Moniz apoia-se, por vezes, em documentação da época, imprimindo verosimilhança histórica aos seus enunciados; noutros casos, fala dele próprio a pretexto da navegação à vista que faz de outras figuras, acontecimentos e ideias. Num caso e noutro, a estratégia discursiva é a de legar a melhor versão, reconstruindo a sua imagem, de modo a sublinhar nela os traços suscetíveis de consolidar e avivar a notoriedade científica.[340]

Esta aplicação sistemática de Egas Moniz ganha em compreensibilidade se a acompanharmos da necessária pressão de *lobby* de que se ocupou desde 1927 com o intuito de ser nomeado e ganhar o Prémio Nobel.

---

[335] O manuscrito tem dez páginas, descontada a folha de rosto e está apenso ao Processo de Santiago Ramón y Cajal, referido anteriormente.

[336] Tal como recordámos anteriormente, não se conhece nenhum texto de Moniz aquando da morte de Ramón y Cajal, em 1934, nem tampouco em 1941, quando foi assinalado o cinquentenário do Neurónio.

[337] "*Camões, grande Camões, quão semelhante / acho o teu fado ao meu, quando os cotejo! / Igual causa nos fez, perdendo o Tejo, / arrostar c'o sacrílego gigante.*" BOCAGE, M. M. Barbosa du, *Obra Completa*, Porto, Edições Caixotim, 2004, *Volume I. Sonetos*, p. 199.

[338] MONIZ, Egas, *Um ano de política*, Lisboa, Portugal - Brasil Lda, 1919.

[339] MONIZ, Egas, *A última lição*, Lisboa, Portugália, 1944.

[340] Ver acerca da construção da notoriedade em Egas Moniz, CORREIA, Manuel, "O político na sombra do cientista (1) – Considerações acerca da importância e do alcance de dois enigmas monizianos – o «periférico» e o «político»". *VÉRTICE*, Lisboa, Setembro – Outubro, 2004, nº 119, p. 57-74.

Outros leitores atentos da obra *moniziana* têm reparado nessa determinação, direta e conspícua, com que o *Sábio de Avanca* modelava as autorrepresentações.

> É certo que Egas Moniz parece ter esculpido cuidadosamente a imagem que de si pretendeu legar à posteridade. É por isso que a sua autobiografia publicada em 1949, antes da concessão do Prémio Nobel, embora contenha informação indispensável para a compreensão da génese das suas duas contribuições científicas principais, sofre do tom algo excessivo do panegírico ao herói solitário, vencedor de uma luta titânica contra tudo e contra todos.[341]

Desconte-se à modalização hiperbólica – "contra tudo e contra todos" – o gesto de reconhecimento que Egas Moniz faz na direção de Ramón y Cajal. Tardio, talvez; incompleto, decerto; deixando na sombra alguns aspetos fundamentais da atitude de Cajal em relação à cultura (às polémicas e à capacidade de reconhecer as fragilidades do envelhecimento), sem dúvida. De qualquer maneira, um gesto envolvente, em busca de uma afinidade possível, num território de emulação bem demarcado.

Uma influência que, colocada tal como Egas Moniz a descreve, engrandece, praticamente por igual, homenageado e homenageador.

5.6 Os *biografemas* que ficaram

Compulsadas as incorrespondências (graus de extensão e intensidade da vida política; pertença à Franco-Maçonaria e ao mundo dos duelos; interesse particular na indústria seguradora) e observada a acoplagem virtual com Ramón y Cajal, perfilam-se alguns aspetos marcantes das relações que Egas Moniz cultivou e manteve longamente, apesar de ter preferido desvalorizá-los.

A exclusão parcial da política (por desvalorização), e a erradicação de quaisquer vestígios da pertença à Franco-Maçonaria, ao mundo dos duelos e à indústria seguradora, põem em destaque uma série de biografemas que foram considerados irrelevantes ou incompatíveis com a versão desejada por Egas Moniz e por boa parte dos seus biógrafos, promovendo as ações necessárias ao vencimento da representação forte do homem de ciência.

Os textos de caráter biográfico; os trabalhos jornalísticos que o tomam por objeto (artigos, reportagens, entrevistas e efemérides); a publicidade farmacêutica a que associou a sua imagem;[342] as emissões filatélicas; as distinções públicas (entre as quais avulta o Prémio Nobel) e as indicações estritas e pormenorizadas que deu com vista à criação

---

[341] ANTUNES, João Lobo, "Egas Moniz – uma palavra sobre o Outro" in *1911-1999. O ensino médico em Lisboa no início do Século. Sete artistas contemporâneos evocam a geração de 1911*, Catálogo da Exposição, Lisboa, Fundação Calouste Gulbenkian, 1999, p. 85.

[342] Ver a este respeito PEREIRA, Ana Leonor, e PITA, João Rui, (coord.), "Egas Moniz e a publicidade medicamentosa (1)". *Jornalismo e Ciências da Saúde* – Actas do II Congresso Luso-Brasileiro de Estudos Jornalísticos e do IV Congresso Luso Galego de Estudos Jornalísticos, Porto, Universidade Fernando Pessoa, 2005, (CD), p. 401-406; ver também CORREIA, Manuel, "Egas Moniz. Imagens e representações". *Estudos do Século XX*, Coimbra, Ariadne Editora, 2005, nº 5, p. 65-82.

da Fundação com o seu nome e da Casa Museu de Avanca, atestam de um preciso e determinado exercício do "poder biográfico".

A menorização da dimensão política, tal como a exclusão da condição maçónica e duelística são exemplo dos biografemas inadequados que complicariam a imagem forte do cientista, numa extração heroica ao jeito da teoria dos Grandes Homens, na versão de Carlyle.[343] Em contrapartida, a homenagem (próxima de um registo de *self-homage*) a Cajal constitui o biografema que se inclui, devido não apenas à sua adequação, mas também ao reforço que decorre da identificação com outro cientista também nobelizado.

Os biografemas que ficaram apontam celebrativamente para o cientista, mais do que para os aspetos polémicos das suas invenções; para o neurologista, mais do que para o político experiente que viveu sob três regimes políticos; para o médico, mais do que para o homem empreendedor, criador e estratega.

São estes biografemas, que ficaram de fora, que devolvem Egas Moniz à história repondo em jogo as múltiplas ligações, os laços, as recusas e as ruturas que tornam mais verosímil um ser no tempo.

Wishart resume num breve parágrafo uma observação que pode ser tomada como um programa historiográfico:

> The way to judge whether a particular account succeeds, relative to others, is to go back to the evidence (hence the need for footnotes) to see if the facts can be considered accurate and then to assess how fairly, coherently and convincingly those facts are used in the narrative. Attention should be paid to which facts are left out of the narrative. [344]

O método historiográfico apresenta-se, neste caso, como uma espécie de contrapoder escrutinador do exercício do "poder biográfico". Ao focar a tensão entre o ser "concreto" e o indivíduo "construído", projeta a análise para fora do círculo que as narrativas biográficas estabelecem. Do limbo dos Grandes Homens para o tempo de todos os homens.

Partindo do princípio que a pertença ao mundo e à prática dos duelos implicava uma conceção restritiva da autoridade do Estado, do acatamento dos acórdãos emitidos pelas instâncias judiciais e, mais genericamente, do reconhecimento do "império da lei", podemos compreender a homologia axiomática que se estabelece com as sua ideias acerca do que deveria ser regulação ideal em matéria de eugenismo.

---

[343] "For, as I take it, Universal History, the history of what man has accomplished in this world, is at bottom the History of the Great Men who have worked here. They were the leaders of men, these great ones: the modellers, patterns, and in a wide sense creators, of whatsoever the general mass of men contrived to do or to attain; all things that we see standing accomplished in the world are properly the outer material result, the practical realization and embodiment, of Thoughts that dwell in the Great Men sent into the world: the soul of the whole world's history, it may justly be considered, were the history of these." CARLYLE, Thomas, *On heroes, hero-worship and the heroic in history*, New York, Frederick A. Stokes and Brother, 1888, p. 1-2.

[344] WISHART, David, "The selectivity of historical representations". *Journal of Historical Geography*, 1997, 23, 2, p. 111-118, p. 116. "A maneira de julgar se uma determinada descrição é bem-sucedida, relativamente a outras é regressar aos factos (daí a necessidade de notas de rodapé) para verificar se os factos podem ser considerados rigorosos avaliando depois justa, coerente e convincentemente se esses factos foram utilizados na narrativa. Deve prestar-se atenção aos factos que foram deixados de fora da narrativa."

As duas atitudes parecem conformar-se num fundo de privilégio: o médico acima da lei por deter um poder particular; porque em posição mais elevada; porque – e Moniz não cessa de citar Tardieu a este respeito[345] – *Le ministère sacré du médecin, en l'obligeant à tout voir, lui permet aussi de tout dire.*

O Egas Moniz dos duelos torna mais coerente o Egas Moniz da regulação eugénica. O fechamento da representação celebrativa, quase exclusivamente devotada ao Moniz nobelizado, adia o conhecimento de Egas Moniz no seu labirinto.

5.7 Um exemplo do exercício do poder biográfico

Os trabalhos de caráter biográfico acusam sempre um sobressalto narcísico. Quando alguém se ocupa da vida de outrem, sente-se obrigado a revelar as suas motivações. Há as razões institucionais, ligadas ao projeto de investigação; somam-se-lhe as razões de enquadramento cultural e historiográfico, posto que o autor em análise – Egas Moniz – é incontornável a muitos títulos, quer para a história da ciência, quer para a história social, política e cultural, mas todas estas razões, expressas e óbvias, correspondem apenas àquilo a que a sociologia estrutural--funcionalista chamou "funções manifestas", tendo importado este par de conceitos diretamente da psicanálise.[346]

De facto, o registo biográfico reparte entre biógrafo e biografado a notoriedade resultante, sendo que, em boa medida, o biógrafo vai frequentemente à boleia do carisma do biografado. Nesse sentido, poderemos admitir que a "função latente" do discurso acerca de outrem se destina, tudo ponderado, a engrandecer um às expensas do outro ou, pelo menos, a reforçar a identidade de um com o conhecimento que se adquire e arvora acerca do outro.

Egas Moniz ilustrou este jogo biográfico debruçando-se sobre figuras da ciência e das humanidades, próximas e afastadas. Dos 34 ensaios de caráter biográfico que recenseámos, publicados entre 1924 e 1955, escolhemos os primeiros três, consagrados, respetivamente, a Júlio Dinis,[347] ao Abade de Faria,[348] e a Camilo Castelo Branco,[349] publicados em 1924, o primeiro, e, em 1925, os outros dois.

Esta abordagem isola uma das componentes de "poder biográfico", que consiste na seleção e elaboração de versões acerca dos biografados, (perfis e desempenhos), implicando diferenças e semelhanças relativamente a quem assume o lugar do biógrafo. Coloca-se, neste caso, a questão de saber em que medida o género biográfico contribui

---

[345] Pelo menos em três das obras anteriormente citadas (*A Vida Sexual, O Conflito Sexual, e Confidências de um Investigador Científico*).

[346] Pela pena do próprio Merton: "I have adapted the terms 'manifest' and 'latent' from their use in another context by Freud". MERTON, Robert K, *Social Theory and Social Structure*, New York, Free Press, 1957, p. 62.

[347] MONIZ, Egas, *Júlio Dinis e a sua obra*, Porto, Livraria Civilização, 1946.

[348] MONIZ, Egas, *O Abade Faria na história do Hipnotismo*. Conferência de Lisboa. Ampliada e dividida em capítulos. Publicação da Faculdade de Medicina. I Volume, Lisboa, 1925. Edição Facsimilada da Editorial Vega, Lisboa, S/D.

[349] MONIZ, Egas, "A Necrofilia de Camilo Castelo Branco" in SAAVEDRA MACHADO (Coord.), *In Memoriam de Camillo*, Lisboa, Casa Ventura Abrantes, 1925.

para consolidar a identidade do biógrafo às expensas da notoriedade do biografado, criando na narrativa biográfica um espaço, mais ou menos pronunciado, para afirmar a identidade do biógrafo, expressa ou implicitamente.

O conceito de "poder biográfico" com que viajámos ao longo do texto é aqui trabalhado como descritor das operações, pressupostos e estratégias que explicam a capacidade de influenciar, condicionar ou persuadir coetâneos, contemporâneos e vindouros, ao fornecer uma perspetiva, uma versão ou um padrão interpretativo centrados na biografia e na importância assumida por quem exerce esse poder. Quer quando fala de si próprio, quer quando fala de outro(s), o enunciador procede a uma seleção significativa de biografemas.[350] A análise comparativa entre biografemas adotados e biografemas omitidos fornece indicações acerca do sentido tomado pela seleção.

No caso particular do lugar do biógrafo, o inquérito abrange também as referências expressas e implícitas a si próprio (biógrafo), e ao valor acrescentado que a nota biográfica representa. Logicamente, quanto menos se fala de quem formalmente nos propomos falar, mais de outros e de nós próprios falamos. Chegamos, assim, à prova de consistência biográfica, isto é, ao valor latente do lance biográfico.

Independentemente de terem ou não sido explicitadas as razões da seleção do biografado, há sempre um par de evidências que nos deixam catalogar o interesse do biógrafo. Depois, a leitura pode revelar motivos cuja articulação diverge dos propósitos expressos. Finalmente, feito o balanço, pode concluir-se quais as matérias em que o biógrafo mais investiu, que novas revelações trouxe, que conclusões tira ou sugere.

Se adaptarmos a proposição atribuída a Newton de que se vemos mais longe é porque nos pusemos aos ombros de gigantes – para significar entre outras coisas que cada um de nós não parte do zero no conhecimento do mundo, tomando o benefício do muito que antes de nós foi feito – podemos ver quase sempre em cada biógrafo um anão às cavalitas do biografado. A imagem é redutora mas incorpora a hipótese central deste conjunto de reflexões. Abordamos um autor com o intuito de conhecer melhor as suas contribuições, para, de algum modo, as julgarmos, e para tomar lugar nesse novo espaço de significação que se afirma com base no novo texto.

Tomaremos, pois, três ensaios de carácter biográfico que Egas Moniz escreveu sobre outras tantas figuras. Primeiro, o texto acerca do Abade Faria (*O Abade Faria Na História Do Hipnotismo*), que Egas Moniz enaltece pelo papel que teve na história do hipnotismo liberto do mesmerismo; depois, Júlio Dinis (*Júlio Dinis E A Sua Obra*), objeto do mais volumoso ensaio que escreveu no género; e, finalmente, Camilo Castelo Branco (*A Necrofilia De Camilo Castelo Branco*), a quem Egas Moniz dedica, desde a 6ª edição de *A Vida Sexual* (Lisboa, 1923, p. 393), um exercício de questionamento acerca de alegados traços de necrofilia, para depois, quer em *A Vida Sexual*, quer nesta sua contribuição para a obra coletiva *In Memoriam de Camillo* – comemorativa do centenário do nascimento do autor do Amor de Perdição – concluir que não é (bem) disso que se trata.

---

[350] Unidades biográficas elementares, na base das quais se compõe uma biografia, tal como na linguística estrutural se atribui a designação de fonema à menor unidade fonética articulável. Conceito elaborado por Roland Barthes, mencionado pela primeira vez no prefácio do seu livro *Sade, Fourier, Loyola*. BARTHES, Roland, *Sade, Fourier, Loyola*, Paris, Seuil, Collection "Points", 1971, p. 12.

É por esta altura (meados dos anos 20) que Egas Moniz deixa de publicar quaisquer textos sobre sexualidade e psicanálise, contrariando, inclusivamente, um seu projeto que consistia em trazer a público uma obra de maior fôlego acerca dessas matérias.[351]

> A alguns dos capítulos do nosso trabalho damos maior desenvolvimento na presente edição, esperando completá-los, em breve, com um volume que trazemos entre mãos sobre o Complexo Sexual que é, por assim dizer, o estudo filosófico e clínico da sexualidade que a escola de Sigmund Freud, de Viena, veio tão profundamente modificar.[352]

A manutenção de um tal projeto até ao início dos anos 30, exclui a explicação geralmente adiantada para Egas Moniz ter "abandonado" a produção científica neste terreno. O facto de se ter concentrado com êxito no aperfeiçoamento do método arteriográfico, – que viria a conduzir à Angiografia Cerebral, divulgada internacionalmente a partir de Junho de 1927 – não obstou a que prosseguisse, ao que o próprio afirma, na preparação de uma obra cujo sentido geral nos é revelado. Seria, segundo o próprio autor, o desenvolvimento das teses condensadas em *O Conflito Sexual.* [353] O abandono do projeto que consistiria na publicação da obra tão prometida pelo autor como esperada pelo editor dá-se, pois, no período de gestação da *psicocirurgia*, cuja investigação experimental se inicia em finais de 1935, e não antes. É depois de se entregar à conceptualização da *psicocirurgia*, e iniciar a primeira série de leucotomias pré-frontais, que Egas Moniz, sem qualquer justificação conhecida, abandona o projeto que consistiria no aprofundamento de abordagens anteriores relativas à perspetiva psicanalítica da sexualidade.

Em todo o caso e para efeitos de articulação entre psicanálise, biografia, psicografia e autobiografia, a invocação do saber psicanalítico concorre para o reforço do "poder biográfico". Destina-se a descortinar nas manifestações da sexualidade do biografado um perfil explicativo das suas orientações, opções e destinos, à imagem do modelo de análise aplicado no ensaio de Freud sobre Leonardo da Vinci.[354]

Relativamente ao partido que Egas Moniz poderia ter tirado desse valor acrescentado que os saberes da psicanálise conferem ao poder biográfico, podemos concluir que se ficou pelo princípio. É precisamente na fase em que inicia a produção de notas de caráter biográfico que abandona o modelo de análise desenvolvido por Freud.

---

[351] Faz referência expressa a esse plano na 10ª edição de *A Vida Sexual,* em 1931. A crer nos propósitos do editor, o projeto já estaria bastante adiantado: "Esperamos agora do Sr. Professor Egas Moniz o cumprimento de uma promessa que nos foi feita e para a qual, sabêmo-lo bem, tem amealhado muito material. É indispensável que o brilhante clínico complete esta série de estudos com o anunciado volume *O Complexo Sexual.*" Advertência do Editor in MONIZ, Egas, *A Vida Sexual*, Lisboa, Casa Ventura Abrantes, 1932.

[352] MONIZ, Egas, Ob. Cit, pp. XX e XI. Em pé de página, Moniz acrescenta que "... o Conflito Sexual – que corre impresso e que é uma condensação do trabalho de maior fôlego que pretendemos dar à estampa."

[353] MONIZ, Egas, "O Conflito Sexual". *Portugal Médico*, nº 9, 1921, pp. 385-401 (3ª série das antigas revistas Gazeta dos Hospitais e Vida Médica, Ano 14º).

[354] FREUD, Sigmund, *Uma recordação de infância de Leonardo da Vinci*, Lisboa, Relógio d'Água, 2007.

5.8 O Abade Faria: hipnotismo, ciência, psiquiatria e poder

O interesse de Egas Moniz pelo hipnotismo mantém-se desde que lhe dedicou um primeiro escrito, em 1914,[355] até, pelo menos, 1945, quando é convidado a discursar na cerimónia de homenagem ao Abade Faria na Sociedade de Geografia de Lisboa.[356] Pelo meio, em 1925, Egas Moniz dá à estampa um estudo predominantemente biográfico acerca do Abade Faria (1756-1818) – *O Abade Faria na História do Hipnotismo*.[357]

O hipnotismo (o sonambulismo ou sono lúcido, como lhe chamou o Abade Faria) constituía, ao tempo, um fenómeno na fronteira dos saberes místicos (incluindo as correntes espíritas), com os conhecimentos médicos e científicos. Fora objeto de várias obras orientadas para a descrição e racionalizada da sua origem e efeitos. Lombroso (que Moniz lia e citava) dedicou ao assunto uma série de observações reunidas num volume publicado em 1911. Aí analisou as correlações entre as práticas espíritas e o fenómeno hipnótico, sem, no entanto, eliminar radicalmente os postulados do magnetismo *mesmeriano*.[358] O assunto revestia várias dificuldades de abordagem. Debatia-se, no plano médico-legal, a legitimidade do seu uso na investigação criminal, e colocava-se, mesmo, a questão de saber se o resultado dos interrogatórios a suspeitos hipnotizados deveria ou não ser considerado suficientemente fiável e probatório.

Tendo adotado o método hipnótico como técnica auxiliar, quer de diagnóstico, quer de terapêutica, e sendo frequentemente solicitado a produzir pareceres médico--legais, Egas Moniz veio esclarecer a sua posição a esse respeito em 1914, no artigo atrás referido. Já nesse texto se alude que o Abade Faria, no entendimento de um dos seus mais notáveis biógrafos – Dalgado[359] – desempenhou um papel crucial na história do hipnotismo ao tê-lo desembaraçado do enquadramento *mesmeriano* que explicava o fenómeno com base na noção de magnetismo animal, enquanto fluido vital e universal.

A decisão de Egas Moniz, ao biografá-lo, 11 anos volvidos, corresponde pois à necessidade de consolidar a conceção de hipnotismo que abraçava, de modo a torná--la, aos olhos de todos, compaginável com as práticas médicas e científicas de que se arrogava. Neste caso, o trabalho de historiador, documentando e demonstrando o que cerca de um século antes fora feito pelo Abade Faria e reconhecido por muitos outros, constituiria um argumento inabalável para consolidar as *Novas ideias sobre o hipnotismo*. Simbolicamente, Moniz coloca-se na esteira de Faria, indicando a filiação concetual que contribuía para conferir respeitabilidade ao método e aos seus praticantes qualificados, demarcando-se das invocações místicas e mágicas que haviam adotado o sonambulismo, os transes mediúnicos e os passes magnéticos.

---

[355] MONIZ, Egas, «As novas ideias sobre o Hipnotismo. Aspetos médico-legais». *Revista da Universidade de Coimbra*, Vol. III, nº 4, Separata de 14 pp, Lisboa, 1914.

[356] MONIZ, Egas, "O Abade Faria e o hipnotismo científico". Oração proferida na sessão solene de homenagem ao Abade Faria. *Boletim da Sociedade de Geografia de Lisboa*, Série LXIII, fasc. 5-6, p. 191--197, Lisboa, 1945.

[357] MONIZ, Egas, *O Abade Faria na história do Hipnotismo*, Conferência de Lisboa, ampliada e dividida em capítulos. Publicação da Faculdade de Medicina. I Volume, Lisboa, 1925, cujo texto consultámos na edição anteriormente referida.

[358] LOMBROSO, Cesare, *Hipnotisme et spiritisme*, Paris, Ernest Flamarion, 1911.

[359] DALGADO, D. G, *Mémoire sur la vie de l'Abbé de Faria*, Paris, Henri Jove, 1906.

Após ter apontado uma série de inexatidões em obras precedentes acerca do Abade, Egas Moniz expõe o seu propósito "manifesto":

> Servem estas apreciações para mostrar a necessidade deste estudo médico e biográfico, em que pretendemos fazer uma apreciação imparcial da obra do padre goense, divulgando-lhe o valor na pátria portuguesa, onde a sua vida é quase desconhecida.[360]

A componente biográfica da obra segue de perto os trabalhos de Dalgado, acrescentando-lhe uma diligência que apesar de inconcludente persiste em validar algumas teses escoradas tão-somente em intuições.[361] Apesar de os resultados obtidos nem sempre se ajustarem à versão de Egas Moniz, ele insiste, valorizando mais a sua intuição do que as provas documentais. Aviva no biografado alguns traços polémicos (o envolvimento de Faria e de seu pai na conjura dos Pintos, que ainda suscita dúvidas, hoje, aos investigadores); sublinha algumas das suas fraquezas de caráter (o episódio em que Chateaubriand ridiculariza Faria por este não ter conseguido, tal como se propusera, matar um canário pela ação hipnótica, na casa de Marquesa de Custine[362] e a sessão pública em que o ator Potier o põe a ridículo[363]) e reconhece-lhe, apesar disso tudo, um papel crucial na história do hipnotismo.

> *O que é indispensável é levantar a sua memória do esquecimento a que foi votada em Portugal, à luz das doutrinas que defendeu, criando a sugestão hipnótica, que ainda, na hora presente, passado mais de um século, se mantém íntegra, tal como a descreveu.*[364]

Porém, explorando a latitude que o exercício do "poder biográfico" confere, procede ao tratamento de outras questões que não têm a ver diretamente com o biografado, mas se relacionam ainda com diferenças de entendimento acerca do fenómeno hipnótico, designadamente as que o opõem a Freud, Babinski e incertos. Egas Moniz faz, pois, a partir daqui, aquilo que referi no início: cria um espaço discursivo na narrativa biográfica para que, além da afirmação que consiste em evocar o biografado reproduzido pelo poder da palavra do biógrafo, se lhe acrescente um espaço de debate por interesse próprio.

Com Freud, as discordâncias são apresentadas indiretamente. Na altura em que Egas Moniz deu forma de letra à sua lição *As bases da Psicanálise*,[365] Freud havia já abandonado a prática do hipnotismo, preferindo o diálogo em estado de vigília, a associação livre de ideias e a interpretação dos sonhos. Egas Moniz admite que em

---

[360] MONIZ, Egas, *Ob. Cit.,* p. 27.

[361] É o caso da sua confiança no valor de verdade dos títulos invocados por Faria, apesar da busca infrutífera de provas documentais da pertença do Abade Faria à Sociedade de Medicina de Marselha, - MONIZ, Egas, *Ob. Cit.*, p. 8 (nota de rodapé).

[362] MONIZ, Egas, *Ob. Cit.*, pp. 48 e 49.

[363] MONIZ, Egas, Ob. Cit, pp. 113 e 114.

[364] MONIZ, Egas, Ob. Cit, p. 109.

[365] MONIZ, Egas, "As bases da psicanálise". *A Medicina Contemporânea* nº 33, 1915, pp. 377 – 383.

circunstâncias quase hipnóticas[366] também se consigam bons resultados, mas a sua combatividade na defesa do método desvela a preferência que lhe dedica.

Com Babinski a discussão é mais tortuosa. Babinski é, tal como vimos anteriormente, um reputado neurologista francês que Egas Moniz conhece desde o princípio do século quando rumou a Paris com o fito de complementar a sua formação psiquiátrica e neurológica. Conhece-o pessoalmente. É visita de casa. Babinski apoiá-lo-á dois anos depois quando Egas Moniz chegar a Paris no início do Verão de 1927 com uma série de arteriografias debaixo do braço, reivindicando a paternidade do primeiro método de diagnóstico que permitia visualizar, *in vivo*, a árvore arterial do cérebro. Porém agora trata-se apenas de aproveitar a boleia do Abade Faria para discordar de Babinski.

Babinski estabelece uma equivalência sumária entre histeria e hipnotismo. Para ele, o grau de permeabilidade à sugestão é diretamente proporcional à histeria do paciente hipnotizado, o que se afigura a Egas Moniz bastante redutor. Mas, ainda por cima, Babinski põe em causa a própria veracidade e autenticidade do hipnotismo. A esse propósito, Egas Moniz não pode deixar de atalhar com os resultados da observação disponíveis, incluindo a reação das suas próprias experiências. Para fazer vencer a sua tese, Moniz chega a classificar como "negativista" a argumentação de Babinski.[367]

Apesar de ter praticamente deixado de escrever acerca da sexualidade ou da psicanálise desde 1925, Egas Moniz ainda tornará a falar e escrever acerca do hipnotismo e do Abade Faria, cerca de 20 anos depois.

A justificação, dignificação e defesa do método hipnótico contra os seus detratores ressalta do conjunto. A filiação simbólica também. O pretexto biográfico pavimenta a via para um ajuste de contas com próximos e distantes, incapazes de discernir na feira para onde o hipnotismo fora levado, a utilidade diagnóstica e terapêutica de que o autor, na primeira pessoa, dava testemunho experimental.

5.9 Júlio Dinis: um precursor da psicanálise?

Joaquim Guilherme Gomes Coelho foi, além de um consagrado homem de letras, usando o pseudónimo de Júlio Deniz, um médico, cuja preparação Moniz documenta e enaltece lamentando a sua morte prematura e fazendo passar frequentemente a ideia de uma grande identificação e proximidade espiritual.

A obra foi inicialmente publicada em dois volumes,[368] contendo no capítulo final do primeiro, um dos textos de referência para a história da receção da psicanálise em Portugal. Em *Júlio Dinis e a Sua Obra*, Egas Moniz toma como instrumento de crítica literária uma aplicação psicobiográfica (neste caso, no terreno da interpretação dos sonhos) a um episódio extraído de *Uma Família Inglesa*.

---

[366] Moniz chama-lhe, noutro texto, o "estado hipnóidico".Ver, p. ex. MONIZ, Egas, "O Conflito Sexual". *Portugal Médico*, nº 9, 1921, p. 397.

[367] Moniz discute o conteúdo de um artigo de Babinski publicado na Semaine Médicale de 1910. Ver MONIZ, Egas, *O Abade Faria na história do Hipnotismo*, Conferência de Lisboa, ampliada e dividida em capítulos. Publicação da Faculdade de Medicina. I Volume, Lisboa, 1925. Edição Facsimilada da Editorial Vega, Lisboa, 1977, p.71.

[368] MONIZ, Egas, *Júlio Denis e a sua obra*, Lisboa, Casa Ventura Abrantes, 1924, 2 Volumes.

No entendimento de Egas Moniz, se o Abade Faria é considerado, ao fim e ao cabo, o precursor do hipnotismo moderno – do diagnóstico da histeria e da identificação e tratamento das neuroses – Dinis, poderia ser considerado um psicanalista *avant la lettre*.

O prefácio de Ricardo Jorge (1858-1939) a *Júlio Dinis e a Sua Obra* exemplifica o distanciamento e a desconfiança que os ventos da psicanálise provocavam na época, se bem que, simultaneamente, dê prova de uma certa curiosidade e abertura para apreender inovações. Confessando não ter ainda tido tempo de ler o texto todo, o célebre higienista escreve

> Discípulo do famoso Freud, um dos grandes dominadores do pensar contemporâneo, aplica ao seu protagonista o sistema da psico-análise que tanto hoje anda em berra. Talvez por pequice da minha ignorância, estou um pouco de pé atrás sobre o freudismo. Não me quadram as suas generalizações temerárias a transcender os rigores da órbita científica, e muito menos a radicação sexualista das qualidades sentimentais e éticas. Erros que sejam, tem de reconhecer-se que na ciência e na prática há erros úteis de grande alcance, a abrir horizontes novos ao progresso da prescrutação ideativa; e não sofre dúvida que a psico-análise se tornou um instrumento crítico de alta valia. As biografias têm-se ressentido do seu influxo. Hei-de ler com mais detença o seu ensaio, e até doutrinar-me consigo sobre os mistérios do freudismo. Até morrer, aprender.[369]

Através de testemunhos e da leitura da correspondência companha o agravamento da tuberculose, as estadias na Madeira e, por fim, a sua morte, ocorrida em 12 de Setembro de 1871.

Moniz corrige algumas vezes Eça de Queirós cujo estilo crê reconhecer no memorial dedicado a Júlio Dinis na edição de *As Farpas* publicadas no ano da sua morte. Em desacordo com a avaliação que Queirós faz acerca da popularidade do autor de *A Morgadinha dos Canaviais*, Egas Moniz vai anotando, em pé de página, as suas discordâncias.[370]

As características literárias que os autores de *As Farpas*[371] apontam a Júlio Dinis reduzem-no a uma espécie de paisagista, relativamente acrítico. Face aos valores da escola do realismo, essa caracterização sublinha os limites e insuficiências das observações e crítica social do autor, que passa frequentemente ao lado de questões conflituais. Ora esta constatação não merece reparo especial de Egas Moniz. Nas artes plásticas como na literatura, Egas Moniz faz precisamente da noção de paisagem um padrão estético. Quanto mais o artista é fiel ao mundo que o rodeia, reflectindo como um espelho o que está e o que passa, mais valiosa é a sua arte. Poderia ainda acrescentar-se

---

[369] RICARDO JORGE, "Prefácio" in MONIZ, Egas, *Júlio Dinis e a sua obra*, Lisboa, Casa Ventura Abrantes, 1914, 3ª Edição, I Volume, p.XV e XVI.

[370] Em *As Farpas*, o texto a que Moniz se refere, reza assim: "Tanto é o nosso mal que este espírito excelente não ficou popular: a nossa memória, fugitiva como a água, só retem aqueles que vivem ruidosamente, com um relevo forte: Júlio Denis viveu de leve, escreveu de leve e morreu de leve!". Ao que Moniz contrapõe: "Se não o era [popular] nesse tempo - e cremos que já o era - veio depois a sê-lo." MONIZ, Egas, *Júlio Dinis e a sua obra*, Lisboa, Casa Ventura Abrantes, 1914, p.117; ou "Nesta parte é que estamos em completo desacordo", MONIZ, Egas, Ob.Cit, p. 119.

[371] Saliente-se que, independentemente de Moniz ter, ou não, acertado na identificação do estilo de Eça, Ramalho Ortigão permanece co-autor dos textos que compõem *As Farpas*.

que esta noção de paisagem estava também na base do escrutínio psiquiátrico que Moniz revela em *Os Pintores da Loucura*.[372]

O título do capítulo XIV de *Júlio Dinis e a Sua Obra* é precisamente *Realista e Paisagista*. Egas Moniz explicita longamente o seu critério de análise estética justificando a admiração que Júlio Dinis lhe despertava:

> A escolha de gente boa para a urdidura dos seus romances pode, num certo meio social, trazer-lhe admiradores; mas não são em menor número os que preferem a arte martirizada dos que escalpelam as podridões sociais.
>
> (...)
>
> Júlio Dinis deixou para outros as descrições dos aleijões físicos e sociais e andou, pela sua família e pela vida aldeã, a recrutar figuras ingénuas e doces, como as de alguns quadros de Goya, para as obrigar a representar apenas o indispensável na acção dos seus romances, de sorte a não se deturparem em exibições cruéis. Procurou, em geral, terminar as suas narrativas de uma maneira agradável. A desgraça incomodava-o, revoltava-o. Raras vezes a fez cair, mesmo em fantasia, sobre os seus personagens.[373]

Os primeiros capítulos de *Júlio Dinis e e Sua Obra* são dedicados ao Júlio Dinis estudante, à sua dissertação inaugural e outros pormenores que se prendem com o percurso académico. Justificando a obsolescência parcial das teorias então vigentes, Egas Moniz sublinha o que, de 1864 (ano da formatura de Dinis) até à data em que escreve, se desatualizou.[374]

Dado que Gomes Coelho, praticamente, não exerceu atividade clínica, a crítica que Egas Moniz lhe lança quanto à falta de apoio experimental e ao conhecimento de casos revela-se deslocada relativamente ao biografado. Apesar das numerosas prevenções quanto ao caráter histórico do conhecimento científico e médico, da sua transitoriedade e rápida obsolescência, a condenação implícita das insuficiências do ensino e das práticas médicas anteriores, com várias manifestações pré-científicas,

---

[372] António Pedro Pita chamou a atenção para este aspeto da padronização estética de Moniz, referindo igualmente o seu embevecimento diante da obra de Júlio Dinis: "Do seu ângulo problemático, a arte prolonga a experiência empírica das coisas; a obra de arte é sempre, não uma transfiguração, que torna visível o que sem ela permaneceria desconhecido, mas uma aceleração do processo de reconhecimento em que o olhar pousado sobre a obra realiza uma operação de coincidência com elementos da ordem extra-artística, identificando verdade e verosimilhança. O elemento organizador do pensamento estético de Egas Moniz é a noção de paisagem" PITA, A.P, "Arte, animal domesticado. A questão da arte na obra de Egas Moniz" in PEREIRA, A. L. e PITA, J.R, (Org.), *Egas Moniz em livre exame*, Coimbra, Minerva, 2000, p. 229.

[373] MONIZ, Egas, *Júlio Dinis e a sua obra*, Lisboa, Casa Ventura Abrantes, 1914, pp. 247-248.

[374] "Nada mais fugaz, nada menos duradoiro do que os livros e tratados de Medicina! Em todas as ciências e nomeadamente nas ciências biológicas, a verdade é sempre relativa. Às conceções de hoje, sucedem-se as doutrinas opostas de amanhã. Na Medicina, sobretudo, onde os progressos são mais constantes devido ao esforço de muitos milhares de seus cultores, a mutação é mais rápida e mais radical." MONIZ, Egas, Ob. Cit, p. 32. Acrescentando mais adiante: "Por isso não admira que, transcorridos sessenta e três anos sobre a tese de Gomes Coelho, cientificamente pouco possamos dela aproveitar. Ainda se o autor tivesse concretizado o seu trabalho em observações directas de doentes, ou experiências fisiológicas e laboratoriais, e a ambas se prestasse a natureza da tese, alguma coisa perduraria, Assim, tirando algumas notas, tudo é velho e desusado. Ao tempo, a orientação experimental e a rigorosa observação científica não marcavam ainda o caminho por onde deveria seguir o ensino médico." MONIZ, Egas, Ob. Cit, p. 33.

coloca o narrador numa posição redobrada de detentor de um conhecimento com maior capacidade e poder explicativos.

Em seguida, procede a uma série de classificações, conferindo uma proeminência especial à tuberculose. Compara a sua produção poética à de Soares dos Passos

> Júlio Dinis - poeta seguiu na esteira do romantismo melancólico e pessimista de Soares dos Passos.[375]

Cita Morselli e Lombroso para sublinhar os efeitos da "psicose tóxica da tuberculose"[376] e lançando de passagem uma crítica às crenças na homeopatia,[377] acentua a influência da tuberculose:

> Em resumo: a doença influiu, por certo, na sua obra, dando-lhe uma suavíssima atmosfera de melancolia e de bondade.[378]

Egas Moniz procede, assim, a uma reavaliação de Júlio Dinis arrumando a vertente médica e científica na conta dos arcaísmos recentes. Em contrapartida, reforça a importância artística e literária do autor de *Uma Família Inglesa*, contrariando aqueles que têm da obra e do autor uma opinião menos favorável.

Dinis, na mediação que Egas Moniz dele faz, vira-se para a eternidade como um talentoso "paisagista", preocupado com a meteorologia no plano académico, condicionado pela psicose associada à tuberculose que o vitimou, mas cujo talento literário ultrapassa todas as fragilidades elencáveis.

Fig. 15 - Capa da 1ª edição de Júlio Dinis e a sua obra, num só volume.

---

[375] MONIZ, Egas, Ob. Cit, p. 177.

[376] Ob. Cit, pp. 178 e 179.

[377] Ob. Cit, pp. 189-190.

[378] Ob. Cit, p. 182.

O ensaio biográfico e de crítica literária tem 500 páginas na edição de 1946.[379] Tornar-se-ia difícil, a partir de então, ignorar o que Egas Moniz escreveu acerca do autor dos *Fidalgos da Casa Mourisca*. Um e outro ficavam, deste modo, associados intertextualmente, tanto mais que Egas Moniz se dava ao trabalho dedicado e minucioso de proceder a uma reconstrução biográfica em que, a par de matéria factual de fácil reconhecimento, reinterpretava aspetos até então desatendidos, ou enveredando mesmo por sendas inexploradas. Na conta destas últimas, a aura do psicanalista *avant la lettre* ocupa um espaço específico no conjunto de textos associados à receção da psicanálise em Portugal. É o capítulo XVIII do 1º volume (edição de Lisboa[380]) e intitula-se *Júlio Dinis e a Psicanálise*.

Moniz extrai das páginas de *Uma Família Inglesa*, o episódio em que Cecília descreve o sonho que teve recentemente. Despreza o cenário e concentra-se no fazer e desfazer de laços que uma estranha viagem de barco parece implicar. Procura relações entre o conteúdo manifesto e o conteúdo latente do sonho, sem perder de vista que se trata de uma construção literária. Carlos vem a cavalo sobre o mar. Celina, acompanhada de outras personagens com quem se cruza no quotidiano, observa tudo, aflita, e quer gritar. Não consegue. Egas Moniz conclui que, ao não conseguir gritar, Celina está a revelar a recusa de casar com Carlos.

Egas Moniz demonstra uma assumida empatia por Júlio Dinis, acompanhada por uma constante justificação, admiração e concordância, apenas excetuadas, aqui e ali, por razões de caráter histórico-científico. Júlio Dinis não chega a ser sujeito ao escrutínio edipiano, sendo-lhe reservado um limbo de leveza angelical, quase assexuada. Os seus amores são etéreos, os seus desejos moralmente irrepreensíveis, na vizinhança de um suposto ascetismo que o inocenta e o põe a salvo do império do inconsciente. É nessa versão de uma existência leve e breve que Egas Moniz, no lugar do biógrafo, se projeta indisfarçavelmente.

Como prova de contraste entre a projeção e a denegação, a sombra de Camilo Castelo Branco perpassa já nas páginas de *Júlio Dinis e a sua obra*. Em primeiro lugar, porque Camilo é chefe da redação da revista de onde é disparada uma das críticas desfavoráveis à obra de Júlio Dinis, que Egas Moniz comenta; depois, porque é retratado pelo próprio Júlio Dinis num encontro casual, em Lisboa, no qual Camilo se desfaz em confidências íntimas, sem no entanto demover Júlio Dinis que se mantém de pé atrás, desconfiado da espontaneidade de Camilo; e, finalmente, porque a etiologia das doenças de ambos passa frequentemente em subtexto.

5.10 Camilo Castelo Branco: um título abusado

Antes desta aplicação da teoria da psicanálise à crítica literária enquanto ferramenta biográfica, Egas Moniz já fizera referência a Camilo em *A Vida Sexual*, propondo-se averiguar até que ponto o entrecho que então cita e mais tarde retoma na confeção do texto agora em análise, configurava, ou não, um caso típico de necrofilia.[381]

---

[379] MONIZ, Egas, *Júlio Dinis e a sua obra*, Porto, Livraria Civilização, 1946.

[380] MONIZ, Egas, *Júlio Dinis e a sua obra*, I Volume, Lisboa, Casa Ventura Abrantes, 1924.

[381] Egas Moniz propõe-se "Julgar o grande romancista perante a acusação que poderiam fazer-lhe de ter sido um necrófilo" MONIZ, Egas, "A Necrofilia de Camilo Castelo Branco" in SAAVEDRA, Machado

O pretexto funda-se numa elaboração de Lopes de Oliveira cerca de 20 anos antes na revista *Germinal*. Aí se remetia para a descrição da exumação do cadáver de Maria do Adro, amada de Camilo, numa noite de trovoada e relâmpagos, incluída nas *Memórias do Cárcere*. Lopes de Oliveira acrescentara que Camilo depois conservara "sempre junto de si o esqueleto". O texto em apreço fora publicado sob o título de "Memória Indelével", no Aurora do Lima, corria o ano de 1857. Desde então, motivou inúmeras apreciações a favor e contra a tese da necrofilia de Camilo.[382]

Um ano antes, no opúsculo dedicado a Júlio Dinis, Egas Moniz faz-lhe uma referência lateral. Tal como já mencionámos, Egas Moniz compulsa algumas das críticas dirigidas ao seu biografado, considerando-as injustas. Entre elas figuram as que lhe são dirigidas por José Maria de Andrade Ferreira, em textos publicados na *Gazeta Literária*, em cuja redação se encontrava Camilo Castelo Branco.[383]

Fica no ar a ideia implícita de que Camilo poderia estar associado a essas críticas desfavoráveis ainda que indiretamente; depois, num encontro em Lisboa que Júlio Dinis diz ter ocorrido e em que a atitude calorosa de Camilo Castelo Branco contrasta com a frieza e reserva de Júlio Dinis.

As relações entre Júlio Dinis e Camilo Castelo Branco eram então descritas com base na correspondência do primeiro que via em Camilo um certo tacticismo por detrás da afabilidade e da cortesia que lhe dispensava (mais em Lisboa do que no Porto), enquanto da parte de Júlio Dinis se manifestava uma certa frieza e desafeto por ver nas manifestações de Camilo uma cortesia postiça e circunstancial.

É essa a impressão geral que fica, apesar de Camilo ter também manifestado por escrito o mesmo apreço e admiração pela obra literária de Júlio Dinis que expressara pessoalmente e de viva voz.

Apesar das apreciações genéricas que Egas Moniz vai fazendo, aqui e acolá, ao talento, à criatividade e ao estatuto literário de Camilo, acaba por deixar dele uma imagem desfavorável. Associa-o, primeiro, às arremetidas críticas de Andrade Ferreira, na *Gazeta Literária*; formula a suspeição de necrofilia, indagando sobre as ligações existentes entre os recursos literários e a biografia do autor; e, finalmente, absolve-o dessa perversão, assinalando, no entanto, as características social e moralmente insanas e reprováveis do comportamento de Camilo.

Camilo não é precisamente um necrófilo, no entender de Moniz, mas...; não consuma nenhum dos atos que caracterizam as perversões necrófilas, mas...; é aliás a instabilidade emocional, o estado de agitação e os impulsos descontrolados que configuram os arroubos criativos de Camilo, o que estaria na base do seu comportamento desregrado.

Basta ler o que Egas Moniz escreve acerca de Júlio Dinis, a quem elogia a platitude, a serenidade e a recusa sistemática dos temas e personagens sombrios, para se deduzir, afinal, em que conta Moniz tinha Camilo.

(Coord.), *In Memoriam de Camillo*, Lisboa, Casa Ventura Abrantes, 1925, p. 48. A inclusão do caso em *A Vida Sexual*, data da 6ª edição, de 1923, p. 393.

[382] Ver, p. ex. CABRAL, Alexandre, *Dicionário de Camilo Castelo Branco*, Lisboa, Editorial Caminho, 1988, p.441.

[383] Moniz refere-se a uma edição da *Gazeta Literária* de 1868. Na crítica assinada por Andrade Ferreira, o estilo de Júlio Dinis é apodado de "repintado e lambido" MONIZ, Egas, *Júlio Dinis e a sua obra*, Porto, Livraria Civilização, 1946, p. 277.

Este ensaio de Egas Moniz insere-se num conjunto de outras contribuições reunidas num volume *In Memoriam de Camilo,*[384] destinado à celebração do centenário do nascimento de Camilo Castelo Branco, que compreendia ainda a inauguração de um busto e atribuição do seu nome a uma das ruas da cidade do Porto.

Pondo de parte a arte da titulação, já que a designação "A necrofilia de fulano" produz o efeito afirmativo, e sem esquecer que Egas Moniz irá concluir com um enunciado formalmente inocentador de Camilo, repare-se que após a circunstanciada descrição da exumação do cadáver, Egas Moniz vai anotando observações de extração clínica. Camilo, ao tempo dos acontecimentos narrados, tinha 16 anos. Moniz comenta proleticamente:

> Era o primeiro agitar de um complexo sentimental que tão fortes acidentes havia de trazer-lhe pela vida fora.[385]

E, após ter identificado o sujeito da enunciação com o autor da narrativa, prossegue, sinalizando o contato com o cadáver mas recordando que na fase em que se estuda anatomia "não há uma grande repulsa pelos mortos". Acrescenta, ainda, um argumento de autoridade: "Todos os médicos o sabem".

Seguidamente, elimina o "móvel sexual". Se tal fosse o caso "Camilo não o contaria".

Constata a inexistência de qualquer ideia lúbrica no relato, e o facto de ir a convite de um médico, aduzindo que, quanto muito, se tratou de "uma extravagância a roçar pelo anormal"; garante que Camilo "não só nunca foi um anormal genésico, mas [também] não mostra, por via deste relato, o mais leve pendor para o campo das perversões sexuais"; e conclui que "Foi uma curiosidade comandada em parte pela sua índole de aventureiro sentimental".

As duas ideias fortes que ficam do ensaio de Egas Moniz são, primeiro, que a suspeita merece atenção (e o título, insistimos, sugere o oposto do que concluirá); segundo, que "quanto muito" se tratou de uma "extravagância a roçar pelo anormal". O "roçar pelo anormal" é aqui a chave.

Enquanto, relativamente a Júlio Dinis, "avulta a verdade com que soube copiar do natural",[386] Camilo, neste e em numerosos outros casos, "agita o complexo sentimental" que o "faz roçar pelo anormal".

Camilo é assim absolvido da acusação de que o "seu" comportamento poderia configurar uma perversão sexual em troca de um libelo acusatório de menor gravidade.

António Sardinha, que colabora também no *In Memoriam de Camilo,* exercita o ideário integralista, atribuindo a "anormalidade" de Camilo à sua ascendência hebraica, mas reconhecendo que

> Camilo, na sua espontaneidade fecundíssima, foi sempre governado por uma "disputa de mortos" como certamente diria Léon Daudet. Na verdade, se considerarmos a obra literária desse escritor como a libertação das imagens ancestrais que lhe povoam o

---

[384] SAAVEDRA, Machado, (Coord.), *In Memoriam de Camillo,* Lisboa, Casa Ventura Abrantes,1925.

[385] MONIZ, Egas, "A Necrofilia de Camilo Castelo Branco", p. 52.

[386] MONIZ, Egas, *Júlio Dinis e a sua obra,* Porto, Livraria Civilização, 1946, p. 237.

subconsciente, Camilo Castelo Branco aparece-nos como da estirpe dos Shaskepeare e dos Balzac.[387]

Também, para Sardinha, havia em Camilo algo que o aproximava da morte e dos mortos; a sua "hereditariedade hebraica" explicava a sua "inquietação nervosa" e a sua "alma mórbida". Mas tenta compensá-lo com as estirpes grandiosas que lhe atribui.

5.11 O Poder (auto) Biográfico

Estes três ensaios biográficos exemplificam algumas das estratégias que o género biográfico viabiliza.

No caso de *Júlio Dinis e a Sua Obra*, a projeção é evidente. Egas Moniz fala de Júlio Dinis colocando-o no lugar do *alterego*. O enlevo narcísico manifesta-se na benevolência das observações em contraste com a desafeição com que trata o Abade Faria e, sobretudo, Camilo Castelo Branco.

Júlio Dinis é a personificação da pureza; Faria é licencioso; Camilo é devasso.

Assim, apesar da promessa implícita que a psicanálise ofereceria para uma melhor interpretação destas obras, a sexualidade de Camilo é exposta na fronteira da perversão necrófila; a de Faria é aludida e insinuada; a de Júlio Dinis é omitida ou fantasiada.

A densidade biográfica é maior em Júlio Dinis do que em Camilo ou Faria. A recolha documental, o investimento comparativo, a extensão textual, diferem abissalmente nestas três obras.

Comprovando que a biografia pode ser a continuação da autobiografia por outros meios, Egas Moniz identifica-se estreitamente com Dinis, assemelha-se a Faria no posicionamento face ao hipnotismo e aponta com um título insinuante para o que poderia ter sido uma perversão necrófila do autor do *Amor de Perdição*.

O instrumento analítico que permite inquirir sobre a intimidade do biografado revelando aspetos da sua vida privada, preferências e orientação sexual, desejos, sonhos e fantasias, conferindo ao biógrafo o exercício de um poder suplementar mais intrusivo e estigmatizante sobre o biografado é aqui afrouxado. A partir de então desaparecerá completamente dos seus escritos e conferências.

Paralelamente, os planos relacionados com a publicação de um tratado acerca das questões sexuais, outrora prometido e anunciado por Egas Moniz e pelo seu editor, deixam de ser mencionados e caem no esquecimento.

Ao desenvolver o conceito de *Processo Civilizacional*, Norbert Elias estabeleceu em paralelo uma categorização assente no contínuo *Envolvimento-Distanciamento* (*Involvement - detachment*) para descrever a postura "psicológica" dos atores. De acordo com a sua classificação, o maior envolvimento dos atores históricos traduz-se no particularismo, no imediatismo, e no localismo dos objetivos prosseguidos, enquanto o maior distanciamento favorece o generalismo, a mediação, o planeamento e a

---

[387] SARDINHA, António, "O Génio de Camilo" in SAAVEDRA, Machado, (Coord.), *In Memoriam de Camillo*, Lisboa, Casa Ventura Abrantes,1925, p. 634.

globalização das estratégias. Para a matéria em estudo, tem particular relevância um dos exemplos que dá da operacionalização do conceito. Escreve ele que

> To give a brief and all too simple example of their meaning in this context: a philosopher once said, "If Paul speaks of Peter he tells us more about Paul than about Peter." One can say, by way of comment, that in speaking of Peter he is always telling us something about himself as well as about Peter. One would call his approach 'involved' as long as his own characteristics, the characteristics of the perceiver, overshadow those of the perceived. If Paul's propositions begin to tell more about Peter than about himself the balance begins to turn in favour of detachment.[388]

Quer isto dizer que o pretexto biográfico pode comprometer-se na medida em que a narrativa resultante inclua mais (ou melhor) informação acerca do biógrafo ou das questões que leva a peito, do que a propósito do biografado.

Egas Moniz é um dos autores que em termos do exercício do poder biográfico acusa um elevado grau de envolvimento. Mais n'*O Abade Faria na História do Hipnotismo* e em *A Necrofilia de Camilo Castelo Branco* do que em *Júlio Dinis e a sua Obra*, o biógrafo posiciona-se, apontando as diferenças da ciência do seu tempo face aos arcaísmos que constata; não acrescenta nada à informação existente acerca de Camilo Castelo Branco e do Abade Faria, lançando-se em disputas com outras figuras e autores; põe a nu as fragilidades dos biografados e lavra a versão que lhe parece mais indicada.

Em *Júlio Dinis e a sua Obra*, o escritor-médico surge idealizado. Poupa-o ao escalpelo psicanalítico. Em vez de o submeter ao escrutínio cerrado do mesmo tipo do que Freud usou no caso de Leonardo Da Vinci,[389] projeta-o criativamente nas suas personagens romanescas. Ele é o Carlos Whitestone de *Uma Família Inglesa*[390] ou o Daniel de *As Pupilas do Senhor Reitor*,[391] num elogio a roçar o panegírico:

> ... como a melhor expressão da alma portuguesa, carinhosa e sentimental, em que a bondade floresce como a mais alta característica da raça![392]

Apesar das numerosas manifestações de uma vida sentimental atribulada, Egas Moniz não só banaliza a projeção do autor no comportamento dos personagens

---

[388] ELIAS, Norbert, *Involvement and Detachment*, The Collected Works of Norbert Elias, Vol. 8, Dublin, University College Dublin Press, 2007, p. 69. "Para dar um breve e muito simples exemplo de seu significado neste contexto: um filósofo disse uma vez, " Se Paulo fala de Pedro diz-nos mais sobre Paulo do que sobre Pedro". Pode dizer-se, a título de comentário, que, ao falar de Pedro, ele está sempre a dizer-nos algo tanto sobre si próprio quanto sobre Pedro. Poderia chamar-se à sua abordagem de 'envolvimento', tanto quanto as suas próprias características, as características do observador, se sobrepuserem às características do observado. Se as frases de Paulo começarem a dizer mais sobre Pedro do que sobre si próprio, o equilíbrio começa a transformar-se em favor do distanciamento."

[389] FREUD, Sigmund, *Leonardo Da Vinci e uma lembrança da sua infância/O Moisés de Michelangelo*, Rio de Janeiro, Imago, 1997.

[390] MONIZ, Egas, *Júlio Dinis e a sua obra*, Porto, Livraria Civilização, 1946, p. 268.

[391] MONIZ, Egas, Ob. Cit, p. 441

[392] Idem, Ibidem, p. 484

romanescos, como o angeliza em face dos deslizes prostibulares que se deduzem das cartas publicadas, particularmente as da série íntima e confidente que Júlio Dinis troca com Custódio Passos. A convicção de Egas Moniz relativamente a Júlio Dinis é da ordem da predestinação,[393] da pureza[394] e, mesmo onde outros compreensivelmente o julgavam maçador, do encanto.[395]

A seleção de biografemas continua a ser em qualquer caso o eixo principal da produção biográfica. O exercício do poder biográfico requer, em paralelo, uma articulação otimizada na esfera pública, persuadindo historiadores, editores, críticos de que a versão apresentada está conforme às exigências do rigor, do respeito das fontes e do equilíbrio hermenêutico.

Coisa que a acontecer representaria, muito provavelmente, o fim da história.

---

[393] "Júlio Dinis nasceu escritor" MONIZ, Egas, Ob. Cit, p. 295.

[394] "(...) JD não suportava dedicações que não brilhassem puras e límpidas como a luz das estrelas" MONIZ, Egas, Ob. Cit, p. 364.

[395] "De facto, quem lê os romances de Júlio Denis dispensaria uma ou outra apreciação mais longa de natureza psicológica. Contudo estas apreciações são, na maioria dos casos, as suas melhores páginas!" MONIZ, Egas, Ob. Cit, p. 281.

6. Dúvidas, hipóteses e propostas

Sustentámos que, por vezes, a biografia se assemelha à continuação da autobiografia por outros meios. Na medida em que se desvanece aquilo que poderíamos apelidar exigência (e vigilância) historiográfica, as marcas do narrador inscrevem-se no texto, eclipsando o biografado que se havia constituído como pretexto. Transportando para aqui a analogia de Norbert Elias, Egas Moniz fala abundantemente de si próprio em muitas das páginas que dedicou a Santiago Ramón y Cajal,[396] e a tal ponto que se poderia questionar, em muitos casos, de quem está ele efetivamente a falar. Esta projeção positiva propicia uma aproximação que enlaça Egas Moniz e Cajal ou, nos termos sugeridos pelo próprio Egas Moniz numa memorização que coteja os dois sábios peninsulares. Egas Moniz evoca Ramón y Cajal para sublinhar a importância de ambos no panorama ibérico e mundial. A luz que lança sobre o seu émulo, ilumina ambos. Quer haja ou não uma atitude deliberada e consciente da parte do biógrafo, o resultado é benéfico para ambos. Neste caso, o rigor historiográfico suportado pelo cruzamento de dados de diferentes versões com o fito de testar a consistência dos discursos, os jogos de coerência e a consistência das ideias, deixa várias interrogações no ar.

Porque é que Egas Moniz só começa a escrever sobre Cajal em 1948, após um breve excurso, quatro anos antes, na cerimónia da sua jubilação? Dado que o novo paradigma neuronal estava ainda em fase de expansão na época em que Egas Moniz se formou é notável a circunstância de se ter abstido de lhe manifestar o seu apoio expresso até ao momento da jubilação. Ademais, não há traço de qualquer manifestação de Moniz nos momentos rituais em que o fundador do novo paradigma foi celebrado (cinquentenário da teoria do neurónio; atribuição do Prémio Nobel a Cajal, em 1906; morte de Cajal). Tais lacunas provam que só a partir de meados dos anos 40 a figura de Cajal e do novo paradigma neuronal adquiriram proeminência bastante para Moniz passar a escrito, retroativamente, a consideração que tinha pelo novo paradigma e pelo seu criador. Face a essa ausência de referências nos momentos chave da sua produção científica, pode concluir-se que, pelo menos, Egas Moniz não incluía esses parâmetros (a nova matriz neuronal e a figura de Ramón y Cajal) no quadro ativo das suas explanações. Tal como não resulta claro de muitas passagens em que Egas Moniz explicita as bases

---

[396] MONIZ, Egas, "Ramon y Cajal. Uma doutrina e uma época". II Conferência realizada na Academia das Ciências de Lisboa em 18 de Março de 1948. *Memórias da Academia das Ciências de Lisboa* - Classe de Ciências: Vol. V, Lisboa, 1948; ver também, do mesmo autor, "À Memória de Ramon y Cajal". Sessão Comemorativa em Madrid, 1952. Alocução lida pelo Prof. Aleu Saldanha. *Conferências*, 1954, 7:23; ver ainda MONIZ, Egas, "Os Últimos anos de Ramón y Cajal". *Folia Chimica Internacional*, 2, nº 5, Barcelona, 1952.

teóricas da leucotomia pré-frontal se a sua conceção do funcionamento do cérebro não se compaginaria também com alguns dos pressupostos do paradigma anterior, já que são as "fibras" ou "fibrilhas" a escala anatómica que, na ocorrência, mais lhe interessa.[397] Estas verificações, comparações, escrutínios e testes são indispensáveis para impedir que as narrativas biográficas e, através delas, as estratégias autobiográficas, concorram para consolidar versões unilaterais, distorcidas ou incompletas da matéria em estudo.

Se compararmos o modo como Egas Moniz elogia o seu amigo Sobral Cid nas *Tentatives Opératoires*[398] por um lado, com, por outro lado, o tratamento que mais tarde lhe dispensa numa das cartas que escreveu a Walter Freeman,[399] a discrepância é patente. É sabido que Sobral Cid manifestou publicamente o seu desacordo relativamente às potencialidades terapêuticas da leucotomia pré-frontal,[400] abertamente e em termos inequívocos.

Nas páginas do *Tentatives Opératoires*, Egas Moniz agradece penhoradamente a Sobral Cid as suas contribuições e a sua cooperação na fase de arranque da *psicocirurgia*. O então diretor do Manicómio Bombarda, foi, com Cancela de Abreu e Almeida Lima, um dos três homens de confiança a quem Egas Moniz revelou os seus planos e pediu parecer.[401] Fazendo justiça ao apoio recebido, Egas Moniz destaca a "aquiescência amigável" da sua cooperação, cumulando-o com um encómio:

> Nous adressons à nôtre cher ami le professeur Sobral Cid, l'expression bien sincère de nôtre grande reconnaissance.[402]

No ano seguinte, Sobral Cid diverge de Egas Moniz na apreciação dos resultados. A sua tomada de posição no meio médico-científico não deixa margem para dúvidas. Sobral Cid não reconhece qualquer efeito benéfico significativo no quadro psicopatológico dos doentes operados.[403]

---

[397] Egas Moniz veio a admitir, já em 1951, ser possível "[...] que a doutrina de Ramón y Cajal sobre os contatos mantidos pelas fibrilhas neuronais, sofra uma ou outra exceção.", acrescentando que "Isso não altera, porém, a conceção geral do grande Mestre espanhol." Amenizando logo a seguir: "Não entro nesta exposição com essas anomalias que hão-de ser raras". MONIZ, Egas, "Fisiologia do cérebro", Coimbra, Separata de *O Instituto*, Vol. 115, 1951, p. 14.

[398] MONIZ, Egas, *Tentatives opératoires dans le traitement de certaines psychoses*, Paris, Masson, 1936.

[399] Trata-se de uma carta que Egas Moniz escreveu a Walter Freeman em 1946 na qual se queixa da falta de colaboração e animosidade de Sobral Cid, alegando, na sua versão, que haveria, da parte de Sobral Cid, uma reacção motivada quer pelas diferentes conceções do funcionamento cerebral que os separavam, quer pelo melindre resultante de Egas Moniz *invadir o território psiquiátrico* do colega. PEREIRA, José Morgado, "O início da leucotomia em Portugal e a querela entre Egas Moniz e Sobral Cid" in PEREIRA, Ana Leonor e PITA, João Rui, (Org.), *Egas Moniz em livre exame*, Coimbra, Minerva, 2000, pp. 157.

[400] SOBRAL CID, José de Matos, *Obras*, Vol. I, Lisboa, Fundação Calouste Gulbenkian, 1983, pp. 265-269.

[401] MONIZ, Egas, *Tentatives opératoires dans le traitement de certaines psychoses*, Paris, Masson, 1936, p. 6.

[402] MONIZ, Egas, Ob. Cit, p. 7. "Apresentamos ao nosso querido amigo Professor Sobral Cid a expressão sincera do nosso profundo reconhecimento".

[403] SOBRAL CID, J.M, "La leucotomie pré-frontale". *OBRAS*, Vol I, Psicopatologia clínica e psicopatologia forense, 1877-1941, Lisboa, Fundação Calouste Gulbenkian, 1983, pp. 267-269.

Não há rasto de qualquer contra-argumentação de Egas Moniz. Sobral Cid morre cerca de quatro anos depois de ter tornado pública a sua divergência. Egas Moniz homenageia-o.[404] O caso da polémica (virtual) Egas Moniz - Sobral Cid parecia encerrado, e assim permaneceu de facto até vir a lume uma peça da correspondência de Egas Moniz com Walter Freeman. Explicando a Freeman a razão por que em Portugal se tinham realizado tão poucas leucotomias, Egas Moniz culpa Sobral Cid. Segundo ele, o *ethos* científico de Sobral Cid teria sido trespassado por putativas reações negativas que iam da resistência e da má vontadea à rivalidade despeitada e ao melindre.[405]

É provável que, após a divergência de Sobral Cid, expressa em 1937, Moniz tenha ficado tocado. O ponto, aqui, é a constatação de que o retrato que Egas Moniz dá de Sobral Cid a Walter Freeman não retém nenhum resíduo da descrição anterior em que cooperação, cumplicidade e afinidade, até, sobressaíam generosamente.

É indispensável ler os dois textos (*Tentatives Opératoires* e a citada carta a Freeman) para ajuizar acerca do que se alterou nos termos com que Moniz trata Sobral Cid em público e em privado.

6.1 Fragmentação narrativa e comunidades de sentido

Como decorre do exposto anteriormente acerca da apropriação da figura de Egas Moniz, as comunidades de sentido (os grupos que atraíram representações de Moniz para "dentro" dos respetivos círculos identitários) reivindicaram um ou mais aspetos da sua história individual (realizações, características, distinções) operando seletivamente e pondo em destaque a parte que mais lhes interessava, desvalorizando ou omitindo as restantes. O procedimento é curiosamente semelhante ao que o próprio Egas Moniz utiliza, quer como contador da sua própria história, quer como biógrafo de outras figuras, selecionando biografemas próprios e alheios.

De entre outros, os três grupos de exemplos seguintes revelam bastante os casos de apropriação parcial que descrevemos.

Um conjunto de deputados da Assembleia Nacional do Estado Novo apresenta uma proposta legislativa de homenagem a Sidónio Pais. A propósito, Egas Moniz é recordado como o Ministro Plenipotenciário em Madrid que inicia o processo de restabelecimento de relações diplomáticas do Estado Português com a Santa Sé.[406] Em tom semelhante, José Caeiro da Mata, ex-regenerador monárquico e, à data, político ativo do Estado Novo, elogia Egas Moniz na Academia de Ciências de Lisboa.[407] Em ambas as circunstâncias valorizam a sua prestação no consulado sidonista, destacando sobretudo no plano

[404] MONIZ, Egas, "À memória do professor Sobral Cid". *Imprensa Médica*, Ano VII, nº 9, p. 213--215, Lisboa, 1941.

[405] Carta de Egas Moniz a Walter Freeman (9-7-1946), que reproduz a comunicação em que Sobral Cid manifesta as suas reservas contra a prática da leucotomia pré-frontal (26-7-1937), publicada na íntegra por A. Rocha Melo: ROCHA MELO, R, "Egas Moniz e a neurocirurgia", *in* PEREIRA, Ana Leonor e PITA, João Rui, (coords.), *Egas Moniz em Livre Exame*, Coimbra, Minerva, 2000, pp. 113-124.

[406] CORREIA PINTO, Diário das Sessões da Assembleia Nacional, I Legislatura, SL 1, nº 41, p. 852.

[407] CAEIRO DA MATA, José, "Egas Moniz homem de Estado". *Separata das Memórias*, Academia das Ciências de Lisboa, Classe de Letras, Tomo III, 1940.

diplomático o seu desempenho na reaproximação de Portugal com o Estado do Vaticano. Para eles, Egas Moniz é um político com o qual Portugal, tal como o concebem, ficou em dívida. Na breve intermitência conservadora que a República Nova constituiu contra os setores republicanos mais radicais, Egas Moniz jogou um papel de primeiro plano. A esses "eleitos" da União Nacional interessava a dimensão biográfica do Moniz anti--afonsista e a do médico e cientista que concitara o reconhecimento internacional; o membro da Academia das Ciências de Lisboa várias vezes eleito seu presidente, amigo de Júlio Dantas; o criador da Angiografia Cerebral que merecera especial destaque na Exposição do Mundo Português. Os aspetos restantes não lhes interessavam.

A comunidade dos neurologistas – uma especialidade formalmente inaugurada em Portugal pelo próprio Egas Moniz – deve-lhe o lugar memorial e histórico de "pai fundador". Nos momentos celebrativos, publicações evocativas, estatuária, toponímia, denominação de escolas, centros de saúde, hospitais e centros de investigação, a efígie de um Egas Moniz imobilizado na sua grandeza, aparentemente indiferente às polémicas que o perseguiam e prosseguem, às questões que ficaram por responder e contendem com a deontologia, com a clareza teórica e com a cultura científica.

Sustentamos que tais comunidades de sentido, ao velar pela gestão de memória da figura e dos aspetos que consideram mais significativos da obra científicas de cada figura com que se identificam garantem sucessivamente a atualização da memória da figura e obras, desempenhando um papel de primeira grandeza no conjunto de interações a que chamamos *poder biográfico*. Os exemplos dados a seguir ilustram de que modo essas comunidades operam.

Os fundadores da *Sociedade Portuguesa de Psicanálise* (primeira vaga organizada, estruturadora e persistente) destacaram e enalteceram o pioneirismo de Egas Moniz cujo ato fundador consistiu em divulgar, na Faculdade de Medicina da Universidade de Lisboa *As bases da psicanálise*.[408] Tem sido esse o lugar que lhe foi reservado na história da psicanálise em Portugal. As questões que se prendem com o abandono a que o pioneiro votou o método não são objeto de inquirição, apesar do seu interesse evidente; com a confusão que perpassa nas sucessivas edições de *A Vida Sexual*,[409] a partir do momento em que o seu autor nelas introduziu um conjunto de notas acerca da psicanálise, sem se impor o cuidado de reelaborar o conjunto, harmonizando e revendo os conceitos que declarou adotar do freudismo.[410]

É necessário destrinçar do emaranhado de representações institucionalizadas a história individual do rapazinho de Avanca, disciplinado e educado pelo tio abade, pelos Jesuítas de São Fiel e pela Universidade de Coimbra, que se fez médico, neurologista, político, escritor, conferencista, empresário e cientista. Ligado à sociedade e ao mundo por todas essas e outras atividades, dando delas a versão que melhor lhe aprouve para uma pose alinhada com a posteridade.

A tarefa da história, aqui, é não deixar perder nenhuma das dimensões suscetíveis de fundar um entendimento, tão completo quanto possível, das circunstâncias que ajudam a explicar as ocultações e as afirmações que o tornaram notável, venerado e controverso.

---

[408] MONIZ, Egas, "As bases da psicanálise. Lição inaugural do Curso de Neurologia". *A Medicina Contemporânea*, 33, 337, 1915.

[409] MONIZ, Egas, *A vida sexual*, 14ª edição, Lisboa, Casa Ventura Abrantes, 1932.

[410] Ver a este respeito LUZES, Pedro, *Cem anos de psicanálise*, ISPA, Lisboa, 2002.

6.2 Celebração e silêncio

O centenário do nascimento de Egas Moniz ocorreu num período de mudança política, no ano da revolução de Abril de 1974. A sua importância foi relativizada quer pelo facto de a programação ter sido elaborada ainda sob vigência do regime deposto, quer, sobretudo, pela euforia colectiva e densidade dos acontecimentos, suspendendo todo o tempo que não fosse o de afirmar a rutura revolucionária com a ditadura fascista, com o regime do Estado Novo, do Partido Único, da Guerra Colonial, da supressão das liberdades, do policiamento da expressão, da liberdade de consciência e dos costumes. O próprio Egas Moniz, após a sua jubilação, em 1944, deu vários sinais de desaprovação do regime de Salazar. Em carta ao seu amigo Walter Freeman, de 9 de Julho de 1946, além de denunciar a proibição do seu livro *A Vida Sexual*, junta:

> Sobretudo o que me fere e desgosta, nesta supliciada vida portuguesa é a falta de liberdade de expressão do pensamento e de outras liberdades fundamentais. Passámos a ser servos de uma retrógada actividade mental.[411]

Em 1951, quando da prisão de Corino de Andrade, faz chegar às mãos do injustiçado uma mensagem compungida:

> Sei das infâmes restrições de que, além da prisão, tem sofrido. Mas nada posso infelizmente fazer. E na hora em que ia apresentar em Paris um dos mais belos trabalhos clínicos que se têm realizado em Portugal e que imortalizará o seu nome! Mas que fazer? Agora chegou a vez dos médicos!
> Um horror![412]

Egas Moniz exprime a sua discordância com a natureza antidemocrática e o espírito de camarilha do regime de Salazar também em público.[413]

Recordado sobretudo como cientista nobelizado, o programa das comemorações foi retomado pelo 2º Governo Provisório, após a Revolução de Abril de 1974. Vitorino Magalhães Godinho, Ministro da Educação e Cultura do II Governo Provisório (18/7 a 30/9/1974), chegou a presidir a algumas sessões de evocação, onde se sucederam as comunicações que realçavam os aspetos biográficos atinentes. Em Lisboa, as comemorações incluíram, ainda, a inauguração de uma estátua à entrada da Faculdade de Medicina, no Hospital de Santa Maria.

De um modo geral, a controvérsia a propósito da *psicocirurgia* foi sujeita a um efeito de evitamento desde o início. Essa indisponibilidade para a discussão levou ao longo

---

[411] Carta a Walter Freeman, incluída em ROCHA MELO, A, "Egas Moniz e a neurocirurgia" in PEREIRA, A. L. e PITA, J. R, *Egas Moniz em livre exame*, Coimbra, Minerva, 2000.

[412] Mensagem de Egas Moniz para Corino de Andrade, citada por BARROS, José, "Corino de Adrade no século da neurologia". *SINAPSE*, Maio de 2006 | N.º 1 | Volume 6 | SUPLEMENTO 1, p. 20.

[413] O vespertino *República*, identificado com a oposição de esquerda ao Estado Novo, faz-se eco das suas declarações. Em manchete, na sua edição de 28 de Outubro de 1953, destaca declarações de Egas Moniz: "A comédia vai repetir-se./Eleições sem fiscalização da Oposição não merecem esse nome: são nomeações que poderiam ser feitas no Ministério do Interior (...)".

dos anos subsequentes a enfrentamentos em surdina, alternados por súbitas tomadas de posição nem sempre compreensíveis. Campanhas pela desnobelização, do tipo da que referimos anteriormente ou tempestades retóricas, como a que ocorreu no final do ano das comemorações do centenário do nascimento de Egas Moniz.

Estava de visita a Portugal David Cooper, figura de proa da antipsiquiatria, e o Grupo Organizativo de Debates sobre Instituições Psiquiátricas - GODIP, promoveu uma série de debates no Hospital de Santa Maria.[414] Cândido da Costa, da Ordem Hospitaleira de S. João de Deus, relata assim o que se passou:

> Onde encontrei exageros e ausência de senso crítico, ou então total conhecimento das duras realidades existentes, foi em afirmações categóricas, ditadas por alguns intervencionistas corifeus que disseram barbaridades mais ou menos deste género: 'Os doentes mentais, alguns com mais de 40 anos de sequestro em manicómios, não têm outro crime além da falta de carinho e afecto da família'. 'Os médicos psiquiatras, os enfermeiros e restante pessoal de serviço nos estabelecimentos de psiquiatria são mais criminosos que a PIDE; pedimos para eles um julgamento popular imediato'. 'Os ditos doentes mentais são simplesmente os marginados da sociedade'. 'Vamos imediatamente destruir o busto de Egas Moniz que se encontra na cerca do Hospital de Santa Maria, bem como o recheio do museu do mesmo nome, porque inventou e fez praticar um tratamento cirúrgico ao cérebro desses infelizes, chamado leucotomia'. 'Vamos amanhã abrir de par em par as portas dos manicómios e fazer uma parada, pelas artérias principais da cidade, para mostrar ao público os crimes de sequestro da nossa sociedade[415]

O resultado combinado da celebração positiva e negativa propicia uma informação mais abrangente acerca de como a *psicocirurgia* foi glorificada e detestada, quer mediante linhas de argumentação respeitáveis (Sobral Cid, Essen-Möller, Henri Baruk, entre outros), quer exageradas desprezando uma abordagem compreensiva, como nos casos da campanha coordenada por Christine Johnson (referida anteriormente) ou no alvitre para destruir a estátua de Egas Moniz recém-inaugurada durante as comemorações do centenário do seu nascimento (1974). Em ambos os casos, apesar da matéria factual estar separada por várias décadas, os protagonistas parecem sucumbir à tentação demiúrgica de, com os seus gestos alegadamente corretivos e moralizadores, fazerem justiça de acordo com os seus critérios repondo a ordem que lhes parecia mais correta. Para isso procederam apagando, retocando, renomeando, redistribuindo classificações, como quem descoroa reis ou retira louros da fronte de heróis milenares.

No outro pólo, a veneração inabalável, o fechamento perante a revelação de novas evidências, e a desvalorização das argumentações alternativas bloqueia a possibilidade de um entendimento multifacetado, inclusivo e pleno acerca do que está em jogo quando evocamos o passado.

---

[414] O evento foi-me referido por dois participantes: o Psicanalista António Coimbra de Matos e o Psicólogo Aires Gameiro, que me confirmaram esta versão. Posteriormente, na sessão de lançamento do livro de Zbigniew Kotowicz na Fábrica de Braço de Prata (8/06/2012) Nuno Nabais forneceu ainda outros pormenores acerca dos acontecimentos relatados.

[415] CÂNDIDO DA COSTA, "Sobre debates e congressos de psiquiatria". *Hospitalidade - Revista de Saúde Mental e Relações Humanas*, Ano 39 - nº 150, Janeiro-Março de 1975, pp. 29-30.

Ganham aqui um relevo especial as apreciações de Barahona Fernanades e de Almeida Lima, anos depois da "onda de esperança" que a leucotomia solevou.

Lima afasta-se concetualmente de Moniz quanto à polémica denominação da classe de neurocirurgias que abrangia, no entendimento de Egas Moniz, a leucotomia pré-frontal:

> O termo 'psico-cirurgia' divulgado pelos autores americanos [Freeman e Watts] é incorrecto e perturbador. Cirurgia e psique são dois termos que não se podem reunir, representam coisas que estão em planos diferentes e sem contato. Não se faz cirurgia das doenças mentais, mas sim cirurgia para 'tratamento das doenças mentais', cirurgia tão orgânica como outra qualquer que perante certos sintomas é dirigida para o tecido cerebral como noutros para a tiróide ou para o sistema nervoso simpático.[416]

Para compreender o alcance desta reflexão do mais próximo colaborador de Egas Moniz, basta recordar a par das inúmeras vezes que o termo foi utilizado por Moniz, a 1ª Conferência Internacional de Psicocirurgia realizado em Lisboa, em 1948, que atesta a aceitação geral de que a denominação gozava.[417]

Enquanto no ritual celebracionista se visa a preservação do passado (as mesmas teses, as mesmas perspetivas), o ritual inconformista tenta remediar o que de "mal" foi feito, numa espécie de ajuste de contas diferido. Ora as leituras do passado que não se conformam com os rituais celebracionistas, são estimulantes e susceptíveis de servir de base à produção de novos conhecimentos sobre a sociedade, desde que não violem o princípio de realidade que permite mudanças de perspetiva, emergência de novas evidências (documentos, testemunhos, revisões) e reavaliação das interpretações anteriores, mas não questiona a consistência dos atos, inscrições, acontecimentos e factos consensualizados, intersubjectivamente consolidados, que servem de base ao contrato cognitivo de base. É compreensível, no caso do regicídio de 1908, omitir aspetos considerados de somenos na composição da biografia de D. Carlos,[418] mas não se pode "desmatar" o rei; é aceitável questionar as potencialidades terapêuticas da leucotomia pré-frontal, mas não se pode retirar Egas Moniz da história (ainda que se destruissem todas as estátuas e se renomeassem todas as ruas, praças, escolas, hospitais e outros edifícios batizados com o seu nome); pode questionar-se os critérios que assistiram à atribuição do Prémio Nobel a Egas Moniz (muitos o fazem, de diferentes pontos de vista), mas não se pode apagar o facto de o Prémio Nobel lhe ter sido atribuído. Pura e simplesmente porque está fora da alçada dos poderes humanos. Mesmo que o Comité Nobel, por absurdo, assentisse; mesmo fazendo--o, não conseguiria fazê-lo. O rigor historiográfico registaria sempre o acontecido de 1949. É importante manter uma distância irredutível entre a história que se faz e a história de faz-de-conta.

---

[416] LIMA, Almeida, "Platão – Bacon – Egas Moniz. A propósito do tratamento das doenças mentais". Separata de *O Médico*, nº 1142, Vol. XLVIII, 1973, p. 5.

[417] Sobre o 1º Congresso Internacional de Psicocirurgia veja-se AAVV, *Anais Portugueses de Psiquiatria*, nº 1, Vol. I, Outubro de 1949, Lisboa, Edição do Hospital Júlio de Matos, 1949.

[418] Ver, p.ex. a biografia de D. Carlos que Rui Ramos escreveu. *D. Carlos*, Lisboa, Círculo de Leitores, 2006.

6.3 Herói nacional, figura omissa e ferida narcísica

Egas Moniz queria ser reconhecido, deixar obra feita, ficar na história. Desde o rito batismal até à conquista do Prémio Nobel, o seu percurso foi constantemente condicionado por essa vontade de sobressair que está muito bem distribuída entre os humanos, mas particularmente concentrada nalguns deles. Tal como sustentámos, o seu tio abade projetou nele um destino singular ao acrescentar-lhe o nome do mais famoso aio de D. Afonso Henriques ao patronímico esperado. Essa distinção concorreu para criar em Egas Moniz desde a infância, um reforço identitário que o notabilizou. Gerava também, no próprio e nos que o rodeavam, uma disposição[419] para se convencer de que era uma pessoa especial e agir em conformidade. O seu desejo de sobressair, o seu prazer de falar em público, de influenciar e conduzir não podem ser dissociados de uma socialização que lhe atribuía e imbuía um lugar simbólico na gesta lusitana.

À sua volta, foram-se produzindo notas biográficas, entre o denotativo e o panegírico, contribuindo para a consolidação da notoriedade que o próprio buscava, dando achegas, por ocasião de uma entrevista ou de uma declaração pública de modo a fixar a tematização da sua pessoa no estatuto do cientista. Seria como médico neurologista, mas sobretudo como homem de ciência, que queria e iria ficar na história e com a atribuição do Nobel, o desejo e o objeto reuniram-se.

Após tantos prémios, louvores e distinções, o cientista Egas Moniz foi gradualmente ascendendo à instância venerada dos sábios, da nova espécie de heroísmo que a Medicina apadrinhou. O Nobel catapultou-o para a elite das elites, em que raros, notáveis e ascéticos se perfilam os heróis da Medicina, nos frisos da Física, da Química, de Fisiologia ou Medicina, da Paz e da Economia.

A glorificação de Egas Moniz, apesar das reservas e desconfianças de alguns setores políticos, tornou-se uma constante. Egas Moniz fora dos primeiros a compreender a dinâmica dessa glorificação. Em carta a Walter Freeman (4/02/1946), faz-lhe um pedido singular: que o nomeie para o Nobel nesse ano. A razão que aponta é a de que o Nobel seria o corolário apropriado para uma carreira como a sua e, ao mesmo tempo, uma benesse para a tristeza e desamparo do povo português que desse modo teria algo de que se orgulhar.[420]

Mas não foi ainda dessa vez que o Comité Nobel anuiu. Porém, Walter Freeman, aspirante também a esse galardão, segundo alguns dos seus biógrafos, não deixou de satisfazer o pedido do amigo e mestre, mostrando-se sensível às razões aduzidas.

Motivo de orgulho nacional, celebrado como grande cientista, Egas Moniz passou a ser considerado como um herói moderno cujos feitos, em versão resumida, deveriam permanecer para exemplo a seguir pelas novas gerações.

O tom dominante dos discursos do centenário do seu nascimento tem essa tónica. Tudo o que destoa do panegírico tende a ser afastado da temática. Mesmo alguns

---

[419] Neste caso, uma disposição simultaneamente para "agir" e para "crer", de acordo com a discussão que Lahir faz deste conceito, apontando insuficiências à teorização de Bourdieu. LAHIRE, Bernard, "Patrimónios individuais de disposições. Para uma sociologia à escala individual". *Sociologia, Problemas e Práticas*, n.º 49, 2005, p. 17-18.

[420] EL-HAI, Jack, *The lobotomist. A maverick medical genius tragic quest to rid the world of mental illness*, New Jersey, Wiley & Sons, 2005, p. 226.

dos seus biógrafos mais qualificados como é o caso de Barahona Fernandes, associado à avaliação de alguns dos primeiros 20 casos de leucotomias, apontam cautelosamente as limitações do arsenal teórico de Egas Moniz. Sintetizando a conceptualização do funcionamento do cérebro que Moniz lhe transmitira ao anunciar que tinha dado início às neurocirurgias experimentais – nos mesmos termos em que, ainda nesse ano, verterá no *Tentatives opératoires* – Barahona comenta:

> Assim me desvendava Egas Moniz a sua teoria da vida psíquica, rescendendo a um intelectualismo tido na época por ultrapassado - numa espécie de renovação, em novas bases, do clássico 'associacionismo' psicológico.[421]

Por altura do centenário do nascimento de Moniz, Barahona revela "... um certo distanciamento crítico no campo concetual filosófico" compensado pela "fidelidade à sua metodologia objectivante e concreta", mas com reservas. Essa adesão condicional de Barahona Fernandes restringia-se à "aplicação às áreas que lhe eram adequadas (o orgânico, o biológico e as condutas pessoais e sociais) sem excluir – como Egas Moniz pretendia – os métodos introspectivos e toda a metodologia compreensiva da fenomenologia psicológica". Neste passo Barahona aproveita para se reclamar de um "pluralismo fenomenológico" contra o "naturalismo monista e quase mecanicista de Egas Moniz".[422]

Apesar desta demarcação, o tom geral do texto, como foi o caso da maior parte dos escritos de Barahona sobre Egas Moniz, é elogioso e venerador. Omite a importância do estudo da autoria de Nunes da Costa que já referimos[423] e faz uma caracterização distorcida da prática psicanalítica de Moniz:

> A psicanálise que fora o 1º médico a divulgar em Portugal, só o ocupara no ângulo literário (no seu estudo sobre Júlio Dinis).

E logo a seguir, como que a fazer a demonstração, junta:

> Numa clínica tão organicista como Santa Marta não havia aliás ambiente para intervenções psicoterápicas mais subtis e demoradas.[424]

Se levarmos em conta que outros biógrafos que conheceram Egas Moniz de perto omitem, pura e simplesmente, o capítulo da psicanálise,[425] Barahona Fernandes (um não freudiano) obriga-se aparentemente a esquecer as descrições que o próprio Moniz

---

[421] FERNANDES, Barahona, "Recordando Egas Moniz". Separata de *O Médico*, nº 1212, Vol. LXXIII, 1974, p. 7.

[422] FERNANDES, Ob. Cit, p. 5.

[423] Referir-se-lhe-á, contudo, mais tarde e de passagem, em 1983. Ver FERNANDES, H. Barahona, *Egas Moniz, pioneiro de descobrimentos médicos*, Lisboa, Instituto de Cultura e Língua Portuguesa, M.E, 1983, p. 85.

[424] FERNANDES, Ob. Cit., p.12.

[425] É o caso, entre outros, de Eduardo Coelho. *O Sentido da Cultura e da Investigação Científica em Egas Moniz*, Edições Cultura e Ciência, Lisboa, 1957.

fez de alguns casos em que aplicou o método psicanalítico.[426] Um tal zelo biográfico em afastar Egas Moniz da psicanálise tem porventura a ver com um entendimento particular acerca da sua desistência do método. Porém, a falta de rigor com que se aligeira ou omite a adoção da teoria e do método psicanalítico por Egas Moniz exemplifica o alcance pósmortem do efeito figuracional do poder biográfico.

António Fernando Cascais refere-se à dimensão heróica de Egas Moniz e ao evitamento das críticas como a "ferida narcísica".[427] Segundo ele, Egas Moniz, enquanto membro da comunidade, promoveu a pátria com a notoriedade dos seus feitos, içando-a ao nível das nações com cientistas nobelizados. Desde logo, torna-se difícil celebrar um herói ao mesmo tempo que se põem a nu factos e reflexões apontando a sua condição humana, fazendo sobressair elementos disfóricos, um ou outro erro, uma ou outra passagem questionável, frágil ou contraditória. A narrativa heróica não se compadece com polémicas, erros e contradições. O herói requer uma narrativa irrepreensivelmente apologética. É por ela que nasce e vive. Contrariar, minimamente que seja, essa disposição para o elogio sistemático é atentar contra o estatuto do herói (necessariamente mitificado) e, por carambola, contra o nosso sentimento de partilha desse nível idealizado da nossa própria identificação com o herói.

6.4 Cultura científica

Os passos dados por Egas Moniz para identificar os problemas científicos existentes no seu tempo, analisá-los, formular soluções, testá-las, validá-las e divulgá-las, inspirados, embora, pelos principais pressupostos que enformam o método científico, devem ser contextualizados relativamente à época em que iniciou a atividade científica propriamente dita. Fê-lo no período entre as duas grandes guerras, anterior à emergência da *big science*. Os seus escritos, de um modo geral partilham o tipo de narrativa com que os cientistas se despojam das indecisões, incertezas e obstáculos, para compor uma odisseia cujo fim feliz justifica a grandeza de cada uma das fases teórico-metodológicas anteriores.

O contexto de formação universitária e o primeiro quartel do século XX são profundamente influenciados pelas doutrinas positivistas, pelo transformismo (francês) e depois pelo darwinismo, pelo darwinismo social e pelo eugenismo num fundo cultural de cientismo erigido em critério único de verdade, ascendente epistemológico e poder. Sem descurar as particularidades que estas correntes doutrinárias assumiram em Portugal,[428] Egas Moniz adotou, como boa parte dos médicos e cientistas do seu tempo, uma postura filosoficamente monista – abertamente materialista e organicista

---

[426] Ver, p. ex, MONIZ, Egas, "O Conflito Sexual". *Portugal Médico*, nº 9, (3ª série da antiga revista GAZETA DOS HOSPITAIS e VIDA MÉDICA, Ano 14º), 1921, p. 396.

[427] CASCAIS, António Fernando, "A cabeça entre as mãos: Egas Moniz, a psicocirurgia e o prémio Nobel", in João Arriscado Nunes, Maria Eduarda Gonçalves, orgs. et al.: *A sociedade portuguesa perante os desafios da globalização, Vol. V - Enteados de Galileu? Semiperiferia e intermediação no sistema mundial da ciência*, Porto, Afrontamento, 2001, p. 352.

[428] Ver CATROGA, Fernando, "A importância do positivismo na consolidação da ideologia republicana em Portugal". Separata de Biblos – LIII – Homenagem a Victor Matos de Sá, Faculdade de Letras da UC, Coimbra, 1977.

–, trilhando o caminho propício à acentuação da vertente experimental das ciências que então se praticava[429] e ao enfoque na vertente neurológica cujo paradigma neuronal fora objeto de acesa controvérsia na Alemanha, França, Itália – de onde era oriundo um dos maiores opositores da nova doutrina do neurónio, Camilo Golgi – e Espanha, terra de Santiago Ramón y Cajal, criador do novo paradigma. Para a caracterização do ambiente de controvérsia que opunha doutrinariamente a conceção continuista e reticular de Golgi à afirmação contígua e de autonomia celular de Cajal. Recorde--se que o Comité Nobel atribuiu a ambos, *ex aequo*, o Prémio Nobel Fisiologia ou Medicina de 1906, apesar de os dois premiados representarem do modo mais nítido, público e assumido que se possa conceber, a personificação dos debates ainda em curso. Tratou-se de uma raridade em matéria de reconhecimento científico formalizado: um prémio científico *transparadigmático*.

6.5 Separação de funções e de poderes

No plano teórico é intrigante que Egas Moniz não dê a Ramón y Cajal, nos seus primeiros escritos acerca da leucotomia pré-frontal, o lugar que mais tarde lhe virá a reconhecer; que no mesmo plano nunca evoque Miguel Bombarda, um entusiástico aderente à nova doutrina do neurónio.[430] Porém, é na exclusiva concentração das atividades e funções numa mesma equipa que reside, neste caso, o mais pronunciado problema de cultura científica.

É Egas Moniz que comanda todas as operações, acumulando a condição de produtor científico do método com a função de coordenador de todas as tarefas subsequentes. Dá instruções para a identificação dos casos operáveis, recebendo-os em Santa Marta ou deslocando-se à Casa de Saúde do Telhal, administrada pela Ordem Hospitaleira de S. João de Deus onde Diogo Furtado exercia funções de médico militar, ou à Casa de Saúde da Idanha à guarda das Irmãs Hospitaleiras da Ordem do Sagrado Coração de Jesus.[431] Supervisou, em muitos casos, as neurocirurgias em colaboração estreita com Almeida Lima, e indicou, acompanhando-os de perto, os avaliadores da fase pós-operatória dos leucotomizados. Os depoimentos de Barahona Fernandes, filho do médico António Fernandes, camarada da universidade, colega de consultório e compadre de Egas Moniz, são elucidativos acerca do ascendente, da firmeza e da habilidade persuasora com que Egas Moniz formulava os termos que acabavam por influenciar os critérios de evolução a aplicar ao estado dos doentes.

O voluntarismo, o desejo de alcançar bons resultados, o desprezo pelas contrariedades consideradas de menor monta, o enfoque excessivo numa catamnese curta e sumária, não deixaram de ocultar ou desvalorizar aspetos negativos que se revelaram desde

---

[429] O caráter pioneiro da escola criada por Mark Athias (1875-1946) inicialmente apoiado por Miguel Bombarda (1851-1910) foi decisivo para a introdução do método experimental em Portugal, tendo dado os primeiros passos no início do século XX.

[430] FERNANDES, Barahona, *Egas Moniz Pioneiro dos Descobrimentos Médicos*, Instituto de Cultura e Língua Portuguesa, Lisboa, 1983, p. 64.

[431] Ver a este respeito GAMEIRO, Aires, BORGES, Augusto Moutinho, CARDOSO, Ana Mateus e D'OLIVEIRA, Fernando, "Um republicano no convento", Coimbra, *Cadernos do CEIS20*, nº 13, 2009.

o início. Por outro lado, essa concentração de actividades e funções na mesma equipa desmotivava a discussão crítica acerca dos resultados por via do critério de lealdade inter-pares e da reverência relativamente à figura de Egas Moniz. As críticas vindas do exterior eram encaradas como reacções "normais" à inovação – toda a inovação acarreta reacções conservadoras – que os visados tendiam a considerar fruto do despeito, da inveja, quase sempre sem base objetiva. Além do mais, as críticas dirigidas ao método leucotómico eram entendidas como endereçadas à equipa médica, e a equipa tendia a reagir como um todo.

Noutra perspetiva, a inércia do secretismo institucional aliada às barreiras deontológicas tem impossibilitado a análise do historial clínico das pessoas leucotomizadas e dos seus percursos dentro e fora das instituições psiquiátricas. A interdisciplinaridade propiciadora de descrições complementares, de análises com outras abrangências, convocando experiências e sensibilidades de outras áreas do saber, não se tem aplicado deste lado do Atlântico. Este vazio historiográfico compõe um quadro de sombras que continuam a agitar-se, reconfigurando o cenário montado a partir da documentação conhecida.

Ficámos a saber há pouco que Egas Moniz se deslocou numerosas vezes à Casa de Saúde do Telhal, dirigida pela Ordem Hospitaleira de S. João de Deus, e à Casa de Saúde da Idanha, administrada pela Congregação das Irmãs Hospitaleiras do Sagrado Coração de Jesus, para, com Almeida Lima e outros membros da sua equipa médica, proceder a várias leucotomias.[432]

São raras, nos escritos relacionados com a leucotomia, as referência à Casa de Saúde do Telhal. Egas Moniz, Almeida Lima ou Diogo Furtado, cujas presenças e atividades no Telhal estão registadas nos diários da instituição. As Casas de Saúde do Telhal e da Idanha, tendo desempenhado um papel de relevo na fase experimental da *psicocirurgia* não receberam o relevo merecido afinal na história da *psicocirurgia*. Tudo se passava em segredo,[433] com o sigilo reforçado pela severidade da disciplina militar e da obediência religiosa à qual estava obrigada a maioria das pessoas em causa.

A importância destes dados que só vieram a público já no século XXI põe em evidência uma rede de cooperação e influência, eventualmente mais extensa e discreta do que parecia ser. Obviamente que não foi possível analisar, escrutinar e historiar tudo o que permanecia oculto. O secretismo assumido de Egas Moniz e restantes colaboradores era muito mais denso do que se supunha.

6.6 Gestão da imagem: tempestividade e primazia

Egas Moniz trouxe para a actividade científica os procedimentos da política: o culto do secretismo conspirativo, assente na lealdade ao líder; o ciclo de preparação das decisões, da conceção à consulta dos pares e à execução; a gestão da imagem e a construção da notoriedade. Da sua própria pena temos testemunhos variados de

---

[432] *Hospitalidade*, Vol. 1938-39: 26-27; Vol. Nº 37, Ano IX, Abril de 1945:292-295; 5º Vol do Tomo V, nº 53, 1949:221-222; ver também GAMEIRO, Aires, BORGES, Augusto Moutinho, CARDOSO, Ana Mateus e D'OLIVEIRA, Fernando, "Um republicano no convento", Coimbra, *Cadernos do CEIS20*, nº 13, 2009, pp. 20-21. Agradeço aos Doutores Aires Gameiro e Augusto Moutinho Borges as valiosíssimas informações que partilharam a este respeito.

[433] Entrevista videografada, de 2004, do Irmão José Joaquim Fernandes pelo Padre Aires Gameiro.

um modo de atuação que nada deixava praticamente ao improviso. À medida que se foi consagrando predominantemente à investigação científica, a partir sensivelmente de 1924, Egas Moniz começou a assinar artigos em co-autoria com membros da sua equipa ou seus colaboradores; combateu subtilmente a tendência para ser lembrado como homem da política, e investiu a fundo na criação e consolidação do tratamento da sua imagem pública enquanto cientista. O seu desejo de ser reconhecido por feitos extraordinários e de ser recordado como alguém que deixou obra feita permanecia, enquanto preocupação e sentido do destino. Elevar-se sobre os demais, ostentar uma distinção original e deixar uma inscrição profunda nos territórios da memória coletiva enformaram o projecto de vida até ao fim.

Notícias para os jornais, entrevistas, publicidade farmacêutica, tudo ao serviço dessa causa maior que confundia a prestação individual com o desempenho científico de nomeada.

Não há registo de polémicas científicas em que Egas Moniz tenha participado. Nesse aspeto, o corte com a cultura do seu mestre e correligionário Miguel Bombarda foi quase absoluto. Egas Moniz pouco falou de Bombarda, como Barahona Fernandes muito justamente observa. Seguiu-o na época sobretudo como correligionário, mas nunca manifestou o mesmo entusiasmo pelas causas que ambos supostamente abraçavam. Nem no anticlericalismo intransigente, nem na intensidade da paixão pela causa republicana, nem no elogio do novo paradigma neuronal que disputava a capacidade explicativa ao paradigma precedente (reticular), ainda sustentado por muitos médicos psiquiatras e neurologistas. Mesmo quando era diretamente interpelado, evitava expor-se. Nada na discussão pública acerca dos seus trabalhos o seduzia. Optava por referir-se a essas dificuldades de compreensão em momentos especialmente azados para o efeito, excluindo a possibilidade de contra-argumentação direta e imediata. Preferia, em geral, usar de uma certa discrição pondo tanto quanto possível outros a falar por ele e a defender os seus pontos de vista.

Manteve sempre essa postura. Não favorecia a controvérsia científica nem via nela as vantagens e potencialidades que outros vieram a valorizar.[434]

6.7 A Vida Sexual

A escolha do tema de doutoramento de Egas Moniz revelou numa altura crucial da sua formação intelectual uma atenção aguda aos fenómenos básicos da regulação biológica e social. A exposição das principais ideias acerca da vida e da sociedade entronca-se nessa obra, primeiro publicada em dois volumes e, depois, reunida num único, tornada num verdadeiro *bestseller*, pela curiosidade e celeumas que despertaram e até, finalmente, pelo condicionamento que o Estado Novo lhe impôs, proibindo a venda a público e restringindo a sua leitura nas bibliotecas públicas e instituições universitárias.

Inspirado numa obra similar de Krafft-Ebing – *Psychopathia Sexualis*, 1886 – *A Vida Sexual* descreve anatómica e funcionalmente os órgãos sexuais e o aparelho reprodutor, na primeira parte (Fisiologia); na 2ª parte, (Patologia), as dinâmicas

---

[434] Ver a este respeito, CORREIA, Manuel, "Egas Moniz e a leucotomia pré-frontal. Ao largo da controvérsia", *Análise Social*, vol. XLI, 2006, (181), pp. 1197-1213.

comportamentais, elencando e tipificando as "perversões sexuais" conhecidas, apoiadas em episódios clínicos. Ao longo do século XX os pontos de vista sustentados por Egas Moniz foram obsolescendo. O próprio Krafft-Ebing, a que Egas Moniz recorre, alterará o seu ponto de vista relativamente a alguns comportamentos, orientações e opções, no que já não será acompanhado nem seguido pelo autor de *A Vida Sexual*. Sigmund Freud, que Egas Moniz recenseia em 1915, sustenta um ponto de vista mais centrado no indivíduo do que na "espécie", não logrando sintonizar nesse e noutros aspetos a conceção eugenista, devedora das ideias de Morel, Galton, Haeckel, Kraepelin e Lombroso que Egas Moniz adotara e mantivera.

Os conceitos de degenerescência, de perversão e de raça, intimamente associados ao sistema de crenças que Egas Moniz abraçou, não eram ainda questionados em grande escala na viragem do século XIX para o século XX.[435] Basta recordar que em relação à homossexualidade considerada então uma doença e uma das perversões sexuais "tratáveis" na ótica de Egas Moniz, só em 1973 foi oficialmente desmedicalizada pela American Psychiatric Association que a retirou em 1973 do DSM II (Diagnostic and Statistical Manual of Psychiatric Disorders).[436]

A Vida Sexual reflete, pois, o pensamento conservador dominante, considerado avançado e ousado pela maioria dos republicanos que valorizavam a atitude desempoeirada de Egas Moniz, quer quanto à coragem de abordar publicamente a temática (um tabu desconfortável), quer quanto ao progressismo de que se revestia a doutrina da contraceção apelidada na época, pelas suas interrelações com a planificação demográfica, o neo--malthusianismo.

As asserções de Egas Moniz sobre o sexo, a procriação, a mulher e o instinto têm de ser remetidas para o contexto finissecular em que as preocupações com a degenerescência das raças estavam na ordem do dia e o controlo social se centrava na vigilância dos costumes, na regulação familiar e no policiamento dos desejos. A novidade temática para o panorama português da época suscita curiosidade, puritanismo e reflexões várias. Fernando Pessoa (que consultou Egas Moniz pelo menos uma vez) anota em francês uma questão suscitada pela leitura de uma das passagens mais misóginas da obra de Moniz: "[o autor] não exagera quando põe a questão em termos nítidos e precisos: todo o homem é naturalmente sexual; toda mulher é naturalmente mãe. Todos os que se afastem disso não são normais." Ao que Fernando Pessoa acrescentou: "É bem verdade". O autor da *Mensagem* vê na secundarização da mulher um tópico sintónico com o pensamento de Moniz, como verá outros, mais tarde, no consulado sidonista.[437]

---

[435] Apesar de várias vozes tecnicamente autorizadas se terem já levantado na primeira década do século XX, apontando os limites da doutrina da degenerescência. Ver, p. ex. CORTESÃO, Jaime, *A Arte e a Medicina. Antero de Quental e Sousa Martins*, Coimbra, Tipografia França Amado, 1910; ver também LARANJEIRA, Manuel, *O Pessimismo Nacional, ou de como os portugueses procuram soluções de esperança em tempos de crise social*, Lisboa, Padrões Culturais Editora, [1908], 2008.

[436] "Homosexuality and sexual orientation disturbance: proposed change in DSMII (...)" APA reference document nº 730008, 1973.

[437] "E, em 13 de Novembro de 1914, dedica-lhe [Pessoa dedica a Moniz] um soneto (sem título) em que diz: *Ainda há do teu sangue em minhas veias/ E que pouco eu sou teu, longínquo avô*". CAVALCANTI FILHO, José Paulo – Fernando Pessoa. Uma quase biografia. 2ª Edição. Porto: Porto Editora, 2012, p. 89.

O modo como Egas Moniz inseriu em *A Vida Sexual* o texto derivado da apresentação académica de *As Bases da Psicanálise*, dispensando-se de rever o conjunto à luz dos novos conceitos que declarou adotar, tornou *A Vida Sexual* um livro incongruente. As contradições concetuais arrastar-se-ão de edição em edição até à promessa de uma nova obra que referimos anteriormente. A circunstância de Egas Moniz ter desistido desse projecto que se chamaria *O Complexo Sexual* deixou para trás um texto remendado, que sugere uma coleção eclética de ideias que não se discutem suficientemente nem se integram no plano inicial da obra. São uma manifestação da curiosidade inteletual de Egas Moniz mas não chegam a ganhar a consistência de um pensamento. Por ter acolhido diferentes perspetivas da sexualidade o texto ficou fragilizado por dissonâncias fundamentais. Pode pensar-se hoje que essa deficiente integração dos conceitos freudianos no texto de *A Vida Sexual* se ficasse a dever à resistência inconsciente de Egas Moniz em face de um método de análise que desprezava os dados hereditários, colocando o enfoque no Complexo de Édipo, atribuindo uma relevância estruturante à primeira infância na formação da personalidade e disposição das emoções. A par de tudo isso, a desvalorização do recurso ao hipnotismo que Egas Moniz tanto prezava concorreu para que a receção da psicanálise fosse acompanhada de muitas reservas e hesitações.

Na "última" edição (facsimilada) de *A Vida Sexual*,[438] Júlio Machado Vaz aponta algumas mudanças significativas da perspetiva sexológica do princípio do século XX para o início do século XXI. De entre as diferenças mais significativas respiga a despatologização de comportamentos (caso da homossexualidade) e de condição (caso da menstruação) mas, em paralelo, aponta continuidades cultural e cientificamente interpelantes. Segundo Machado Vaz,[439] o ensino universitário da Sexologia continua a ser deficitário ou inexistente sobretudo nas Faculdades de Medicina.

> ... um século volvido, a afirmação [acerca do "alheamento médico"] se mantém verdadeira, ao menos no que ao ensino pré-graduado diz respeito. Esse vazio formativo pagam-no doentes e população em geral. E acusa a comunidade universitária, que em pleno século XXI apregoa uma visão holística do Ser Humano e persiste em negligenciar-lhe a vertente sexual.[440]

Uma tal constatação coloca a escolha de Egas Moniz em perspetiva. Sendo certo que as crenças eugenistas de Egas Moniz condicionaram decididamente a receção da Psicanálise e o reexame de uma visão arcaica dos papéis sexuais, não é menos notável que se tenha abalançado a uma empresa que sabia profundamente emaranhada de tabus, puritanismos e exorcismos.

---

[438] MONIZ, Egas, *A Vida Sexual, Fisiologia e Patologia*, Lisboa, Casa Ventura Abrantes, Facsimile da 15ª Edição, Estarreja, Câmara Municipal de Estarreja, 2009.

[439] VAZ, Júlio Machado, "Prefácio" em MONIZ, Egas, *A Vida Sexual. Fisiologia e Patologia*, Lisboa, Casa Ventura Abrantes, Facsimile da 15ª Edição, Estarreja, Câmara Municipal de Estarreja, 2009.

[440] VAZ, Júlio Machado, 2009, Ob. Cit, p.11

6.8 Eugenismo, filosofia e política

A doutrina eugenista é um dos elementos orientadores do pensamento de Egas Moniz, com as maiores consequências na sua atitude inteletual face ao mundo e à sociedade.[441] A ele regressa sempre enquanto médico e político, no seu ensaísmo de excursões estéticas e biográficas, técnicas, empresariais e científicas. O ideal do aperfeiçoamento do património genético de inspiração clássica mergulha na antiguidade mas cuja síntese moderna, sob a forma de filosofia social, ressurgiu com Francis Galton[442] (1822--1911) (primo de Charles Darwin). Galton cunhou terminológica e nocionalmente o "eugenismo". Este familiar de Charles Darwin colocava a questão da responsabilidade do Estado ou da sociedade no controlo da natalidade e do aperfeiçoamento da espécie ou da raça, como via principal para pôr cobro à degeneração da espécie ou da(s) raça(s) que se estaria a verificar sobretudo devido à sobrevivência de espécimens em adiantado estado degenarativo que proliferavam mais do que os espécimenes de boa descendência. Algumas das derivas do eugenismo desembocaram no genocídio, na limpeza étnica e no holocausto, sendo que, quer antes, quer depois da II Grande Guerra a obrigatoriedade da esterilização de certos grupos foi plasmada na lei de alguns países, permanecendo em vigor até meados dos anos 70 do século XX.[443]

Do poder de regular e regulamentar os comportamentos sexuais definindo quais as boas práticas a encorajar e quais as perversões a condenar (social e juridicamente) até ao estabelecimento de critérios estritos, codificados e medicalizados acerca dos tipos e dos casos que deviam ser estimulados a procriar e dos que deveriam ser impedidos de fazê-lo coercivamente, se necessário, a sexualidade perfilava-se como a base essencial do exercício de um poder despótico em que as considerações sobre a moralidade sexual, procriativa, e a purificação da raça figuravam como critérios supremos.

Egas Moniz refere-se amiúde em muitos dos seus trabalhos a Galton, Morel, Haeckel, Bergson e Lombroso, que tinham em comum a adesão indefetível ao darwinismo social, designação que, se bem que estranha ao próprio Darwin, se generalisou para designar o programa eugénico que com diferenças menores todos eles perfilhavam.

Tratava-se de certo modo da recuperação da utopia comteana da república dos sábios que governaria visando o bem comum sob a autoridade da ciência em ordem e progresso, numa espécie de ditadura iluminada.

Egas Moniz foi a este respeito muito claro e explícito. Expressou sem ambiguidade a sua adesão aos métodos neo-malthusianos (contracetivos), verberou no abstracto os

---

[441] Ver, a este respeito, o estudo de Ana Leonor Pereira "Eugenia em Portugal!?":PEREIRA, Ana Leonor, "Eugenia em Portugal?". *Revista de História das Ideias*, 20, 1999, pp. 531-600.

[442] Ver, p.ex, GALTON, Francis, *Natural inheritance*, London, Richard Clay and Sons, 1889.

[443] Cabe aqui recordar que as disposições eugenistas negativas foram adotadas na lei na Europa e na América no início do Século XX e permaneceram nalguns casos até quase ao fim do Século. Os países escandinavos são disso um exemplo. "Encore faut-il rester vigilant à ce propos: les révélations récentes faites au sujet des stérilisations forcées pratiquées en Suède jusqu'en 1976 démontrent que, même dans sous un régime considéré comme un modèle de démocratie on n'est pas à l'abri de dérives eugénistes venues des pouvoirs publics". VAMOS, Esther "Diagnostic prénatal et avortement sélectif en sociétés multiculturelles" in MISSA, Jean-Noël et SUSANNE, Charles (Ed.)- De l'eugénisme d'Etat à l'eugénisme privé. Paris: De Boeck Université, 1999, p. 69.

casos dos doentes, velhos e outros "improdutivos" que representavam um peso morto para a sociedade; repetiu a argumentação que prescreve, quer o eugenismo positivo, quer o negativo, e determinou quem, nesse sistema de interdições e punições, deveria assumir o lugar de decisor: o médico. Quando a lei fosse omissa ou, presume-se, não suficientemente taxativa, então o médico deveria decidir "acima" da própria lei, se necessário.

Decorria desta assunção eugenista que Egas Moniz se considerava, pelo menos nalgumas situações e instâncias, independente da ordem jurídica, reclamando-se implicitamente de uma autonomia jusnaturalista, em tensão com os ideais republicanos relativamente ao papel do Estado e ao império da Lei. Essas exceções rodeadas pelo secretismo que se justificava quer pela reserva da honorabilidade (caso dos duelos), quer pelos imperativos deontológicos (caso das decisões eugénicas tornadas atos médicos).

Averba-se, igualmente, no controlo da sexualidade, ainda, a influência determinante que os médicos na qualidade de peritos a quem os tribunais ou as partes em litígio recorriam, buscando uma base técnico-científica para litigâncias e acórdãos sob a forma de pareceres médico-legais. Neste aspeto, também, o exercício do poder-saber revestia a modalidade mediatizada do saber técnico-científico que arma o poder draconiano da jurisprudência.

Egas Moniz deixa transparecer preocupações típicas da condição de autor de pareceres médico-legais, incluindo na sua bibliografia alguns deles, e evitando outros dos quais ou não se orgulhava ou não lhes reconhecia valor suficiente. Entre os últimos, figura um diagnóstico de "loucura lúcida" a Maria Adelaide Coelho, esposa do então diretor do *Diário de Notícias*, que Agustina Bessa Luís descreveu com particular felicidade literária e fidelidade factual, no seu folhetim *Doidos e Amantes*.[444] A mulher visada publica em sua defesa vários livros, entre os quais *Doida Não*[445] em que descreve os termos das entrevistas que lhe foram feitas por Júlio de Matos, Sobral Cid e o próprio Egas Moniz. O parecer resultante, assinado pelos três "alienistas", foi desfavorável para ela, o que implicou perda de bens e divórcio litigioso sem compensação.

Já em 1954, quando Egas Moniz apresenta na Academia de Ciências de Lisboa a conferência "A leucotomia está em causa",[446] dada à estampa nesse mesmo ano, sente-se compelido a responder a uma questão relacionada com a desejabilidade ou indesejabilidade de um leucotomizado vir a procriar.[447] A questão suscitada pelo autor da conferência – apesar de ser apresentada como decorrente da necessidade de Egas Moniz *certificar a habilitação da pessoa leucotomizada para poder casar* – destina-se a demonstrar que pelo menos no caso em apreço tal não seria aconselhável. Independentemente da especificação, que serve na circunstância para esclarecer que essa é também uma preocupação legítima do médico, sobretudo se instado a pronunciar-se, demonstra quão profunda era a disposição eugenista de Egas Moniz e como se manifestava no seu pensamento, nas suas atitudes e nas suas práticas.

[444] Ver LUÍS, Agustina Bessa, *Loucos e Amantes*, Lisboa, Guimarães Editores, 2005. Ver também GARNEL, Maria Rita Lino, *Vítimas e violência na Lisboa da I República*, Coimbra, Imprensa da Universidade de Coimbra, 2007, pp. 211-221; e GONZAGA, Manuela – "Doida não e não"Maria Adelaide Coelho da Cunha. Lisboa: Bertrand, 2009.

[445] CUNHA, Maria Adelaide Coelho da, *Doida não!*, Porto, Tipografia Fonseca, 1920.

[446] MONIZ, Egas, *A leucotomia está em causa*, Lisboa, Academia das Ciências Médicas, 1954.

[447] Ob. Cit,: pp. 18-19.

Júlio Machado Vaz sublinha no Prefácio à edição de *A Vida Sexual* editada por ocasião do 60º aniversário da atribuição do Prémio Nobel a Egas Moniz, que nos casos julgados mais graves – de que eram exemplo os "uranistas" –

> ... ao sucesso terapêutico deve seguir-se a indicação firme para que não tenham descendência, no interesse do futuro.[448]

De facto, Egas Moniz, sem nomear expressamente a doutrina ainda dominante da degeneração, dá-lhe acolhimento quase pleno, ao enunciar que

> A hereditariedade exerce a sua acção sobre as raças e sobre os indivíduos. Naquelas perpetua os caracteres distintivos, nestas as taras intelectuais e físicas. É devido a estas transmissões fatais que um grande número dos que nos rodeiam suporta, a custo, uma existêcia pouco agradável.[449]

Essa forte convicção de conhecer qual o "interesse do futuro" – leia-se: no interesse do aperfeiçoamento da raça ou do género humano, que é a principal ideia orientadora do eugenismo – foi, assim, tão assumida no início da sua carreira de médico como no final. Foi uma das ideias mestras constitutivas da sua mundividência.

6.9 Entre cientismo e intuições espantosas

Convivem no discurso de Egas Moniz, em tensão, proposições que se filiam no cientismo muito partilhado desde a geração que fez em Portugal a receção do Positivismo, a par de outras proposições que revelam uma certa relativização epistemológica, concitada pelos diferentes pontos de vista teóricos, pela história e pela cultura. É tentador verificar qual a consistência da hipótese de homologia destas tensões nos seus principais campos de experiência: a política e a ciência.

No plano científico, Egas Moniz admite a obsolescência do conhecimento referindo-se quer à sua atividade, quer ao trabalho de outros. Quando compulsa as crenças médicas do tempo de Júlio Dinis,[450] chama a atenção para a panóplia de ideias e procedimentos que a experiência mais recente varrera da prática clínica.

A noção de transitoriedade do conhecimento científico ressalta também de comentários e mensagens temporizadoras.[451] Todavia, noutros passos, Egas Moniz mostra-se intransigente, perentório e aguerrido. Na defesa do caráter científico do hipnotismo, na senda do Abade de Faria; na descrição da dinâmica psíquica, fazendo corresponder fluxos transneuronais à formação de "ideias fixas"; na convicção hereditarista decorrente

---

[448] VAZ, Júlio Machado, "Prefácio" em MONIZ, Egas, *A Vida Sexual. Fisiologia e Patologia*, Lisboa, Casa Ventura Abrantes, Facsimile da 15ª Edição, Estarreja, Câmara Municipal de Estarreja, 2009, p.8.

[449] MONIZ, Egas, *A Vida Sexual. Fisiologia e Patologia*, Lisboa, Casa Ventura Abrantes, Facsimile da 15ª Edição, Estarreja, Câmara Municipal de Estarreja, 2009, p. 85

[450] MONIZ, Egas, *Júlio Dinis e a sua obra*, Porto, Livraria Civilização, 1924.

[451] "Os homens passam, as conquistas científicas permanecem ou transformam-se. A história, que as arquiva, fará a sua crítica" MONIZ, Egas, *A última lição*, Lisboa, Ática, 1944, p. 37.

do eugenismo forte que abraçara; na visão acerca da dinâmica social dada quer em *A Vida Sexual*, quer na conferência *As psicoses sociais*.[452] A convivência de noções contraditórias no seu discurso põe em evidência uma grande abertura na aquisição de revelações num processo de elaboração que, a termo, integrava ou excluía a informação adquirida. Foi provavelmente o que se passou com a psicanálise.

No plano político, Egas Moniz adota faseadamente os ideais republicanos, primeiro em rutura com o seu partido de juventude – o Partido Progressista – e depois aliando--se ao Partido Republicano Português com o qual conspirará e fará caminho até 5 de Outubro de 1910. Priva com os principais dirigentes republicanos; participa direta e ativamente com Miguel Bombarda na Junta Liberal. É depois cofundador do Partido Evolucionista, onde pontificou António José de Almeida; funda o Partido Centrista Republicano, que se diluirá no Partido Nacional Republicano para enquadrar o lance plebiscitário de Sidónio Pais, dissolvendo-se logo depois, paralelamente ao abandono da política ativa. De 1912 em diante Egas Moniz empenhou-se na formação de uma frente conservadora contra o radicalismo jacobino dos "Democratas" liderados por Afonso Costa. E é essa a direção que o leva ao encontro do dezembrismo de Sidónio Pais.

6.10 Os pintores da loucura

Em 7 de Fevereiro de 1930, Egas Moniz é o conferencista convidado para a inauguração da exposição do Grupo Silva Porto na Sociedade Nacional de Belas Artes. Por esse tempo Egas Moniz era conhecido pelo seu desempenho político desde o princípio do século XX até à ditadura sidonista; pela Encefalografia Arterial (que viria a dar, depois, a Angiografria Cerebral); diretor do serviço de neurologia do Hospital Escolar de Santa Marta; e Professor Catedrático de Neurologia. A razão principal que justificava esta sua conferência tinha a ver com a temática, "Os pintores da loucura"[453] em que a esperada competência psiquiátrica e a condição de coleccionador de arte se sobrepunham. Numa outra conferência, cerca de 15 anos antes, no Museu Nacional de Aveiro, Egas Moniz traçara uma história da Arte, detendo-se no "limiar do século XIX",[454] alegando a dificuldade e os limites razoáveis da exposição.

Egas Moniz, tão jovem quanto o Impressionismo[455] e com uma atitude de abertura e curiosidade relativamente a tantas outras inovações, evitou, neste caso, transpor o século XIX e reconhecer algumas das correntes estéticas que nele tiveram nascimento. Como se lê na introdução aos "Três ensaios sobre pintura"[456] "... surpreende-nos

---

[452] MONIZ, Egas, *Ao Lado da Medicina*, Lisboa, Bertrand, 1940, pp. 9-37.

[453] MONIZ, Egas, "Os pintores da loucura". *Ao Lado da Medicina*, Lisboa, Bertrand, 1940.

[454] MONIZ, Egas, "Divagações sobre arte". *Ao lado da medicina*, Lisboa, Livraria Bertrand, 1940, p. 199.

[455] Foi convencionado o ano da primeira exposição do grupo no atelier de Maurice Nadar, em 1874, como data da "fundação" do movimento Impressionista. Um dos quadros de referência, – "Impression d'un lever de soleil", de Claude Monet (1840-1926) – que está na origem do vocábulo, data de dois anos antes.

[456] MONIZ, Egas, "Os pintores da loucura". *Três ensaios sobre pintura*, Estarreja, Ed. da Câmara Municipal de Estarreja, 1999.

que na sua coleção de pintura patente na Casa Museu de Avanca, não surjam obras de Amadeo Sousa Cardoso, Almada Negreiros ou Vieira da Silva".

De certo modo, a sua conferência sobre "Os pintores da loucura" responde a essas questões.

O elogio de Silva Porto (1850-1893), da sua escola naturalista e dos seus seguidores serve de pretexto a Egas Moniz para sistematizar algumas ideias acerca da relação entre criação artística e saúde mental, que não deu a conhecer no Museu de Aveiro em 1916 mas já tinha aflorado em 1925 a propósito da valorização estética da obra de Júlio Dinis.[457]

Egas Moniz delimita com precisão o perímetro aceitável das formas estéticas que patenteiam uma relação harmoniosa com o meio envolvente e faz derivar dessa ideia a linha de demarcação entre o normal e o patológico.

Do esquema traçado por Egas Moniz faz parte, em primeiro lugar, a explicação para os sinais de normalidade ou anormalidade surgirem na obra do pintor: a metáfora da condução. Os pintores "transportam" os seus estados de alma para a tela. Sabendo no entanto da fragilidade desse critério de aferição, acrescenta, nalguns casos, a condição de os pintores estarem a ser sinceros no momento em que pintam.

Divide a história da arte ocidental em três fases: 1) a piedosa, em que abundam os motivos religiosos; 2) a dos palácios e grandes figuras históricas; e 3) a da pintura rural em que a Natureza impera.

Nesta última fase, a noção de paisagem[458] é o padrão mais sólido para aquilatar o valor da obra artística em presença.

Até aqui, o conjunto de critérios expostos pode ser aplicado aos casos canónicos de Goya, Van Gogh, Kandinsky e Picasso. Trata-se de descortinar nas suas obras as transformações que operaram na representação dos objetos desviando-se da imagem dada à perceção corrente que para ele se centra sempre no límpido reflexo de uma paisagem.

No passo seguinte porém, transita da apreciação deste ou daquele pintor para escolas e correntes artísticas.

Egas Moniz, sem prejuízo da sua cerrada apologia das correntes naturalistas e do seu confesso centramento na noção de paisagem para destrinçar o que é normal do que é patológico, conhece as teorizações produzidas acerca das novas correntes estéticas. Não se trata de alguém vítima de arroubos conservadores desinformados. Cita Mallarmé acerca do Cubismo e acompanha sem dificuldade o que é escrito sobre o Expressionismo e o Abstracionismo. A sua convicção é porém a de que essas correntes estéticas padecem de três tipos de limitações:

Em primeiro lugar fogem ao critério "democrático" ou seja, utilizam linguagens de difícil descodificação para a grande maioria. Logo, ao insistirem em tipos de comunicação restritos, laboram num comportamento de exceção que pode tipificar a fuga à realidade. O individualismo exarcebado é uma limitação na comunicação com os outros e denuncia ao mesmo tempo uma desarmonia grave na relação com o meio.

[457] MONIZ, Egas, *Júlio Dinis e a sua obra*, Porto, Livraria Civilização, 1946.

[458] PITA, António Pedro, "Arte: animal domesticado" in PEREIRA, Ana Leonor, e PITA, João Rui, (coord.), *Egas Moniz em livre exame*, Coimbra, Minerva, pp. 223-234.

Em segundo lugar, fixa o grau de desejabilidade dos conteúdos aferidos pelas temáticas. As cenas violentas, monstruosidades, perversões e conflitos são fortes indicadores de predisposição psicopatológica.

Em terceiro lugar, essas formas de arte são patológicas porque seguem padrões semelhantes aos que alguns doentes mentais utilizam para se expressarem.

Tudo isto concorre para que as inovações estéticas que emergiram nos séculos XIX e XX, com a confortável exceção do Naturalismo, sejam classificadas como formas mais adequadas de exprimir estados de alma recônditos do que a produzir boa arte.

A histórica sucessão de escolas estéticas exerce uma "acção perturbadora",[459] tendo

> As escolas modernas (...) vindo ao encontro dos psiquiatras"[460] [e afastando-se da] conceção humana da beleza que imortalizou a arte grega, para exprimirem as sua impressões e ideias com sinais, símbolos e imagens que irrompem livremente na imaginação."[461]

Nesta irrupção livre (de ordem dionisíaca ou desordenada) Egas Moniz aponta como circunstância diferenciadora o facto das "manifestações de arte serem inteiramente individuais" e por isso fazerem depender o produto artístico do "estado psíquico do pintor".[462]

As frases finais do Egas Moniz fazem o contraponto apologético dos padrões estéticos que estiveram em análise, anunciando aos presentes que "Ficam agora a respirar o ar deste ambiente salutar, onde a Natureza vibra a cada canto nos quadros equilibrados dos artistas amigos de Silva Porto, que laboram à luz clara da sã razão e do bom sol português."[463]

Egas Moniz não faz referência (tal como foi assinalado na introdução aos "Três ensaios sobre pintura") a Amadeo Sousa Cardoso, a Almada Negreiros ou a Vieira da Silva. É omisso em relação aos futuristas e fala do Modernismo e do Impressionismo de passagem. Tal como dissemos atrás, o autor do prefácio aos "Três ensaios sobre Pintura" achou surpreendente que tendo Egas Moniz confidenciado nutrir simpatia pelos modernistas, não contar, no entanto, na sua coleção de arte – e nós acrescentamos: nem referir nos seus escritos – nenhum exemplar de Amadeo, Almada ou Vieira da Silva.

Porém, uma leitura atenta do texto da conferência "Os pintores da loucura" poderia convencer-nos precisamente do contrário. Seria surpreendente, isso sim, que depois de se manifestar com tamanha clareza relativamente à "boa" e à "má" arte, fazendo passar a fronteira entre o normal e o patológico pela corrente naturalista, Egas Moniz se sentisse inclinado a investir na arte "má". Tanto mais que a sua crítica não se limita à tradicional revisitação dos casos célebres (Van Gogh, etc) mas incide mais amplamente sobre as próprias escolas, correntes e estilos.

---

[459] MONIZ, Egas, "Os pintores da loucura". *Três Ensaios sobre Pintura*, Estarreja, Ed. da Câmara Municipal de Estarreja, 1999, p. 4.

[460] Ibidem.

[461] Ibidem.

[462] Idem, p. 5.

[463] Idem, p. 12.

A lógica com que Egas Moniz desvaloriza o expressionismo, o Cubismo e o Abstracionismo envolve necessariamente a pintura de Amadeo Sousa Cardoso. Almada Negreiros veria com maior dificuldade um quadro seu na coleção de Egas Moniz. A somar às considerações de ordem estética haveria a considerar o *Manifesto Anti-Dantas*, que, visando Júlio Dantas, amigo, cúmplice e colega de Egas Moniz, quis atingir o velho sistema da arte instalada e ultrapassada.

A tradução estética das novas formas de olhar e sentir o mundo apresentava-se simultaneamente como uma proposta de nova ordem, questionando a autoridade estabelecida, as ideias, instituições e os artistas enquanto novos e velhos atores do teatro do mundo.

Com a idade do Impressionismo, Egas Moniz identificava-se melhor com o modo de Silva Porto, Malhoa e Júlio Dinis. As suas opções naturalistas, o evitamento das representações do conflito, das urbes buliçosas, das contradições da vertigem das *Odes* de Álvaro de Campos, quadravam melhor com o lugar que consagrava à arte na ordem social.

6.11 Discussões em surdina

Já salientámos o modo algo inesperado como Egas Moniz, não tendo salientado em devido tempo a importância do contributo de Ramón y Cajal para a neurologia do século XX, se lança no elogio do homem e da obra. Não se compreende facilmente, tal como já aduzimos, que ao "esquecimento" relativo de Cajal até à data da jubilação, tenha tido, do alto dos seus 70 anos, a admiração e o enlevo que até aí lhe tinham faltado. Atentando nos efeitos retóricos dos textos em apreço[464] deduz-se, evitando o risco da sobreinterpretação,[465] que tudo em Cajal o torna companheiro ideal para a revelação de quão semelhantes eram, um e outro. Esta anotação de leitura não implica necessariamente um expediente deliberado da parte do autor. A força de atração biográfica exercida pelo exemplo de Cajal era suficientemente forte e sugestiva para, ao reflectir sobre as figuras importantes dos séculos XIX e XX encontrar numerosos pontos de contato, faltando apenas, à data da publicação do primeiro texto dessa série, que o reconhecimento nacional e internacional que premiou Cajal com a criação do Instituto Cajal, na sequência da atribuição do Prémio Nobel em 1906, o beneficiasse também com idêntica homenagem. Decorre da leitura da carta que Egas Moniz envia a Walter Freeman em 1946 a indicação de que a obtenção do Nobel era um desiderato forte, profundo e a expressão de um desejo intenso. Ao homenagear Cajal, comparando--se explicitamente com ele, Egas Moniz valorizava ambos reivindicando uma parte do triunfo da nova doutrina do neurónio e, por consequência, contrastando os louvores que um tinha recebido e o outro (ele próprio), não.

Mas tudo isso não apaga o espírito crítico de Egas Moniz relativamente à teorização *cajaliana*. Passando em revista aspetos específicos da estrutura neuronal, Egas Moniz suscita algumas dúvidas e reservas, omitindo, pelo menos nos seus escritos, o concurso de uma série de histologistas portugueses familiarizados com a pessoa e a obra de Cajal,

---

[464] MONIZ, Egas, "Ramón y Cajal". *Conferências Médicas e Literárias*, Vol. III, Lisboa, Portugália Editora, 1950.

[465] ECO, Umberto, *Interpretação e sobreinterpretação*, Lisboa, Presença, 1993.

e que Cajal acolheu, em retorno, no seu círculo de amigos e nos seus textos (Augusto Celestino da Costa, Mark Athias, Abel Salazar, entre outros). Esta manifestação tardia do seu deslumbramento por Cajal, pontuado por reservas relativamente à teoria do neurónio, constitui uma espécie de marca de água da atitude de Egas Moniz relativamente às representações do passado: longas ausências e debates em surdina.

Com Babinski, seu mestre dos tempos em que estagiou em Paris, após o doutoramento na Universidade de Coimbra, Egas Moniz enceta uma discussão diferida, acerca do fenómeno hipnótico, no seu livro *O Abade Faria na História do Hipnotismo*.[466] Babinski tinha manifestado a sua desconfiança relativamente à autenticidade dos transes, admitindo que era a própria histeria que explicava a ilusão de dominar o "epopta" – como o Abade Faria chamava os hipnotizáveis. Com isto, Babinski alvitrava que histeria e hipnotismo eram interdependentes. Face a esta "simplificação", Moniz saiu à estacada denunciando a ignorância de Babinski na matéria. Porém, as críticas ficam por aí. Egas Moniz não voltará ao assunto. Tal como foi anteriormente referido, Babinski recebê-lo-á em sua casa anos mais tarde quando Egas Moniz regressou com as suas arteriografias debaixo do braço. Apoia-lo-á na acreditação e divulgação da primeira realização científica que coloca Egas Moniz no friso dos cientistas de nomeada. Este pequeno diferendo ficou assim reduzido ao confronto de duas asserções extraídas de um artigo de Babinski[467] e do livro de Egas Moniz. Em surdina, também, e sem outro desenvolvimento.

Quanto a Sobral Cid a questão é mais complexa. Já referimos anteriormente a tomada de posição de Sobral Cid contra a eficácia da leucotomia. No fundamental, Sobral Cid não reconhecia o efeito terapêutico da leucotomia pré-frontal. Após um período de franca colaboração e apoio às "tentativas operatórias", encomiasticamente destacadas e agradecidas por Egas Moniz, Sobral Cid entendeu demarcar-se. Fê-lo, como já referimos, com frontalidade e de modo a afastar quaisquer ambiguidades a esse respeito.[468]

Egas Moniz, que se saiba, não lhe respondeu no mesmo plano. Cerca de cinco anos depois (Sobral Cid morreu, entretanto, em 1941) em carta enviada a Walter Freeman,[469] Moniz queixa-se da falta de colaboração, da resistência e do despeito do seu amigo. O intuito era o de justificar perante Freeman a razão pela qual, sendo Portugal o berço da leucotomia, não se tinha recorrido a esse método cirúrgico em mais alta escala.

Se juntarmos a estes exemplos o abandono da psicanálise e de projetos já anunciados com ela correlacionados sem qualquer justificação, obtemos um quadro de disposições marcadas pelo evitamento do debate aberto entre pares. Esta disposição prende-se claramente com a cultura científica de Egas Moniz e revela uma parte importante do seu *habitus* científico. A desvalorização (relativa) da importância da clareza teórica e da abertura de espírito para a polémica conjugavam-se, numa atitude de fechamento do campo das representações circulantes, em oposição com a avidez cognitiva que explica a adoção temporária de muitas das novas ideias que surgiram nos meios científicos

---

[466] MONIZ, Egas, *O Abade Faria na história do Hipnotismo*. Conferência de Lisboa. Ampliada e dividida em capítulos. Publicação da Faculdade de Medicina. I Volume, Lisboa, 1925. Edição Facsimilada da Editorial Vega, Lisboa, 1977.

[467] MONIZ, Egas, 1977, Ob. Cit, p. 71.

[468] Texto intitulado "La leucotomie pré-frontale". SOBRAL-CID, José de Matos, *Obras*, Vol. I, Lisboa, Fundação Calouste Gulbenkian, 1983, pp.265-269

[469] Carta de Moniz a Freeman referida já diversas vezes:nota nº 215 da pág. 148.

até finais dos anos vinte. Egas Moniz não abdicava de tomar posição quando achava apropriado fazê-lo, contudo não gostava de se expôr, respondendo ou dialogando com quem o contraditasse. O testemunho de Barahona Fernandes reporta uma maior flexibilidade de Egas Moniz quando contraditado acerca de questões científicas do que quando se tratava de assuntos sociais ou políticos. Mas a descrição restringe-se ao meio hospitalar e clínico deixando de fora o plano das polémicas científicas propriamente ditas.

Relativamente a Freud, Egas Moniz revela, desde o início[470] alguns pontos de atrito com conceções e procedimentos das versões da "psico-análise" que lhe iam chegando. Enquanto a noção de *inconsciente* conseguia fintar o princípio kuhniano da incomensurabilidade entre paradigmas[471] encontrando pontos de contato com a obscuridade das noções prevalecentes de "instinto sexual" – mais tarde complicados com o desenvolvimento dos conceitos de pulsão (eros e tanathos) – a desmaiada importância que Freud reservava ao perfil hereditário dos analisandos suscitou estranheza e reparo ao eugenista forte que Egas Moniz era. No seu livro *A Vida Sexual* que como sublinhámos foi sucessivamente remendado com novas aquisições, mas sem uma revisão cuidada das incongruências resultantes, Egas Moniz aceita o princípio freudiano da sexualidade infantil e das suas três fases, apesar de colidir com o saber corrente segundo o qual a sexualidade humana começava a manifestar-se por altura da puberdade. Relativamente à sexualidade na primeira infância, Egas Moniz começa por aceitar o princípio geral, afirmando mesmo que nesse aspeto o sábio de Viena viera demonstrar algo que fazia sentido mas havia até aí sido ignorado. Curiosamente, mantém intactas as passagens em que se sustenta que a sexualidade emerge com a puberdade. Todavia, em escritos posteriores, Egas Moniz põe em causa, não já a sexualidade infantil, mas a relevância da sua análise para determinar as causas das psiconeuroses.[472] Esta incompreensão ou resistência de Egas Moniz contra o entendimento da psicanálise freudiana segundo o qual os passos do Édipo são fulcrais para a futura formação da personalidade e estrutura das emoções sugere uma receção precária da psicanálise. No conjunto, as considerações que Egas Moniz tece quanto ao recurso ao hipnotismo, ou perante a informação de que Freud, após o caso de *Anna O.* deixara de praticá-lo, insiste na vantagem do hipnotismo, pelo menos na produção de um estado aproximado (hipnóidico).[473]

De um modo ou de outro Egas Moniz, sem explicar porquê, abandonará a fileira psicanalítica (e os planos anunciados de publicação de uma obra de grande fôlego que deveria fazer o estado da arte da psicanálise em meados dos anos trinta, praticamente à janela das primeiras experiências que conduziriam à Psicocirurgia e à Leucotomia pré--frontal. Comparando a lista de perturbações mentais que a psicanálise podia tratar e curar com lista idêntica que Moniz elaborou para sublinhar as potencialidades terapêuticas da leucotomia, encontramos bastantes coincidências. Tudo indica que apesar do vazio explicativo Egas Moniz fez uma transferência. Concentrou a partir daí na leucotomia toda a esperança de cura e salvação que houvera atribuído outrora à psicanálise.

---

[470] Quer em *A Vida Sexual* (1901), quer em *As Bases da Psicanálise* (1915).

[471] Prova, quanto muito, um caso de "transgressão" da incomensurabilidade.

[472] Caso de uma paciente, descrito por Moniz em *O Conflito Sexual*. MONIZ, Egas, "O Conflito Sexual". *Portugal Médico*, nº 9, 1921

[473] MONIZ, Egas, "O Conflito Sexual". *Portugal Médico*, nº 9, 1921, p. 397.

6.12 O défice teórico

Em praticamente toda a literatura que faz a avaliação da Psicocirurgia surgem críticas às insuficiências teóricas da exposição concetual de Egas Moniz. As ideias que expôs acerca do funcionamento do cérebro, do papel dos lobos frontais e dos "centros ovais" dos lobos pré-frontais não explicitavam, de acordo com os resultados obtidos, o caráter dos fenómenos que a lesão induzida repercutia na dinâmica psíquica.

Cerca de um ano após as primeiras leucotomias, Egas Moniz e Diogo Furtado expunham a fragilidade teórica da empresa:

> ... nous voulons signaler que la doctrine de la fixation fonctionnelle de certains groupements cellulo-connectifs, exposée dans ce livre [Tentatives opératoires], n'est pas plus qu'une hypothèse de travail, et n'a aucune prétention de jouer le rôle de théorie pathogénique des psychoses dite fonctionnelles.
>
> Le mécanisme par lequel l'intervention destructive de susbtance blanche des lobes préfrontaux agit favorablement sur certains tableaux psychopathologiques nous est - il faut l'avouer - tout à fait inconnu.[474]

Neste artigo, além de admitirem desconhecer o "mecanismo" que explica as alegadas melhoras dos doentes, fazem várias observações cuja consistência permanecerá em trabalhos futuros.

> C'est dans les psychoses, dont le symptôme dominant est l'angoisse, que la méthode s'est montrée le plus efficace: on a rapporté plusieurs cas de mélancolie anxieuse, dont l'évolution jusque là chronique et irrémissible a été arrêtée et le malade guéri par l'intervention.[475]

e outras que não virão a ser confirmadas

> ... la destruction considérable que nous provoquons dans le centre oval des lobes en question n'arrive à produire aucun symptôme clinique.[476]

---

[474] MONIZ, Egas e FURTADO, Diogo, "Essais de traitement de la schizophrénie par la leucotomie préfrontale". *Annales Médico-Psychologiques*, Nº 2, Juillet de 1937, Paris, Masson et Cie Editeurs, p.1. "... queremos assinalar que a doutrina da fixação funcional de certos agrupamentos célula-conetivos expostos neste livro [As tentativas Operatórias] não é mais do que uma hipótese de trabalho, e não tem nenhuma pretensão de jogar o papel de teoria patogénica das psicoses funcionais./O mecanismo pelo qual a intervenção destrutiva da substância branca dos lobos pré--frontais age favoravelmente em nalguns quadros psicopatológicos é-nos – é preciso confessá-lo - completamente desconhecido"

[475] Ibidem. "É nas psicoses cujo sintoma dominante é a angústia que o método se mostrou mais eficaz: foram mencionados vários casos de melancolia ansiosa cuja evolução até então crónica e irremissível foi debelada e o doente curado pela intervenção".

[476] Ibidem. "...a destruição considerável que provocamos no centro oval dos lobos em questão não chega a provocar nenhum sintoma clínico".

Nos anos seguintes, um pouco à imagem do que se quer significar com o efeito Mateus[477] e e com os traços dominantes do que era então a cultura científica dos médicos, a Leucotomia Pré-frontal e neurocirurgias derivadas foram replicadas um pouco por todo o mundo. Quando, em 1948, a 1ª Conferência Internacional de Psicocirurgia se reuniu em Lisboa, os adeptos da *psicocirurgia*, mais ou menos entusiastas, conheciam já bastante bem os riscos, os efeitos secundários (as tais alterações da personalidade...) sustentando a "necessidade" de continuar a experimentar, se bem que a prática da leucotomia deveria tender para intervenção de último recurso.

Na sua *Última Lição* [478] em 1944, Moniz reconhece algumas fragilidades teóricas no edifício concetual da Leucotomia Pré-frontal.

> Se me sobrar vida e disposição, ocupar-me-ei ainda com desenvolvimento do aspeto teórico da questão, pois se a operação foi acolhida, por muitos, com interesse, as suas bases não mereceram, entre os próprios psiquiatras organicistas, unanimidade de vistas. (...) A realidade dos resultados obtidos sobreleva contudo as divergências no campo das hipóteses iniciais.[479]

Incomodava-o sobretudo que os neurologistas que partilhavam com ele uma conceção organicista pusessem reservas às suas explicações e indicações. O facto de se disponibilizar para desenvolver a explanação teórica da leucotomia atesta sensibilidade e consideração por algumas das críticas que lhe foram endereçadas.

Essen-Möller, comentando a nomeação para o Nobel em 1944 refere-se também a este aspeto.

> ... as reflexões teóricas que levaram Moniz ao seu método parecem tão vagas, e o material do próprio Moniz por causa do acompanhamento curto e relativamente superficial a seguir às intervenções cirúrgicas não chega para convencer.[480]

Finalmente, em 1954 na conferência proferida acerca dos ataques à leucotomia – *A Leucotomia está em Causa*[481] – Egas Moniz desvaloriza as reservas que lhe são colocadas no plano teórico, designadamente as sublinhadas pela lei da União Soviética que passou a interditar a prática da leucotomia. Neste último caso, a interpelação teórica teve origem no Conselho Superior de Saúde da URSS que

---

[477] Efeito que pretende explicar a ampliação do prestígio de quem já se posicionou na comunidade científica e a dificuldade em se fazer ouvir de quem ainda não o conseguiu.

[478] MONIZ, Egas, *A Última Lição*, Lisboa, Portugália Editora, 1944.

[479] MONIZ, Egas, *A Última Lição*, Lisboa, Portugália Editora,1944, p. 25.

[480] Essen-Möller, "Avaliação de Egas Moniz". CORREIA, Manuel, *Egas Moniz e o Prémio Nobel*, Coimbra, Imprensa da Universidade de Coimbra, 2006, p. 131.

[481] MONIZ, Egas, *A leucotomia está em causa*, Lisboa, Academia das Ciências de Lisboa, Biblioteca de Altos Estudos, 1954.

... examinou a questão da leucotomia pré-frontal como método terapêutico e reconheceu que esta operação não tinha bases teóricas; a aplicação da leucotomia pré--frontal contradiz todos os princípios fundamentais da doutrina de Pavlov[482]

Visando antes de tudo a questão teórica, Moniz acrescenta

Se isso significa dizer que as não aceitam [sc. as bases teóricas da leucotomia], está bem; mas os resultados é que valem e são reconhecidos pela grande maioria dos neuro--psiquiatras ocidentais e americanos.
... os influxos que atravessam o cérebro podem seguir diferentes caminhos para alcançar o mesmo fim.[483]

Por fim, sintetiza as duas séries de provas:

Dum lado, as que a defendem [sc. a leucotomia] no campo médico, filosófico e teológico; do outro as que a condenam por motivos mais teóricos do que práticos, indo até à sua proibição num grande país oriental.[484]

Face às dificuldades que lhe foram surgindo na descrição de um modelo dinâmico que explicasse a relação entre as alterações produzidas pela lesão e os resultados favoráveis e desfavoráveis às suas teses, Moniz admitiu, antes de receber o prémio Nobel, que seria necessário desenvolver os aspetos teóricos da leucotomia. Depois de 1950 tendeu a desvalorizar as fragilidades teóricas que tinha constatado antes, argumentando com a força da evidência dos resultados.

Egas Moniz remetia-se à mesma postura *empiricista*, que rodeou todas as realizações da psiquiatria biológica.[485] Conformava-se com um entendimento limitado da investigação científica, dispensando a teoria para interpretar os resultados e compreender os processos para prosseguir a investigação na base apenas de uma espécie de ingenuidade analítica.

6.13 O défice ético

A tese que sustenta uma causalidade linear entre a apresentação das chimpanzés dos investigadores Fulton e Jacobsen no II Congresso Internacional de Neurologia (Londres, 1935) e o arranque em Lisboa das primeiras lesões com injeções de álcool é demasiado simplista. Não é pelo facto de se ter instalado nas histórias acerca da *psicocirurgia* que se torna mais consistente. É altamente improvável que um qualquer

[482] MONIZ, Egas, Ob. Cit, p. 48.

[483] MONIZ, Egas, Ob. Cit, p. 49.

[484] MONIZ, Egas, *A Leucotomia Está em Causa*, Lisboa, Academia das Ciências de Lisboa, Biblioteca de Altos Estudos, 1954, p.51.

[485] Ver a este propósito MISSA, Jean-Noël – Naissance de la psychiatrie biologique. Paris: PUF, 2006.

neurologista[486] que não tivesse refletido sobre o papel dos lobos frontais, se dispusesse, de um momento para o outro, a enveredar sem mais pela *psicocirurgia* com os problemas levantados pela experimentação em humanos. Há uma série de indícios que levam a atribuir à experiência de Fulton e Jacobsen, quanto muito, um estímulo e uma oportunidade de confirmação.

Todavia, o próprio Fulton, depois de ter achado má ideia "saltar" tão pressurosamente dos macacos para os humanos, alimentou também a versão de que os seus trabalhos e os do seu colega Carlyle Jacobsen tinham estado na génese da leucotomia de Moniz.[487] Para reforçar essa história de que Egas Moniz soltara o seu *eureka* em Londres, diante das chimpanzés, Herbert Olivecrona, no discurso oficial de apresentação dos vencedores do prémio Nobel 1949,[488] destacou os trabalhos anteriores de Fulton, reforçando a tese de que o encontro de Moniz com Fulton, em 1935, fora decisivo.

De qualquer modo, o estranho é que havendo dois cientistas norte-americanos a fazer investigação sobre as funções dos lobos frontais em grandes símios, Egas Moniz, após tomar conhecimento da fase de pesquisa em que se encontravam tenha decidido dar o "salto" para os humanos, sem assegurar a confirmação experimental, ainda nos símios, antes de efectuar a translação. O pouco que se conhecia e se tinha publicado à época aconselharia a continuar, ainda – segundo o próprio Fulton – com as experiências em chimpanzés até adquirir conhecimentos mais sólidos na matéria. A experimentação em humanos, apesar de usada e abusada na "era dos extremos",[489] tinha merecido a Egas Moniz, na preparação da Encefalografia Arterial – sem embargo das numerosas críticas de que foi alvo sobretudo pelos efeitos colaterais do torotraste – uma translação apesar de tudo mais faseada e cautelosa.

6.14 O alheamento de Walter Hess

Walter Rudolf Hess foi o neurofisiologista que partilhou o prémio Nobel da Fisiologia ou Medicina em 1949 com Egas Moniz. O prémio conjunto uniu-os simbolicamente para além da circunstância de ambos se dedicarem ao estudo do sistema nervoso: Egas Moniz enquanto neurologista agora empenhado no conhecimento do papel dos lobos frontais; Hess enquanto neurofisiologista dedicado ao mapeamento das áreas do diencéfalo associadas à regulação das funções neurovegetativas (movimentos peristálticos, regulação da temperatura, circulação e pressão sanguínea).

---

[486] Entre outros, Walter Freeman, participante no mesmo Congresso e, mais tarde, um dos maiores entusiastas da psicocirurgia, poderia, igualmente, ter sido sensibilizado pela experiência das chimpanzés e tido também o seu "eureka"...

[487] Ver a este respeito o livro que Fulton dedicou a Egas Moniz e a Almeida Lima: FULTON, John F. – Frontal lobotomy and affective behavior. New York: W.W. Norton & Company, 1951, p. 96 e seguintes.

[488] OLIVECRONA, Herbert, "Presentation Speech". Nobel Prize.Org: [http://nobelprize.org/nobel_prizes/medicine/laureates/1949/press.html].

[489] Ver, entre outros, o livro de Pappworth, *Human Guinea Pigs*, London: Penguin Books, 1967. A expressão "Era dos Extremos" é tomada à obra de Eric Hobsbawm, A Era dos Extremos – História Breve do Século XX, 1914-1991. Lisboa: Editorial Presença, [1994], 1996.

Contrariamente ao que seria de esperar (e se tinha visto noutros casos anteriores), para além das menções telegráficas ao facto de terem recebido o "mesmo" prémio no mesmo ano, verificou-se um alheamento sensível entre ambos, cujo vazio se prolongou nas narrativas biográficas posteriores. Com raríssimas e superficiais exceções, Egas Moniz não fala de Hess e Hess mesmo quando por dever de ofício, se refere à leucotomia[490] omite o nome de Egas Moniz.

O divórcio começou com a ausência de Egas Moniz da cerimónia de entrega do prémio, em Estocolmo. Moniz alegou razões de saúde para não se deslocar à Suécia (ia nos seus 75 anos, muito afetado pela gota de que sofria desde os 24 anos), tendo recebido o diploma, a medalha e o respetivo cheque na sua casa de Lisboa, das mãos do embaixador sueco. Não lhes teria despertado interesse o facto de o Comité Nobel os ter premiado simultaneamente? Não teriam tido curiosidade em conhecer as investigações um do outro? Ou seria o tipo de pesquisa que cada um levava a cabo que os deixava indiferentes?

O certo é que o grau de reconhecimento científico que o prémio conjunto corporizou nunca se traduziu em sinais de reconhecimento recíproco dos dois nobelizados. Apesar de se reclamarem ambos da linhagem teórica de Pavlov; de ambos se ocuparem do estudo do sistema nervoso; de ambos navegarem no paradigma neuronal inaugurado por Ramón y Cajal, não se conhece, nem a um nem a outro, qualquer nota de divulgação acerca do teor dos trabalhos do seu par e parceiro laureado.

6.15 Imprecisão histórica e pressão mitificadora.

Em 1988, no rescaldo de (mais) uma campanha pela desnobelização de Egas Moniz, o site da Fundação Nobel (Nobelprize.org) à guisa de resposta incluiu um artigo de Bengt Jansson, Professor de Psiquiatria no Karolinska Institutet, intitulado *Controversial Psychosurgery resulted in a Nobel Prize.*[491]

Jansson faz a contextualização histórica das principais terapêuticas para doenças mentais até ao surgimento da clorpromazina. Apoiado em vários estudos explica as razões por que apesar dos severos efeitos colaterais conhecidos, a leucotomia e a lobotomia foram adotadas e mantidas esperançosamente ao longo de quase um quarto de século. Depois, debruçando-se mais pormenorizadamente sobre a figura de Egas Moniz, começa por dizer que

> Moniz, who was born in 1874, was shot in the leg by a patient and had to **spend the rest of his life in a wheel chair**[492] (he died in 1955).

Não sabemos qual a fonte de Jansson para este traço particular da "cadeira de rodas". Esta falsidade não ensombra demasiado o seu artigo, mas introduz uma nota

---

[490] HESS, Walter Rudolf, *The Biology of Mind*, Chicago, The University of Chicago Press, 1964, p.135.

[491] Ver JANSSON, Bengt, "Controversial Psychosurgery resulted in a Nobel Prize". http://nobelprize.org/nobel_prizes/medicine/laureates/1949/moniz-article.html, s/d.

[492] O negrito é nosso. "Moniz, nascido em 1874, foi atingido numa perna pelo tiro de um paciente e levou o resto da sua vida numa cadeira de rodas (morreu em 1955)".

dissonante num texto que constitui, de certo modo, uma resposta indirecta da Fundação Nobel à última campanha pela desnobelização de Egas Moniz.

O artigo de Jansson reproduz, ainda, a grande tendência de discutir superficialmente a parte científica da actividade de Egas Moniz, descuidando e por vezes falsificando as outras vertentes.

1) Partindo da plataforma narrativa do Prémio Nobel (Egas Moniz é ainda internacionalmente referido por ser um membro dessa elite das elites), Jansson desconta-lhe aquilo que se entende ser o demérito relativo da leucotomia pré--frontal, chamando a atenção para o vazio terapêutico existente na época em que a leucotomia surgiu e chamando a atenção para a onda de esperança que fez propagar. Jansson faz menção do papel muito mais ativo (e excessivo) que outros desempenharam nas aplicações da *psicocirirgia*, quer no desenvolvimento do método, quer na extensão das aplicações (sobretudo Walter Freeman); sublinha a correlação entre o grau de aceitabilidade da leucotomia e da lobotomia e o êxito anterior da Angiografia Cerebral (efeito de Mateus, já anteriormente evocado); e conclui que face a tudo isso Egas Moniz merecia indubitavelmente um prémio Nobel. A afirmação subliminar que serve de resposta às campanhas contra o Nobel da leucotomia é pois a de que se Egas Moniz não tivesse ganho o prémio pela leucotomia merecê-lo-ia de qualquer maneira pela Angiografia. Esta argumentação que se serve de factos aceitáveis em separado (vazio terapêutico, excessos de Freeman, anterioridade da Angiografia Cerebral), conjugando-os numa justificação desconcertante, consta do artigo de Jansson em que informalmente foi feita a "defesa" e justificação da Fundação Nobel face à campanha de desnobelização.

2) Apesar do défice teórico e do défice ético serem bastante evidentes e objeto de diversas tomadas de posição, nem Herbert Olivecrona na altura da atribuição do prémio, nem Jansson tantos anos depois, justificando a atribuição do prémio, se lhe referem com clareza. Jansson chama ao "salto" das experiências com chimpanzés para a leucotomia pré-frontal em humanos, um "bold-step", sublinhando-lhe mais a ousadia e a assunção do risco do que quaisquer reservas de caráter teórico ou ético. No artigo de Jansson[493] em 1998, assim como no discurso de Herbert Olivecrona em 1949 as "alterações da personalidade" são confirmadas tal como a ideia de que os médicos tiveram uma perceção nítida desses "efeitos colaterais" desde o início. A questão que colocavam frequentemente era a de saber se o resultado constituía ou não um benefício para o doente e para o meio social, ficando a ideia de que perante as dificuldades de comunicação com os doentes mentais, o principal objectivo, por vezes, era acalmá-los e torná--los menos problemáticos. Os défices referidos eram já identificados mas eram também considerados aceitáveis nas circunstâncias de então.

3) Jansson destaca a densidade biográfica associada à figura de Egas Moniz chamando a atenção para as outras valências e desempenhos de uma história de vida que não se resumiu à sua especialidade médica e científica. Dá dela um rápido

---

[493] Jansson, Bengt, "Controversial psychosurgery resulted in a Nobel Prize". http://nobelprize.org/nobel_prizes/medicine/laureates/1949/moniz-article.html, S/D.

fresco, sublinhando a sua "passagem" pela política (Egas Moniz teria apreciado) e pelos negócios até que, não se percebe muito bem com que base acrescenta uma nota falsa: Egas Moniz teria passado os seus últimos anos numa cadeira de rodas. O erro biográfico que quase passa despercebido no artigo de Jansson, ilustra todavia a margem de inexatidão que comporta muito do que se escreveu e escreve acerca de Egas Moniz em Portugal e no mundo. É insignificante para a questão central em apreço no artigo (a contextualização histórica da aceitação da leucotomia pré-frontal) mas ilustra a tendência efabulatória aplicada às biografias mesmo da parte de narradores cuja preparação científica faria supor um controlo mais rigoroso das fontes.

4) Tudo isto põe em evidência a incontornabilidade de Egas Moniz para a compreensão da história das ciências médicas no século XX. Com o questionado "extremo" da leucotomia, o que nos é dado discutir hoje tem mais a ver com aspetos dominantes da cultura científica da época, amplamente partilhados, do que com a fulanização a que frequentemente assistimos. Com as esperanças que suscitou e com as dúvidas que não ultrapassou, a razão pela qual Egas Moniz ganhou o prémio Nobel permanece como exemplo singular do modo como se fazia, avaliava e reconhecia os resultados da investigação científica na primeira metade do século XX.

A maior atenção a dar às vozes discordantes, ao conteúdo das polémicas, ao valor científico da dinâmica das controvérsias, fica, entre outros, como um exemplo de que o quadro histórico dos projetos de investigação não está completo até se lhe juntar as conceções alternativas, as críticas, divergências, discussões e debates que acompanham os processos científicos.

Sessenta anos após a atribuição do Prémio Nobel da Fisiologia ou Medicina as representações de Egas Moniz atravessam os espaços culturais de modo celebratório, destacando o cientista emérito que trouxe para Portugal o 1º Nobel - num registo de congratulação nacional perante um ato heróico - mas relativizando, esquecendo ou omitindo as restantes dimensões e papéis associados ao homem, ao seu trajeto, ligações, ideias e interesses.

Este afunilamento para o ato heróico foi compreensível. Para ele concorreram certamente além do próprio Egas Moniz que tinha ideias próprias e eficazes em matéria de gestão da própria imagem, os poderes de Estado interessados em averbar o sucesso da Angiografia Cerebral à hipotética bondade das suas políticas públicas; os seus próximos e amigos que escreveram numerosos testemunhos realçando as qualidades e o génio do laureado; e a rede de contatos internacionais que montou desde o início do século XX.

A produção e reprodução de ensaios de caráter biográfico sobre Egas Moniz mostram a amplitude de motivações que pode levar pessoas, grupos e instituições a recordá-lo e celebrá-lo, disputando os significados que lhe associam.

Dizem, umas vezes de forma aberta, outras vezes subliminarmente, que Egas Moniz é ou foi um deles, pertenceu (de facto ou virtualmente) ao grupo, à organização, à comunidade de que eles também fazem parte.

Assim, alguns setores da oposição democrática ao regime fascista representam Egas Moniz como um homem também de oposição; os neurologistas veneram-no como "pai fundador" (o 1º Catedrático da Especialidade na Faculdade de Medicina da Universidade de Lisboa); os psicanalistas portugueses puxam pelo pioneiro da psicanálise que Moniz também foi; muitos católicos prezaram e prezam o diplomata sidonista que deu um impulso decisivo no reatamento das relações do Estado Portugês com a Santa Sé após a rutura republicana; e os maçons do Grande Oriente Lusitano continuam a considerá-lo um dos seus, apesar de tudo indicar o seu afastamento das lojas a partir de 1912.[494]

Os discursos emanados de cada um desses grupos põem em destaque um desses homens que Moniz foi, ignorando ou minimizando os restantes. Daqui resulta uma espécie de "culto da personalidade" fragmentador do conhecimento acerca do sujeito e das suas circunstâncias, que evidencia pontos de vista aparentemente díspares, quando ninguém hesitaria em afirmar tratar-se de versões complementares de um mesmo ator histórico.

Esses diferentes "Egas Monizes" que cada qual reivindica para o seu grupo, para a sua instituição, são um só, e a integração consequente acrescenta maior conhecimento acerca do homem e da época, conferindo-lhe maior consistência histórica e humanizando-o.

Na teia de contradições em que os humanos se debatem sempre, torna-se necessário compreender que o melhor conhecimento do modo como nos relacionamos com as ideias, as pessoas e as instituições do nosso tempo é o aspeto mais importante com que se pode acrescentar mais algum conhecimento sobre escolhas, dilemas, hesitações e trabalhos que outros fizeram em condições diferentes e de difícil reconstituição.

Por isso é indispensável completar, com a informação disseminada em espólios, arquivos e publicações várias, as dimensões que a mitificação, o ostracismo, a negligência e uma vez por outra a combinação destas três ações, vai afastando do discurso sobre a geração que atinge a maturidade cívica na transição da Monarquia para a República.

Encarar sem receio de pôr em evidência aspetos desfavoráveis, as crenças, sonhos, projetos e resultados que foram decididamente inscritos na história da ciência, da política e da cultura, pode ser um poderoso contributo para nos conhecermos melhor a nós próprios.

Não nos podendo nós contentar com a imagem esfíngica do cientista nobelizado, elaborámos, em alternativa, uma outra. A mitificação de Egas Moniz serviu compreensivelmente os propósitos promocionais de pessoas e instituições mas é insuficiente para compreender o homem em sociedade; o ser e o contexto; o tempo e o modo. Oferecemo-vos, tirando partido dos muitos trabalhos que precederam os nossos, uma visão mais inclusiva: Egas Moniz num labirinto que aqui chegados pode ser também meu e vosso.

Egas Moniz no seu labirinto.

---

[494] É esse o parecer do actual Grão-mestre do Grande Oriente Lusitano, face aos registos existentes nos arquivos da Maçonaria (depoimento de António Reis).

7. Fontes e Bibliografia selecionadas

ARQUIVOS E BIBLIOTECAS CONSULTADOS

ARQUIVOS

Arquivo da Universidade de Coimbra

Arquivo da Fundação Alfred Nobel no Karolinska Institutet, Estocolmo

Centro de Documentação e Arquivo de Imagem dos Caminhos de Ferro Portugueses

Arquivo pessoal da família Seabra Dinis

Arquivo da Casa Museu Egas Moniz

Arquivo da Faculdade de Medicina da Universidade de Lisboa

Arquivo do Centro de Estudos Egas Moniz

Arquivo do Ministério dos Negócios Estrangeiros

Arquivo da Academia de Ciências de Lisboa

Arquivo Nacional da Torre do Tombo

Arquivo da Assembleia da República

Arquivo da Fundação Mário Soares

Arquivo do Instituto de Ciências Biomédicas Abel Salazar

Arquivo da Casa Museu Abel Salazar

Arquivo da Sociedade de Geografia de Lisboa

Arquivo do Instituto Nacional de Medicina Legal de Lisboa

Arquivo de Reservados da Biblioteca Nacional

Arquivo do Instituto de S. João de Deus

BIBLIOTECAS

Biblioteca Nacional de Portugal

Biblioteca Geral da Universidade de Coimbra

Biblioteca da Faculdade de Medicina da Universidade de Coimbra

Biblioteca da Faculdade de Medicina da Universidade de Lisboa

Biblioteca do Instituto de Ciências Sociais da Universidade de Lisboa

Biblioteca da Faculdade de Letras da Universidade do Porto

Biblioteca Municipal das Galveias

Biblioteca Municipal do Museu da República

Biblioteca do Instituto Superior de Psicologia Aplicada

Biblioteca da Universidade Aberta

Biblioteca da Universidade Independente de Lisboa – ISCTE

Biblioteca do Instituto de Ciências Biomédicas Abel Salazar

Biblioteca do Instituto Nacional de Medicina Legal (Lisboa)

OUTROS LOCAIS DE INVESTIGAÇÃO

Casa Museu Egas Moniz

Hospital de Santa Marta

Hospital Miguel Bombarda

Hospital Júlio de Matos

Instituto São João de Deus

FONTES UTILIZADAS CONSULTADAS EM ARQUIVOS

Diários de Egas Moniz (facsimilados). Espólio de Joaquim Seabra Dinis. 1954-1955:

Apontamentos a propósito do Prémio Nobel de 1949, - Manuscrito policopiado datado de 30/11/1954, do Espólio de Joaquim Seabra Dinis. Cedido por Lina Seabra Dinis e Armando Myre Dores, 1954.

Os meus oitenta anos, Manuscrito policopiado datado de 1954-1955, do Espólio de Joaquim Seabra Dinis. Cedido por Lina Seabra Dinis e Armando Myre Dores, 1955.

Processo de Professor, EGAS MONIZ, Dr. António Caetano de Abreu Freire, A. U. C. – D. IV – S. 1º D – E. 6 – T, Cx. 171, no Arquivo da Universidade de Coimbra.

Bibliografia do Centro de Estudos Egas Moniz.

Correspondência de Egas Moniz nos espólios de terceiros, Secção de Reservados da Biblioteca Nacional

Processos de Nomeação de 1928, 1933, 1937, 1944 e 1949. Arquivos da Fundação Nobel, Karolinska Institutet, Estocolmo

Formulários de registo da Secção de Pessoal da CP. Centro de Documentação e Arquivo de imagem da CP.

FONTES IMPRESSAS PERIÓDICAS

Periódicos consultados

Acção Médica

Acta Médica Portuguesa

Acta Portuguesa de Sexologia

Acta Psiquiátrica Portuguesa

Acta Reumatológica Portuguesa

Alomeon

American Journal of Psychiatry

Anais Azevedos

Anais Portugueses de Psiquiatria

Arquivo de Anatomia e Antropologia

Arquivos da Escola Médico-Cirúrgica de Goa

Arquivo da Universidade de Lisboa

Arquivos de Medicina

Ärztliche Praxis

Átomo. Ciência e Técnica para todos

Aurora (A)

Aveiro e o seu Distrito

Boletim Farmacológico

Boletim Geral de Medicina e Farmácia

Boletim dos Hospitais da Santa Casa da Mesericórdia do Porto

Boletim Informativo e Cultural – Centro Recreativo de Estarreja

Brasil Ilustrado

Brotéria

Cábula Filatélica

Cadernos Científicos

Clínica Contemporânea

Clínica, Higiene e Hidrologia

Clínico (O)

Coimbra Médica

Concelho de Estarreja

Correio dos Açores

Correio do Minho

D'AVanca

Das Artes, das Letras

Dia Medico (El)

Diário de Coimbra

Diário de Lisboa

Diário de Notícias

Diário Popular

Evasões

Gazeta Clínica

Gazeta de Física

Gazeta Médica Portuguesa

Hospitais Portugueses

Hospitalidade

Imprensa Médica

Investigación

Jornal do Comércio do Rio de Janeiro

Jornal de Notícias

Jornal da Sociedade das Ciências Médicas de Lisboa

Jornal do Médico

Jornal dos Farmacêuticos

Jornal dos Farmacêuticos do Ultramar

Journal of the International College of Surgeons

Life

Kalliope – De Medicina

Lisboa Médica

Medicina Contemporânea (A)

Medicina Universal

Médico (O)

Minerva Médica

Nestlé Notícias

Notícias Médicas

Opinião (A)

Oxigénio

Portugal Médico

Presse Médicale (La)

Primeiro de Janeiro

Público

Pulso

República

Revista das Beiras

Revista Clínica de Higiene e Hidrologia

Revista da Academia Brasileira de Letras

Revista da Academia Brasileira de Letras

Revista Dental Portuguesa

Revista Española de Oto-Neuro-Oftalmologia y Neurocirugia

Revista Internacional

Revista Médica de Angola

Revista dos Médicos

Revista da Ordem dos Farmacêuticos

Revista Popular Ilustrada Médico-Social

Revista Portuguesa de Cirurgia Cárdio-torácica e Vascular

Revista Portuguesa de Obstetrícia, Ginecologia e Cirurgia

Revista Portuguesa de Psicanálise

Revista de Psiquiatria do Departamento de Saúde Mental da Faculdade de Medicina do Porto – Hospital de S. João

Revista Shell

Sapiens Magazine

Saturday Evening Post (The)

Saúde Mental

Seara Médica

Seara Nova

Século

Século Ilustrado(O)

Selos & Moedas

Semana Médica

SINAPSE

Tempo Medicina

Tempo Médico

Terapêutica

Triângulo – Jornal Sandoz das Ciências Médicas

Vértice

Vida Mundial

IMPRENSA PERIÓDICA

Anais Portugueses de Psiquiatria, nº 1, Vol. I, Outubro de 1949, Lisboa, Edição do Hospital Júlio de Matos, 1949.

"Academia (A) Brasileira de Letras expressou as suas congratulações ao grande mestre pela honra do Prémio Nobel", *Jornal do Médico*, Porto, 15(364)1950, pp. 131-132.

"Academia (Na) das Ciências de Lisboa foram reeleitos o Dr. Júlio Dantas e o Prof. Egas Moniz", *Jornal do Médico*, Porto, 11(259)1948, p. 42.

"Academia (A) das Ciências de Lisboa também prestou homenagem ao Prof. Egas Moniz", *Jornal do Médico*, Porto, 15(364)1950, pp. 130-131.

"Adhesion (La) del Presidente Honorario Prof. Egas Moniz", *Revista Española de Oto-Neuro-Oftalmologia y Neurocirugia*, 1949, pp. 5-7.

ALBUQUERQUE, Afonso de, "Ausência da dimensão dialéctica", *Vida Mundial*, Lisboa, 1815, 22 Mar. 1974, p. 30.

ALBUQUERQUE, Medeiros e, "Professor Egas Moniz", *Revista da Academia Brasileira de Letras*, Rio de Janeiro, 19(83)Nov. 1928, pp. 275-300.

ALFANDARY, I, "Artériographie. Hommage à Egas Moniz", *Imprensa Médica*, Lisboa, 20 (11) 1956, pp. 589-595.

ALMEIDA, Fernando de, "Anatomia vascular cerebral", *O Médico*, Nova série, 73(1212)1974, p. 434.

"Almoço (Um) na Legação da Suécia", *Jornal do Médico*, Porto, 15(364)1950, p. 134.

AMADO, Dias, "O Prof. Egas Moniz e a investigação científica", *Seara Nova*, 28 (1152-53) 4-11 Fev. 1950, pp. 33-36.

AMARAL, Almeida, "Alguns problemas da leucotomia prefrontal", *A Medicina Contemporânea*, 62(11)1949, pp. 385-397.

AMARAL, Almeida, "La méthode chrurgicale de Moniz (leucotomie) dans la thérapeutique des maladies mentales. Conferência", *A Medicina Contemporânea*, 64(4)1946, pp. 153-165.

AMARAL, Almeida, "Os tempos de reacção psicomotora e o seu significado clínico nos doentes leucotomizados", Separata da *Revista Clínica de Higiene e Hidrologia*, Dez. 1951.

AMARAL, M. Almeida, "Alguns progressos recentes da neurologia e psiquiatria", *A Medicina Contemporânea*, Lisboa, 76(1)1958, pp. 71-77.

"Angiografia (A) de Egas Moniz: cinquenta anos", *O Médico*, Nova série, 83(1347) 1977, pp. 523-524.

"Aniversário (40º) da descoberta da angiografia cerebral", *Semana Médica*, 9(410)1967, p. 17.

"Aniversário (O 80º) do Prof. Egas Moniz", *O Médico*, Nova série, 3(175) Supl. 1955, p. 3.

"Anos (50) da atribuição do Prémio Nobel: Egas Moniz recordado no Porto", *Notícias Médicas*, 29(2611) 2000, p. 14.

"Antologia Aveirense, "Egas Moniz, notas biográficas", *Aveiro e o seu Distrito*, 6, 1968, pp. 47-53.

ANTUNES, João Lobo, "Merecido Nobel", *Público Magazine*, 14 de Abril de 1996, p. 21.

ARAGÃO, Luís — "Há 50 anos, Egas Moniz recebia o Nobel da Medicina: um nome para a História", *Tempo Medicina*, Suplemento Especial, 17(794) 20 Set. 1999, E1.

ARAÚJO, H. A. Gomes de, "O que é a psicoterapia?", *O Médico*, Nova série, 73(1212)1974, pp. 451-454.

"Artigo (Um) dum jornal alemão enaltecendo a obra de Egas Moniz", *Jornal do Médico*, Porto, (382)1950, p. 760.

"Assembleia (Na) Nacional foi prestada homenagem ao Prof. Egas Moniz", *Jornal do Médico*, Porto, 15(368)1950, pp. 263-264.

"Atribuição (50 anos da) do Prémio Nobel: Egas Moniz recordado no Porto", *Notícias Médicas*, Lisboa, 29(2611), p. 14.

AVENÇA, Ana Paula, "História do Santa Marta: de Convento a Hospital especializado", *Tempo Medicina*, 15(692) 1997, pp. 8-11.

"Banquete oferecido pela 'Casa de Portugal', aos médicos brasileiros que subscreveram a moção apresentando o nome do Prof. Egas Moniz como candidato ao Prémio Nobel de Medicina", *Seara Médica*, São Paulo, 5 (2-4) Abr.-Dez, 1950, pp.191-194.

BARROS, José, "Corino de Adrade no século da neurologia" in *SINAPSE*, Maio de 2006 | N.º 1 | Volume 6 | SUPLEMENTO 1, p. 20.

BARUK, H, "A leucotomia foi proibida na Rússia", *Acção Médica*, 69-70, 1953, p.. 116.

BARUK, H, "Neurologie. Hommage à Egas Moniz", *Imprensa Médica*, Lisboa, 20 (11) 1956, pp. 581-583.

"Belas Letras (As) em casa de Hipócrates", *O Século Ilustrado*, Lisboa, 15(744) 5 Abr. 1952, p. 12.

"Bibliografia científica e literária de Egas Moniz", *A Medicina Contemporânea*, Lisboa, 72(12)1954, pp. 651-685.

"Bibliografia de Egas Moniz", *Boletim dos Hospitais da Santa Casa da Misericórdia do Porto*, 2ª série, 1(3)1974, pp. 11-29.

"Bibliografia sobre angiografia. Bibliografia do Prof. Egas Moniz", *Lisboa Médica*, 14, 1937, pp. 880-891.

BOLÉO, José de Paiva, "A geração humana e as doutrinas de Exeter (crítica à conferência do Prof. Doutor Egas Moniz)", *Acção Médica*, 10(38)1945, pp. 229-243.

C. de M, "As pupilas do Sr. Reitor vistas pelo Dr. Egas Moniz", *O "Notícias Ilustrado"(Edição Semanal do "Diário de Notícias")*, Série II, 7(340)16 Dez. 1934, pp. 14-15.

CABRAL, Alexandre, "Aspeto literário da obra do Prof. Dr. Egas Moniz", *Revista Dental Portuguesa*, 1(1) Jan.-Mar. 1950, pp. 4-9.

CAEIRO, Baltazar de Matos, "Origens da angio-radiologia contemporânea", *Revista Portuguesa de Cirurgia Cardio-Torácica e Vascular*, 2(5) 1994, pp. 173-178.

CALDAS, Alexandre Castro, "A criação do Centro de Estudos Egas Moniz", *Jornal da Sociedade das Ciências Médicas de Lisboa*, 150(3) 1984, pp. 122-124.

CAMACHO, Brito, "Declarações de...", in *A Opinião* de 2 de Agosto de 1917, na 1ª página.

"Candidatura (A) do Prof. Egas Moniz ao Prémio Nobel da Medicina foi proposta pela Delegação Brasilleira no I Congresso Internacional de Psicocirurgia", *Jornal do Médico*, Porto, 12(306)1948, pp. 578-579.

CÂNDIDO DA COSTA, "Sobre debates e congressos de psiquiatria" in *Hospitalidade - Revista de Saúde Mental e Relações Humanas*, Ano 39 - nº 150, Janeiro-Março de 1975, pp. 29-30.

CARREA, Raul, "Egas Moniz", *Ciencia y Investigacion*, 6(1)1949, pp. 46-48.

CARRILLO, Ramon; MATERA, Raul F, "Leucotomia selectiva en el dolor visceral. Nueva Técnica Operatoria Mínima", *Seara Médica*, São Paulo, 5 (2-4) Abr.-Dez, 1950, pp. 133-142.

CARULLA, J. Fuster de; URBAN, H.J, "Juicio crítico de la leucotomia en Áustria", *A Medicina Contemporânea*, Lisboa, 72 (12) 1954, pp. 643-647.

CARVALHO, Joaquim Montezuma de, "Um texto não conhecido do Nobel Egas Moniz sobre Pascoaes", *Das Artes, Das Letras*, 2ª série (Suplemento de *O Primeiro de Janeiro*, ano CXXXII, nº 4) 16, 5 Jan. 2000, pp. 4-7.

CARVALHO, Lopo de, "Egas Moniz — Visibilidade da jugular interna no vivo", *Boletim Geral de Medicina e Farmácia*, Nova Goa, 20 (7-8) 1938, p. 237.

CARVALHO, Lopo de, "A primeira angiopneumografia", *Medicina Universal*, 3(2)1960, pp. 15-9.

CARVALHO, Sebstião José de, "Egas Moniz", *Terapêutica*, 4(9) 1950, pp. 1-5.

"Carta (Uma) do Notável Neurocirurgião H. Olivecrona" [A Egas Moniz], *Jornal do Médico*, Porto, 15(364)1950, p. 133.

"A Casa-Museu de Egas Moniz [notícia da inauguração]", *Semana Médica*, 10 (473) 1968, pp. 19-20.

"Casa- Museu Egas Moniz", *Pulso*, 5(94) 1974, p. 8.

"Celebrações do centenário de Egas Moniz [notícia sobre descerramento da lápide]", *Notícias Médicas*, Lisboa, 3(22)1974, pp. 7; 10.

"O centenário de Egas Moniz", *O Médico*, Nova série, 68(1146)1973, p. 275.

"O centenário de Egas Moniz", *O Médico*, Nova série, 73(1214)1974, pp. 578-579.

"O centenário de Egas Moniz", *Pulso*, 5(94) 1974, p. 1.

"O centenário de Egas Moniz. Inaugurado (no Hospital de S. João) a exposição de homenagem a Egas Moniz", *O Médico*, Nova série, 74(1219)1975, p. 97.

"Centenário do nascimento de Egas Moniz", *Coimbra Médica*, 3ª série, 21(8)1974, pp. 847-850.

"Centenário (No) do nascimento de Egas Moniz. Homenagem da Universidade de Lisboa", *O Médico*, Nova série, 73(2111)1974, pp. 395; 397.

"Centenário do nascimento de Egas Moniz, Prémio Nobel Portuguez", *Coimbra Médica*, 3ª série, 21(9)1974, p. 947.

"Centenário do nascimento do Prof. Egas Moniz", *O Médico*, Nova série, 71(1183)1974, p. 277.

"Centenário do nascimento de Egas Moniz [entrevista com o professor Barahona Fernandes]", *Notícias Médicas*, Lisboa 3(218) 1974, pp. 7; 11.

"Centenário do nascimento do prof. Egas Moniz — Uma exposição em Coimbra", *Diário de Coimbra*, 19 de Abril de 1974, p. 4.

"Centro de Estudos Egas Moniz", *Gazeta Médica Portuguesa*, 2(2)1950, p. 397.

"Centro de Estudos Egas Moniz", *O Médico*, Nova série, 5(279)1957, p. 104.

"Centro de Estudos Egas Moniz", *O Médico*, Nova série, 7(333)1958, pp. 180-182.

"Centro de Estudos Egas Moniz", *O Médico*, Nova série, 7(339) 1958, p. 446.

"Centro de Estudos Egas Moniz", *O Médico*, Nova série, 9(382)1958, pp. 653-655.

"Centro de Estudos Egas Moniz", *O Médico*, Nova série, 11(396)1959, p. 48.

CERQUEIRA, Eduardo, "Uma faceta olvidada de Egas Moniz", *Selos & Moedas*, Aveiro, 13(47)1975, pp. 14-20.

CHIN, Kaon, "Blood vessel studies on experimental brain sarcoma of rabbits", *Lisboa Médica*, 14(12)Dez. 1937, pp. 854-860.

"Cientista (O) na intimidade", *O Século Ilustrado*, Lisboa, 17(886) 25 Dez. 1954, p.4.

"Clínica de 'Egas Moniz' de Jacarepaguá", *A Medicina Contemporânea*, 70(4)Abr. 1952, pp. 235-246.

COELHO, António Macieira, "O portuguesismo de Egas Moniz", *Diário Popular (Suplemento Quinta-Feira à tarde)*, 11, 14 Fev. 1957, pp. 1-2.

COELHO, António Macieira, "O sonho de Setembro", *D'A Vanca*, Avanca, 5, 1999, pp. 13-15.

COELHO, E. Macieira, "A ética na medicina: o exemplo de Egas Moniz", *Acta Médica Portugusa*, 2ª série, 8(12)1995, pp. 719-722.

COELHO, Eduardo, "A missão universitária de Egas Moniz", *Jornal do Médico*, Porto, 53(1098)1964, pp. 314-317.

COELHO, Eduardo, "O sentido da cultura e da investigação científica em Egas Moniz", *O Médico*, Nova série, 6(312)1957, pp. 242-250.

COELHO, Eduardo, "A última lição do Prof. Egas Moniz", *Jornal do Médico*, Porto, 5(98)1944, pp. 79-80.

COELHO, Eduardo, "A vida científica de Egas Moniz", *Jornal do Médico*, Porto, 15(373)1950, pp. 432-436.

"Coimbra e o Prof. Egas Moniz", *Revista Internacional*, Lisboa, 15, Dez. 1949, p. 25.

Colóquio Ciências, Revista de Cultura Científica, Lisboa, Fundação Calouste Gulbenkian, 1988-2000.

"Comemorações do Centenário do Nascimento do Dr. Egas Moniz", *Diário de Coimbra*, 06 de Março de 1974, p. 2.

"Comemorações do centenário do nascimento de Egas Moniz", *Jornal do Médico*, Porto, 86(1629) 1974, p. 312.

"Comemorações do 1º Centenário do Nascimento de Egas Moniz", *Diário de Coimbra*, 28 de Fevereiro de 1974, p. 2

"Comunicação do Prof. Almeida Lima à Academia das Ciências de Lisboa", *Jornal do Médico*, Porto, 23(583)1954, p. 822.

"Comunicação (Uma) do Prof. Egas Moniz à Academia das Ciências", *Jornal do Médico*, Porto, 21(535)1953, p. 1023.

"Conferência (Uma) do Prof. Egas Moniz", *Coimbra Médica* 2ª série, 3(5) 1936, pp. 317-334.

"Conferência (Uma) do Prof. Egas Moniz", *Jornal do Médico*, Porto, 16(390)1950, p. 98.

"Conferência (Uma) do Prof. Egas Moniz", *Jornal do Médico*, Porto, 17(416)1951, p. 126.

"Conferência do Prof. Egas Moniz em Ferrara (1937)", *Revista de Psiquiatria*, 2ª série, 7(2) Abr.-Jun. 1985, pp. 48-49.

"Congresso (V) Internacional de Neurologia", *O Médico*, 4(112)Out. 1953, pp. 803-812.

"Congresso (O V) Internacional de Neurologia decorreu com grande brilhantismo no novo Hospital Escolar de Lisboa, distinguindo-se pela organização impecável, pelo avultado número de participantes estrangeiros e pelo extraordinário volume de comunicações científicas apresentadas", *Jornal do Médico*, Porto, 21(521)1953, p. 713-724.

"Congresso Internacional de Psicocirurgia", *Gazeta Médica Portuguesa*, 1(1)1950, pp. 131-138.

"Congresso (O) Internacional de Psicocirurgia", *Jornal do Médico*, Porto, 12(287)1948, p. 100.

"Controvérsia sobre Psicocirurgia", *Pulso*, 5(94) 1974, p. 1.

"Corpo (O) clínico do Hospital Miguel Bombarda felicitou o Prof. Egas Moniz", *Jornal do Médico*, Porto, 15(364)1950, p. 133.

COSTA, Celestino da, "Homenagem a Egas Moniz, em Nairobi", *A Medicina Contemporânea*, Lisboa, 74(4) 1956, p. 191.

COSTA, Celestino da, "O Professor Egas Moniz, Prémio Nobel", Separata da *Revista de Medicina*, nº 65, s.d, 6 p.

COSTA, Teresa, "50 anos do Prémio Nobel", *Jornal de Notícias*, 28 de Novembro de 1999, pp. 20-21.

COURRÈGE, Orlando, "A psiquiatria através dos séculos. O professor Egas Moniz e o Brasil", Separata da. *Revista Portugal-Brasil*, Lisboa, 1952/53, 33 p.

COUTINHO, António, "4º Congresso da European Federation of Neurological Societies: Egas Moniz, um homem muito à frente do seu tempo", *Tempo Medicina*, 17(795) 27 Set. 1999, pp. 18-19.

CRESPO, José, "A última lição do Prof. Egas Moniz", *Jornal do Médico*, 5(98)1944, pp. 79-80.

CRISTO, David, "Limiar", *Selos & Moedas*, Aveiro, 13(47)1975, p. 1.

DAMÁSIO, António R, "Egas Moniz, pioneer of angiography and leucotomy", *The Mount Sinai Journal of Medicine*, 42(6)Nov.-Dec. 1975, pp. 502-513.

DANTAS, Júlio, "Egas Moniz, o sábio e o homem", *O Médico*, Nova série, 4(252) 1956, p. 714.

DANTAS, Júlio, "Professor Egas Moniz. Prémio Nobel de Medicina 1949 (Homenagem da Gazeta Médica Portuguesa)", *Gazeta Médica Portuguesa*, 2(3)1949, p. 587.

"No dia 13 de Dezembro ultimo faleceu em Lisboa o eminente cientista Prof. Dr. Egas Moniz", *Vida e Saúde*, 260/261, 1956, pp. 6; 8.

DIAS, Ana Sousa, "O prémio polémico. Há 50 anos, o Nobel da Medicina foi para um trabalho inovador que a ciência veio a abandonar", *Focus*, 1, 1999, p. 123.

"Dimensão (A) de Egas Moniz: homenagem a um homem fora do comum", *Notícias Médicas*, 16 Jan. 1998, pp. 16-17.

"Diversas outras homenagens ao Prof. Egas Moniz", *Jornal do Médico*, Porto, 15(364)1950, p. 134.

"Doutor Egas Moniz", *CP — Boletim*, 16(186) Dez. 1944, p. 225.

DOYLE, Iracy, "Egas Moniz e o espírito do tempo", *Imprensa Médica*, Lisboa, 20(11) 1956, pp. 571-574.

DUCLA-SOARES, A, "O centenário de Egas Moniz", *O Médico*, Nova série, 73(1212)1974, pp. 407; 409.

DUCLA-SOARES, A, "Lápide a Egas Moniz", *O Médico*, Nova série, 71(1182)1974, pp. 171; 173.

DUTAILLIS, D. Petit, "A propos de l'angiographie cérébrale d'Egas Moniz", *A Medicina Contemporânea*, Lisboa, 72 (12) 1954, pp. 573-579.

"Duas (As) grandes descobertas com que o Prof. Egas Moniz enriqueceu a ciência médica", *Átomo. Ciência e técnica para todos*, Lisboa, 2(23)1949, pp. 6-7.

"Efeméride Egas Moniz", *Diário de Notícias*, Lisboa, 135(47.676) 4 de Outubro de 1999, pp. 34-35.

"Egas Moniz", *A Medicina Contemporânea*, Lisboa, 73 (12) 1955, pp. 565-566.

"Egas Moniz", *Triângulo*, 2(2) 1955, pp. 76-77.

"Egas Moniz", *O Médico*, Nova série, 4(252)1956, p. 713.

"Egas Moniz — *Confidências de um investigador científico*", *A Medicina Contemporânea*, 62(5)1949, pp. 177-190.

"Egas Moniz e as Faculdades de Medicina de Portugal", *Revista Internacional*, Lisboa, 15, Dez. 1949, p. 17.

"Egas Moniz [Falecimento do Prof. Egas Moniz]", *A Medicina Contemporânea*, Lisboa, 73(12)1955, pp. 565-566.

"Egas Moniz — o glorioso sábio português, Prémio Nobel de Medicina, conta a história da 'leucotomia' — sua última descoberta científica — e faz-nos sensacionais revelações da sua personalidade", *Portugal Ilustrado*, Lisboa, 1(10) 2 Jul. 1954, pp. 12-13; 42 (entrevista de Mário Alves).

"Egas Moniz: homenagem no Porto", *Tempo Medicina*, Suplemento "História" 16(718) 26 Jan. 1998, pp. 41-44.

"Egas Moniz. O Nobel português", *Consulta*, 1(3)1994, pp. 45-47.

"Egas Moniz, Prémio Nobel", *Aveiro e o seu Distrito*, 18, 1974, pp. 10-18.

"Egas Moniz, Prémio Nobel de Medicina", *Jornal do Médico*, Porto, 14(355)1949, p. 497.

"Egas Moniz. Prémio Nobel de Medicina. Homenagem da Sociedade Industrial Farmacêutica", Laboratórios Azevedos. *Anais Azevedos*, 1(5) 1949, pp. s.n.

"Egas Moniz e Sousa Martins", *Portugal Médico* 41(2)1957, pp. 136-137.

"Egas Moniz: a sua glória e uma pergunta [Polémica entre Fernando Nogueira e Almeida Lima]", *O Médico*, Nova série, 66(1123)1972, pp. 730-732.

"Egas Moniz tem escultura no Largo da Igreja. Pardilhó (Estarreja) homenageou 'filho da terra'", *Diário de Coimbra*, 4 de Janeiro de 2000, p. 10.

"Egas Moniz — uma das mil grandes figuras da Humanidade no século XX", *O Médico*. Nova série, 53(953) 1969, p. 902.

"Elogio (O) do Prof. Egas Moniz", *Jornal do Médico*, 29(676)1956, p. 51.

"Avanca (Em), os conterrâneos de Egas Moniz prestaram-lhe também uma significativa homenagem", *Jornal do Médico*, Porto, (382)1950, pp. 759-760.

"Avanca (Em) viu luz — Nova luz da humanidade...", *Aveiro e o seu Distrito*, 18, 1974, pp. 5-9.

"Encerramento das comemorações do centenário de Egas Moniz", *O Médico*, Nova série, 73(1215)1974, pp. 639-640.

"Entrega (A) da medalha e do diploma do Prémio Nobel ao Prof. Egas Moniz", *Jornal do Médico*, Porto, 15(368)1950, p. 272.

"Entrega (A) do Prémio em Estocolmo", *Jornal do Médico*, Porto, 15(364)1950, p. 134.

"[Entrevista ao Prof. Jacques Le Beau sobre a vida e a obra de Egas Moniz]", *O Médico*, Nova série, 73(1212)1974, pp. 455-456.

ESAGUY, Augusto d', "Inteligência & Personalidade",. Separata da *Revista Portuguesa de Medicina*, Dez. 1955.

ESAGUY, Augusto d', "Leucotomia Pré-Frontal", *Revista Internacional*, Lisboa, 15, Dez. 1949, p. 34.

"Escola (A) Médico-Cirúrgica de Goa prestou homenagem ao Prof. Egas Moniz", *Jornal do Médico*, Porto, 16(392)1950, pp. 175-179.

ESTEVES, Juvenal, "O Prémio Nobel [considerações sobre Egas Moniz]", *Boletim Clínico dos Hospitais Civis de Lisboa*, 46(1-2)1989, pp. 99-102.

"Excertos de artigos de Egas Moniz", *O Médico*, Nova série, 4(252)1956, pp. 731-732.

"Exposição (Uma) em Washington para comemorar a atribuição do Prémio Nobel a um português", *Jornal do Médico*, Porto, 15(364)1950, p. 133.

"Faculdade de Medicina de Coimbra. Comemorações de Egas Moniz", *O Médico*, Nova série, 74(1221)1975, pp. 177-178.

"Faleceu em Lisboa o Eminente Cientista Prof. Dr. Egas Moniz", *Vida e Saúde. Revista Popular Ilustrada Medico-Social*, 21(260-261)1956, p. 6; 8.

"Faleceu o Prof. Egas Moniz", *Jornal do Médico*, 26(675)1955, pp. 1028-1029.

"Falecimentos: Prof. Dr. Egas Moniz", *Coimbra Médica*, 3ª série, 3(1)1956, p. 59.

FERNANDES, A. Augusto, "Egas Moniz íntimo. Bibliografia científica e literária de Egas Moniz", *A Medicina Contemporânea*, Lisboa, 72 (12) 1954, pp. 649-685.

FERNANDES, Barahona, "A propósito da leucotomia pré-frontal de Egas Moniz", *Imprensa Médica*, 10(21-22)Nov. 1944, pp. 366-371.

FERNANDES, Barahona, "O problema das modificações da personalidade na leucotomia pré-frontal. Ensaio. Dedicado ao Prof. Egas Moniz", *Jornal do Médico*, Porto, 14(355)1949, p. 499-504.

FERNANDES, Barahona, "Acção terapêutica da leucotomia pré-frontal", *A Medicina Contemporânea*, Lisboa, 67(7)1949, pp. 243-266.

FERNANDES, Barahona, "Prof. Egas Moniz, Prémio Nobel de Medicina", *Átomo. Ciência e técnica para todos*, Lisboa, 2(23)1949, p. 5.

FERNANDES, Barahona, "Professor Egas Moniz", *Jornal do Médico*, Porto, 14(355)1949, pp. 526-528.

FERNANDES, Barahona, "Egas Moniz — Prémio Nobel de Medicina", *Anais Azevedos*. 1(5) 1949 pp. 201-204.

FERNANDES, Barahona, "A psiquiatria Portuguesa na doutrina e na prática", *Jornal do Médico*, Porto, 15(382)1950, pp. 730-745.

FERNANDES, Barahona, "O problema das modificações da personalidade na leucotomia pré-frontal. Ensaio. Dedicado ao Prof. Egas Moniz", *O Clínico*, Nova série, 13(1)1950, p. 42-77.

FERNANDES, Barahona, "Professor António Flores", *Anais Portugueses de Psiquiatria*, 4(4) 1952, pp. 1-7.

FERNANDES, Barahona, "O síndromo da hipopatia (A dor nos leucotomizados)", *Jornal do Médico*, Porto, 20(514) 1952, pp. 921-926.

FERNANDES, Barahona, "Professor António Flores", *Jornal do Médico*, Porto, 21(521)1953, pp. 192-194.

FERNANDES, Barahona, "Egas Moniz", *O Médico*, Nova série, 4(252)1956, pp. 715-724.

FERNANDES, Barahona, "Egas Moniz — Personalidade e Obra", *Jornal do Médico*, Porto, 29 (692) 1956, pp. 941-949.

FERNANDES, Barahona, "Egas Moniz", *O Médico*. Nova série, 4(252) 1956, pp. 715-724.

FERNANDES, Barahona, "A leucotomia pré-frontal", *A Medicina Contemporânea*, Lisboa, 75(5) 1957, pp. 235-258.

FERNANDES, Barahona, "Egas Moniz and the pre-frontal leucotomy", *Anais Portugueses de Psiquiatria*, 11(11)1959, pp. 190-205.

FERNANDES, Barahona, "Novos tratamentos em psiquiatria: personalidade e psicofármacos", *O Médico*, 644, 1964, pp. 11-24.

FERNANDES, Barahona, "Recordando Egas Moniz", *O Médico*. Nova série, 73(1212) 1974, pp. 411-422.

FERNANDES, Barahona, "Egas Moniz, universitário e investigador", *Jornal do Médico*, Porto 86(1636) 1974, pp. 728-729.

FERNANDES, Barahona, "Recordando Egas Moniz", *O Médico*, Nova série, 73(1212) 1974, pp. 411-422.

FERNANDES, Barahona, "Sentido Pedagógico da Obra de Egas Moniz", *Revista de Psiquiatria do Departamento de Saúde Mental da Faculdade de Medicina do Porto—Hospital de S. João*, 2ª série, 3(1) 1981, pp. 22-42.

FERNANDES, Barahona; ALVES, Abel, "A angiografia cerebral nos oligofrénicos", *Archivo de Medicina Legal*, 8, 1935, pp. 116-156.

FERNANDES, M. Azevedo, "Egas Moniz — Alguns aspetos da personalidade do cientista", *O Médico*, Nova série, 5 (289) 1957, pp. 506-510.

FERREIRA, A. dos Santos, "Egas Moniz e o Instituto de Anatomia Normal da Faculdade de Medicina de Lisboa", *O Médico*, Nova série, 73(1215)1974, pp. 633-637.

FERREIRA, E, "No Centenário de Egas Moniz", *Saúde e Lar. Revista Bimestral Ilustrada*, 33 (320) 1974, p. 1.

FERREIRA, Nuno Girão, "Leucotomia e personalidade", *Acção Médica*, 24(94) 1959, pp. 93-117.

"Ferro (A) e fogo — Os presos políticos", *Illustração Portugueza Edição Semanal do Jornal O Século*, 103, Lisboa, 10. Fev. 1908, p. 174.

FIADEIRO, Joaquim, "Professor Egas Moniz (1874-1955) [notícia de falecimento]", *Revista de Ciências Veterinárias*, 51(356)1956, s.n.

"Figuras da medicina: Egas Moniz", *Tempo Medicina*, Lisboa, 7(387) 8 Jan. 1991, p. 12.

FIGUEIREDO, João Manuel Pacheco de, "Homenagem a Egas Moniz", *Arquivos da Escola Médico-Cirúrgica de Goa*, 31, 1958, pp. 82-90.

FIGUEIREDO, Pacheco de, "Homenagem a Egas Moniz na Escola Médico-Cirúrgica de Goa", Separata de *O Médico*, 366, 1958, 9 p.

"Figura (A) do Prof. Egas Moniz exaltada por um jornal sueco", *Jornal do Médico*, Porto, 15(364)1950, p. 133.

"Figuras ilustres — O Prof. Sr. Dr. Egas Moniz", *Boletim Farmacológico*, 2ª série, Lisboa, 5(8) 1927, pp. 1-2.

FILHO, Augusto Brandão, "Primeira encefalografia arterial no Brazil", *Jornal dos Clinicos*, Rio de Janeiro, 10(20) 30 Out. 1929, pp. 309-315.

FIOLHAIS, Carlos, "Egas Moniz, Ciência e Paixão", *Das Artes, Das Letras*, 2ª série (Suplemento de O Primeiro de Janeiro, ano CXXXII, nº 4) 16, 5 Jan. 2000, p. 9.

FLORES, António, "Introdução", *Lisboa Médica*, 14(12)Dez. 1937, pp. 749-760.

FLORES, António, "O professor Egas Moniz e a sua obra", *Imprensa Médica*, 10(21-22)1944, pp. 3-17.

FLORES, António, "O notável relatório do Prof. ... à Comissão do Prémio Nobel de Medicina, a propósito da candidatura do Prof. Egas Moniz", *O Clínico*, 12(12) 1949, pp. 73-78.

FLORES, António, "Palavras do Prof. Dr. António Flores, Catedrático de Neurologia da Faculdade de Medicina de Lisboa", *Revista Internacional*, Lisboa, 15, Dez. 1949, p. 25.

FLORES, António, "O Prof. Egas Moniz e a sua obra", *Jornal do Médico*, Porto, 14(355)1949, pp. 507-512.

FLORES, António, "Relatório enviado à comissão do Prémio Nobel de Fisiologia e Medicina do Real Instituto Carolino em Estocolmo", *A Medicina Contemporânea*, 62(11)1949, pp. 379-383.

FLORES, António, "Lição de abertura do Curso de Neurologia da Faculdade de Medicina de Lisboa, 1949-50", *A Medicina Contemporânea*, 1, 1950, pp. 1-15.

FLORES, António, "O I Congresso Mundial de Psiquiatria", *Jornal do Médico*, Porto, 16(414)1950, pp. 1005-1014.

FLORES, António, "O Prof. Egas Moniz e a sua obra", *O Clínico*, Nova Goa, 13(2)1950, pp. 33-54.

FLORES, António, "Cinquenta anos de neurologia", *A Medicina Contemporânea*, Lisboa 71(2)1953, pp. 65-82.

FLORES, António, "As descobertas de Egas Moniz no V Congresso Internacional de Neurologia [Homenagem ao Prof. Egas Moniz no seu octogésimo aniversário]", *A Medicina Contemporânea*, Lisboa, 72(12) 1954, pp. 561-572.

"Foi criado oficialmente o 'Centro de Estudos Prof. Egas Moniz'", *Jornal do Médico*, Porto, 15(368)1950, p. 262.

FONTES, Joaquim, "O Professor Hess que compartilhou do prémio Nobel-1949 de Medicina e Fisiologia", *Revista Internacional*, Lisboa, 15, Dez. 1949, p. 27.

FORJAZ, Pereira, "Egas Moniz e a ciência portuguesa", *Átomo. Ciência e técnica para todos*, Lisboa, 2(23)1949, p. 4.

FORJAZ, Pereira, "Egas Moniz, Freeman — e a ciência portuguesa", *Anais Azevedos*, 8(4-5) 1956, pp. 191-193.

FORJAZ, Pereira, "Egas Moniz, Freeman — e a ciência portuguesa", *Jornal dos Farmacêuticos do Ultramar*, 8(92) 1957, p. 5.

FREEMAN, Walter, "The contributions of Egas Moniz — An appreciation from America", *A Medicina Contemporânea*, Lisboa, 73 (3) 1955, pp. 147-150.

FREEMANN, Walter, "Psychosurgery — After fifteen years", *Seara Médica*, São Paulo, 5 (2-4) Abr.-Dez, 1950, pp. 119-131.

FREEMAN, Walter, "La science et la psychochirurgie", *A Medicina Contemporânea*, Lisboa, 74(12) 1956, pp. 571-577.

FREEMAN, Walter, "La psychochirurgie et la morale médicale", *Anais Azevedos*, 8(4-5) 1956, pp. 194-203.

FREIRE, P. Donaciano de Abreu, "Egas Moniz. No centenário do seu nascimento (29.11.1874)", *Boletim Informativo e Cultural — Centro Recreativo de Estarreja*, 3, Abr. 1974, pp. 12-14.

FREITAS, Jorge Torquato de, "Professor Egas Moniz. Homem de ciência. Homem de letras", *Revista Shell*, 23 (280) Nov.-Dez. 1950, pp. 5; 17.

FULTON, John F, "Egas Moniz (1874-1955). Nobel Laureate", *Imprensa Médica*, 20(1)1956, pp. 53-57.

FURTADO, Diogo, "Egas Moniz", *Imprensa Médica*, 10(21-22)1944, pp. 341-343.

FURTADO, Diogo, "Neurologia: posição actual e perspetivas do futuro", *Jornal do Médico*, Porto, 21(525)1953, pp. 365-375.

FURTADO, Diogo, "Réflexions sur la lobotomie", *Jornal do Médico*, Porto, 14(351)1949, p. 398.

FURTADO, Diogo, "Réflexions sur la lobotomie", *Acção Médica*, 54, 1949, pp- 130-132.

GARRETT, Almeida, "Alocução proferida pelo Diretor da Faculdade de Medicina do Porto, Prof....", *Jornal da Sociedade das Ciências Médicas de Lisboa*, 114 (1) 1950, pp. 2-6.

GARRETT, Almeida, "Discurso do Prof....", *Jornal do Médico*, Porto, 15(368)1950, pp. 243-244.

GARRETT, Almeida, "Egas Moniz, Prémio Nobel", *Portugal Médico*, Porto, 33, 1949, pp. 521-522.

"Geração (A) humana e as doutrinas de Exeter. Conferência pelo Dr. Paiva Boléo", *Jornal do Médico*, Porto, 7(162)1946, p. 430.

Gil, "Tribuna de S. Frei Gil — Um médico", *Jornal do Médico*, Porto, 5(98)1944, p. 72.

"Glória às Beiras! Glória a Portugal! A consagração mundial da obra do sábio professor dr. Egas Moniz", *Revista das Beiras*, 2, Jul.-Set. 1949, pp. 1-6.

GOMES, Fernando Amaral, "Egas Moniz, a sua obra e o futuro da psicocirurgia", *O Médico*, Nova série, 68(1148)1973, pp. 334-335.

GOMES, Marques, "Dr. Egas Moniz", *O Concelho de Estarreja*, Pardilhó, 21(1119) 29 Set. 1923, p. 1.

GONÇALVES, Raúl, "Egas Moniz, cidadão do mundo", *Selos & Moedas*, Aveiro, 13(47)1975, pp. 9-13.

GRANJEL, Luís S, "Egas Moniz: a leucotomia", *Tempo Médico*. 3(26) 1978, pp. 1582-1584.

GRANDE, Nuno, "Egas Moniz, cinquenta anos", *Jornal de Notícias*, 28 de Novembro de 1999, p. 18.

GRANDE, Nuno, "Egas Moniz e a investigação clínica", *Das Artes, Das Letras*, 2ª série (Suplemento de *O Primeiro de Janeiro*, ano CXXXII, nº 4) 16, 5 Jan. 2000, p. 8.

GUERRA, Miller, "Alguns aspetos da neurologia actual", *Anais Azevedos*, 5(3)1953, pp. 125-131.

GUERRA, Miller, "O centenário do Prof. Egas Moniz: o único Prémio Nobel português", *Notícias Médicas*, Lisboa, 3(198) 1974, pp. 6; 10; 12 e 14.

GUERRA, Miller, "A descoberta da arteriografia cerebral por Egas Moniz", *Brotéria. Cultura e informação*, 105(1)1977, pp. 40-47.

GUERRA, Miller, "Egas Moniz", *O Médico*, Nova série, 86(1376) 1978, pp. 79-81.

GUERRA, Miller, "A obra científica de Egas Moniz", *Revista de Psiquiatria do Departamento de Saúde Mental da Faculdade de Medicina do Porto—Hospital de S. João*, 2ª série, 3(1) 1981, pp. 43-52.

GUERRA, Miller, "Crítica de livros: Personalidade e Obra de Egas Moniz", *Acta Médica Portuguesa*, 5(4--5)1984, pp. 155-156.

GUERRA, Levi, "Prof. Egas Moniz", *Arquivos de Medicina*, 1(3)1987, pp. 283-285.

GUIMARÃES, Joana; CLÁUDIO, José; VITAL, Pedro; MATOS, Ricardo, "O nosso Egas", *D'A Vanca*, Avanca, 5, 1999, pp. 25-40.

GUIMARÃES, Guedes (introdução e tradução), "Psicocirurgia: o caminho andado", *O Médico*, Nova série, 71(1181)1974, pp. 111; 113.

GUTTMANN, Ludwig, "Ueber möglichkeiten und grenzen der angiographie (Moniz) und ventriculographie (Dandy) bei der diagnose von hirntumoren", *Lisboa Médica*, 14(12)Dez. 1937, pp. 847-853.

HEENAN, Fr. Alan, "Uma nota sobre leucotomia pré-frontal", *Acção Médica*, 53, 1949, pp. 38-42.

HERMANN, Käte; OBRADOR, S.; DOTT, Norman, "Intracranial aneurysms and allied clinical syndromes: cerebral arteriography in their management", *Lisboa Médica*, 14(12)Dez. 1937, pp. 782-814.

"Homem (O) de quem se fala. Aos oitenta anos o Prof. Egas Moniz acha que ainda é 'novo', gosta de sonhar e lê Junqueiro, Nobre, Pascoais, José Régio e 'O Belo Tagore'", *O Século Ilustrado*, Lisboa, 17(886) 25 Dez. 1954, p. 5.

"Homenagem da Academia das Ciências de Lisboa ao Prof. Egas Moniz", *Jornal do Médico*, Porto, 14(355)1949, pp. 517-525.

"Homenagem (A) da Associação Académica de Coimbra", *Jornal do Médico*, Porto, (382)1950, p. 760; 762.

"Homenagem (A) da Casa das Beira ao Prof. Egas Moniz", *Jornal do Médico*, Porto, 15(368)1950, p. 271.

"Homenagem dos Clubes Rotários à memória de Egas Moniz", *O Médico*, Nova série, 70(1172)1974, p. 392.

"Homenagem do Conselho Geral da Ordem dos Médicos", *Jornal do Médico*, Porto, 15(364)1950, p. 130.

"Homenagem (A) do Conselho Regional de Lisboa da Ordem dos Médicos", *Jornal do Médico*, Porto, 15(364)1950, p. 130.

"Homenagem a Egas Moniz no 8º aniversário da sua morte", *Semana Médica*, 5(243) 22 Dez. 1963, pp. 1-2.

"Homenagem a Egas Moniz na Escola Médico-Cirúrgica de Goa", *O Médico*, Nova série, 9(366; 367)1958, pp. 20-21; 51-53.

"Homenagem dos estudantes de Medicina de Lisboa" [A Egas Moniz], *Jornal do Médico*, Porto, 15(382)1950, p. 759.

"Homenagem do Grupo de Estudos Brasileiros do Porto"[A Egas Moniz], *Jornal do Médico*, Porto, 15(382)1950, p. 759.

"A homenagem da imprensa médica e das sociedades portuguesas de medicina ao Prof. Egas Moniz", *Jornal do Médico*, Porto, 15(368)1950, pp. 239.259.

"Homenagem do Jardim Universitário de Balas-Artes, ao Prof. Egas Moniz", *Jornal do Médico*, Porto, 15(368)1950, p. 262.

"Homenagem da medicina portuguesa a Egas Moniz", *Portugal Médico*, Porto, 34, 1950, pp. 59-62.

"Homenagem à memória de Egas Moniz", *Coimbra Médica*, 3ª série, 4(3)1957, p. 317.

"Homenagem à memória do Prof. Dr. Egas Moniz", *Coimbra Médica*, 3ª série, 6(10)1959, pp. 1076-1077.

"Homenagem à memória do Prof. Egas Moniz [Faculdade de Medicina de Lisboa]", *O Médico*, Nova série, 5(290)1957, pp. 570-571.

"Homenagem à memória do Prof. Egas Moniz", *Jornal do Médico*, 29(685) 1956, pp. 566-567.

"Homenagem à memória do Prof. Egas Moniz [Sociedade Portuguesa de Neurologia e Psiquiatria]", *O Médico*, Nova série, 4(244)Supl. 1956, pp. 324-325.

"Homenagem (A) do Município de Lisboa", *Jornal do Médico*, Porto, 15(364)1950, p. 133.

"Homenagem ao Prof. António Flores", *Jornal do Médico*, Porto, 21(521)1953, p. 195.

"Homenagem ao Prof. Dr. Egas Moniz", *Vida e Saúde. Revista Popular Ilustrada Medico-Social*, 9(118)1944, p. 8.

"Homenagem ao Prof. Egas Moniz", *Jornal do Médico*, Porto, 17(421)1951, p. 320.

"Homenagem da 'Rádio Cultura' ao Prof. Egas Moniz", *Seara Médica*, São Paulo, 5 (2-4) Abr.-Dez, 1950, pp. 195-196.

"Homenagem dos Rotários (de Lisboa) ao prof. Egas Moniz", *Diário de Coimbra*,. 24 Jan. 1974, p. 7.

"Homenagem do Rotary Clube de Lisboa ao Prof. Egas Moniz", *Jornal do Médico*, Porto, 17(434)1951, p. 852.

"Homenagem da Sociedade de Geografia ao Prof. Egas Moniz", *Jornal do Médico*, Porto, 17(419)1951, p. 239

"Homenagem da Sociedade Nacional de Belas Artes ao Prof. Egas Moniz", *Jornal do Médico*, Porto, 17(427)1951, p. 562.

"Homenagens ao Prof. Egas Moniz em Avanca e em Lourenço Marques", *Jornal do Médico*, Porto, 16(411)1950, p. 896.

ILHARCO, Fernando, "Nótula sobre a leucotomia de Egas Moniz", *Anais Portugueses de Psiquiatria*, 2(2)1950, pp. 260-273.

IMAGINÁRIO, J. da Gama, "Contribuição para a história da angiografia cerebral. A expansão da angiografia em Inglaterra", *Gazeta Médica Portuguesa*, 9(6)1956, pp. 655-658.

"Indicações da leucotomia prefrontal", *Jornal do Médico*, Porto, 5(115)1945, p. 556.

"Instituto (No) Bento da Rocha Cabral, onde começou os trabalhos que levaram a uma das maiores descobertas, foi evocada a memória de Egas Moniz", *O Médico*, Nova série, 5(280)1957, p. 148.

"Investigadores (Os) que conquistaram o Prémio Nobel de Medicina desde a sua fundação até à actualidade", *Jornal do Médico*, Porto, 14(355)1949, pp. 534.

J.A.L, "Ainda Egas Moniz", *O Médico*, Nova série, 6(312)1957, p. 251.

JARVIS, J.F, "Egas Moniz — his contribution to arteriology", *Extract from The East African Medical Journal*, 33(9)1956, pp. 7-8.

JEFFERSON, Geoffrey, "Retrospect on the contribution of Prof. Egas Moniz to surgical neurology", *A Medicina Contemporânea*, Lisboa, 74(4)1956, pp. 152-160.

KAEMPFFERT, Waldemar, "Turning the Mind Inside Out", *The Saturday Evening Post*, 24, 1941, pp. 18-19; 69; 71-72; 74.

KEENAN, Alan, "Uma nota sobre leucotomia pré-frontal", *Acção Médica*, 14(53)1949, pp. 38-42.

KOCH, Gerhard, "Egas Moniz — Prémio Nobel de Medicina e Fisiologia. Vida e obra", *O Médico*, 8, 1950, pp. 11-13.

KOCH, Gerhardt, "Nobelpreisträger Egas Moniz", *Ärztliche Praxis*, 1(25) 1949, pp. 3; 10.

KOCH, Gerhardt, "Nobelpreisträger Egas Moniz", *Ärztliche Praxis*, 1(26) 1949, pp. 3; 10.

LACERDA, Ruy, "Angiografia Cerebral (Prova de Egas Moniz). Sua importância clínica", *Imprensa Médica*, 1(8) 1935, pp. 161-165.

"Leucotomia (A) foi proibida na Rússia [Extracto de uma obra]", *Acção Médica*, 18(69-70)1953, p. 116.

LIMA, Almeida, "A realização da arteriografia cerebral", *Lisboa Médica*, 14(12)Dez. 1937, pp. 761-772.

LIMA, Almeida, "O campo da neuro-cirurgia", *Jornal do Médico*, Porto, 1(15)1941, pp. 238-239.

LIMA, Almeida, "Angiografia cerebral-leucotomia prefrontal", *A Medicina Contemporânea*, 62(11)1949, pp. 399-416.

LIMA, Almeida, "IV Congresso Neurológico Internacional", *Jornal do Médico*, Porto, 14(355)1949, p. 532.

LIMA, Almeida, "A personalidade e a obra do Professor Dr. Egas Moniz", *Revista Internacional*, Lisboa, 15, Dez. 1949, pp. 20-21.

LIMA, Almeida, "Prof. Egas Moniz. Prémio Nobel de Fisiologia e Medicina (1949)", *Clínica, Higiene e Hidrologia*, Lisboa, 15(12)1949, pp. 323-326.

LIMA, Almeida, "Discurso do Prof. Dr. (…) [a propósito de Egas Moniz]", *Jornal da Sociedade das Ciências Médicas*, 114(1) 1950, pp. 22-28.

LIMA, Almeida, "Discurso de homenagem ao Prof. Dr. Egas Moniz", *Jornal da Sociedade das Ciências Médicas de Lisboa*, 114(1)1950, pp. 22-28.

LIMA, Almeida, "Discurso do Prof….", *Jornal do Médico*, Porto, 15(368)1950, pp. 255-257.

LIMA, Almeida, "Discurso do Prof. Dr….", *Jornal da Sociedade das Ciências Médicas de Lisboa*, 114(1) 1950, p. 1.

LIMA, Almeida, "Duas contribuições da neurologia portuguesa (angiografia cerebral e leucotomia pré--frontal)", *Seara Médica*, São Paulo, 5 (2-4) Abr.-Dez, 1950, pp.101-112.

LIMA, Almeida (org.), "Egas Moniz. Resumo biográfico", *Seara Médica*, São Paulo, 5 (2-4) Abr.-Dez, 1950, pp. 71-99.

LIMA, Almeida, "A obra científica de Egas Moniz, Prémio Nobel de Fisiologia e Medicina 1949", *Gazeta de Física*, 2(2) 1950, pp. 33-38.

LIMA, Almeida, "O 25º aniversário da angiografia cerebral", *A Medicina Contemporânea*, Lisboa, 70(8) Ago. 1952, pp. 439-444.

LIMA, Almeida, "Apperçu historique de l'angiographie cérébrale", *Cadernos Científicos*, 3(1)1952, pp. 5-9.

LIMA, Almeida, "A experiência da Escola de Egas Moniz no tratamento cirúrgico das doenças mentais", *A Medicina Contemporânea*, 70(1)1952, pp. 19-34.

LIMA, Almeida, "Tendências actuais da neurologia", *A Medicina Contemporânea*, Lisboa, 73 (9) 1955, pp. 413-434.

LIMA, Almeida, "Sessão de homenagem à memória do Prof. Egas Moniz", *A Medicina Contemporânea*, Lisboa, 74(4)1956, pp. 143-146.

LIMA, Almeida, "Egas Moniz. Investigador científico", *Gazeta Médica Portuguesa*, 9(6)1956, pp. 645-654.

LIMA, Almeida, "Egas Moniz", *Medicamenta*, 287, 1956, pp. 3-5.

LIMA, Almeida, "A lição de Egas Moniz", *O Médico*, Nova série, 4(252) 1956, pp. 724-728.

LIMA, Almeida, "Egas Moniz, Freeman e a ciência portuguesa", *Jornal dos Farmacêuticos do Ultramar*, 8(92) 1957, p. 5.

LIMA, Almeida, "Em homenagem a Egas Moniz", *A Medicina Contemporânea*, Lisboa, 75(5) 1957, pp. 217-228.

LIMA, Almeida, "Platão, Roger Bacon, Egas Moniz — A propósito do tratamento cirúrgico das doenças mentais", *O Médico*, Nova série, 67(1142)1973, pp. 93-98.

LIMA, Almeida, "Para sempre na história da medicina",*Vida Mundial*, Lisboa, 1815, 22 Mar. 1974, pp. 26-30.

LIMA, Almeida, "O centenário de Egas Moniz", *O Médico*, Nova série, 73(1215)1974, pp. 628-632.

LIMA, Almeida, "O Médico há vinte anos: confiança [sobre Egas Moniz]", *O Médico*. Nova série, 80(1296) 1976, p. 32.

LÖHR, W, "Die arteriographie der gehirngefässe in der unfallchirurgie", *Lisboa Médica*, 14(12)Dez. 1937, pp. 824-846.

LOPES, David, "Um príncipe da renascença [sobre Egas Moniz c/ entrevista a Pedro Polónio]", *Tempo Medicina*, Lisboa, 14(654) 23 Set. 1996, pp. 8-10.

LOPES, David, "Egas Moniz: homenagem no Porto", *Tempo Medicina*, 16(718 suplemento) 1998, pp. 41-44.

LOPES, J. Leme, "Egas Moniz", *Revista de Psiquiatria do Departamento de Saúde Mental da Faculdade de Medicina do Porto—Hospital de S. João*, 2ª série, 3(1) 1981, pp. 17-21.

LOPEZ-IBOR, J, "La significación de Egas Moniz en la psiquiatría contemporánea", *Imprensa Médica*, Lisboa, 20(11) 1956, pp. 575-579.

LOURENÇO, Sónia, "Egas Moniz e a angiografia cerebral", *Tempo Medicina*, Lisboa, 18(814)2000, p. 16 E (notícia que tem por base uma conferência de J. Lobo Antunes).

LUZES, Pedro — "Não reduzir Egas Moniz à leucotomia", *Vida Mundial*, Lisboa, 1815, 22 Mar. 1974, p. 30.

LUZES, Pedro, "Cem Anos de Psicanálise. Situação Actual da Psicanálise no Mundo e em Portugal", *Revista Portuguesa de Psicanálise*, 15, Dez. 1996, pp. 75-81.

MACHADO, Falcão, "Ouvindo o Professor Dr. Egas Moniz", *Revista Internacional*, Lisboa, 15, Dez. 1949, pp. 9-11.

MACHADO, Falcão, "A vida e o labor científico do Professor Dr. Egas Moniz. 50 anos ao serviço da humanidade", *Revista Internacional*, Lisboa, 15, Dez. 1949, pp. 3-7.

MAGALHÃES, António, "O espectro da leucotomia", *Saúde Mental*, Lisboa, 8(28)1976, pp. 21-23.

MALPIQUE, Cruz, "Egas Moniz, o político — no centenário do seu nascimento (1874-1974)", *Aveiro e o seu Distrito*, 18, 1974, pp. 19-39.

MANTA, Neves, "A Sciencia e a Arte de Egas Moniz", *Gazeta Clínica*, S. Paulo, 26(8)1928, p. 177.

MARGETTS, Edward L, "Egas Moniz — his contributions to psychiatry", *Extract from The East African Medical Journal*, 33(9)1956, pp. 4-6.

MARQUES, António de Vasconcellos, "Angiografia cerebral", *O Médico*, Nova série, 73(1212)1974, pp. 432-433.

MARQUES, Juvenal Silva, "Egas Moniz e o Brasil", *Seara Médica*, 11(1-2)1956, pp. 37-57.

MARQUES, Juvenal Silva, "Egas Moniz e o Brasil", *Jornal do Médico*, Porto 32(746)1957, pp. 71-82.

MARTÍN, Wenceslao C, "Egas Moniz y las nuevas rutas del cerebro", *Imprensa Médica*, 21(3)1957, pp. 117-122.

MARTINS, Robert Pereira, "Reumobiografias: Egas Moniz", *Acta Reumatológica Portuguesa*, 8(27)1983, pp. 107-116.

MARTINS, Rocha, "A conferência de Egas Moniz", *República*, ano XL, nº 6996, 31 Mai. 1950, pp. 1; 4.

MASSERMAN, Jules H, "Psychotherapy: — an outline and a integration", *Imprensa Médica*, 21(5)1957, pp. 231-241.

MATOS, Manuel, "Egas Moniz: uma vida entre o trabalho e o afecto", *D'A Vanca*, Avanca, 5, 1999, pp. 42-44.

"Médicos (Os) de Nairobi prestam homenagem ao Prof. Egas Moniz", *O Médico*, Nova série, 4(252)Supl. 1956, pp. 450-451.

MELO, Francisco de, "Psico-cirurgia", *Vértice*, 6(60) 1948, pp. 111-112.

MELO, Francisco de, "Egas Moniz", *Vértice*, 8(75) 1949, p. 286.

MELLO, Jules P. de, "Professor A. Egas Moniz", *Extract from The East African Medical Journal*, 33(9)1956, pp. 1-3.

"Memória (À) de Egas Moniz foi prestada homenagem pelos neurocirurgiões espanhóis", *Semana Médica*, 1(30)1959, pp. 1-16.

"Memória (Á) do prof. Egas Moniz [Sociedade de Geografia de Lisboa]", *O Médico*, Nova série, 4(233) Supl.1956, p. 136.

"Mensagem (Uma) da Universidade de Lisboa", *Jornal do Médico*, Porto, 15(364)1950, pp. 133-134.

"Mestre Moniz", *Evasões*, 8, Dez. 1998, pp. 68-70.

MIRA, Ferreira de, "Dr. Egas Moniz", *Seara Nova*, 28(1138-39) 1949, pp. 213-214.

MONIZ, Egas, "Subsídios para a história da angiografia", *A Medicina Contemporânea*, Lisboa, 73(7)1955, pp. 329-346.

"Monumento a Egas Moniz", *O Médico*, Nova série, 11(399)1959, p. 159.

MORGANTE, R, "Centennial of the 1st Nobel Prize Winner Egas Moniz, founder of neuroradiology", *Minerva Medica*, 68, 1975, pp. 36-37.

"Morte (A) do Prof. Egas Moniz", *O Médico*, Nova série, 4(252)1956, pp. 454-456.

MOTA, Mário, "Médicos escritores: Egas Moniz", *Revista Médica de Angola*, 2ª série, 16(63)1974, pp. 9-44.

"Mundo (O) Científico — Egas Moniz", *Triângulo — Jornal Sandoz das Ciências Médicas*, 2(2) Set. 1955, pp. 76-77.

NARCISO, Armando, "O prof. Egas Moniz na Reunião Internacional de Neuro-Cirurgia", *Clínica, Higiene e Hidrologia*, 13(5)Mai. 1947, pp. 136-139.

NASCIMENTO, Romão, "Há quarenta anos um Nobel português", *Revista dos Médicos*, 1(2) 1989, p. 14.

NEME, Mijail, "Egas Moniz y la comprensión del sistema nervioso superior", *Imprensa Médica*, 21(3)1957, pp. 123-129.

NEVES, Azevedo, "O professor Egas Moniz", *Correio dos Açores*, Supl. 7.162, 1944, pp. 7-16.

NEVES, Joaquim Pacheco, "O professor Egas Moniz", *O Médico*, Nova série, 4(252 suplemento)1956, p. 449.

"Nobel (Os) de medicina de 1901 a 1964", *O Médico*, Nova série, 33(694)1964, pp. 784-791.

NOGUEIRA, Fernando R, "Egas Moniz: a sua glória e uma pergunta", *O Médico*, Nova série, 65(1109)1972, pp. 673-675.

"Nome ou pseudónimo?... [Egas Moniz]", *Diário de Notícias*, Lisboa, 135(47.676) 4 de Outubro de 1999, p. 35.

NORTHFIELD, W.C, "Observations on the clinical indications for cerebral arteriography", *Lisboa Médica*, 14(12)Dez. 1937, pp. 861-872.

"Notável (Um) ciclo de conferências no Hospital de Miguel Bombarda pelos Profs. Manfred Bleuler, Barahona Fernandes, Lopez Ibor, Vallejo Nágera e Egas Moniz", *Jornal do Médico*, Porto, 13(315)1949, pp. 166-174.

"Notável (O) relatório do Prof. António Flores à Comisão do Prémio Nobel de Medicina, a propósito da candidatura do Prof. Egas Moniz", *Jornal do Médico*, Porto, 14(355)1949, pp. 530-531.

"Nova homenagem em Estarreja", *Jornal do Médico*, Porto, (382)1950, p. 760.

O'BRIEN, "Aspeto moral da lobotomia pré-frontal", *Acção Médica*, 14(53) 1949, pp. 43-44.

O'RAHILLY, Ronan, "Leucotomia pré-frontal", *Acção Médica*, 14(53) 1949, pp. 22-37.

"Obra (A) de Guerra Junqueiro apreciada pelo Prof. Egas Moniz numa notável conferência feita na Associação dos Jornalistas e Homens de Letras do Porto", *Jornal do Médico*, Porto, 14(355)1949, pp. 542-544.

"Obra (A) e a personalidade de Egas Moniz evocadas numa sessão promovida pela Câmara Municipal de Lisboa", *O Médico*, Nova série, 73(1210)1974, pp. 325-326.

"Obituary — Antonio Egas Moniz, M.D.", *Lancet*, 2, 1955, p. 1345.

OLIVEIRA, João Paradela de, "Uma carta do ilustre e nosso presado amigo e colaborador, Dr. João Paradela de Oliveira, recebemos a seguinte carta que publicamos", *Revista Internacional*, Lisboa, 15, Dez. 1949, p. 23.

OLIVEIRA, Isabel, "80 anos de papas" na revista *Única*, Semanário EXPRESSO nº 1619 de 8/11/2003

"Outras homenagens", *Jornal do Médico*, Porto, (382)1950, p. 760.

PACHECO, Luís, "Prof. Egas moniz. Prémio Nobel de Fisiologia e Medicina", *Clínica Contemporânea*, 3(29) 1949, pp. 1631-1633.

PACHECO, Osvaldo, "Uma casa como as outras na Rua de Tomar", *Diário de Coimbra*, 69(23.309) 21 Mar. 2000, p. 2.

"Páginas de história na visão de Egas Moniz", *Nestlé Notícias*, 5, 1986, p. 1.

PEDROSO, Alberto, "O prof. Egas Moniz e o conflito na biblioteca", *Seara Nova*, 1588, 1978, pp. 31-33.

PEIRONE, Frederico José, "Três cartas inéditas de Egas Moniz ao poeta Afonso Lopes Vieira", *A Medicina Contemporânea*, Lisboa, 74(12) 1956, pp. 579-582.

PELICIER, Y, "Egas Moniz, le grann héros des lusiades cerebrales", *Revista de Psiquiatria do Departamento de Saúde Mental da Faculdade de Medicina do Porto—Hospital de S. João*, 2ª série, 3(1) 1981, pp. 15-16.

PEREIRA, Ana Leonor; PITA, João Rui, "Egas Moniz. A propósito do cinquentenário da atribuição do Prémio Nobel ao cientista português", *Diário de Coimbra*. Supl. *Tribuna Universitária*, 2 de Dezembro de 1999, pp. II-III.

PEREIRA, E. Aparício, "A medicina portuguesa no estrangeiro e Egas Moniz. Uma conferência em Paris do Prof. P. Puech sobre 'Psicocirurgia e suas aplicações'", *Jornal do Médico*, 14(352)1949, pp. 430; 432.

PEREIRA, José Morgado, «O Professor Sobral Cid na história da psiquiatria portuguesa», in *Revista da Associação para o Estudo, Reflexão e Pesquisa em Psiquiatria e Saúde Mental*, 1, (1) 1996, pp. 8-9

PEREIRA, Miguel Serras, "Egas Moniz e a psicocirurgia", *Vida Mundial*, Lisboa, 1815, 22 Mar. 1974, pp. 18-26.

PERINO, F.R, "Egas Moniz, 1874-1955", *Journal of the International College of Surgeons*, 36, 1961, pp. 261-271.

PERINO, Francisco Ruben, "Egas Moniz. 1874 — 1955. Fundador de la Psico-Cirurgia — Creador de la Angiografia Cerebral — Prémio Nobel de Medicina y Fisiologia", *El Dia Médico*, Buenos Aires, 28, 1956, pp. 2-15.

PESSOA CAVALCANTI, Avelino, "Perfis da raça — XVI. Egas Moniz. Sábio neurologista português — Professor de renome mundial", *Brasil Ilustrado (Secção Ferroviária)*, Rio de Janeiro, 3(31-32) Jul.-Ago. 1941, pp. 19-20.

PETIT-DUTAILLIS, D, "A propos de l'angiographie cérébrale d'Egas Moniz", *A Medicina Contemporânea*, Lisboa 72(12)1954, pp. 573-579.

PIMENTA, A. Matos, "Contribuições brasileiras à leucotomia pré-frontal", *Seara Médica*, São Paulo, 5 (2-4) Abr.-Dez, 1950, pp.113-117.

PINTO, Amândio, "Poucas palavras", *Átomo. Ciência e técnica para todos*, Lisboa, 2(23)1949, p. 6.

PINTO, Eugénio, "Casa Museu Egas Moniz. Um ambiente de génio", *Notícias Magazine*, 391, 21 de Novembro de 1999, pp. 56-60.

PITA, João Rui, "Cientistas nos selos portugueses. Algumas reflexões", *Cábula Filatélica*, Coimbra, 16, 1998, pp. 16-20.

PITA, João Rui, "Egas Moniz nos selos portugueses: o homem, o universitário e o cientista", *Cabúla Filatélica*, 14, 1998, pp. 24-27.

PITA, João Rui, "Egas Moniz, Prémio Nobel de Medicina e Fisiologia em 1949 — 50º aniversário", *Revista da Ordem dos Farmacêuticos*, 32, 1999, p. 29.

POLÓNIO, Pedro, "Egas Moniz e a terapêutica psiquiátrica", *O Médico*, Nova série, 73(1212)1974, p. 435.

POPPEN, James L, "The technic of prefrontal lobotomy", *Seara Médica*, São Paulo, 5 (2-4) Abr.-Dez, 1950, pp. 175-180.

"Prix (Le) Nobel de Médecine et de Physiologie est partagé entre le Professeur A. Egas Moniz (Portugal) et le Professeur W. R. Hess (Suisse)", *La Presse Médicale*, Paris, 70, Nov, 1949, p. 1040.

"Prémio (O) Nobel de Medicina atribuído ao Prof. Egas Moniz. A invulgar repercussão do acontecimento — Notas de reportagem", *Jornal do Médico*, Porto, 14(355)1949, pp. 538-542.

"Prémio (O) Nobel", *Revista Internacional*, Lisboa, 15, Dez. 1949, p. 1.

"Prof. Egas Moniz (29-11-1874 — 13-12-1955)" *Jornal dos Farmacêuticos do Ultramar*, 8(92)1957, p. 6.

"Prof. Doutor Egas Moniz (Prémio Nobel de Medicina)", *Jornal dos Farmacêuticos*, Lisboa, 9(71) 1950, p. 4.

"Prof. Doutor (O) Egas Moniz", *Imprensa Médica*, 19(12)1955, pp. 727-730.

"Prof. Dr. Egas Moniz", *Átomo. Ciência e técnica para todos*, Lisboa, 2(23)1949, pp. 1; 7.

"Prof. Dr. Egas Moniz", *Jornal do Médico*, Porto, 5 (117) 1945, p. 635.

"Prof. Dr. Egas Moniz", *Coimbra Médica*, 3º série, 3(1) 1956, p. 59.

"Prof. Dr. (O) Egas Moniz foi eleito académico de mérito da Academia das Ciências de Lisboa", *Jornal do Médico*, Porto, 8, 1946, pp. 867-868.

"Prof. Egas Moniz", *Portugal Médico*, 21, 1937, p. ccviii.

"Prof. Egas Moniz", *Boletim Geral de Medicina e Farmácia*, Nova Goa, 20(3-4)1938, p. 126.

"Prof. Egas Moniz [atribuição do Prémio Nobel]", *Acção Médica*, 14(54)1949, p. 126.

"Prof. Egas Moniz [homenagens]", *Acção Médica*, 14(55)1949, pp. 315-316.

"Prof. Egas Moniz", *Portugal Médico*, Porto, 33, 1949, p. 588.

"Prof. Egas Moniz", *Anais Azevedos*, 7(4) 1955, pp. 183-185.

"Prof. Egas Moniz (29-11-1874 — 13-12-1955)", *Jornal dos Farmacêuticos do Ultramar*, 8(92)1957, p. 5.

"Prof. (O) Egas Moniz defende a leucotomia numa comunicação apresentada à Academia das Ciências de Lisboa", *Jornal do Médico*, Porto, 24(599)1954, pp. 677-679.

"Prof. (O) Egas Moniz deu recepção em honra do Ministro da Suécia", *Jornal do Médico*, Porto, 15(364)1950, p. 134.

"Prof. (O) Egas Moniz foi eleito membro emérito da Society of British Neurological Surgeons, de Londres", *Jornal do Médico*, Porto, 7(172)1946, p. 725.

"Prof. (O) Egas Moniz foi reeleito presidente da Classe de Ciências da Academia", *Jornal do Médico*, Porto, 21(520)1953, p. 157.

"Prof. (O) Egas Moniz homenageado em Lourenço Marques", *Jornal do Médico*, Porto, 15(368)1950, p. 262.

"Prof. (O) Egas Moniz na imprensa alemã", *Jornal do Médico*, Porto, 15(368)1950, p. 262.

"Prof. (O) Egas Moniz na imprensa americana", *Jornal do Médico*, Porto, 15(368)1950, p. 262.

"Prof. (O) Egas Moniz recebeu a importância monetária referente ao Prémio Nobel", *Jornal do Médico*, Porto, 15(364)1950, p. 134.

"Professor Egas Moniz", *Hospitais Portugueses*, 5, 1950, p. 42.

"Prof. Dr. (O) Egas Moniz recebeu o prémio da Universidade de Oslo, como galardão pelos seus trabalhos sobre angiografia cerebral", *Jornal do Médico*, Porto, 7(162)1946, pp. 426-429.

"Prof. (O) Miller Guerra e Egas Moniz", *O Médico*, Nova série, 71(1182)1974, p. 214.

"Professor (O) Egas Moniz recebe o Prémio Nobel de Medicina", *Revista Portuguesa de Obstetrícia, Ginecologia e Cirurgia*, 2(6)1949, p. 337.

"Propósito (A) da descoberta do sr. Dr. Egas Moniz. Vantagens de a apresentar no meio culto", *Boletim Farmacológico*, 2ª série, Lisboa, 5(8)1927, pp. 1-2.

"Psychosurgery. Operation to cure sick minds turns surgeon's blade into an instrument of mental therapy", *Life*. International Edition, March, 1947, pp. 40-43.

"Que (O) pensam e o que fazem os grandes nomes da medicina portuguesa. Entrevista com o Prof. Egas Moniz", *Jornal do Médico*, 27(651)1955, p. 589.

RAMOS, Albano, "Egas Moniz criador de radiologia", *O Médico*, Nova série, 75(1232)1975, pp. 69-75.

RAPOSO, Bettencourt, "Ao Prof. Egas Moniz. A propósito de 'O conflito sexual'", *Arquivo da Universidade de Lisboa*, 10, 1925, pp. 181-258.

RASTEIRO, Alfredo, "Medicina e numismática. Pedro Nunes (1502-1578) e Egas Moniz (1874-1955)", *Kalliope — De medicina*, Coimbra, 3(1-2)1990, pp. 45-46.

"Relembrando o passado... O atentado contra o Prof. Dr. Egas Moniz", *Revista Internacional*, Lisboa, 15, Dez. 1949, pp. 13-15.

"Resumo estatístico das angiografias cerebrais executadas no serviço de neurologia do Hospital Escolar de Santa Marta (Diretor: Prof. Egas Moniz) na década de 1927-1937", *Lisboa Médica*, 14(12)Dez. 1937, pp. 878-879.

"Reunião (A) internacional da Sociedade de Neurocirurgia Inglesa realiza-se em Lisboa — em 10 e 11 de Abril — e representará uma homenagem ao Prof. Egas Moniz", *Jornal do Médico*, Porto, 9(218)1947, p. 374.

"Revestiu-se de excepcional brilhantismo a grandiosa homenagem prestada ao Prof. Egas Moniz na Faculdade de Medicina de Lisboa", *Jornal do Médico*, Porto, 15(368)1950, pp. 261-262.

RIECHERT, T, "Die stereotaktischen operationen und ibre auwendung in der psychochirurgie", *A Medicina Contemporânea*, Lisboa, 72 (12) 1954, pp. 589-599.

RIECHERT, Traugott; HEINES, Karl-Dieter, "Die mehrfache, objektive registrierung einer wechselnd starken durchblutungsstorung bei der sturge — weber'sche krankheit", *Seara Médica*, São Paulo, 5 (2-4) Abr.-Dez, 1950, pp. 153-174.

RODRIGUES, José Orlando Fareleira Gouveia, "Egas Moniz, Prémio Nobel — apontamentos biográficos", *Sapiens Magazine*, 1, Jan.-Mar, 1990, pp. 30-45.

RODRIGUES, Rosa Maria, "Egas Moniz na cultura e na arte", *D'A Vanca*, Avanca, 5, 1999, pp. 7-11.

ROJAS, Dario; OUTES, Mariano, "Egas Moniz, en el cinquentenario del Premio Nobel a la Leucotomia Prefrontal", *Alcmeon*, 2, 1999, 135-140.

SÁ, Victor, "A personalidade política do professor Egas Moniz", *Correio do Minho*, Braga, 27 Nov. 1974, p. 1, 4; 28 Nov. 1974, p. 1, 4; 29 Nov. 1974, p. 1, 4; 30 Nov. 1974, p. 1.

SÁ, Vitor de, "A personalidade política de Egas Moniz", *Vértice*, 35(374-375) 1975, pp. 168-178.

SACADURA, Costa, "Nota explicativa", *Jornal da Sociedade das Ciências Médicas de Lisboa*, 114(1) 1950, pp. 38-42.

SAI, G, "L'indagine stereo angiografica nello studio degli angiomi cerebrali", *Lisboa Médica*, 14(12)Dez. 1937, pp. 815-823.

SALDANHA, Aleu, "Egas Moniz — o cientista e o homem", *O Médico*, Nova série, 73(1212)1974, pp. 423-426.

SALDANHA, Aleu, "A Escola Portuguesa de Angiografia [Fragmento de uma brochura sobre os pioneiros da angiografia editada pela Sociedade Portuguesa de Radiologia e Medicina Nuclear]", *Semana Médica*, 8(362) 15 Mai. 1966, pp. 31-32.

SANCHEZ GRANJEL, Luís, "Egas Moniz: a Leucotomia. Os grandes passos da medicina segundo os seus protagonistas", *Tempo Médico*, 3(26) 31 Out. 1978, pp. 1582-1584.

SANTOS, Cardoso dos, "Ao doutor Egas Moniz, Prémio Nobel da Medicina", *Aveiro e o seu Distrito*, 18, 1974, p. 4.

SANTOS, Cid dos, "Aortografia e angiografia dos membros", *O Médico*, Nova série, 73(1212)1974, pp. 427-429.

SANTOS, Cid dos, "Egas Moniz", *Portugal Médico*, Porto, 40(1), 1956, pp. 70-71.

SANTOS, Oliveira, "Contribuição para as homenagens a Egas Moniz na passagem do seu centenário", *Boletim dos Hospitais da Santa Casa da Misericórdia do Porto*, 2ª série, 1(3)1974, pp. 7-9.

SANTOS, Reynaldo dos, "[Sessão de homenagem à memória do Prof. Egas Moniz]", *A Medicina Contemporânea*, Lisboa, 74(4)1956, pp. 146-152.

SANTOS, V, "Notícias e Comentários: Jubilação do Professor Egas Moniz [seguido de uma bibliografia]", *Arquivo de Anatomia e Antropologia*, Lisboa, 24, 1946-47, pp. 407-412.

"Saudações da Sociedade Pedagógica Portuguesa de Nova Bedford", *Jornal do Médico*, Porto, (382)1950, p. 760.

SCOVILLE, William Beccher, "Technique and early results of selective cortical undercutting", *Seara Médica*, São Paulo, 5 (2-4) Abr.-Dez, 1950, pp.143-152.

SEABRA, Jorge de, "Recordando o passado. Tunas académicas de visita a Castelo Branco. Os escolares Egas Moniz e Ressano Garcia". *Estudos de Castelo Branco*. 1(1961) 95-99.

SEABRA-DINIS, J, "Alguns aspetos da Personalidade de Egas Moniz", *Anais Portugueses de Psiquiatria*, 2(2)1950, pp. 1-10.

"Secção Histórica: Conferência ao Prof. Egas Moniz em Ferrara (1937)", *Revista de Psiquiatria do Departamento de Saúde Mental da Faculdade de Medicina do Porto—Hospital de S. João*, 2ª série, 7(2) 1985, pp. 48-49.

"Semana (A) de Egas Moniz", *O Médico*, Nova série, 5(281)1957, pp. 184-190.

"Semana trágica", *Illustração Portugueza Edição Semanal do Jornal O Século*, 105, Lisboa, 24. Fev. 1908, pp. 242-256.

"Sessão de homenagem à memória de Egas Moniz [Sociedade Portuguesa de Medicina Interna]", *O Médico*, Nova série, 4(240)Supl. 1956, pp. 256-257.

"Sessão de homenagem ao Prof. Egas Moniz", *Jornal do Médico*, 29(686) 1956, pp. 624-627.

"Sessão (A) Inaugural da Sociedade Portuguesa de Neurologia e Psiquiatria", *Jornal do Médico*, Porto, 15(368)1950, pp. 267-269.

"Sessão solene de homenagem ao Prof. Egas Moniz", *Jornal da Sociedade das Ciências Médicas de Lisboa*, 114 (1) 1950, p. 1.

SILVA, A. C. Pacheco e, "Egas Moniz", Separata da revista *Anhembi*, 22(64)Mar. 1956, 13.

SILVA, A. C. Pacheco e, "O electrochoque no tratamento das doenças mentaes", *Revista de Medicina*, São Paulo, 25 (95-96) Nov.-Dez. 1941, pp. 15-25.

SILVA, António Martins da, "Quanto mais a medicina progride mais se aprende que cada caso é um caso"[entrevista a... conduzida por Isabel Damião, a propósito de Egas Moniz], *Das Artes, Das Letras*, 2ª série (Suplemento de *O Primeiro de Janeiro*, ano CXXXII, nº 4) 16, 5 Jan. 2000, pp. 10-11.

SILVA, J. Ribeiro, "Evolução do pensamento, da filosofia e da técnica em Egas Moniz aos nossos dias", *Revista da Faculdade de Medicina de Lisboa*, 1(1)1993, pp. 22-25.

SILVA, Martins da, "Prémio Nobel na Radiologia e os pioneiros da Angiografia Portuguesa", *Estetoscópio*, 6(98) 1984, p. 16.

SIMÕES, João Paulo Mesquita, "História da Filatelia — Prémios Nobel [Egas Moniz]", *Diário de Coimbra*, 9 de Junho de 2002, p. 16.

"Simpósio Internacional comemorativo da 1ª Arteriografia por Egas Moniz [fragmentos de discursos evocativos]", *O Médico*, Nova série, 84(1350) 1977, pp. 84-88.

SOARES, Paulo Sérgio, "Um 'encontro' com Egas Moniz", *Das Artes, Das Letras*, 2ª série (Suplemento de *O Primeiro de Janeiro*, ano CXXXII, nº 4) 16, 5 Jan. 2000, p. 12 (Fotos de Bruno Branco).

"Sociedade das Ciências Médicas de Lisboa. Homenagem à memória do Prof. Egas Moniz", *O Médico*, Nova série, 6(317)1957, p. 388.

SOUSA, Ayres de, "Angiopneumografia (Resenha histórica do método)", *Gazeta Médica Portuguesa*, 13(3)1960, pp. 237-245.

SOUSA, Ayres, "A descoberta de Egas Moniz no progresso da radiologia", *Jornal da Sociedade das Ciências Médicas*, Lisboa, 114(1)1950, pp. 15-21.

SOUSA, Ayres de, "Discurso do Prof....", *Jornal do Médico*, Porto, 15(368)1950, pp. 251-253.

SOUSA, Ayres de, "Egas Moniz e os problemas técnicos da angiografia", *O Médico*, Nova série, 73(1212)1974, pp. 430-431.

SOUSA, Ayres de, "Génese e evolução da angiografia — a propósito do cinquentenário da descoberta de Egas Moniz", *Jornal da Sociedade das Ciências Médicas de Lisboa,* 142(3)1978, pp. 169-170.

SOUSA, Ayres de, "A última lição de Egas Moniz", *Arquivos da Escola Médico-Cirúrgica de Goa*, 31, 1958, pp. 91-100.

SOUSA, Novais e, "Alocução proferida pelo Diretor da Faculdade de Medicina de Coimbra, Prof...., como representante da sua Faculdade", *Jornal da Sociedade das Ciências Médicas de Lisboa*, 1950, 114(1)1950, pp. 7-14

SOUSA, Novais e, "Discurso do Prof....", *Jornal do Médico*, Porto, 15(368)1950, pp. 247-249.

"Sr. Doutor (O) Egas Moniz no Brasil. Recepção na Academia de Letras do Rio de Janeiro", Transcrito em *Jornal do Comercio do Rio de Janeiro* de 23 de Agosto de 1928", s.l, s.d..

SUEIRO, M. Barbosa, "Exegi Monumentum Aere Perennius", *Átomo. Ciência e técnica para todos*, Lisboa, 2(23)1949, p. 6.

SWAYZE II, VW: "Frontal leukotomy and related psychosurgical procedures in the era before antipsychotics (1935-1954): A historical overview". in *Am. J. Psychiatry 1995*, 152 (4):505-515.

SYMONDS, Charles, "Leucotomy. Two case reports", *Imprensa Médica*, Lisboa 20(11) 1956, pp. 597-599.

"Também as Rádios de França e da Suiça se dedicaram ao grande acontecimento", *Jornal do Médico*, Porto, 15(364)1950, p. 133.

TAVARES, Abel Sampaio, "Os métodos angiográficos na investigação experimental", *O Médico*, Nova série, 73(1212)1974, pp. 438-448.

TAVARES, Acácio, "Egas Moniz — um sábio com alma de poeta", *Jornal do Médico*, Porto 59(1200)1966, pp. 199-201.

TAVARES, José, "Inauguração da 'Casa-Museu' de Egas Moniz, em Avanca", *Arquivo do Distrito de Aveiro*, 34, 1968, pp. 161-180.

TAVARES, José, "O meu convívio com o Doutor Egas Moniz", *Selos & Moedas*, Aveiro, 13(47)1975, pp. 5-8

TÖNNIS, W, "Die bedeutung der 'angiographie cérebrale' für die indikationsstellung zur operation von hirngeschwülsten", *Lisboa Médica*, 14(12)Dez. 1937, pp. 773-781.

TRINDADE. A. Rodrigues, "1949-1999: no cinquentenário do 1º Nobel Português", *Oxigénio*, 6(18)1999, pp. 13-19.

V.F, "Professor Egas Moniz", *Arquivo de Anatomia e Antropologia*, Lisboa, 29, 1956, pp. 7-9.

VAGUEIRO, Celeste, "Prof. Egas Moniz: evocação na Faculdade de Medicina de Lisboa", *Notícias Médicas*, 16(1601) 1987, pp. 2-3; 12.

VALDEMAR, António, "Egas Moniz: 50 anos depois do Nobel", *Diário de Notícias*, Lisboa, 135(47.598) 18 de Julho de 1999, p. 21.

VALDEMAR, António, "Um Nobel com meio século", *Diário de Notícias*, Lisboa, 135(47.676) 4 de Outubro de 1999, p. 34.

VALDEMAR, António, " 'Um filho da puta da oposição...'", *Diário de Notícias*, Lisboa, 135(47.676) 4 de Outubro de 1999, p. 34.

VALDEMAR, António, "Literatura e arte entre as principais actividades", *Diário de Notícias*, Lisboa, 135(47.676) 4 de Outubro de 1999, p. 35.

VALDEMAR, António, " 'Meio Nobel' contestado por médicos e políticos", *Diário de Notícias*, Lisboa, 135(47.676) 4 de Outubro de 1999, p. 35.

VALDEMAR, António, "Egas Moniz: inovador e conservador", *Diário de Notícias*, Lisboa, 135(47.696) 24 de Outubro de 1999, p. 23.

VASCONCELOS, Ivolino, "Egas Moniz, um dos mais altos génios da medicina moderna e um dos grandes benfeitores da Humanidade", *A Medicina Contemporânea*, Lisboa, 74(3) 1956, pp. 141-142.

VASCONCELOS, Ivolino, "O falecimento do sábio Egas Moniz enlutou as duas pátrias irmãs — Portugal e Brasil — e, bem assim, a ciência contemporânea", *A Medicina Contemporânea*, Lisboa, 74(3) 1956, p.142.

VAZ, Júlio Machado, "Egas Moniz e a Sexologia", *Acta Portuguesa de Sexologia*, 2(1)1997, pp. 7-15.

VELASCO-SUAREZ, Manuel, "Breves consideraciones acerca de la obra de Egas Moniz (homenage)", *A Medicina Contemporânea*, Lisboa, 72(12) 1954, pp. 581-588.

"Velhos ecos: lobotomia transorbitária", *O Médico*, Nova série, 73(1212)1974, p. 456.

"Vida (A) Sexual, angiografia e leucotomia são referências", *Diário de Notícias*, Lisboa, 135(47.676) 4 de Outubro de 1999, p. 34.

VIEIRA, A. Bracinha, "Books Reviews: Egas Moniz, pioneer of medical medical discoveries 1984", *Acta Psiquiátrica Portuguesa*, 30(2)1984, pp. 53-56 (Recensão crítica).

VILHENA, Henrique, "Discurso do Prof. Dr....", *Jornal da Sociedade das Ciências Médicas de Lisboa*, 114(1) 1950, pp. 33-37.

VIANA, Gaspar Simões, "Recordando Egas Moniz, Prémio Nobel", *A Aurora do Lima*, 144(11)5 Fev.1999, pp. 1; 11.

YAHN, Mario, "Relations entre le physique et le psychique", *Seara Médica*, São Paulo, 5 (2-4) Abr.-Dez, 1950, pp. 181-189.

ZURARA, Gomes, "O primeiro Prémio Nobel português aluno dos Jesuítas", *Brotéria*, Lisboa, 52(4)Abr. 1951, pp. 413-425.

OUTRAS FONTES

AAVV, *Encyclopédie de La Franc-Maçonnerie*, Paris, LGF-Livre de Poche, La Pochotèque, 2002.

AAVV, Anais Portugueses de Psiquiatria, nº 1, Vol. I, Outubro de 1949, Lisboa, Edição do Hospital Júlio de Matos, 1949.

AAVV, *A Nacional*, Edição do 50º Aniversário, Lisboa, 1956.

AAVV, *Companhia de Seguros A Nacional*: Relatório do Conselho de Administração. Parecer do Conselho Fiscal e Relatórios do Diretor e do Médico Chefe, Lisboa, Casa Portugueza, 1907.

ANTUNES, João Lobo, "MONIZ, António Caetano de Abreu Freire Egas (Avanca, 29-11-1874 — Lisboa, 13-12-1955)". in: BARRETO, António; MÓNICA, Maria Filomena, (Coords.), *Dicionário de História de Portugal*, vol. 8 suplemento, Porto, Figueirinhas, 1999, pp. 515-516.

Bibliografia científica e literária de Egas Moniz. Prémio Nobel de Medicina — 1949, Lisboa, Edição do Centro de Estudos Egas Moniz, 1963.

CAEIRO, Armando, "Elementos sobre a história do Seguro de Vida em Portugal", in *APS Notícias – Boletim Trimestral da Associação Portuguesa de Seguradores*, Lisboa, Abril - Junho, 2003, nº1.

COSTA, J. Celestino da, *A Geração Médica de 1911. Origem, Realização e Destino*, Lisboa, Faculdade de Medicina da Universidade de Lisboa, 2000.

COSTA, Nunes da, "Catamnèse de 197 leucotomies" in *Anais Portugueses de Psiquiatria*, Vol. IX, Nº 9, Lisboa, Hospital Júlio de Matos, Dezembro de 1957.

Diário da Câmara dos Senhores Deputados da Nação Portuguesa, 1900-1910.

DUARTE, Adelaide Manuela da Costa, *O Museu Nacional da Ciência e da Técnica (1971-1976)*, Coimbra, Imprensa da Universidade de Coimbra, 2007.

EL-HAI, Jack, *The lobotomist. A maverick medical genius tragic quest to rid the world of mental illness*, New Jersey, Wiley & Sons, 2005.

GAMEIRO, Aires, BORGES, Augusto Moutinho, CARDOSO, Ana Mateus e D'OLIVEIRA, Fernando, "Um republicano no convento", Coimbra, *Cadernos do CEIS20*, nº 13, 2009.

JANSSON, Bengt, (S/D) "Controversial Psychosurgery Resulted in a Nobel Prize", in *Nobel Prize.org* [http://nobelprize.org/medicine/articles/moniz/]

LEVINOVITZ, Agneta Wallin e RINGERTZ, Niels, (Ed.), *The Nobel Prize: The First 100 Years*, London, Imperial College Press and World Scientific Publishing Co, 2001. (Disponível também online em [http://nobelprize.org/medicine/articles/lindsten-ringertz-rev/].

LUZES, Pedro, *Cem anos de psicanálise*, Lisboa, ISPA, 2002.

Nobel Lectures. Physiology or Medicine 1942-1962, Amsterdam-New York, 1964, p. 246.

NOBEL, Alfred Bernhard, *Alfred Nobel's will*, Paris, 1895, at (http://nobelprize.org/nobel/alfred-nobel/biographical/will/will-full.html).

PCP – Partido Comunista Português, *O Partido e as últimas "eleições" Presidenciais*, Secretariado do Comité Central do Partido Comunista Português, Editorial Avante, 1952.

Bibliografia de Egas Moniz

1. Obras científicas (volumes publicados)

"Alterações anátomo-patológicas na difetria", I volume, Coimbra, Imprensa Académica in *Coimbra Médica*, 1900, 20: 131.

A Vida Sexual (Fisiologia), 1ª edição, XXIV – 362pp, França Amado, Coimbra, Coimbra 1901; 2ª edição, XIX - 352 pp,Livraria Ferreira, Lisboa, 1904.

A Vida Sexual (Patologia), 1ª edição, XXIII - 292 pp, Coimbra, França Amado, 1902; 2ª edição, XXVII - 322 pp, Ferreira e Oliveira, Lisboa, 1906.

A Vida Sexual, (Fisiologia e Patologia), Junção dos dois volumes anteriores, consideravelmente alterados em alguns capitulos. 3ª edição, XIV - 544 pp, Lisboa, 1913; 4ª edição, XXIX - 574 pp, Lisboa, 1918; 5ª edição, XXVI - 578 pp, Casa Ventura Abrantes, Lisboa, 1922; As seguintes edições foram da mesma casa: 6ª edição, XXXVI - 578 pp, Lisboa, 1923; 7ª edição, Lisboa, 1928; 8ª edição, Lisboa, 1929; 9ª edição, Lisboa, 1930; 10ª; 11ª; 12ª e 13ª edição, 598 pp, Lisboa 1931; 14ª; 15ª; 16ª e 17ª edição, Lisboa, 1932; 18º e 19º edição Lisboa, 1933.

A Neurologia na Guerra, Lisboa, Livraria Ferreira, 1917.

Clínica Neurológica, - Publicação da Faculdade de Medicina de Lisboa, I Centenário da Régia Escola de Cirurgia de Lisboa, 1925.

O Padre de Faria na história do Hipnotismo, Faculdade de Medicina. I Volume, Lisboa, 1925.

Diagnostic des tumeurs cérébrales et épreuve de l' encéphalographie artérielle, (Avec le Préface de Monsieur le Docteur J. Babinski), Paris, Masson & C, 1931.

L' angiographie cérébrale. Ses applications et résultats en anatomie, physiologie et clinique, Paris, Masson & C, Editeurs, 1934.

Tentatives opératoires dans le traitement de certaines psychoses, Paris, Masson, 1936.

La leucotomie préfrontale. Traitement de certaines chirurgical de certaine psychoses, Torino, Baravalle e Falconieri, 1937.

Clinica delle angiografia cerebrale, Torino, Collana Monografica di 'Schizofrenie', I.T.E.R, 1938.

Die cerebrale arteriographie und Phlebographie, Berlin, Julius Springer, 1940.

Trombosis y otras obstrucciones de las carótidas, Barcelona, Salvat, 1941.

Última Lição – Bibliografia, Lisboa, Portugalia Editora, 1944.

How I came to perform Prefrontal Leucotomy, Lisboa, Bertrand e Irmãos, 1948.

2. Memórias e trabalhos científicos

Teses de medicina teórica e prática que na Universidade de Coimbra se propõe defender em 8 e 9 de Julho de 1901, opúsculo de 22 pp, Coimbra, Tipografia França Amado, 1901.

"O perigo alcoólico" in *Boletim da Assistência Nacional aos Tuberculosos*, Ano I, 1906, Fasc. 2, p.29-32, Lisboa, 1906.

"Tabes Juvenil" in *A Medicina Contemporânea*, Ano XXIX, Fasc.9, p. 65-67,1911.

"Reflexes du coude chez les hémiplégiques" in *Revue Neurologique*, Tomo XXIII, 2º semestre, p.759-760, Décembre, Paris, 1912.

"Inversion du réflexe du radius dans un cas de Syringomyélie" in *Revue Neurologique*, Tomo XXIII, 1º semestre, p. 133-134, Paris, 1912.

"Um caso de tumor da protuberância" in *A Medicina Contemporânea*, Ano XXX, fasc. 3º p. 17-19, Lisboa, 1912.

"Trois cas de Tumeurs de l'angle ponto-cérébelleux" in *Nouvelle Iconographie de la Salpêtriére*, Tomo XXV, p. 417 426, Paris 1912.

"Curso de Neurologia" (Lição de abertura) in *A Medicina Contemporânea*, 1912, nº 47, ano XXX, Fasc. 47, p. 369-373, Lisboa 1912.

"Myoclonies Essentielles", in *Nouvelle Iconographie de la Salpêtriere*, nº 2, Mars/Avril, 1913, Tomo XXVI, p. 85.

"Um caso de tumor intrapontino" in *Gazeta dos Hospitais do Porto*, Ano VII, fasc. 7, p. 97-102, Porto, 1913.

"Um caso de hemianestesia dissociada. Síndroma bulbar inferior" in *Jornal da Sociedade de Ciências Médicas*, Tomo LXXVII, fasc. 1/7, p. 119-132, Lisboa, 1913.

"Um caso de poliencefalite sub-aguda, hemorrágica de Wernicke, com sindroma do núcleo vermelho, Lição do Curso de Neurologia" in *A Medicina Contemporânea*, Ano XXXII, fasc. 12, p. 91-95. Lisboa, 1914.

"As novas ideias sobre o Hipnotismo. Aspetos médico-legais" in *Revista da Universidade de Coimbra*, Vol. III, nº 4, Lisboa, 1914.

"Polioencéphalite subaigue hémorragique de Wernicke, avec syndrome du noyau rouge. Modifications du liquide céphalórachidien et complications optiques" in *Revue Neurologique*, Avril, 1915, nº 16, pag. 237-241.

"As bases da psicnálise", (Lição do Curso de Neurologia da Faculdade de Medicina de Lisboa) in *A Medicina Contemporânea*, 1915, Ano XXXII, fasc.47, p. 377-383, Lisboa, 1915.

"O síndroma de Brown-Séquard nas mielites" in *A Medicina Contemporânea*, fasc.20, p.156-158, fasc.21, p. 161-166, fasc. 22 p. 169-170, Lisboa, 1915.

"Tumor cerebral da circunvolução frontal ascendente direita- Lição do curso de Neurologia" in *A Medicina Contemporânea*, Ano XXXIV, fasc.6, p. 41-45, Lisboa, 1916.

"Sobre a sintomatologia de tumores e abcessos cerebrais. Considerações sobre o centro cortical do desvio conjugado dos olhos e da cabeça" in *A Medicina Contemporânea*, ano XXXIV, p. 85-93, Lisboa 1916.

"Signe de la flexion plantaire du gros orteil avec la jambe en flexion" in *Revue Neurologique*, nº 8 e 9, Août/ Septembre, Tomo XXIX, 2º semestre, p. 173-176, Paris, 1916.

"Um caso de acromegalia", (Com Cancela de Abreu) in *A Medicina Contemporânea*, Ano XXXIV, fasc. 9, p. 65-69, Lisboa, 1916.

"Un cas de tumeur de l'angle ponto-cérébélleux" in *Nouvelle Iconographie de la Salpêtrière*, 1917, 18: 196.

"Simuladores e exageradores" in *A Medicina Contemporânea*, ano XXXV, fasc 5º, p. 33-38, Lisboa, 1917.

"Os emocionados da guerra" in *Portugal Médico*, 3º serie, vol III, fasc. 1º, p. 1-14, Porto, 1917.

"O 'torpedeamento' de Vincent" in *Portugal Médico*, p. 108-114, 1917.

"Do erro acerca da pessoa como causa da nulidade do casamento", (Com Carneiro Pacheco), (Parecer médico-legal) in *Boletim da Faculdade de Direito da Universidade de Coimbra*, ano III, fasc. 29/30, Coimbra, 1917.

"Sur la symptomatologie des tumeurs et des abcès cérébraux. Considérations sur le centre cortical de la déviation conjuguée des yeux et de la tête. A propos d'un cas de sarcome profond dans la partie intérieure de la circonvolution frontale ascendante à la hauteur de la seconde frontale. Extirpation" in *Nouvelle Iconographie de la Salpêtrière*, tomo XXVIII, fasc 5/6, p. 306- 312, Paris, 1918.

"As substituições no sistema nervoso" in *A Medicina Contemporânea*, 1919, 37:401.

"O conflito sexual" in *Portugal Médico*, nº 9, 3ª série, vol. VI, fasc. 9º, p. 385-401, Porto, 1921.

"Sur le trophoédeme chronique de Meige. Nouveaux cas. Considérations générales" in *Revue Neurologique*, nº 11, 1921, 1: 1086.

"Sindromas hipofisários. Lição inaugural do curso de neurologia" in *Portugal Médico*, 3ª série, fasc. 9º, vol. VII, p. 365-379, Porto, 1922.

"Sur la sclérodermie de forme radiculaire" in *Revue Neurologique*, 1º semestre, fasc. 5º, p. 488- 491, Paris, 1923.

"Trois cas de compression médullaire, dont deux ont éte opéres avec succés" in *Revue Neurologique*, vol. de 1923, 1º semestre, fasc. 6º, p. 653-663, Paris, 1923.

"Maladie de Recklinghausen. Gros neurofibrome de la langue" in *Revue Neurologique*, Março, 1923,2 1º semestre, fasc. 3º, p. 222-224, Paris, 1923.

"Parquinsonismo tardio post-encefalítico" in *Lisboa Médica*, nº 1, Ano I, p. 15-21, 1924.

"Júlio Dinis e a psicoanálise" in *A Medicina Contemporânea*, 2:185, 1924.

"A propósito de um caso de síndroma talâmico puro" in *A Medicina Contemporânea*, Ano XLI, fasc. 28, p. 57-62, Lisboa, 1923.

"Um caso de encefalite epidémica de forma mental" in *A Medicina Contemporânea*, 15 de Março de 1925, p. 81-84.

"L'Acromacrie" in *Revue Neurologique*, nº 6, Juin de 1925, 1º semestre, p. 1014-1027, Paris, 1925.

"A propósito de um caso de epilepsia Jacksoniana" in *Revista Médica de Barcelona*, Ano II, Tomo IV, nº 20, p. 190-194, Barcelona, 1925.

"Compressões intraraquídias e a prova lipiodolada de Sicard" in *Lisboa Médica*, vol. II, fasc. 2º, p. 57-105, Lisboa, 1925.

"La Pachyméningite spinale hypertrophique et les cavités médullaires" in *Revue Neurologique*, tomo 2º, fasc. 4º, p. 433-463, Paris, Octobre 1925.

"A necrofilia de Camilo Castelo Branco" *In Memoriam de Camilo*, Lisboa, 1925.

"Sobre a encefalite letárgica" in *Jornal das Ciências Matemáticas, Físicas e Naturais*, da Academia das Ciências de Lisboa, 1925. (3ª série), nº 19, 24: 161.

"Sur les symptômes sympathiques des tumeurs Justa-Vertébrales. A propos d'un cas de sarcome de la seconde côte droite" in *Revue Neurologique*, volume de 1926, tomo 1º, p. 1081-1086, Paris, 1926.

"Compréssion médullaire aprés la fracture de la VI vertèbre chez un malade atteint de spondilose rhizomélique. Opération. Amélioration" in *Revue Neurologique*, volume de 1926, tomo 1º, p. 1184-1191, Paris, 1926.

"Formas atípicas de encefalite epidémica" in *Lisboa Médica*, vol. III, fasc. 3º, 105-121, Lisboa, 1926.

"Perturbações esfincterianas e 'Spina bifida oculta' " in *Lisboa Médica*, vol. III, fasc. 5º, p. 217-248, Lisboa, 1926.

"Neoplasias da medula cervical. Tratamento eficaz em dois casos, pela radioterapia" in *Lisboa Médica*, vol. III, fasc. 12º, p. 605-624, Lisboa, 1926.

"Marcha 'a fundo' num antigo encefalítico" in *A Medicina Contemporânea*, Ano XLV, fasc. 8º p. 57-61, Lisboa, 1927.

"A radioterapia cerebral, resumo da comunicação à Académie de Médecine na sessão de 12 de Julho de 1927, pelo prof. Egas Moniz" in *A Medicina Contemporânea*, ano XLV, nº 30, p. 235- 237, Lisboa, 1927.

"Une tumeur visible à la radiographie chez un épileptique" in *Journal de Neurologie et Psychiatrie*, vol. XXVII, fasc. 5º, p. 291-293, Bruxelles, 1927.

"L' encéphalographie artérielle son importance dans la localisation des tumeurs cérébrales" in *Revue Neurologique*, volume de 1927, tomo 2º, fasc. 1º, p. 72-89, Paris, Juillet 1927.

"La radioartériographie cérébrale", (Academie de Médecine de Paris. Séance du 12 Juillet 1927) in *Bulletin de l'Académie de Médecine*, Tomo XCVIII, nº 28, p. 40-45, Paris, 1927.

"Injections intracarotidiennes et substances injectables opaques aux rayons X" in *Presse Médicale*, fasc. 63º, p. 969-971, Paris, Août 1927.

"Radiografia das artérias cerebrais" in *Jornal da Sociedade das Ciências Médicas de Lisboa*, Tomo XCI, fasc. 8º, p. 323-334. Lisboa, Agosto, 1927.

"A prova da encefalografia arterial" in *Lisboa Médica*, Vol. IV, fasc. 6º, p. 301-344, Lisboa, 1927.

"Mioclonias de origem cortical. Tuberculomas da região motora esquerda e do centro oval à direita. Sintomatologia Jacksoniana e mioclónica. Autópsia." In *Lisboa Médica*, Vol. IV, fasc.2, p. 53-62, Lisboa, 1927.

"Tumeur du lobe frontal droit visible à la radiographie" in *Revue Neurologique*, 1927, 2:276.

"Les tumeurs du corps calleux. Rapport entre l'âge et les troubles mentaux" in *Encéphale*, ano XXII, fasc. 7º, p. 514-532, Paris, 1927.

"Tumeur cérébrale localisé par l'encéphalographie artérielle" in *Revue Neurologique*, volume de 1928, tomo 1º, fasc. 2º, p. 237-242, Paris, 1928.

"A estereoscopia da encefalografia arterial no vivo". Primeiras provas obtidas. Comunicação feita à Academia das Ciências de Lisboa na sessão de 11 de Março de 1928.

"A técnica da encefalografia arterial no homem sua importância na localização das neoplasias cerebrais" in *Actas do III Congresso Nacional de Medicina*, Abril-Maio, Volume I, p. 123-126, Lisboa, Imprensa Nacional, 1928.

"Considérations anatomiques sur le paquet sylvien vu à la radiographie chez le vivant" in *Arquivo de Anatomia e Antropologia*, 1928, 11:301.

"Les méthodes radiodiaphoriques dans la localization des tumeurs cérébrales. Nouvelle technique radiologique de l'encéphalographie artérielle" in *Revue Neurologique*, volume de 1928, tomo 2º fasc. 1º, p. 20-31, Paris, 1928.

"A propósito das injecções carotídias. Aspetos fisiológicos e fisiopatológicos" in *A Patologia Geral - Revista de Medicina e Ciências afins*, Ano XIII, fasc.5º p. 143-153, Rio de Janeiro, 1928.

"L'action spasmodique de l'iode libre dans l'arbe artérielle de la carotide interne" in *Revue d'Oto- Neuro- -Ophtalmologie*, tomo VI, fasc 8º, p. 655-658, Paris, 1928.

"L'encéphalographie artérielle" in *Journaux de Médecine de Bordeaux*, volume LXIII, p. 915-921, Bordeaux, 1928.

"Conférence sur l'encéphalographie artérielle" in *Bruxelles Médicale*, número spécial consacré aux Journées Médicales de 1928.

"A encefalografia arterial no diagnóstico dos tumores cerebrais" in *Boletim da Academia Nacional de Medicina*, vol nº19, p. 321 e seguintes, Rio de Janeiro, 1928.

"La radioartériographie et la topographie cranio-encéphalique" in *Journal de Radiologie et d'Electrologie*, tomo XII, nº 2, p. 72-8, (Em colaboração com Almeida Lima e Almeida Dias), Paris, 1928.

"L'encéphalographie artérielle et le diagnostic d'une tumeur de la partie antérieur du lobe temporal gauche" in *Encéphale*, ano XXIII, fasc.3º, p. 196-199, (com Almeida Lima), Paris, 1928.

"Zones Réflexogènes carotidiennes chez l'homme excitables par les injections d'iodure de sodium dans la carotide primitive". (Com António Martins e Eduardo Coelho) in *Comptes rendus des séances de la Société de Biologie, et ses filiales*, Section Portugaise, Tomo XLVIII, nº 12, p. 1008-1009, Paris, 1928.

"L'injection de la solution d' iodure de sodium à 25 pour 100 dans la carotide externe. Réflexe d'expectoration", (Avec António Martins et Almeida Lima) in *Comptes - Rendus des Séances de la Société de Biologie, et de ses filiales*, Section Portugaise, Tomo XLVIII, nº 12, p. 1006-1007, Paris, 1928.

"Accès épileptiques à aspect jacksonien homolateral déterminés par injection d'iodure de sodium dans la carotide interne". (Avec Almeida Lima) in *Comptes Rendus des Séances de la Societé de Biologie et ses filiales*, Section *Portugaise*, Tomo XLVIII, n⁰ 12, p. 1010-1011, Paris, 1928.

"Un nouveau cas de diagnostic de tumeur cérebrale 'post mortem' par l'encéphalographie artérielle", (Com Almeida Lima) in *Revue Neurologique*, volume de 1928, 2⁰ semestre, p. 27-31, Paris, 1928.

"Le syndrome de la pseudohypertension cranienne artérioscléreuse. Aspects radioartériographiques." in *Encéphale*, n⁰ 4, XXIV, p. 337, Paris, 1929.

"Encefalografia arterial a propósito de las inyecciones carotídeas" in *Revista d'Oto-Neuro- Oftalmologica y de Cirurgia Neurologica*, vol.IV, p. 276-282, Buenos Aires, 1929.

"Sobre a circulação dos meningiomas" in *Portugal Médico*, 1929, 13:429.

"A Arteriografia cerebral na meningite serosa circunscrita" in *A Medicina Contemporânea*, Ano XLVII, fasc.11, p. 96, Lisboa, 1929.

"Elogio de Magalhães Lemos" in *A Medicina Contemporânea*, 1929, 47:183.

"Die arterielle Encephalographie als methode zur Lokalisierung von Hirntumoren" in *Klinische Wochenshrift*, volume VIII, n⁰ 24, p. 1118-1122, Berlim, 1929.

"Acção terapêutica das injecções intracarotídeas de iodeto de sódio" in *Lisboa Médica*, volume VI, fasc. 3⁰, p. 141 148, Lisboa, 1929.

"L'artériographie cérebrale de l'hypertension crânienne" in *Revue Neurologique*, volume de 1929, tomo 1, fasc.6⁰, p 1112-1116. Paris, 1929.

"Trois nouveaux cas de cure, au moins provisoire, du syndrome d' hypertension cranienne par les injections intracarotidiennes d'iodure de sodium" in *Revue Neurologique*, volume de 1929, tomo 1⁰, fasc. 6⁰, p. 1135-1142, Paris, 1929.

"Le luminal comme préventif des acces épileptiques provoqués" in *Jornal da Sociedade das Ciências Médicas de Lisboa*, tomo XLIII, p. 267-268, Lisboa, 1929.

"La ponction lombaire comme préparation opératoire dans les cas de tumeurs cérébrales" in *Jornal da Sociedade das Ciências Médicas de Lisboa*, tomo XLIII, p. 265-266, Lisboa, 1929.

"A arteriografia cerebral como subsídio operatório" in *A Medicina Contemporânea*, 1929, 49:270.

"Sur la circulation des méningiomes" in *Comptes-rendus des séances de la Societé de Biologie et ses filiales*, tomo CI, n⁰ 24, p. 981-982, Paris, 1929.

"A encefalografia arterial na meningite serosa circunscrita" in A Medicina Conteporânea, 1929, 47:96.

"Diagnóstico encefalográfico dos tumores cerebrais" in *A Medicina Contemporânea*, ano XLVII, fasc. 17⁰, p. 152, Lisboa, 28 de Abril de 1929.

"Dentição tardia numa Centenária" in *A Medicina Contemporânea*, Ano XLVII, fasc. 47, p. 403- 404, Lisboa, 24 de Novembro de 1929.

"O Papa João XXI (Petros Lusitanus, também chamado Petros Hispanos)". Conferência realizada nas festas do III Jubileu da Academia das Ciências de Lisboa, Vol. do Jubileu da Academia, 1929, 6:1.

"L'épreuve de l'encéphalographie artérielle dans le diagnostic de quatre cas de tumeurs cérébrales opérés". (Com Almeida Lima e Amândio Pinto) in *Presse Médicale*, n⁰ 37, Avril, 1929 p.500-531, Paris, 1929.

"Le diagnostique différentiel entre les méningiomes et les autres tumeurs cérébrales par l'épreuve de l'encéphlografie artérielle" (Com Amândio Pinto e Almeida Lima) in Revue Neurologique, Paris, 1929, 1:1126.

"A propos de l' hypertension cranienne". (Com Almeida Lima e Amândio Pinto) in *Revue d'Oto-Neuro--Ophtalmologie*, tomo VII, n⁰ 6, p. 427-435, Paris, 1929.

"L'épreuve encéphalographique dans un cas de tumers multiples du cerveau" (Com Almeida Lima) in *Revue Neurologique*, volume de 1929, tomo 1⁰ fasc, 6⁰, p. 1141-1147, Paris, 1929.

"Les injections carotidiennes dans le but thérapeutique" in *Jornal da Sociedade das Ciências Médicas de Lisboa*, (Com Almeida Lima), Tomo XCIII, Agosto de 1928.

"A propósito de dentição tardia múltlipa" in *A Medicina Contemporânea*, Ano XLVIII, fasc. 4º, p. 37-38, Lisboa, 1930.

"Le diagnostique des tumeurs cérébrales par l'encéphalographie artérielle" in *Clinique et Laboratoire*,, 5:97, Paris, 1930.

"Tumeurs cérébrales visibles chez les épileptiques" in *Revue Neurologique*, Volume de 1930, tomo 2º, fasc. 1º, p. 18-27, Paris, 1930.

"Tratamento cirúrgico dos tubérculos solitários do encéfalo", Comunicação à Academia Hispanus. Conferência realizada nas Festas do III Jubileu da Academia das Ciências de Lisboa, 1930. Monografia publicada em separata e no volume do Jubileu da Academia das Ciências de Lisboa. Sessão de 29 de Maio de 1930, 48: 216.

"Aspetos arteriográficos num caso de tumor da glândula pineal e tubérculos quadrigémeos" in *Lisboa Médica*, Ano VII, fasc. 7º, p. 368-380, Lisboa, Junho 1930.

"Sur la nature des tumeurs cérébrales" in *Journal de Médecine de Bordeaux*, Ano CVII, nº 29, p. 835-837, Bordeaux, 1930.

"Considérations sur la pathogénie de l' hypertension cranienne" in *Encéphale*, Ano XXV, fasc. 10º, p. 751-756, Paris, 1930.

"Discours prononcé dans la Séance d'ouverture du XIII Congrès International d' Hydrologie, Climatologie et Géologie Médicale" in *Médecine Contemporaine*, 1930, 48:370.

"Fernando de Magalhães. Alocução na Sessão Solene de Homenagem" in *A Medicina Contemporânea*, 1930, 48:145.

"Myopathies myecloniques" in *Revue Neurologique*, nº 5 Mai 1930, p. 747-753, Paris, 1930.

"Os pintores da Loucura" in *Arquivo de Medicina Legal de Lisboa*, Vol. III, fasc. 1-12, Lisboa, 1930.

"La palpation des carotides comme élement de diagnostic de l' arteriosclerose cérébrale" in *Revue Neurologique*, Societe de Neurologie. Séance du 3 Julliet 1930, 2: 48.

"Aspetos arteriográficos del cerebro en los casos de tumor del lóbulo frontal", (Com Amândio Pinto e Almeida Lima) in *Revista Médica de Barcelona*, fasc. 79, p. 58-65, Barcelona, Julho de 1930.

"Tumeur de la région de la glande pinéale, irriguée par un seul des groupes sylviens. Diagnostique par l'épreuve encéphalographique", (Com Almeida Lima e Amândio Pinto) in *Revue Neurologique*, Vol. de 1930, tomo 2º, fasc.1º, p.51-54, Paris, 1930.

"Uma primeira série de casos de cirurgia medular (12 casos)", (Com Amândio Pinto e Almeida Lima) in *Lisboa Médica*, nº 12 ano VII, p. 832-864, Lisboa, 1930.

"Aspects artériographiques du cerveau dans les tumeurs de la fosse cérébelleuse", (Com Almeida Lima) in *Revue Neurologique*, Societé de Neurologie, ano de 1930, tomo 2º, fasc. 1º, p. 54-62, Paris 1930

"A propos de l' article 'Nouvelle méthode de radiographie des artères et des veines sur le vivant', ses applications cliniques au diagnostic" in *Presse Médicale*, nº 4, p. 40, Paris, 1931.

"La encefalografia arterial" in *Archivos de Neurobiologia*, Madrid, 1931, 11:504.

"O opistótono, sintoma dominante num caso de tumor do cerebelo" in *Lisboa Médica*, Ano VIII, fasc. 2º, p. 51-59. Lisboa 1931.

"Sintomatologia intermitente nos tumores do lobo frontal" in *Portugal Médico*, 3º série, volume XV, fasc.3º, p. 95-101, Porto, Março de 1931.

"Reflexões a propósito de dois casos de tumores do lobo frontal com prova encefalográfica" in *Acta Latina*, Ano IV, fasc. 20, p. 104-114, Mars/Avril, Paris 1931.

"Tumores Cerebrais tornados visíveis pela encefalografia" - Trabalho apresentado ao Colégio de Cirurgiões pelo Prof. A. Brandão filho, 1931.

"Tumor Intramedular. Tetraplegia e Cura pela radioterapia" in *Boletim da Academia das Ciências de Lisboa*, Ano XLIX, nº 32, p. Vol.III, p793 284, Lisboa, 1931.

"La localisation des tumeurs cérébrales par l'encéphalographie artérielle", *Revue Neurologique*, 1931, 2: 371.

"Hemibalismo. A propósito de três casos" in *Lisboa Médica*, 4: 481-507, Lisboa, 1931.

"Alguns novos aspetos das encefalografias arteriais" in *A Medicina Contemporânea*, Dezembro de 1931.

"Professor Magalhães Lemos" in *Lisboa Médica*, Vol. VIII, fasc. 8, p. 548-558, Lisboa, Agosto de 1931.

"Diagnostique encéphalografhique des tumeurs cérébrales par la visibilité et déplacement des artères". (Com Amândio Pinto e Almeida Lima) in *Bordeaux Chirurgical*, Vol.II, p.7, 1931.

"Tumeurs cerebrales visibles par l' épreuve encéphalographique". (Com Amândio Pinto e Almeida Lima) in *Lyon Chirurgical*, Tomo XXVIII, fasc. 3º, p. 273-280, Paris, 1931.

"Resultados do emprego do 'Thorotrast' na prova de encefalografia arterial", (Com Almeida Lima e Amândio Pinto) in *A Medicina Contemporânea* nº 49, p. 399-402, 1931.

"Le Thorotrast dans l' encéphalographie artérielle", (Avec Amândio Pinto et Almeida Lima) in. *Revue Neurologique*, Vol XXXVIII, Tomo 2º, fasc. 5º, p. 646-649, 1931.

"Arterial encephalography and its value in the diagnosis of brain tumors". (With Amândio Pinto and Almeida Lima) in *Surgery Gynecology and Obstetrics*, Vol. LIII, p. 155-168, August 1931, Chicago, 1931.

"Alguns casos de tumores cerebrais tornados visíveis pela prova encefalográfica", (Com Almeida Lima e Amândio Pinto). In *Revista d'Oto-Neuro-Oftalmologica y de Cirurgia Neurológica*, tomo VI, fasc, 6º, p.1, Buenos Aires, 1931.

"La visibilité des vaisseaux pulmonaires aux rayons X par injection dans l' oreillette droite de fortes solutions de d'iodura de sodium", (Com Lopo de Carvalho e Almeida Lima) in *Bulletin de L' Académie de Médecine de Paris*, tomo CV, nº 14, p. 627-630, Paris, 1931.

"A visibilidade aos Raios X, dos vasos pulmunares, obtida por injecção de líquido opaco na aurícula direita", (Com Lopo de Carvalho e Almeida Lima) in *Boletim da Academia das Ciências de Lisboa*, 3:145, 1931.

"La circulation veineuse du cou et la décharge veineuse de l' encéphale". (Com Almeida Lima e Lopo de Carvalho) in *Comptes Rendus des Séances de la Société de Biologie, Section Portugaise*, 107:84, 1931.

"Sur la sensibilité des veines du cou et le l' oreillette droite". (Avec Lopo de Carvalho et Almeida Lima) in *Comptes Rendus des Séances de la Société de Biologie, Section Portugaise*, Tomo CVII, p. 83-84, Paris, 1931.

"Le sondage des veines et la pression dans les troncs veineux de l'homme", (Avec Lopo de Carvalho et Almeida Lima), in *Comptes Rendus des Séances de la Société de Biologie, Section Portugaise*, 107: 1175-1176, 1931.

"Angiopneumographie", (Avec Lopo de Carvalho et Almeida Lima) in *Presse Médicale*, nº 53, 39: 996--1118, 1931.

"Aus dem Gebiete der Angiopneumographie", Vorläufige Mitteilung, (Com Lopo de Carvalho e Almeida Lima), Beiträge zur Klinik der Tuberkulöse, 79: 72, 1931.

"Guérison de l' hypertension intracrânienne dans un cas du *septum lucidum,* IIIe ventricule et ventricule latéral", (Avec Almeida Lima) in *Journal de Médecine de Lyon*, 12: 291-293, Lyon, 1931.

"A prova encefalográfica por injecções livres na carótida primitiva e na carótida interna", (Com Almeida Lima) in *A Medicina Contemporânea*, nº 26 de Junho de 1931, 49: 229.

"Aspergillose cérébrale", (Com Romão Loff) in *Boletim da Academia de Ciências de Lisboa,* vol III, p. 261. (*Sessão de 5 de Março de 1931*). Também foi publicado na *Presse Médicale*, tomo IX, p. 273-274, Paris, 1931

"Vitiligo en nappe, symétrie des taches pigmentées restantes" (Com Victor Fontes) in *Revue Neurologique*, Tomo I, fasc. 6º, p. 732-744. Paris, 1931.

"Aspects anatomiques, physiologiques et cliniques de l' artériographie cérébrale. Nouvelle technique par le thorotrast" in Revue Médicale de la Suisse Romande, 32:193, 1932.

"Alguns aspetos da encefalografia arterial" in *A Medicina Contemporânea*, Ano L, nº 1, p. 23- 24, Lisboa, 1932.

"Sintomatologia neurológica e artériografia dum volumoso tumor do lobo frontal esquerdo" in *Hygia*, tomo, 1, p. 3, 1932.

"Vantagens do método arterioflebográfico no estudo da velocidade de circulação do sangue no Homem" in *A Medicina Contemporânea*, 50: 98-100, 1932.

"L'artério-phlébographie comme moyen de determiner la vitesse de la circulation du cerveau des méninges et des parties molles du crâne" in *Bulletin de L' Académie de Médecine*, 107: 516-518, Paris, 1932.

"Sur la vitesse du sang dans l' organisme. Determination de la vitesse de la circulation dans le cerveau, les méninges et les parties molles de boite crannienne par l'arterio-phlebographie" in *Annales de Médecine*, 32: 193-220, Paris, 1932.

"Sur la capacité des capillaires cérébraux" in *Comptes Rendus de la Société de Biologie, Section Portugaise et de ses Filiales et Associées*, 110: 1034-1035, Paris, 1932.

"Aspetos radiográficos da circulação cerebral. Sua importância clínica" in *Revista de Radiologia Clínica* I, fasc. 6º, p. 193-203, Porto Alegre, 1932.

"Nuevos aspetos de angiografia cerebral" in *Rev. oto-neuro-oftalmologica y de cirugía neurologica* sul-americana, Tomo VII, fasc. 10-11, p. 425-431 e 458-463, Buenos Aires, 1932.

"Dr Joseph Babinski" in *Lisboa Médica*, vol. IX, fasc. 9, p. 1065-1086, Lisboa, 1932.

"Los progresos de la angiografia cerebral" in *Revista Médica de Barcelona*, 18: 461- 470, Barcelona, 1932.

"L'aspect à l'épreuve encéphalographique des angiomes artériels du cerveau dans le domaine de la carotide interne", (Avec Cancella de Abreu e Cândido Oliveira) in *Revue Neurologique*, Ano 1932, tomo 2º, fasc. 2º, p. 165-177, Paris, 1932.

"Die Vorzüge des Thorotrast bei arterieller Enzephalographie". (Com Almeida Lima e Amândio Pinto) in *Röntgenpraxis*, Vol. IV, fasc. 2º, p. 90-93, Leipzig, 1932.

"Le valeur diagnostique de l' epilepsie Jacksonienne dans les tumeurs du lobe frontal. Trois cas opérés et guéris", (Com Amândio Pinto e Almeida Lima) in *Bordeaux Chirurgical*, Tomo III, fasc. 1º, p. 1-16, Bordeaux, Janvier 1932.

"L'angio-pneumographie et son application dans la tuberculose pulmonaire", (Com Lopo de Carvalho e Almeida Lima) in *Presse Médicale*, 40: 1098-1213, Paris, 1932.

"Visibilidade aos Raios X das veias profundas do cérebro". (Com Abel Alves e Fernando de Almeida) in *Lisboa Médica*, 9: 587-594, 1932.

"Os seios venosos da dura-mater, sua visibilidade aos raios X", (Com Abel Alves e Fernando de Almeida) in *Lisboa Médica*, 9: 523, 1932.

"Sur le diagnostic de la cysticercose cérébrale. A propos de deux cas", (Com Romão Loff e Luis Pacheco) in *Encéphale*, Ano XXVII, fasc. 1º, p. 42-52, 1932.

"La visibilité des vaisseaux pulmonaires (Angiopneumographie)". (Com Lopo Carvalho e Aleu Saldanha) in *Journal de Radiologie et d'Électrologie*, Tomo XVI, fasc. 10º, p. 469- 480, Paris, 1932.

"A visibilidade dos vasos pulmunares (angiopneumografia)", (Com Lopo de Carvalho, Aleu Saldanha) in *Journal de Radiologie et d'Electrologie,* fasc. 16º p.469, Lisboa, 1932

"A visibilidade dos vasos pulmunares. Primeiros ensaios de (angiopneumografia)". (Com Lopo de Carvalho e Almeida Lima) in *A Medicina Contemporânea*, Ano XLIX, fasc. 11º, p. 95-96, Lisboa, 1931.

"Seio recto e seio longitudinal inferior", (Com Fernando de Almeida) in *Folia Anatómica, Universitatis Coninbrigensis*, Vol. VII, fasc. 9º, p. 1-35. Coimbra, 1932.

"A propósito de dois novos casos de maningoblastomas". (Com Almeida Lima) in *Annales de Medicina Interna*, Madrid, 1932.

"Paraplégie et macrogénitosomie précoce dans un cas l'hydrocéphalie congénitale avec de craneepais. Aspects en 'pattes d'araignée' de la circulation artérielle cérébrale des hydrocéphaliques" (Avec Almeida Lima) in *Revue Neurologique*, tomo 1º, fasc. 4º, p. 693-703, Paris, 1932.

"Phlébographie cérébrale. Essai de determination de la vitesse du sang dans les capillaires du cerveau chez l' Homme". (Avec Almeida Lima) in *Comptes rendus des séances de la Societé de Biologie, Section Portugaise*, Tomo IX, p. 1037-1038, Paris, 1932. Séance du 29 Janvier 1932.

"La sintomatologia neurológica en el diagnóstico de los meningoblatomas y fibromas cerebrales. A propósito de dos nuevos casos". (Com Almeida Lima) in *Anales de Medicina Interna*, tomo, I, fasc. 4º, p. 285--303, Madrid, 1932.

"La sintomatologia neurologica en el diagnostico de los meningoblatomas y fibromas cerebrales. A proposito de dos nuevos casos". (Com Almeida Lima) in *Anales de Medicina Interna*, tomo, I, fasc. 4º, p. 285--303, Madrid, 1932.

"Tronc Basilaire et Artères dérivées" in *Encéphale*, 2: 705-708, Paris, 1933.

"L'Angiographie cérébrale chez le vivant, son importance anatomique" in *Folia Anatomica Universitatis Conimbrigensis*, Vol. VIII, nº 8, p. 1, Coimbra, 1933.

"Produção esclerogomosa da dura-máter, simulando um tumor cerebral" in *A Medicina Contemporânea*, 5:98, Lisboa, 1933.

"Consideraciones sobre la angiografia normal y patológica del cerebro" in *Actas Ciba*, nº 7, p. 157, Basilea, Juillet, 1933.

"Cerebral Angiography with thorotrast" in *Archives of Neurology and Psychiatry*, Vol. 29, p. 1318-1323, Chicago, June 1933.

"Cerebral angiography - It's application in clinical practice and physiology" in *The Lancet*, fasc. de Novembro, p. 1144-1151, Lancelot, London, 1933.

"Physio-Röntgenologie des Blutkreislaufs in Gehirn, in den Meningen und in den übrigen Geweben des Kopfes". *Fortschritte auf dem Gebiete der Röntgenstrahlen*, Band 48, fasc. 4º, p. 398-405, Leipzig, 1933.

"L' angiografia cerebrale" in *Archivio di Radiologia*, Ano IX, fasc. 4º, Napoli, 1933.

"Anévrisme intra-cranien de la carotide interne droite rendu visible par l'artériographie cérébrale" in *Revue d'Oto-Neuro-Ophtalmologie*, Tomo XI, fasc. 10º, p. 746-748, Paris, 1933.

"A prova arteriográfica em casos de aneurismas e angiomas cerebrais" in *Boletim da Academia das Ciências de Lisboa*, Nova série. Volume V, p. 485-487, Lisboa, 1933.

"A filmagem da circulação cerebral". (Com Almeida Lima e Pereira Caldas) in *Medicina Contemporânea*, Ano LI, fasc. 3º, p. 19-20, Lisboa, 20 de Janeiro 1933.

"Interpretação das opacidades nas séries angiográficas da cabeça". (Com Abel Alves e Pereira Caldas) in *Lisboa Médica*, Ano X, fasc. 3º, p. 122-143. Lisboa, 1933.

"Visibilidade em série, da circulação cerebral, tornada visível pelo iodeto de sódio e pelo 'Thorotrast'", (Com Abel Alves, Pereira Caldas e Diogo Furtado) in *Lisboa Médica*, Ano X, fasc. 3º, p. 111-121, Lisboa, Março de 1933.

"Troubles circulatoires du Cerveau produits par les Tumeurs cérébrales dans le voisinage du Siphon carotidien", (Com Almeida Lima e Diogo Furtado) in *Presse Médicale*, nº 55, p. 1104-1116, Paris, 1933.

"Contribution à l'étude de l'arachoinidite 'Spinale'", (Com Amândio Pinto e Diogo Furtado) in *Revue Neurologique*, Ano 1933, tomo 1º, fasc. 6º, p. 977-1005, Paris, Junho de 1933.

"Causalgia do membro superior esquerdo. Extracção dos gânglios estrelado, primeiro e segundo dorsais. Cura", (Com Romão Loff e Amândio Pinto) in *Lisboa Médica*, Ano X, fasc. 9º, p. 509-517, Lisboa, Setembro de 1933.

"Visibilité aux rayons X des veines temporales superficielles et occipitales". (Com Diogo Furtado) in *Folia Anatomica Universatis Conimbrigensis*, Vol. VIII, nº 5, Coimbra, 1933.

"Artériographie du cervelet et des autres organes de la fosse postérieure". (Com Amândio Pinto e Abel Alves) in *Bulletin de l'Académie de Médicine de Paris*, Vol. CIX, nº 22, p. 758-760, Paris, 1933.

"L'Angiographie du cerveau obtennue des deux côtés dans la même Séance". (Com Abel Alves) in *Revue Neurologique*, Tomo 1º, fasc. 3º, p. 375.-376, Paris, Mars 1933.

"L'importance diagnostique de l'artériographie de la fosse postérieure", (Com Abel Alves) in *Revue Neurologique*, 1: 375, 1933.

"A prova encefalográfica do cérebro feita dos dois lados na mesma sessão operatória". (Com Abel Alves) in *Revista de Radiologia e Clinica*, Vol. II, p. 608. Porto Alegre, 1933.

"Circulation artérielle capillaire et veineuse des méningiomes", (Com Almeida Lima) in *Vol. Jubilaire de Marinesco*, 1933, p. 467.

"Aspeto flebográfico de um meningioma". (Com Almeida Lima) in *A Medicina Contemporânea*, Ano LI, fasc. 1º, p. 6, Lisboa, 1933.

"Aspetos arteriográficos num caso de glândula pineal e tubérculos quadrigémios". (Com Almeida Lima) in *Lisboa Médica*, Ano LI, fasc. 1º, p. 6, Lisboa, 1930.

"Visibilité aux rayons X des veines temporales superficielles et occipitales", in *Folia Anatomica Universitatis Conimbringensis*, fascº 8, p. 1, 1933.

"Dois casos raros de tumores medulares", (Com Diogo Furtado) in *Separata da Revista de Radiologia e Clínica*, II, fasc. 4/5, p. 731-738. Porto Alegre, Agosto/Setembro, 1933.

"As compressões medulares de linfogranulomatose maligna (Doença de Hodgkin). Tratamento operatório de um caso". (Com Diogo Furtado) in *Arquivos Rio Grandenses de Medicina*, Nº 5, p. 321-332, Porto Alegre, 1933.

"Production scléro-gommeuse de la dure-mére simulant une tumeur cérébrale. Opération. Guérison", (Com Âmandio Pinto) in *A Medicina Contemporânea*, Ano LI, fasc. 16º, p. 101-104, Lisboa, 1933.

"The visibility of the pulmonary Vessels (Angiopneumography)". (Com Lopo de Carvalho) in *Acta Radiológica*, Vol. XIV, fasc. 5º, p. 433-452. Stockholm, 1933.

"Le sinus droit et l'ampoule de Galien opacifiés par la voie du tronc basilaire", (Com Fernando de Almeida) in *Lisboa Médica*, Ano X, fasc. 10º, p. 587-593, Lisboa, 1933.

"Neurographie", (Com Luis Pacheco) in *Journal Belge de Neurologie et Psychiatrie*, Vol. XXXIII, fasc. 8º, p. 551-560, Bruxelas, June 1933.

"Grandes tumores cerebrais, sem síndroma de hipertensão craniana". (Com Luis Pacheco) in *Lisboa Médica*, Ano X, fasc. 8º, p.455-462, Lisboa, 1933.

"Abcès isolé du bulbe" in *Revue d'Oto-Neuro-Ophtalmologie*, 12: 56, Paris, 1934.

"Alterações do sistema venoso de Galeno em alguns casos de hemorragia cerebral profunda" in Boletim da Academia das Ciências de Lisboa, 6:295, 1934.

"Angiographies en série de la circulation de la tête". (Com Almeida Lima e Pereira Caldas) in *Revue Neurologique*, Tomo 1, fasc. 4º, p. 489-510, Paris, 1934.

"La barrera capilar en el cerebro y en los otros tejidos de la cabeza" in *Boletin de la Universidad de Compostela*, Fasc. 18º, Numero especial *in Memorian do Professor Cadarso*, p. 76-82, Santiago de Compostela, Imprensa Paredes, 1934.

"Déformation et déplacement de l' ampoule et des veines de Galien par certains tumeurs cérébrales" in *A Medicina Contemporânea*, nº 22, 1934.

"L'épreuve angiographique dans les cas d' abcès cérébraux", (Com Romão Loff) in *Bordeaux Chirurgical*, 5: 1, 1934.

"L' évolution de la technique de l' angiographie cérébrale" in *Progrés Médical*, nº 46, 1934.

"Les hématomes sous-arachoidiens et les Anévrismes cérébraux" in *Press Médicale*, nº 50 du 23 Juin, Paris, 1934.

"La phlébographie dans l'hémorragie cérébrale profonde" in *Revue Neurologique*, Ano 1934, tomo 2º, fasc. 6º, p. 886-890, Paris, 1934.

"A visibilidade das veias profundas do cérebro, importância da sua deformação e deslocação como elemento de diagnóstico em alguns casos de tumores cerebrais" in Boletim da Academia das Ciências de Lisboa, 52: 199, 1934.

"Angiomes Cérébraux. Importance de l' angiographie cérébrale dans leurs diagnostiques" in *Bulletin de L' Académie de Médecine*, Vol. CXIII, nº 5, p. 174-184, Paris, 1935.

"A angiografia no diagnóstico dos aneurismas e angiomas do cérebro" in *Lisboa Médica*, Ano XII, fasc. 8º, p. 455-462, Lisboa, 1935.

"Tumores da fossa posterior. Aspetos arteriográficos do cérebro nas dilatações ventriculares" in *A Medicina Contemporânea*, ano LIII, fasc. 11º, p. 81-86, Lisboa, 17 de Março de 1935.

"Aspetos arteriográficos e flebográficos dos meningiomas da asa do esfenóide" in *Lisboa Médica*, Ano XII, fasc. 7º, p. 399-407, Lisboa, Julho de 1935.

"Aumento da circulação do diplóico da calote craniana na doença óssea de Paget. A propósito de um caso.", (Com Almeida Dias e Luis Pacheco) in *Lisboa Médica*, Ano XII, fasc. 2º, p. 114-124, Lisboa, Fevrier, 1935.

"Avantages de l' eupreve angiographique dans la carotide primitive" in *Clinica, Higiene e Hidrologia*, Vol. I, fasc. 9º, p. 343-345, Lisboa, Setembro 1935.

"Les hallucinations auditives verbales dans un cas d'astrocytome du lobe temporal gauche", (Com Romão Loff) in *Encéphale*, Vol. XXX, fasc. 1º, p. 20-29, Paris, Janvier 1935.

"Pseudoangiomes calcifiés du cerveau. Angiome de la face et calcifications corticales du cerveau. Maladie de Knud H. Krabbe", (Com Almeida Lima) in *Revue Neurologique*, Vol. 63, tomo 1º, fasc. 5º, p. 743--750, Paris, Abril de 1935.

"Resultats cliniques et physiologiques de l'angiographie cérébrale"in *Schweizerische Medizinische Wochenschrift*, Ano LXV, nº 47, p. 1112-1125, Basel, 23 November 1935.

"Terminologia Médica" in *A Medicina Contemporênea*, Ano LIII, fasc. 28º, p. 224, Lisboa, 1935.

"A angiografia cerebral no diagnóstico das lesões vasculares do cérebro" in *Boletim da Academia das Ciências de Lisboa*, Nova Série, volume VIII, p. 222-226, Lisboa, 1936.

"A angiografia cerebral ao serviço da clínica" in *Coimbra Médica*, Maio de 1936.

"A cirurgia ao serviço da psiquiatria" in *A Medicina Contemporânea*, Ano LIV, nº 19, p. 159-160, Lisboa, 1936.

"Cirurgia das psicoses. Novos resultados terapêuticos" in *Boletim da Academia das Ciências de Lisboa*, Nova Série, volume VII, p. 346-350, Lisboa, 1936.

"Essai d'un traitment chirurgical de certaines psychoses" in *Bulletin de L' Academie de Médecine*, Vol. CXV, nº 9, p. 385- 392, Paris, 1936.

"Obstrução da carótida interna à altura da carótida primitiva denunciada pela arteriografia", (Com Almeida Lima e Ruy de Lacerda) in *Boletim da Academia das Ciências de Lisboa*, Nova Série, volume 8, p. 17--19, Lisboa, 1936.

"Les possibilités de la chirurgie dans le traitment de certaines psychoses" in *Lisboa Médica*, Ano XIII, fasc. 3º, p. 141-151, Lisboa, 1936.

"Les prémiers tentatives operatoires dans le traitement de certaines psychoses" in *Encéphale*, 31:141, 1936.

"Premiers essais de psyco-chirurgie. Tecnique et résultats", (Com Almeida Lima) in *Lisboa Médica*, nº 3, ano XIII, 1936, pp. 152-161.

"Radiodiagnostique de la circulation cérébrale. (Angiographie cérébrale)" in *Revue Neurologique*, Ano XXXI, fasc. 3º, p. 218-219, Paris, Junho de 1936.

"Symptômes du lobe préfrontal", (Com Almeida Lima) in *Revue Neurologique*, Vol. 65, tomo 1º, fasc. 3º, p. 582-595, Paris, 1936.

"Trombose da carótida interna", (Com Almeida Lima e Rui. Lacerda) in *Imprensa Médica*, Ano II, Fasc. 6º, p. 93-105, Lisboa, 1936.

"Arteriografia acidental da fossa posterior por injecção na artéria vertebral", (Com Joaquim Imaginário) in *Boletim da Academia das Ciências de Lisboa*, Nova Série, volume IX, p. 225, Lisboa, 1937.

"Déformations des sinus droit et longitudinal inférieur et des veines profondes du cerveau dans le diagnostic de néoplasties cérébrales" in *Zentralblatt für Neurochirurgie*, Vol. II, fasc. 4º, p. 213- 224, Leipzig, 1937.

"Essais de traitement de la schizophrénie par la leucotomie pré-frontale". (Com Diogo Furtado) in *Annales Médico-Psychologiques*, Ano XCV, tomo 2º, p. 298-309, Paris, 1937.

"Hemiplégies par thrombose de la carotide interne", (Com Almeida Lima e Rui de Lacerda) in *Presse Médicale*, XLV, nº 52, p. 977-993, Paris, 1937.

"Idées générales sur l'angiographie cérébrale" in *Bolletino della Associazione Medica Triestina*, Ano XXIX, fasc. 1º, p. 5-20, Udine, 1937.

"La Leucotomie Préfrontal. Traitement Chirurgicale de Certaines Psychoses" in *Schizophrénie*, Vol. VI, fasc. 4º, p. 393-463, Torino, December, 1937.

"Pre-frontal Leucotomy in the treatment of mental disorders" in *American Journal of Psychiatry*, Vol 93, fasc. 6º, p. 1379-1379, Baltimore, 1937.

"I principi fisiopatologici della psicochirurgia" in *Giornale di Psiquiatria e di Neuropatologia*, XLIII, p. 360 e seguintes, Ferrara, 1937.

"À propos de l'arteriographie de la fosse postérieure. Anomalie de position de l'artère vertébrale occupant la place de la carotide interne", (Com Joaquim Imaginário) in *A Medicina Contemporânea*, Vol. LV, fasc. 22, p. 263-267, Lisboa, 30 de Maio de 1937.

"Psycho-chirurgie" in *Der Nervenartz, Portugal Médico*, 21:1, 1937.

"Syndrome de l'hémicone medullaire par hématomyélle", (Com Luís Pacheco) in *Revue Neurologique*, Vol. 67, tomo 1º, fasc. 6º, p. 575-584, Paris, Maio, 1937.

"La technique psycho-chirurgicale" in *Archives Franco-Belges de Chirurgie*, Vol. XXXIV, p. 337- 346, Bruxelas, Janeiro 1937.

"Visibilité de la jugulaire interne chez le vivant" in *Folia Anatomica Universitatis Conimbrigensis*, Vol. XII, fasc. 7º, p. 5, Coimbra,1937.

"Alterações do calibre da artéria comunicante anterior em casos de lesões vasculares do cérebro" in *Boletim da Academia das Ciências de Lisboa*, Nova Série, volume X, p. 121-124, Lisboa, 1938

"Circulation double d'un angiome cérébral" in *Zentralblatt für Neurochirurgie*, Vol. III, p. 217-225, Leipzig, August 1938.

"L'Hyperostose frontale interne. Étude angiographique d'un cas chez une jeune femme". Syndrome de Morgagni Stewart-Morel in *Schizofrenie*, Ano VIII, vol. VII, fasc. 1-3, p. 223-240, Torino, 1938. "

"As más arteriografias cerebrais podem induzir em erros de diagnóstico" in *Actas Ciba*, 5, Rio de Janeiro, 1938.

"Visibilité par contraste, des gaines vasculo-nerveuses du cou et leurs prolongements". (Com Luis Pacheco e Joaquim Imaginário) in *Imprensa Médica*, Ano IV, fasc. 18º, p. 295-312, Lisboa, 1938.

"Considerações sobre a comunicação do Prof. Wohlwill" in *"Memórias" da Academia das Ciências de Lisboa*, Classe das Ciências, Tomo II, p. 223-225, Lisboa, 1939.

"Nota sobre algumas expressões neurológicas" in *Revista Clínica, Higiene e Hidrologia*, AnoV, nº 2, p. 55- -57, Lisboa, 1939.

"Thromboses des artères carotides dans la fièvre thyphoïde", (Com Romão Loff e Joaquim Imaginário) in *Bulletin de l'Académie de Médecine*, Vol. CXXIII, nº 19-20, p. 451-457, Paris, 1940.

"Alterações angiográficas nos tumores da porção anterior do corpo caloso", (Com Almeida Lima) in *Imprensa Médica*, Ano VI, fasc. 11º, p. 162-169, Lisboa de 10 de Junho de 1940.

"Diagnóstico radiológico das obstruções carotídeas" in *Boletim da Sociedade Portuguesa de Radiologia Médica*, Volume III, fasc. 1º, p. 5-45, Lisboa, 1940.

"A fotografia da circulação normal e patológica do cérebro" in *Memórias da Academia das Ciências de Lisboa - Classe de Ciências*, Tomo III, p. 115-122, Lisboa, 1940.

"Os sulcos dos vasos meníngeos nas radiografias podem induzir em erros de localização", (Com Almeida Lima) in *Coimbra Médica*, Ano VII, fasc. 2º, p. 83-92, Lisboa, Fevereiro de 1943.

"O valor das demonstrações cinematográficas em medicina" in Boletim da Academia de Ciências de Lisboa, 12:143, 1940.

"Angiomas profundos do cérebro", (Com Almeida Lima) in *Lisboa Médica*, Vol. XVIII, fasc. 4, p. 213--222, Lisboa, 1941.

"Tumores da glândula pineal. Diagnóstico angiográfico" in *Actas Españolas Neurológia y Psiquiatria*, Vol. II, fasc. 1º, p. 3-14, Madrid-Barcelona, Março de 1941.

"Visibilidade do seio cavernoso" in *Memórias da Academia das Ciências de Lisboa*, Classe de Ciências: Tomo III, p. 403-406, Lisboa, 1941.

"Circulação cerebral intermitente" in *Imprensa Médica*, Ano VIII, fasc. 5º, p. 65-68, Lisboa, 15 de Março de 1942.

"Angioma venoso do corpo estriado. Síndroma parquinsónico lateralizado" in *Memórias da Academia das Ciências de Lisboa - Classe de Ciências*, Tomo IV, p. 319-329, Lisboa, 1944.

"Diferenças de opacidades nos aneurismas cerebrais"in *Lisboa Médica*, Vol. XIX, fasc. 3º, p. 123- 130, Lisboa, Março de 1942.

"Projecção em arteriografia lateral da circulação anormal da carótida externa sobre a circulação cerebral" in *Lisboa Médica*, Vol. XIX, fasc. 2º, p. 63-67, Lisboa, Fevereiro de 1942.

"Sobre a identificação angiográfica das artérias e veias do cérebro" in *Folia Anatomica Universitatis Coninbrigensis*, Vol. XVII, nº 3, Coimbra, 1942.

"Aspetos angiográficos dos glioblastomas", (Com Lobo Antunes) in *Lisboa Médica*, Vol. XX, fasc. 4º, p. 165-175, Lisboa, 1943.

"Colesteatomas cerebrais" in *Lisboa Médica*, Vol. XX, fasc. 1º, p. 1-22, Lisboa, 1943.

"Diagnostique angiographique des méningiomes de l'arête sphénoïdale" in *Journal Suisse de Médecine*, Ano LXXIII, nº 39, p. 51-62, Bâle, 1943.

"Diagnóstico angiográfico de um angioma artério-venoso cerebral com aneurisma intercalar" in *Memórias da Academia das Ciências de Lisboa - Classe de Ciências*, Tomo IV, p. 435-436, Lisboa, 1944.

"Faisceau paracentral-prèfrontal" in *Folia Anatomica Universatatis Conimbrigensis*, Vol. XVIII, nº 7, p. 1-20, Coimbra, 1943.

"De la Thérapeutique chirurgicale dans la maladie de Parkinson et les états similaires" in *Chirurgie Suisse*, VII, p. 385 e seguintes, Lausanne, 1943.

"Alterações da empôla e veias de Galeno nas dilatações ventriculares", (Com Lídia Manso Preto) in *Lisboa Médica*, Vol. XXI, fasc. 1º, p. 1-9, Lisboa, 1944.

"Anciania" in *Imprensa Médica*, AnoX, nº 24, p. 433-440, Lisboa, 1944.

"A angiografia cerebral no diagnóstico das espécies tumorais" in *Memórias da Academia das Ciências de Lisboa - Classe de Ciências*, Tomo IV, p. 461-467, Lisboa, 1944.

"Angiome de l'angle ponto-cérébelleux", (Com Abel Cancela de Abreu e Lobo Antunes) in *Praxis*, Ano 1944, fasc. 9º, Bern, 1944.

"Capillaires du cerveau et de la tête. Déductions angiographiques" in *Amatus Lusitanus*, Vol. III, fasc. 8º, p. 506-521, Lisboa, 1944.

"No cinquentenário de Brown Séquard"in *Jornal do Médico*, Vol. V, nº 97, p. 33-36, Porto, 1944.

"Novo aspeto angiográfico dos tumores da Hipófise", (Com Joaquim Imaginário e Cruz e Silva) in *Imprensa Médica*, Ano X, fasc. 1º, p. 1-2, Lisboa, 1944.

"A geração Humana e as Doutrinas de Exeter" in *Jornal da Sociedade de Ciências Médicas*, 109, nºs 7 a 10, 1945.

"Os raios de Roentgen na Neurologia" in *Amatus Lusitanus*, Vol. IV, fasc. 5º, p. 373-394, Lisboa, 1945.

"Exoftalmo unilateral" in *Separata da Revista Amatus Lusitanus*, Vol. IV, fasc. 9-10, p. 688-710, Lisboa, Nov 1945.

"As pupilas dos mortos reagem à luz" in *A Medicina Contemporânea*, Ano LXIV, fasc. 1º, p. 1-29, Lisboa, 1946.

"Aspeto anormal da circulação do seio longitudinal inferior devido à compressão tumoral"in *Memórias da Academia das Ciências de Lisboa - Classe de Ciências*, Vol. V, Lisboa, 1947.

"Thromboses of the internal carotid artery and its branches" in *A Medicina Contemporânea*, nº 4, 1947.

"Alocução na primeira sessão da Sociedade de Neuro-cirurgia Luso Espanhola". Dita pelo Prof. Almeida Lima na sessão inaugural de Barcelona em Abril de 1948, in *Conferências*, 1950, 4: 63.

"Mein Weg zur leukotomie" in *Deutsche Medizinische Wochenschrift*, Ano LXXIII, fasc. 45-46, p. 581-583, 1948.

"Trombose da carotida interna de etilogia traumática" in *Memórias da Academia das Ciências de Lisboa*, 5: 3, 1948.

"Die Prafrontale Leukotomie" in *Archiv für Psychiatrie*, Vol. CLXXXI, p. 591-602, Würzburg, 1949.

"Sichttbarmachung von Gehirnblutgefassen und Entwicklung der Stihirnleukotomie" in *Umschau*, nº 8, 1950.

"Conceitos neurológicos em Psiquiatria" in *A Medicina Contemporânea*, nº2, Fevereiro de 1950.

"A contribuição da Escola Portuguesa para o futuro da Neuro Cirurgia" in *Conferências*, 5: 8, 1952.

"Angioma arteriovenoso do cérebro" in *Medicina Contemporânea*, nº 6, Maio de 1951.

"Carta de Mensagem lida no Brasil". Homenagem aos médicos brasileiros, irmãos pela língua e afinidade racial. Foi levada ao Brasil pelo Prof. Almeida Lima em 1951, in *Conferências*, 7:11, 1954.

"A Fisiologia do cérebro" in *O instituto*, 115: 5, Coimbra, 1951.

"Investigação Científica". in *Anhembi*, p. 221, S. Paulo, 1951.

"No Congresso Internacional de Neurologia". Alocução pronunciada em francês na sessão de abertura do V Congresso Internacional de Neurologia em 7 de Setembro de 1953. Conferências, 7:76, 1954.

"Semiologie angiographique des anévrismes, varices et angiomes du cerveau". (avec Miller Guerra), in *Raports du V Congrés Neurologique Internacional*, 3: 65, 1953.

"Trombose da carótida interna. Visibilidade dos vasos da fossa posterior" in *A Medicina Contemporânea*, nº 4, 1953.

"A Leucotomia está em causa" in *Revista Filosófica de Coimbra*, nº 10, 1954.

"Subsídios para a história da angiografia" in *Separata dos Anais Azevedos*, Lisboa, 1955.

3. Ensaios políticos e outros

Bases para a creação em Portugal duma lei protectora da primeira Infância, Coimbra, Imprensa da Universidade, 1904.

Conferência de Arte, – Museu Regional de Aveiro – Empresa Gráfica Universal, 1916.

Um ano de Política, Rio de Janeiro. Portugal-Brasil Editora, Companhia Editora Americana, Lisboa, 1919

Do Valor e da Saudade, (Discurso proferido na inauguração do obelisco de Homenagem aos soldados do Concelho de Estarreja mortos na I Grande Guerra), Edição da Câmara Municipal de Estarreja, 1920.

Júlio Dinis e a sua obra, (Prefácio de Ricardo Jorge), Lisboa, Casa Ventura Abrantes, 1924.

"A necrofilia de Camilo Castelo Branco", – In Memoriam de Camilo, 1925.

O padre Faria na história do hipnotismo, Lisboa, Edição da Faculdade de Medicina, 1925.

"Um discurso na recepção da Academia Brasileira de Letras" in *Revista da Academia Brasileira de Letras*, 83:286, 1928.

Ao Mestre José Malhoa, Lisboa, Lisboa, Imprensa Libano da Silva, 1928.

"Prefácio" in Paiva, Almeida, *Oscar Wilde - Pensamentos e paradoxos*, Lisboa, Parceria António Maria Pereira, 1928.

"O Papa João XXI" in *Biblos*, 6: 1, 1929.

"Elogio de Magalhães Lemos" in A Medicina Contemporânea, 1929.

"Discours prononcé dans la séance d'ouverture du XIIème Congrès International d'Hydrologie, Climatologie et Géologie Médicale" in *A Medicina Contemporânea*, nº 42, 1930.

"Fernando de Magalhães", Alocução na Sessão Solene de Homenagem in *A Medicina Contemporânea*, 1930.

"Os pintores da loucura" in *Arquivo de Medicina Legal*, 3: 1, 1930.

"Professor Magalhães Lemos", (Necrológio), in *Lisboa Médica*, 8: 548, 1931.

"Dr. Josef Babinski" in *Lisboa Médica*, 9: 1065, 1932.

"Belo de Morais" in *Jornal do Médico*, Vol. III, nº 49, p. 23, Porto, 1942.

"Os médicos no Teatro Vicentino", in *Imprensa Médica*, nº 8, 1937.

"Psicoses Sociais", in *Boletim da Ordem dos Advogados*, Lisboa 1940.

"Ricardo Jorge" in *Lisboa Médica*, Ano XVI, fasc. 9º, p. 517-563, Lisboa, 1939.

"Algumas Palavras" in *Memórias da Academia das Ciências de Lisboa*, (Classe de Letras), 3: 197, 1940.

Ao Lado da Medicina, Lisboa, Bertrand, 1940.

"Teatro inédito de Gomes Coelho (Júlio Dinis)" in *Memórias da Academia das Ciências de Lisboa*, (Classe de Letras), 3: 283, 1940.

"Transmissão de Poderes na Academia das Ciências de Lisboa", Sessão de 1 de Fevereiro de 1940. Discurso do Prof. Egas Moniz em resposta a outros proferidos na mesma sessão.

"À memória do professor Sobral Cid" in *Imprensa Médica*, Ano VII, nº 9, p. 213-215, Lisboa, 1941.

"Belo de Morais" in *Jornal do Médico*, 23: 23,1942.

"Otfrid Foerster" in *Lisboa Médica*, Vol. XIX, fasc. 1º, p. 52-58, Lisboa, 1942.

História das Cartas de Jogar, Lisboa. Editorial Ática, 1942.

"Lavoisier na Fisiologia" in *Imprensa Médica*, Ano IX, nº 12, p. 192-196, Lisboa, 1943.

"Maurício de Almeida – Escultor (1897-1923)" in *Arquivo do Distrito de Aveiro*, nº 35, 1943.

"Por Coimbra - João Francisco de Almada " *In Memorian*, p. 1-7, 1943.

"Prefácio" in AMARAL, Almeida, *O Tratamento Cirúrgico das Doenças Mentais*, Lisboa, Livraria Luso Espanhola, 1944.

Última Lição, Lisboa, Portugália, 1944.

"O Abade Faria e o hipnotismo científico"in *Boletim da Sociedade de Geografia de Lisboa*, Série LXIII, fasc. 5-6, p. 191-197, Lisboa, 1945.

"Nova fase" in *A Medicina Contemporânea*, Ano LXIII, fasc. 1/6, p. 1-5, Lisboa, 1945.

"O abade de Baçal" in *Memórias da Academia das Ciências*, 5: 3, 1948.

"Afrânio Peixoto" in A Medicina Contemporânea, nº 2, 1947.

"Discurso proferido na sessão conjunta para a recepção do Académico e Neurologista Norte- Americano Prof Walter Freeman" in *Boletim da Academia das Ciências de Lisboa*, Volume XX, Lisboa, 1948.

"O domínio do delírio e da alucinação"in *A Medicina Contemporânea*, Ano LXVI, nº 12, p. 465-483, Lisboa, 1948.

"Ramon y Cajal. Uma doutrina e uma época" in *Memórias da Academia das Ciências de Lisboa - Classe de Ciências*, Vol. V, Lisboa, 1948.

Confidências de um Investigador Científico, Lisboa, Edições Atica, 1949.

Guerra Junqueiro, Porto, Associação de Jornalistas e Homens de Letras do Porto, 1949.

"Thebar Oliveira", in *Anais Azevedo*, 1, nº 2, Lisboa,1949.

"Silva Porto" in *O Médico*, nº 9, 1950.

"Abel Salazar" - Palavras enviadas ao Prof. Ruy Luís Gomes, lidas na sessão de homenagem à memória do Prof. Abel Salazar em Janeiro de 1950 in *Conferências*, 4:103, 1950.

"Coimbra nobre Cidade" in *A Medicina Contemporânea*, nº 5, 1950.

A Nossa Casa, Lisboa, Edição Paulino Ferreira, 1950.

"O poeta João de Deus. (Esboço de estudo psicológico)" in *A Medicina Contemporânea*, Ano LXVIII, nº 6, p. 253-265, Lisboa, 1950.

"O Primeiro Teatro de Júlio Dantas (1899/1903)". Oração pronunciada na sessão de Homenagem ao Sr. Dr. Júlio Dantas, Presidente da Academia das Ciências em 4 de Março de 1950, por ocasião da sua festa jubilar in Memórias da Academia das Ciências de Lisboa, (Classe de Letras), 5, 1950.

"Professor Joachim Friederich Wohlwill" in *Gazeta Médica Portuguesa*, Volume IV, p. 17, 1951.

"O solitário de Amarante", Coimbra, 1951.

"Prólogo" in JAHM, Mário, PIMENTA, Mattos e SATTE JÚNIOR, Afonso, *Tratamento cirúrgico das molestias mentais*, S. Paulo, 1951.

"Algumas palavras de agradecimento" in *A Medicina Contemporânea*, nº 8, 1952.

"Los ultimos años de Ramón y Cajal" in *Folia Clinica Internacional*, 2, nº 5, 1952.

"À Memória de Ramón y Cajal". Sessão Comemorativa em Madrid, 1952. Alocução lida pelo Prof. Aleu Saldanha in *Conferências*, 7: 23, 1954.

"Sobre uma frase do Padre António Vieira" in *A Medicina Contemporânea*, nº 1, 1952.

"Teixeira de Pascoaes" in *Conferências*, 7: 77, 1954.

"Uma entrevista sensacional com Prof. Egas Moniz" in *Portugal Ilustrado*, Julho de 1954.

A Obra Social de São Martinho de Gândara, vista pelo Prof. Egas Moniz, 1954.

"Palavras de saudação ao Académico Sir George Paget Thomson" in *Memórias da Academia das Ciências de Lisboa*, 1954.

Dr. Barbosa de Magalhães, Parlamentar e Político, Aveiro, Edição do autor, 1955.

"A folia e a dor na obra de José Malhoa" in *Seara Nova*, Lisboa 1955.

O Abade Faria na história do Hipnotismo, Conferência de Lisboa. Ampliada e dividida em capítulos. Publicação da Faculdade de Medicina. I Volume, Lisboa, [1925]. Edição Facsimilada da Editorial Vega, Lisboa, 1977.

"Angeja, Estarreja, Murtosa, Pardelhas, Avanca, Ovar" in PROENÇA, Raul, (Org.), *GUIA DE PORTUGAL, 3º Vol. Beira, Tomo I, Beira Litoral,* Lisboa, [Biblioteca Nacional, 1944] Fundação Calouste Gulbenkian, 1993, pp. 544-559.

Três ensaios sobre pintura, Estarreja, Câmara Municipal de Estarreja, 1999.

A Nossa Casa, Lisboa, Paulino Ferreira, Filhos, Lda, 1950, Reedição da Câmara Municipal de Estarreja, 2001

Confidências de um investigador científico, Lisboa, Ática, 1949, Reedição da Câmara Municipal de Estarreja, 1999.

Conferências Médicas I, Lisboa, Portugália, 1945, Reedição fac-similada, Coimbra, Imprensa da Universidade de Coimbra, 2008.

A Vida Sexual. Fisiologia e Patologia, Lisboa, Casa Ventura Abrantes, (15ª Edição facsimilada), Estarreja, Câmara Municipal de Estarreja, 2009.

BIBLIOGRAFIA ACERCA DE EGAS MONIZ

"Egas Moniz e o Brasil", *Publicações do Museu Nacional da Ciência e da Técnica*, Coimbra, 4, 1974, pp. 113-114.

"Egas Moniz, António Caetano de Abreu Freire". In: *Grande Enciclopédia Portuguesa e Brasileira*, vol. 9, Lisboa/Rio de Janeiro, Editorial Enciclopédia, s.d, pp. 440-442.

ADÃO, Luís Cabral, "Egas Moniz". In: *O Homem da Terra. Contos, Crónicas, Composições*, Setúbal, E. do A, 1986, pp. 83-85.

AMARAL, Ilídio do, "Egas Moniz, O Homem, as ideias e a época". In: *Centenário de Egas Moniz*, vol. 2, Lisboa, Comissão Executiva das Comemorações do Centenário do Nascimento do Prof. Egas Moniz, 1978, pp. 241-259.

AMORA, A. Soares, "Egas Moniz crítico literário",. In: *Centenário de Egas Moniz*, vol. 2, Lisboa, Comissão Executiva das Comemorações do Centenário do Nascimento do Prof. Egas Moniz, 1978, pp. 25-28.

ANTUNES, João Lobo — "As cartas de Egas Moniz para Almeida Lima" in: ANTUNES, João Lobo, *Um modo de ser*, 10ª ed, Lisboa, Lisboa, Gradiva, 1996, pp. 173-201.

ANTUNES, João Lobo, "Egas Moniz homem de letras" in: *Numa cidade feliz*, Lisboa, Gradiva, 1999, pp. 213-223.

ANTUNES, João Lobo, "J.P. Miller Guerra" in: ANTUNES, João Lobo, *Um modo de ser*, 10ª ed, Lisboa, Lisboa, Gradiva, 1996, pp. 147-152.

ANTUNES, João Lobo, "Pedro Almeida Lima" in: ANTUNES, João Lobo, *Um modo de ser*, 10ª ed, Lisboa, Lisboa, Gradiva, 1996, pp. 139-145.

ANTUNES, João Lobo, "Psicocirurgia — Uma história" in: *A excelência da investigação. Na essência da Universidade*, Coimbra, Faculdade de Medicina da Universidade de Coimbra, 1999, pp. 18-35.

ANTUNES, João Lobo, "Psicocirurgia — Uma história" in: *Numa cidade feliz*, Lisboa, Gradiva, 1999, pp. 225-248.

ANTUNES, João Lobo, "Egas Moniz – uma palavra sobre o Outro" in *1911-1999. O ensino médico em Lisboa no início do Século. Sete artistas contemporâneos evocam a geração de 1911*, Catálogo da Exposição, Lisboa, Fundação Calouste Gulbenkian, 1999.

ANTUNES, João Lobo, "Egas Moniz na investigação científica" in AAVV, *Homenagem a Egas Moniz*, Porto, Fundação de Serralves, 1999.

ANTUNES, João Lobo, *Um modo de ser*, Lisboa, Gradiva, 1997.

ANTUNES, João Lobo, Egas Moniz. Uma Biografia, Lisboa, Gradiva, 2010.

ARAÚJO, H. A. Gomes de, "O que é a psicoterapia?" in: *Centenário de Egas Moniz*, vol. 2, Lisboa, Comissão Executiva das Comemorações do Centenário do Nascimento do Prof. Egas Moniz, 1978, pp. 229-240.

ASENJO, Alfonso, "António Egas Moniz, Humanista y Maestro" in: *Egas Moniz Centenary. Scientific Reports*, Comissão Executiva das Comemorações do Centenário do Nascimento do Prof. Egas Moniz, 1977, pp. 167-172.

AZEVEDO, Conde, *O Ex-Libris do Dr. Egas Moniz*, Lisboa, Livraria Universal de Armando J. Tavares, 1927, 21 p.

AZURARA, Gomes de, "O primeiro Prémio Nobel português/aluno dos Jesuítas" in *Brotéria*, Vol. LII, 1951, Fasc. 4.*

BELCHIOR, Maria de Lourdes, "Egas Moniz — Rigor e intuições do homem de letras". In: *Centenário de Egas Moniz*, vol. 2, Lisboa, Comissão Executiva das Comemorações do Centenário do Nascimento do Prof. Egas Moniz, 1978, pp.337-342.

BINGLEY, T.; LEKSELL, L.; MEYERSON, B.; RYLANDER, G, "Experiences with Anterior Capsulotomy in Obsessive-Compulsive Cases". In: *Egas Moniz Centenary. Scientific Reports*, Comissão Executiva das Comemorações do Centenário do Nascimento do Prof. Egas Moniz, 1977, pp. 223-232.

BOLÉO, José de Paiva, *A geração humana e as doutrinas de Exeter. Crítica à conferência do Prof. Egas Moniz*, Lisboa, Imprensa Lucas & Cia, 1946, 32 p.

BRANCO, João de Freitas, "Homenagem a Egas Moniz" in: *Centenário de Egas Moniz*, vol. 2, Lisboa, Comissão Executiva das Comemorações do Centenário do Nascimento do Prof. Egas Moniz, 1978, pp. 275-277.

BRANCO, Miguel Castelo, "O legado de Egas Moniz" in: PEREIRA, Ana Leonor; PITA, João Rui (Organização) — *Egas Moniz em livre exame*, Coimbra, MinervaCoimbra, 2000, pp. 127-148.

BRANDÃO, Gama, "Egas Moniz — espírito multímodo e universalista" in: *1874-1974, no I centenário do nascimento de Egas Moniz*, Aveiro, Edição da Junta Distrital de Aveiro, 1975, pp. 23-35.

BRIHAYE, J.; JEANMART, L.; FLAMENT-DURAND, J, "Dissecting Aneurysms of the Basilar Artery" in: *Egas Moniz Centenary. Scientific Reports*, Comissão Executiva das Comemorações do Centenário do Nascimento do Prof. Egas Moniz, 1977, pp. 103-124.

BUCY, Paul C, "Egas Moniz a Portuguese Pioneer — His Contributions to Neurology and Psychiatry" in: *Egas Moniz Centenary. Scientific Reports*, Comissão Executiva das Comemorações do Centenário do Nascimento do Prof. Egas Moniz, 1977, pp. 9-17.

CABRAL, Alexandre, *Aspeto literário da obra do Professor Egas Moniz.Prémio Nobel 1950*, Lisboa, Portugália, 1950, 60 p.

CAEIRO DA MATA, José, "Egas Moniz homem de Estado" in *Separata das Memórias*, Academia das Ciências de Lisboa, Classe de Letras, Tomo III, 1940

CALDAS, Alexandre Castro, "O Centro de Estudos Egas Moniz". In: PEREIRA, Ana Leonor; PITA, João Rui (Organização) — *Egas Moniz em livre exame*, Coimbra, MinervaCoimbra, 2000, pp. 315-320.

CARDOSO, Carlos Alfredo Rezende dos Santos, "O Professor Doutor Egas Moniz" in: *Subsídios para uma monografia histórica e descritiva da freguesia de Avanca*, Coimbra, Tese de Licenciatura — Faculdade de Letras da Universidade de Coimbra, 1961, pp. 140-147.

CARVALHO, Lopo de, "1ª Comunicação sobre Angiopneumografia. 1931" in: *Os pioneiros do método angiográfico*, 2ª ed, Lisboa, Sociedade Portuguesa de Angiografia e Medicina Nuclear, 1977, pp. 35-38.

CASCAIS, António Fernando — "A inversão do princípio de legitimidade da intervenção bio-médica no corpo humano: de Egas Moniz à engenharia genética", *CTS. Revista de Ciência, Tecnologia e Sociedade*, 10. 1989, pp. 30-33.

CASCAIS, António Fernando, "De Egas Moniz à engenharia genética: Um questionamento bioético" in *Sociologia - Problemas e Práticas*, 9, 1991, pp. 57-76.

CASCAIS, António Fernando,"A cabeça entre as mãos: Egas Moniz, a psicocirurgia e o prémio Nobel", in João Arriscado Nunes, Maria Eduarda Gonçalves, orgs. et al.: *A sociedade portuguesa perante os desafios da globalização, Vol. V - Enteados de Galileu? Semiperiferia e intermediação no sistema mundial da ciência*, Porto, Afrontamento, 2001, pp. 291-359.

COELHO, Álvaro Macieira, "Prefácio" in: MONIZ, Egas, *Confidências de um investigador científico*, Estarreja, Câmara Municipal de Estarreja, 1999, pp. 1-6 (edição fac-simile da primeira edição, 1949).

COELHO, António Macieira, "A faceta política de um cientista" in: *Egas Moniz, 120 anos. 1874-1994*, Estarreja, Câmara Municipal de Estarreja, [p.10].

COELHO, António Macieira, "A faceta política de um cientista" in: COELHO, António Macieira, *Egas Moniz. Perfil político*, Estarreja, Câmara Municipal de Estarreja, 1999, pp. 17- 37.

COELHO, António Macieira, "Casa-Museu Egas Moniz [Extraído do *Diário Popular*]", *Semana Médica*, 7(344) 9 Jan. 1966, p. 6.

COELHO, António Macieira, "Egas Moniz na cidadania e na política. Um homem do nosso tempo" in COELHO, António Macieira — *Egas Moniz. Perfil político*, Estarreja, Câmara Municipal de Estarreja, 1999, [pp. 65- 81].

COELHO, António Macieira, "O Ex-Libris do Prof. Egas Moniz" in: COELHO, António Macieira — *Egas Moniz. Perfil político*, Estarreja, Câmara Municipal de Estarreja, 1999, pp. 83- 85.

COELHO, António Macieira, "O portuguesismo de Egas Moniz" in: COELHO, António Macieira, *Egas Moniz. Perfil político*, Estarreja, Câmara Municipal de Estarreja, 1999, pp. 9-14.

COELHO, António Macieira, "Os conceitos políticos de Egas Moniz e o sidonismo" in: COELHO, António Macieira — *Egas Moniz. Perfil político*, Estarreja, Câmara Municipal de Estarreja, 1999, pp. 39- 63.

COELHO, António Macieira, "Vivências na intimidade de Egas Moniz" in: PEREIRA, Ana Leonor; PITA, João Rui, (Organização), *Egas Moniz em livre exame*, Coimbra, MinervaCoimbra, 2000, pp. 51-65.

COELHO, António Macieira, *Egas Moniz. Perfil político*, Estarreja, Câmara Municipal de Estarreja, 1999.

COELHO, António Macieira, "Egas Moniz na cidadania e na política" in AAVV, *Homenagem a Egas Moniz*, Porto, Fundação de Serralves, 1999.

COELHO, António Macieira, "Vivências na intimidade de Egas Moniz" in PEREIRA, Ana Leonor, e PITA, João Rui, (Org.), *Egas Moniz em livre exame*, Coimbra, Minerva, 2000.

COELHO, Eduardo, "A vida científica de Egas Moniz" in *Jornal do Médico*, Porto, Separata XV (373), 1950, pp. 432-436.

CONDE, Frederico, "O Colégio de S. Fiel", *Estudos de Castelo Branco*. 28(1968) 63-68.

CORREIA, Clara Pinto, "Uma questão de respeito", *Super Interessante*, 12, Abr. 1999, p. 38.

CORREIA, Manuel, "O caráter histórico-social da violência: o exemplo da psicocirurgia", *Revista de História das Ideias*, 27, 2006, pp. 511-527.

CORREIA, Manuel, "Egas Moniz. Imagens e representações" in *Estudos do Século XX*, Coimbra, Ariadne Editora, 2005, nº 5, pp. 65-82

CORREIA, Manuel, "Espelho meu. Ilusão biográfica e ideal historiográfico: a construção de Egas Moniz" in *Estudos do Século XX*, nº 8, 2008, pp. 187-201

CORREIA, Manuel, "O político na sombra do cientista (1) – Considerações acerca da importância e do alcance de dois enigmas monizianos – o «periférico» e o «político»", *Vértice*, 119, Setembro -Outubro, 2004, pp. 57–74.

CORREIA, Manuel, "O político na sombra do cientista (2) – Liberal ou conservador?, investigador científico e místico da objectividade",*Vértice*, 123, 2005, pp. 20 – 38.

CORREIA, Manuel, *Egas Moniz e o Prémio Nobel*, Coimbra, IUC, 2006.

CORREIA, Maximino, "Alocução do Reitor da Universidade" in: *A Homenagem da Academia de Coimbra ao Prof. Egas Moniz*, Coimbra, Edição da Associação Académica, 1950, pp. 25-29.

CORREIA, Maximino, "Glória ao sábio português", *Átomo. Ciência e técnica para todos*, Lisboa, 2(23)1949, p. 5.

CRITCHLEY, MacDonald, "Frontal Lobe Syndromes" in: *Egas Moniz Centenary. Scientific Reports*, Comissão Executiva das Comemorações do Centenário do Nascimento do Prof. Egas Moniz, 1977, pp. 139-143.

CUNHA-OLIVEIRA, José; PEDROSA, Aliete, "Quando da Etherea Gavea hum Marinheiro" in: PEREIRA, Ana Leonor; PITA, João Rui (Organização) — *Egas Moniz em livre exame*, Coimbra, MinervaCoimbra, 2000, pp. 177-219.

DAMÁSIO, António R, "Egas Moniz, pioneer of angiography and leucotomy" in: PEREIRA, Ana Leonor; PITA, João Rui (Organização) — *Egas Moniz em livre exame*, Coimbra, MinervaCoimbra, 2000, pp. 97-109.

DANTAS, Júlio, *Transmissão do poderes*. Sep. de "Memórias" Classe de Letras, Tomo III, Academia das Ciências de Lisboa, 1940.

DIAS, Benedito, "Medicina portuguesa através dos séculos — personalidade científica do Prof. Egas Moniz", *Publicações do Museu Nacional da Ciência e da Técnica*, Coimbra, 9, 1979, pp. 59-130.

DJINDJIAN, René, "L'Arteriographie Super-Selective de la Carotide Externe et l'Embolisation" in: *Egas Moniz Centenary. Scientific Reports*, Comissão Executiva das Comemorações do Centenário do Nascimento do Prof. Egas Moniz, 1977, pp. 85-92.

DOTT, Norman, "Life and Work of Egas Moniz" in: *40º Aniversário da Introdução da Angiografia Cerebral — Reunião Internacional em lisboa, Abril 1967*, Lisboa, 1967, pp. 6-19.

DUARTE SANTOS, L, "Palavras de abertura" [Pronunciadas pelo Presidente da 1ª Comissão de Gestão da Faculdade de Medicina de Coimbra, na Sessão de Homenagem realizada, em 1974, no Teatro da Faculdade de Letras da Universidade de Coimbra] in: *Centenário de Egas Moniz*, vol. 2, Lisboa, Comissão Executiva das Comemorações do Centenário do Nascimento do Prof. Egas Moniz, 1978, pp. 221-227.

Exposição Intinerante da Obra de Egas Moniz e Reynaldo dos Santos — Catálogo, 1982-1983, s.l, Sociedade Portuguesa de Radiologia e Medicina Nuclear, 1982-1983.

Fábrica de Avanca. Egas Moniz e a Indústria, Avanca, Câmara Municipal de Esterreja / Nestlé, 1990, 13 p.

ESPERANÇA PINA, Madalena e CORREIA, Manuel, "Egas Moniz (1874-1955): Cultura e Ciência". História, Ciências, Saúde — Manguinhos, Rio de Janeiro, Vol. 19, nº 2, Abril-Julho, 2012.

FERNANDES, Barahona, "Egas Moniz, cientista, criador e homem social" in: *Centenário de Egas Moniz*, vol. 2, Lisboa, Comissão Executiva das Comemorações do Centenário do Nascimento do Prof. Egas Moniz, 1978, pp. 147-175.

FERNANDES, Barahona, *Egas Moniz, pioneiro de descobrimentos médicos*, Lisboa, Instituto de Cultura e Língua Portuguesa, 1983.

FERNANDES, H. Barahona, *Egas Moniz, pioneiro de descobrimentos médicos*, Lisboa, Instituto de Cultura e Língua Portuguesa, M.E, 1983.

FIGUEIREDO, Manuel de, "A terra e o homem" in: *Centenário de Egas Moniz*, vol. 2, Lisboa, Comissão Executiva das Comemorações do Centenário do Nascimento do Prof. Egas Moniz, 1978, pp. 331-336.

FIGUEIREDO, Pacheco de, "O Prof. Egas Moniz. Homenagem da Escola Médico-Cirúrgica de Goa. Alocução proferida pelo Diretor da Escola Prof...., na sessão solene de abertura das aulas (1950-1951)" in *Escola Médico-Cirúrgica de Gôa (Alocuções proferidas pelo Diretor da Escola Médico-Cirúrgica, Prof. Pacheco de Figueiredo)*, s.d, pp. 3-11.

FLORES, António, *Lição final do curso de neurologia*, Lisboa, Editorial Império, 1952, 50 p.

FREEMAN, Walter, "O vagaroso desenvolvimento da leucotomia pré-frontal em Portugal" in: *Centenário de Egas Moniz*, vol. 2, Lisboa, Comissão Executiva das Comemorações do Centenário do Nascimento do Prof. Egas Moniz, 1978, pp. 423-445.

FREITAS, Divaldo Gaspar de, "O estudante coimbrão Egas Moniz" in: *Centenário de Egas Moniz*, vol. 2, Lisboa, Comissão Executiva das Comemorações do Centenário do Nascimento do Prof. Egas Moniz, 1978, pp. 207-219.

GARCIA, Ápio, *Perfil de Egas Moniz. Prémio Nobel de Medicina e Fisiologia*, 4ª ed, Porto, Edição de "A Marginal", 1949.

GONÇALVES, António Manuel, "Biografia" in: *Exposição Intinerante da Obra de Egas Moniz e Reynaldo dos Santos — Catálogo, 1982-1983*, s.l, Sociedade Portuguesa de Radiologia e Medicina Nuclear, 1982-1983, pp. 61-74.

GUERRA, Miller, "Egas Moniz" in: *Centenário de Egas Moniz*, vol. 2, Lisboa, Comissão Executiva das Comemorações do Centenário do Nascimento do Prof. Egas Moniz, 1978, pp. 279-281.

GUERRA, Miller, "Elogio de Egas Moniz" in: *Egas Moniz. Reynaldo dos Santos — Últimas lições*, Lisboa, SPRMN, 1984, pp. 11-18.

HITCHCOCK, Edward, "Psychosurgery in Britain" in: *Egas Moniz Centenary. Scientific Reports*, Comissão Executiva das Comemorações do Centenário do Nascimento do Prof. Egas Moniz, 1977, pp. 253-264.

Homenagem (A) da Academia de Coimbra ao Prof. Egas Moniz, Coimbra, Edição da Associação Académica, 1950.

Homenagem dos habitantes da Vila do Avelar ao Excelentíssimo Professor Doutor Egas Moniz Primeiro Prémio Nobel de Portugal, Avelar, 1950.

HUBER, P, "Angiographic Evaluation of Cerebral Hemodynamics Facts, Hypotheses and Errors" in: *Egas Moniz Centenary. Scientific Reports*, Comissão Executiva das Comemorações do Centenário do Nascimento do Prof. Egas Moniz, 1977, pp. 75-84.

JOHNSON, R. T, "Dural Angiomas and Venous Aneurysms" in: *Egas Moniz Centenary. Scientific Reports*, Comissão Executiva das Comemorações do Centenário do Nascimento do Prof. Egas Moniz, 1977, pp. 125-132.

JÚNIOR, Moreira, "Egas Moniz, orador" in: *Sessão Plenária de Homenagem ao Eminente Académico Prof. Doutor Egas Moniz*, Lisboa, Academia das Ciências de Lisboa, 1940, pp. 13-22.

KEATING, J. Azeredo, "Egas Moniz. As luzes e as sombras" in *A excelência da Investigação. Na essência da Universidade*, Coimbra, Faculdade de Medicina da Universidade de Coimbra, pp. 37-40.

KOTOWICZ, Zbigniew, Psychosurgery. The birth of a new scientific paradigm. Egas Moniz and the presente day, Lisboa, Fim de Século, 2012.

KRAYENBÜHL, "History of Cerebral Angiography and its Development since Egas Moniz" in: *Egas Moniz Centenary. Scientific Reports*, Comissão Executiva das Comemorações do Centenário do Nascimento do Prof. Egas Moniz, 1977, pp. 63-74.

LAITINEN, L. V, "Ethical Aspects of Psychosurgery" in: *Egas Moniz Centenary. Scientific Reports*, Comissão Executiva das Comemorações do Centenário do Nascimento do Prof. Egas Moniz, 1977, pp. 245-252.

LE BEAU, J, "De la Leucotomie d'Egas Moniz à la Psychochirurgie Frontale Selective" in: *Egas Moniz Centenary. Scientific Reports*, Comissão Executiva das Comemorações do Centenário do Nascimento do Prof. Egas Moniz, 1977, pp. 173-184.

LEITÃO, Joaquim, "Egas Moniz, escritor" in: *Sessão Plenária de Homenagem ao Eminente Académico Prof. Doutor Egas Moniz*, Lisboa, Academia das Ciências de Lisboa, 1940, pp. 27-31.

LEY, A.; ROVIRA, M, "Spinal Cord Angiography: Its Value in the Diagnosis and Surgical Management of Intraspinal Vascular Malformations" in: *Egas Moniz Centenary. Scientific Reports*, Comissão Executiva das Comemorações do Centenário do Nascimento do Prof. Egas Moniz, 1977, pp. 41-51.

LIGON, B. L, "The mystery of angiography and the «unawarded» Nobel Prize: Egas Moniz and Hans Christian Jacobaeus legacy" in *Neurosurgery*, Sep;43(3), 1998, pp. 602-611.

LIMA, Almeida, "Egas Moniz, o Homem, a Obra, o Exemplo" in: *Centenário de Egas Moniz*, vol. 2, Lisboa, Comissão Executiva das Comemorações do Centenário do Nascimento do Prof. Egas Moniz, 1978, pp. 399-417.

LIMA, Almeida, "MONIZ, António Caetano de Abreu Freire Egas" in: *Enciclopédia Luso-Brasileira de Cultura*, vol. 13, Lisboa, Editorial Verbo, s.d, pp. 1209-1210.

LUYENDIJK, Willem; HEKSTER, Ruben E. M, "Embolization of Highly Vascularized Tumors" in *Egas Moniz Centenary. Scientific Reports*, Comissão Executiva das Comemorações do Centenário do Nascimento do Prof. Egas Moniz, 1977, pp. 93-101.

LUZES, Pedro, "Cem anos de psicanálise. Situação actual da psicanálise no mundo e em Portugal (1995)" in: LUZES, Pedro (Org.) — *Cem anos de psicanálise*, Lisboa, ISPA, 2002, pp. 19-32.

LUZES, Pedro, "O desenvolvimento da psicanálise em Portugal" in: LUZES, Pedro, (Org.), *Cem anos de psicanálise*, Lisboa, ISPA, 2002, pp. 303-314.

LUZES, Pedro, (Org.), *Cem anos de psicanálise*, Lisboa, ISPA, 2002. 318 p.

MADAHIL, António Gomes da Rocha, *Instituição da "Fundação Egas Moniz" e da sua "Casa-Museu" em Avanca*, Separata do Arquivo do Distrito de Aveiro, Aveiro, Of. de Coimbra Editora, 1966, Vol. 32.

MALPIQUE, Cruz, *Egas Moniz. Um paradigma como professor-investigador universitário. Considerações marginais*, Aveiro, s.e, 1969.

MARQUES, A.H. Oliveira — "MONIZ, Egas". In: *Dicionário de maçonaria portuguesa*, vol. 2, Lisboa, Editorial Delta, 1986, pp. 994-995.

MARQUES, António de Vasconcellos, "Angiografia cerebral" in: *Centenário de Egas Moniz*, vol. 2, Lisboa, Comissão Executiva das Comemorações do Centenário do Nascimento do Prof. Egas Moniz, 1978, pp. 137-141.

MARQUES, António de Vasconcellos, "Nota de abertura" in: *Egas Moniz Centenary. Scientific Reports*, Comissão Executiva das Comemorações do Centenário do Nascimento do Prof. Egas Moniz, 1977, pp. 7-8.

MARQUES, António de Vasconcellos, "Nota de abertura" in: *Centenário de Egas Moniz*, vol. 2, Lisboa, Comissão Executiva das Comemorações do Centenário do Nascimento do Prof. Egas Moniz, 1978, pp. 7-8.

MARQUES, Juvenal Silva, "Egas Moniz e o Brasil" in: *Centenário de Egas Moniz*, vol. 2, Lisboa, Comissão Executiva das Comemorações do Centenário do Nascimento do Prof. Egas Moniz, 1978, pp. 301-329.

MATA, Caeiro da, "Egas Moniz, homem de Estado" in *Sessão Plenária de Homenagem ao Eminente Académico Prof. Doutor Egas Moniz*, Lisboa, Academia das Ciências de Lisboa, 1940, pp. 7-11.

MELO, António Rocha e, "Egas Moniz e a neurocirurgia" in: PEREIRA, Ana Leonor; PITA, João Rui (Organização) — *Egas Moniz em livre exame*, Coimbra, MinervaCoimbra, 2000, pp. 113-124.

MELO, Boaventura Pereira de, *Viagem que o Prof. Egas Moniz fez ao Brasil em 1928 em misão científica. Discurso que proferiu na Academia Brasileira de Letras*, Aveiro, s.e, 1973, 22 p.

MENDES, Daniel Nobre — "Egas Moniz — O Homem e o Cientista". In: *Centenário de Egas Moniz*, vol. 2, Lisboa, Comissão Executiva das Comemorações do Centenário do Nascimento do Prof. Egas Moniz, 1978, pp. 195-205.

MENDONÇA, Fernando — "Egas Moniz e a pintura", in *Três ensaios sobre pintura*, Estarreja, Câmara Municipal de Estarreja, 1999, [p. 1-4].

MENDONÇA, Fernando, "O estudante de Coimbra — Egas Moniz" in: *Egas Moniz, 120 anos. 1874-1994*, Estarreja, Câmara Municipal de Estarreja, [pp. 8-9].

MILHEIRO, Jaime, "Contributos de Egas Moniz para a psiquiatria e para a psicanálise" in: PEREIRA, Ana Leonor; PITA, João Rui, (Organização), *Egas Moniz em livre exame*, Coimbra, Minerva, 2000, pp. 165-174.

MILLER, Laurence, "Psychosurgery" in: MAGILL, Frank N, (Ed.), *International Encyclopedia of Psychology*, London, Fitzroy Deaton Publishers, 1996, pp. 1356-1359.

MONTEIRO, Hernâni, "1ª Comunicação sobre linfografia, 1931" in: *Os pioneiros do método angiográfico*, 2ª ed, Lisboa, Sociedade Portuguesa de Angiografia e Medicina Nuclear, 1977, pp. 39-41.

MORAES LANDÍVAR, Oscar, "Egas Moniz — su aporte a la medicina" in: *Centenário de Egas Moniz*, vol. 2, Lisboa, Comissão Executiva das Comemorações do Centenário do Nascimento do Prof. Egas Moniz, 1978, pp. 389-398.

MOREIRA, Tiago, "*Large gain for small trouble. The construction of cerebral angiography*, Edimburgh, Msc. in Science and Technology Studies — The University of Edimburgh, 1996-1997.

MOTA, Mário, "Egas Moniz, o Nobel português" in: *Centenário de Egas Moniz*, vol. 2, Lisboa, Comissão Executiva das Comemorações do Centenário do Nascimento do Prof. Egas Moniz, 1978, pp. 343-383.

MOURA, Frederico de, "Egas Moniz — o investigador e o homem no polimorfismo dos seus interesses intelectuais e humanos" in: *1874-1974, no I centenário do nascimento de Egas Moniz*, Aveiro, Edição da Junta Distrital de Aveiro, 1975, pp. 37-57.

NORLÉN, Gösta, "Importance of Angiography in Surgery of Intracranial Vascular Lesions" in: *Egas Moniz Centenary. Scientific Reports*, Comissão Executiva das Comemorações do Centenário do Nascimento do Prof. Egas Moniz, 1977, pp. 31-39.

OBRADOR, S, "Actual Trends in the Surgical Treatment of Pain and Emotional Disorders" in: *Egas Moniz Centenary. Scientific Reports*, Comissão Executiva das Comemorações do Centenário do Nascimento do Prof. Egas Moniz, 1977, pp. 157-166.

OLIVEIRA, J. Cândido, "Na inauguração do monumento a Egas Moniz" in: *Centenário de Egas Moniz*, vol. 2, Lisboa, Comissão Executiva das Comemorações do Centenário do Nascimento do Prof. Egas Moniz, 1978, pp. 261-263.

PAIXÃO, Braga, "Egas Moniz nas Letras" in: *Centenário de Egas Moniz*, vol. 2, Lisboa, Comissão Executiva das Comemorações do Centenário do Nascimento do Prof. Egas Moniz, 1978, pp. 177-194.

PERDIGÃO, José de Azeredo, "O Doutor António Caetano de Abreu Freire Egas Moniz, amador de arte" in: *Centenário de Egas Moniz*, vol. 2, Lisboa, Comissão Executiva das Comemorações do Centenário do Nascimento do Prof. Egas Moniz, 1978, pp. 283-299.

PEREIRA, A. de Sousa, "1ª Comunicação sobre Portografia" in: *Os pioneiros do método angiográfico*, 2ª ed, Lisboa, Sociedade Portuguesa de Angiografia e Medicina Nuclear, 1977, pp. 51-55.

PEREIRA, A. L. e PITA, J.R, (Org.), *Egas Moniz em livre exame*, Coimbra, Minerva, 2000.

PEREIRA, Ana Leonor, e PITA, João Rui, (coord.), "Egas Moniz e a publicidade medicamentosa (1)" in *Jornalismo e Ciências da Saúde* – Actas do II Congresso Luso-Brasileiro de Estudos Jornalísticos e do IV Congresso Luso Galego de Estudos Jornalísticos, Porto, Universidade Fernando Pessoa, 2005, (CD), p. 401-406.

PEREIRA, Ana Leonor, e PITA, João Rui, "**Egas Moniz, Prémio Nobel. Materiais inéditos para uma biografia em rede**" in *Munda*, Nºs 45/46, Novembro, Coimbra, 2003.

PEREIRA, Ana Leonor; PITA, João Rui, "Bibliografia seleccionada sobre Egas Moniz" in: PEREIRA, Ana Leonor; PITA, João Rui (Organização), *Egas Moniz em livre exame*, Coimbra, MinervaCoimbra, 2000, pp. 391-403.

PEREIRA, Ana Leonor; PITA, João Rui, "Cronologia sumária da vida e obra de Egas Moniz" in: PEREIRA, Ana Leonor; PITA, João Rui (Organização), *Egas Moniz em livre exame*, Coimbra, MinervaCoimbra, 2000, pp. 381-387.

PEREIRA, Ana Leonor; PITA, João Rui, "Egas Moniz: uma apresentação" in: PEREIRA, Ana Leonor; PITA, João Rui, (Organização), *Egas Moniz em livre exame*, Coimbra, MinervaCoimbra, 2000, pp. 19- 37.

PEREIRA, Ana Leonor; PITA, João Rui; RODRIGUES, Rosa Maria, *Retrato de Egas Moniz*, Lisboa, Círculo de Leitores, 1999.

PEREIRA, José Morgado, "O início da leucotomia em Portugal e a querela entre Egas Moniz e Sobral Cid" in PEREIRA, Ana Leonor e PITA, João Rui, (Org.), *Egas Moniz em livre exame*, Coimbra, Minerva, 2000, pp. 151-161.

PIMENTA, A. Matos; OKAMURA, Minoro; PIMENTA, Luís Henrique de Matos, "A Lamellar Circulation in the Sinus Longitudinalis Superior? Biochemicals Findings" in: *Egas Moniz Centenary. Scientific Reports*, Comissão Executiva das Comemorações do Centenário do Nascimento do Prof. Egas Moniz, 1977, pp. 133-137.

PINTO, Lino, *O Direito e a Medicina nos Testamentos dos Alcoolicos. Um Parecer Medico-Legal do Sabio Professor Dr. Egas Moniz. Á face do direito, as fotografias serão documentos, e sobre elas poderá arguir--se a falsidade??? (Minutas, Alegações, Articulados). (Á volta d'uma acção de anulação de testamento)*, Lisboa, s.e, 1934, 40 p.

Pioneiros (Os) do método angiográfico, 2ª ed, Lisboa, Sociedade Portuguesa de Angiografia e Medicina Nuclear, 1977, 55 p.

PITA, António Pedro, "Arte, animal domesticado. A questão da arte na obra de Egas Moniz" in: PEREIRA, Ana Leonor; PITA, João Rui (Organização) — *Egas Moniz em livre exame*, Coimbra, Minerva, 2000, pp. 223-234.

POLÓNIO, Pedro, "Egas Moniz e a terapêutica psiquiátrica" in: *Centenário de Egas Moniz*, vol. 2, Lisboa, Comissão Executiva das Comemorações do Centenário do Nascimento do Prof. Egas Moniz, 1978, pp. 419-421.

PORTELA, Luís, "Egas Moniz" in: PORTELA, Luís, *Esvoaçando*, Porto, Edições Asa, 1999, pp. 97-100.

RAMOS, Albano, "Egas Moniz criador de radiologia" in: *Centenário de Egas Moniz*, vol. 2, Lisboa, Comissão Executiva das Comemorações do Centenário do Nascimento do Prof. Egas Moniz, 1978, pp. 107-129.

RASTEIRO, Alfredo, "Egas Moniz, pupilas e queratoplastias, 1946" in: PEREIRA, Ana Leonor; PITA, João Rui, (Organização), *Egas Moniz em livre exame*, Coimbra, MinervaCoimbra, 2000, pp. 331-341.

RATO, Octávio Ribeiro, "Contribuição de Egas Moniz à pneumologia" in: *Centenário de Egas Moniz*, vol. 2, Lisboa, Comissão Executiva das Comemorações do Centenário do Nascimento do Prof. Egas Moniz, 1978, pp. 385-387.

REBELO, Fernando, "Discurso do Presidente da Academia" in: *A Homenagem da Academia de Coimbra ao Prof. Egas Moniz*, Coimbra, Edição da Associação Académica, 1950, pp. 3-8.

REGO, Alberto, *Egas Moniz visto por um condiscípulo*, Coimbra, Tip. Gráfica de Coimbra, 1939.

RICARDO JORGE, "Prefácio" in MONIZ, Egas, *Júlio Deniz e a sua obra*, Lisboa, Casa Ventura Abrantes, 1914, 3ª Edição, I Volume, p.XV e XVI

RODRIGUES, Rosa Maria, "Egas Moniz. O encontro espiritual com o belo" in: PEREIRA, Ana Leonor; PITA, João Rui (Organização), *Egas Moniz em livre exame*, Coimbra, Minerva, 2000, pp. 323-327.

RODRIGUES, Rosa Maria, "Homenagem a Egas Moniz" in: *Egas Moniz, 120 anos. 1874-1994*, Estarreja, Câmara Municipal de Estarreja, [pp. 23-24].

SÁ, Victor de, "A personalidade política de Egas Moniz" in: *1874-1974, no I centenário do nascimento de Egas Moniz*, Aveiro, Edição da Junta Distrital de Aveiro, 1975, pp. 9-22.

SALDANHA, Aleu, "A Escola Portuguesa de Angiografia" in: *Os pioneiros do método angiográfico*, 2ª ed, Lisboa, Sociedade Portuguesa de Angiografia e Medicina Nuclear, 1977, pp. 7-10.

SALDANHA, Aleu, "Egas Moniz — O cientista e o homem" in: *Centenário de Egas Moniz*, vol. 2, Lisboa, Comissão Executiva das Comemorações do Centenário do Nascimento do Prof. Egas Moniz, 1978, pp. 131-136.

SALVADO, Pedro Miguel, "Egas Moniz e o Concelho de Castelo Branco. Pôr a memória à luz" in: *Egas Moniz — "Itinerários Albicastrenses". Evocação do Professor Egas Moniz (Prémio Nobel da Medicina - 1949)*, Castelo Branco, Jornadas de História da Medicina na Beira Interior, 2000, pp. 2-7.

SANO, Keiji, "Emotional Behaviour and the Hypothalamus in the light of stereotaxic surgery — Commemoration of Prof. Egas Moniz" in: *Egas Moniz Centenary. Scientific Reports*, Comissão Executiva das Comemorações do Centenário do Nascimento do Prof. Egas Moniz, 1977, pp. 185-194.

SANTOS, Cid dos, "1ª Comunicação sobre Flebografia Direta, 1938" in: *Os pioneiros do método angiográfico*, 2ª ed, Lisboa, Sociedade Portuguesa de Angiografia e Medicina Nuclear, 1977, pp. 43-49.

SANTOS, Cid dos, "Aortografia e angiografia dos membros" in: *Centenário de Egas Moniz*, vol. 2, Lisboa, Comissão Executiva das Comemorações do Centenário do Nascimento do Prof. Egas Moniz, 1978, pp. 265-273.

SANTOS, Reynaldo, "Elogio [de Egas Moniz] por Reynaldo dos Santos" in: *Exposição Intinerante da Obra de Egas Moniz e Reynaldo dos Santos — Catálogo, 1982-1983*, s.l, Sociedade Portuguesa de Radiologia e Medicina Nuclear, 1982-1983, pp. 99-103.

SANTOS, Reynaldo dos, "1ª Comunicação sobre Aorto e Arteriografia dos Membros" in: *Os pioneiros do método angiográfico*, 2ª ed, Lisboa, Sociedade Portuguesa de Angiografia e Medicina Nuclear, 1977, pp. 29-33.

SANTOS, Reynaldo dos, "Egas Moniz e a sua descoberta da arteriografia cerebral" in: *Sessão Plenária de Homenagem ao Eminente Académico Prof. Doutor Egas Moniz*, Lisboa, Academia das Ciências de Lisboa, 1940, pp. 23-26.

SCOVILLE, William Beecher, "Happy Memories and Abstracts of the First International Psychosurgical Congress and the Second and the Third" in: *Egas Moniz Centenary. Scientific Reports*, Comissão Executiva das Comemorações do Centenário do Nascimento do Prof. Egas Moniz, 1977, pp. 195-211.

SEABRA-DINIS, J, "Alguns aspetos da personalidade de Egas Moniz" in: SEABRA-DINIS, J, *Perspetiva Humana I*, Lisboa, Portugália Editora, 1966, pp. 37-55.

SEABRA-DINIS, J, "Neuropsiquiatras portugueses" in: SEABRA-DINIS, J, *Perspetiva Humana — I*, Lisboa, Portugália Editora, 1966, pp. 11-95.

SERRA, Adriano Vaz, "Egas Moniz: análise histórica da sua contribuição para a psiquiatria", *Publicações do Museu Nacional da Ciência e da Técnica*, Coimbra, 4, 1974, pp. 71-83.

SERRÃO, Joaquim Veríssimo, *História de Portugal [1890-1910]*, Lisboa, Editorial Verbo, 1995.

SILVA, A. C. Pacheco e, "Egas Moniz — Sábio e escritor" in: *Centenário de Egas Moniz*, vol. 2, Lisboa, Comissão Executiva das Comemorações do Centenário do Nascimento do Prof. Egas Moniz, 1978, pp. 9-24.

SILVA, Armando Malheiro da, "Egas Moniz e a política. Notas avulsas para uma biografia indiscreta" in: PEREIRA, Ana Leonor; PITA, João Rui, (Organização), *Egas Moniz em livre exame*, Coimbra, MinervaCoimbra, 2000, pp. 237-311.

SILVA, Mário, "Egas Moniz — político e diplomata", *Publicações do Museu Nacional da Ciência e da Técnica*, Coimbra, 4, 1974, pp. 41-52.

SILVA, Mário, "Egas Moniz estudante de Coimbra", *Publicações do Museu Nacional da Ciência e da Técnica*, Coimbra, 4, 1974, pp. 85-89.

SILVA, Martins da, "Nota Prévia" in: *Exposição Intinerante da Obra de Egas Moniz e Reynaldo dos Santos — Catálogo, 1982-1983*, s.l, Sociedade Portuguesa de Radiologia e Medicina Nuclear, 1982-1983, pp. 11-12.

SINGER, Sanford S, "Lobotomy" in MAGILL, Frank N. — *International Encyclopedia of Psychology*, London-Chicago, Fitzroy Dearborn Publishers, 1996, pp. 1001-1004.

SOUSA, Armando Tavares de, "Egas Moniz — Escolar e Doutor da Universidade de Coimbra" in: *Centenário de Egas Moniz*, vol. 2, Lisboa, Comissão Executiva das Comemorações do Centenário do Nascimento do Prof. Egas Moniz, 1978, pp. 29-61.

SOUSA, Armando Tavares de, "Egas Moniz, Escolar e Doutor da Universidade de Coimbra" in: PEREIRA, Ana Leonor; PITA, João Rui (Organização) — *Egas Moniz em livre exame*, Coimbra, Minerva Coimbra, 2000, pp. 69-94.

SOUSA, Armando Tavares de, "Egas Moniz, Escolar e Doutor pela Universidade de Coimbra", *Publicações do Museu Nacional da Ciência e da Técnica*, Coimbra, 4, 1974, pp. 5-40.

SOUSA, Ayres de, "Egas Moniz e os problemas técnicos da angiografia" in: *Centenário de Egas Moniz*, vol. 2, Lisboa, Comissão Executiva das Comemorações do Centenário do Nascimento do Prof. Egas Moniz, 1978, pp. 141-146.

SWAZEY, Judith P, "Egas Moniz, António Caetano de Abreu Freire" in: GILLISPIE, Charles Coulston — *Dictionary of Scientific Biography*, New York, Charles Scribners Sons, 1971, pp. 286-287.

Symposium Internacional Comemorativo da 1ª Arteriografia por Egas. Anfiteatro da Fundação Gulbenkian —Lisboa, 3 e 4 de Junho de 1977 — Programa, Lisboa, 1977.

Symposium Internacional Comemorativo da 1ª Arteriografia por Egas. Anfiteatro da Fundação Gulbenkian —Lisboa, 3 e 4 de Junho de 1977 — Resumo das Comunicações, Lisboa, 1977.

TAVARES, Abel Sampaio, "Os métodos angiográficos na investigação experimental" in: *Centenário de Egas Moniz*, vol. 2, Lisboa, Comissão Executiva das Comemorações do Centenário do Nascimento do Prof. Egas Moniz, 1978, pp. 63-106.

VAERNET, Kjeld, "Neurologic Surgery in Behaviour Disorders" in: *Egas Moniz Centenary. Scientific Reports*, Comissão Executiva das Comemorações do Centenário do Nascimento do Prof. Egas Moniz, 1977, pp. 233-244.

VERBIEST, Henk, "Artificial Slow Flow Carotid Angiography Merits of a Failure" in: *Egas Moniz Centenary. Scientific Reports*, Comissão Executiva das Comemorações do Centenário do Nascimento do Prof. Egas Moniz, 1977, pp. 19-30.

WALKER, A. Earl, "The Historical Setting for the Advent of Psychosurgery" in: *Egas Moniz Centenary. Scientific Reports*, Comissão Executiva das Comemorações do Centenário do Nascimento do Prof. Egas Moniz, 1977, pp. 145-156.

ZÜLCH, K. J.; LECHTAPE-EINSIEDEL, H, "The Significance of Angiography for the Diagnosis of Cerebrovascular Cisease" in: *Egas Moniz Centenary. Scientific Reports*, Comissão Executiva das Comemorações do Centenário do Nascimento do Prof. Egas Moniz, 1977, pp. 53-62.

BIBLOGRAFIA GERAL

ADAM, Barbara, *Time & Social Theory*, Cambridge, Polity Press, 1990.

ATHIAS, Marck, "O Cinquentenário da Teoria do Neurónio," in *Actualidades Biológicas*, 1941, 14, p. 6-64.

ATHIAS, Marck, "Os movimentos ameboides dos neurones" in *Revista Portugueza de Medicina e Cirurgia Práticas*, 1898, nº 45, 2º Ano.

ATHIAS, Marck, "Santiago Ramón y Cajal. 1852-1934" in *Lisboa Médica*, Lisboa, 1934, 11, p. 831-853.

BARTHES, Roland, *Sade, Fourier, Loyola*, Paris, Seuil, Collection "Points", 1971.

BARTHES, *Roland, Sade, Fourier, Loyola*, Paris, Seuil, Collection "Points", 1971.

BOCAGE, M. M. Barbosa du, *Obra Completa*, Porto, Edições Caixotim, 2004, *Volume I. Sonetos.*

BOMBARDA, Miguel, *A consciência e o livre arbítrio*, Lisboa, António Maria Pereira, 1898.

BOMBARDA, Miguel, *A ciência e o jesuitismo. Réplica a um padre sábio*, Lisboa, António Maria Pereira, 1900.

BOMBARDA, Miguel, *Os neurones e a vida psíquica*, Lisboa, Imprensa Nacional, 1897.

BOURDIEU, Pierre, «L'illusion biographique» in *Actes de la Recherche en Sciences Sociales*, Paris, 62/63, pp. 69-72, juin, 1986.

BRAGA, Teófilo, *História das ideias republicanas em Portugal*, Lisboa, Nova Livraria Internacional, 1880.

BRAGA, Teófilo, *Systema de Sociologia*, Lisboa, Tipografia castro e Irmão, 1884.

BROWN, R. H, *Toward a Democratic Science: Scientific narration and Civic Communication*, Yale, Yale University Press, 1998.

BUTTERFIELD, Herbert, *The Whig Interpretation of History*, New York, W. W. Norton, [1939],1965.

BUTTERFIELD, Herbert, *The origins of modern science*. Revised Edition, New York, The New Press, 1965.

CABRAL, Alexandre, *Dicionário de Camilo Castelo Branco*, Lisboa, Editorial Caminho, 1988, p.441.

CAJAL, Santiago Ramon y, "Neurons: Structure and Connexions" in AAVV, *Nobel Lectures, Physiology or Medicine 1901-1921*, Amsterdam, Elsevier Publishing Company, 1967.

CAJAL, Santiago Ramón y, *El mundo visto a los 80 años. Impresiones de un arterioesclerótico*, Madrid, Tipografía Artística, 1934.

CAJAL, Santiago Ramón y, *Mi infancia y juventud*, Buenos Aires, Espasa-Calpe, 1952.

CALLON, Michel, "Some Elements of a Sociology of Translation: Domestication of the Scallops and the Fishermen of St. Brieuc Bay."in *Power, action and belief. A new sociology of Knowledge?* edited by J. Law. London: Routledge & Kegan Paul, 1986.

CARLYLE, Thomas, *On heroes, hero-worship and the heroic in history*, New York, Frederick A. Stokes and Brother, 1888. Também disponível em www <URL: http://www.questia.com>

CATROGA, Fernando, "A importância do positivismo na consolidação da ideologia republicana em Portugal" in Separata de Biblos – LIII – *Homenagem a Victor Matos de Sá*, Faculdade de Letras da UC, Coimbra, 1977.

CHARTIER, Roger, *A história cultural entre práticas e representações*, Lisboa Difel, 1988.

CORTESÃO, Jaime, *A Arte e a Medicina. Antero de Quental e Sousa Martins*, Coimbra, Tipografia França Amado, 1910.

COSTA, A. Celestino da, "Abel Salazar histologista" in Separata da *Portocale*, I, Nºs 5 – 8 (Set.-Dez. 1946), Porto, 1946.

CRAWFORD, Elisabeth, (Edit), *Historical Studies in the Nobel Archives. The Prizes in Science and Medicine*, Tokyo, Universal Academy Press, 2002.

CUNHA, Maria Adelaide Coelho da, *Doida não!*, Porto, Tipografia Fonseca, 1920.

DALGADO, D. G, *Mémoire sur la vie de l'Abbé de Faria*, Paris, Henri Jove, 1906.

ECO, Umberto, *Interpretação e sobreinterpretação*, Lisboa, Presença, 1993.

ELIAS, Norbert, O Processo Civilizacional, Lisboa, Dom Quixote, 2006.

ELIAS, Norbert, *Norbert Elias por ele mesmo*, Rio de Janeiro, Zahar, 2001.

ELIAS, Norbert, *A Sociedade dos Indivíduos*, Lisboa, Dom Quixote, 1993.

ELIAS, Norbert, *Introdução à Sociologia*, Lisboa, Edições 70, 2005.

ELIAS, Norbert, *Involvement and Detachment*, The Collected Works of Norbert Elias, Vol. 8, Dublin, University College Dublin Press, 2007.

EPSTEIN, William H, (1991), *Contesting the subject. Essays in the Postmodern Theory and Practice of Biography and Biographical Criticism*, Indiana, Purdue University Press.

FERNANDES, Barahona J. H. - Egas Moniz: pioneiro dos descobrimentos médicos. 1ª Edição. Lisboa: ICLP, 1983.

FERNANDES, H. Barahona, *Antropociências da Psiquiatria e da Saúde Mental. I O Homem Perturbado*, Lisboa, Fundação Calouste Gulbenkian, 1998.

FOUCAULT, Michel, "La vie des hommes infâmes" in *Dits et écrits, 1954-1988, III, 1976-1979*, Paris, Gallimard, 1994

FREUD, Sigmund, "Heredity and the aetiology of the neuroses" in *The Standard Edition of the Complete Pstchological Works of Sigmund Freud*, Vol. III (1893-1899), Early Psycho-Analitytic Publications, London, The Hogarth Press and the Institute of Psycho Analysis, 1981.

FREUD, Sigmund, *Leonardo da Vinci e uma lembrança da sua infância/O Moisés de Michelangelo*, Rio de Janeiro, Imago, 1997.

FREUD, Sigmund, *Uma recordação de infância de Leonardo da Vinci*, Lisboa, Relógio d'Água, 2007.

GALTON, Francis, *Natural inheritance*, London, Richard Clay and Sons, 1889.

GARNEL, Maria Rita Lino, *Vítimas e violência na Lisboa da I República*, Coimbra, Imprensa da Universidade de Coimbra, 2007.

GOLGI, Camillo, "The Neuron Doctrine – Theory and Facts" in AAVV, *Nobel Lectures, Physiology or Medicine 1901-1921*, Amsterdam, Elsevier Publishing Company, 1967.

GOMES, António Sousa, "Sidonismo e Salazarismo" in **Diário da Manhã** de 24 de Julho de 1933.

GOUDSBLOM, Johan and Mennel, Stephen, (Eds.), *The Norbert Elias Reader*, Oxford, Blackwell Publishers, 1998.

HAWES, James, *Excavating Kafka*, London, Quercus, 2008.

HESS, Walter Rudolf, *The Biology of Mind*, Chicago, The University of Chicago Press, 1964.

HIRSCH, I. Seth, "I can peer into your stomach and foretell your future" in *Popular Science*, July, New York, 1928.

JACOBAEUS, H. C, in Arquivos Nobel, Estocolmo, Karolinska Institutet, 1933.

JEANNEROD, Marc, "Organisation et désorganisation des fonctions mentales: le syndrome frontal, *Revue de Métaphisique et de Morale*, n° 2, 1992, pp. 235-253.

JEANNEROD, Marc, *Sobre a fisiologia mental. História das relações entre Biologia e Psicologia*, Lisboa, Instituto Piaget, 2000.

KLATZO, Igor, *Cécile and Oskar Vogt: The visionaries of modern neuroscience*, New York, Springer Werlag-Wien, 2002.

KRAGH, Helge, *Introdução à história da ciência*, Porto, Porto Editora, 2001.

KUHN, Thomas S, *The Structure of Scientific Revolutions*, Chicago, University of Chicago Press, 1962.

LAHIRE, Bernard, "Patrimónios individuais de disposições. Para uma sociologia à escala individual"in *Sociologia, Problemas e Práticas*, n.° 49, 2005, p. 17-18

LARANJEIRA, Manuel, *O Pessimismo Nacional, ou de como os portugueses procuram soluções de esperança em tempos de crise social*, Lisboa, Padrões Culturais Editora, [1908], 2008

LATOUR, Bruno, *Science in Action: How to Follow Scientists and Engineers through Society*, Cambridge,University Press, 1987.

LE BON, Gustave, *Psychologie des foules*, Paris, PUF, 1981.

LEMOS, Mário Matos e, "O duelo em Portugal depois da implantação da República" in *Revista de História das Ideias*, Rituais e Cerimonial, Coimbra, Instituto de História e Teoria das Ideias, 1993, 15, pp. 580-592

LOMBROSO, Cesare, *Hipnotisme et spiritisme*, Paris, Ernest Flamarion, 1911.

LUIS, Agustina Bessa, *Loucos e Amantes*, Lisboa, Guimarães Editores, 2005

MARTINS, Hermínio, *Hegel, Texas e outros Ensaios de Teoria Social*, Lisboa, Edições Século XXI, 1996.

MASHOUR, George A, WALKER ERIN E, and MARTUZA, Robert L, "Psychosurgery: past, present and future" in *Brain Research Reviews*, 48, 2005, pp. 409– 419.

MATTOSO, José, *D. Afonso Henriques*, Círculo de Leitores, Lisboa, 2006.

MERTON, Robert K, *Social Theory and Social Structure*, New York, Free Press, 1957

MERTON, Robert K, "The Matthew effect in science". in *Science*, 159 (3810): 56-63, January 5, 1968.

MERTON, Robert K, "The normative structure of science" in *The Sociology of Science. Theoretical and Empirical Investigations*, Chicago, The University of Chicago Press, 1973, pp.267-278.

MILLS, C. Wright, *The sociological imagination*, New York, Oxford University Press, 1999.

NOBEL, Alfred Bernhard, Alfred Nobel's will, Paris, 1895, at (http://nobelprize.org/nobel/alfred-nobel/biographical/will/will-full.html).

NORTON, José, *Norton de Matos. Biografia*, Lisboa, Bertrand, 2002.

OLIVEIRA MARQUES, A. H. de, *História de Portugal*, Lisboa, Palas Editores, 1986.

OVSIEW, F, and FRIM, D. M, "Neurosurgery for psychiatric disorders" in *Journal of Neurology, Neurosurgery and Psychiatry*, 63, 1997, pp. 701-705.

PAPPWORTH, M. H, *Human Guinea Pigs. Experimentation on men*, London, Penguin Books, 1967.

PEREIRA, José Pacheco, "MEMÓRIAS DA BIBLIOTECA PÚBLICA MUNICIPAL DO PORTO (Actualizadas)" no [Blogue] *Abrupto*, 2005, (http://abrupto.blogspot.com/2005_03_01_abrupto_archive. html#110970604070497573)

PEREIRA, A. L, *Darwin em Portugal. 1865-1914. Filosofia, História, Engenharia Social*, Coimbra, Almedina, 2001.

PEREIRA, Ana Leonor, "Eugenia em Portugal?" in *Revista de História das Ideias*, 20, 1999, pp. 531-600.

PEREIRA, Mário Eduardo Costa, "Morel e a questão da degenerescência" in *Revista Latinoamericana de Psicopatologia Fundamental*, São Paulo, v. 11, nº 3, pp. 490-496, Setembro de 2008

PICHOT, André, *O eugenismo: geneticistas apanhados pela filantropia*, Lisboa, Instituto Piaget, 1997

PINHEIRO, Magda, *Mousinho de Albuquerque: um intelectual na revolução*, Lisboa, Quetzal, 1992.

QUAY, Sara E, *Westward Expansion. American Popular Culture Through History*, Westport, Conn, Greenwood Press, 2002. (p. 249 "civilizing markers")

RAMOS, Rui, *D. Carlos*, Rio de Mouro, Círculo de Leitores, 2006.

RAMOS, Rui, *João Franco e o fracasso do Reformismo Liberal (1884-1908)*, Lisboa Instituto de Ciências Sociais, 2001.

RELVAS, José, *Memórias Políticas*, Vol. I, Lisboa, Terra Livre, 1977.

REYNAUD, Alain, *Société, espace et justice*, Paris, PUF, 1981.

SALAZAR, Abel, *A Socialização da Ciência*, Lisboa, Editora Liberdade, 1933.

SANTANA, Manuel Fernandes, *O materialismo em face da ciência*, Tipografia da Casa Católica, Lisboa, 1899.

SANTOS, Boaventura Sousa, "Estado e sociedade na semi-periferia do sistema mundial: o caso português" in *Análise Social*, Vol. XXI, (87-88-89), 3º-4º - 5º, 1985, pp. 869-901.

SANTOS, Boaventura Sousa, *Pela mão de Alice. O social e o político na pós-Medicina*. Porto, Edições Afrontamento, 1994.

SANTOS, José Ribeiro dos, "O último duelo que se travou em Lisboa" in *História*, Lisboa, O Jornal, 1981, Março, Nº 29, p. 5.

SARDINHA, António, "O Génio de Camilo" in SAAVEDRA Machado (Coord.), *In Memoriam de Camillo*, Lisboa, Casa Ventura Abrantes,1925, p. 634

SILVA, Armando Malheiro da, *Sidónio e o Sidonismo. História de um caso político*, Coimbra, IUC, 2006, Vol. 2.

SIMÕES, Ana, DIOGO, Maria Paula e CARNEIRO, Ana, *Cidadão do Mundo. Uma Biografia Científica do Abade Correia da Serra*, Porto, Porto Editora, 2006.

SOBRAL-CID, José de Matos, *Obras*, Vol. I, Lisboa, Fundação Calouste Gulbenkian, 1983.

TORGAL, Luis Reis, *História e Ideologia*, Coimbra, Minerva, 1989.

TORGAL, L. R, AMADO MENDES, J. M, e CATROGA, F, *História da História de Portugal. Séculos XIX--XX. Vol I – A História através da História*, Coimbra, Temas e Debates, 1998.

TORGAL, Luís Reis, *António José de Almeida e a República*, Lisboa, Círculo de Leitores, 2004.

VAZ, Júlio Machado, "Prefácio" em MONIZ, Egas, *A Vida Sexual. Fisiologia e Patologia*, Lisboa, Casa Ventura Abrantes, (15ª Edição facsimilada), Estarreja, Câmara Municipal de Estarreja, 2009.

WALKER, Cheryl, "Persona Criticism and the death of the Author" in EPSTEIN, William H, *Contesting the subject. Essays in the Postmodern Theory and Practice of Biography and Biographical Criticism*, Indiana, Purdue University Press, 1991, pp. 109-133.

WEBER, Max, *O Político e o Cientista*, Lisboa, Presença, 1979.

WISHART, David, "The selectivity of historical representations" in *Journal of Historical Geography*, 1997, 23, 2, p. 111-118.

ZUCKERMAN, Harriet, *Scientific elite. Nobel laureates in the United States*, New York, Free Press, 1977.

PÁGINAS WEB CONSULTADAS

António *Egas Moniz*- Wikipedia, the free encyclopedia

António Caetano de Abreu Freire *Egas Moniz*(November 29, 1874 – December 13, 1955), known as *Egas Moniz*

en.wikipedia.org/wiki/António_Egas_Moniz

António *Egas Moniz* - Wikipédia, a enciclopédia livre

António Caetano de Abreu Freire *Egas Moniz* (Avanca, 29 de Novembro de 1874 — Lisboa, 13 de Dezembro de 1955) foi um médico, neurologista, investigador,...*pt.wikipedia.org/wiki/António_Egas_Moniz*

António *Egas Moniz* - Wikipedia, la enciclopedia libre

António Caetano de Abreu Freire *Egas Moniz* fue un psiquiatra y neurocirujano portugués. Nació en la villa de Avanca (Estarreja, distrito de Aveiro) el 29 de...*es.wikipedia.org/wiki/António_Egas_Moniz*

Egas Moniz - wikidoc

19 Jun 2008... António Caetano de Abreu Freire *Egas Moniz*, pron. IPA: [ˈɛgɐʃ muˈniʃ], (November 29, 1874 — December 13, 1955) was a Portuguese neurologist. www.wikidoc.org/index.php/Egas_Moniz

Museu *Egas Moniz*

Egas Moniz – recorda-o - nos seus Cursos livres tinha sempre a as suas aulas cheias. Os alunos ouviam atentos e interessado o Mestre dissertar,...*museuegasmoniz.cm-estarreja.pt/*

Egas Moniz - Biography

Egas Moniz (Antonio Caetano de Abreu Freire) *Egas Moniz* was born in Avanca, Portugal, on November 29, 1874, the son of Fernando de Pina Rezende Abreu...*nobelprize.org/nobel_prizes/medicine/.../moniz-bio.html*

A Science Odyssey: People and Discoveries: *Moniz* develops lobotomy...

Antônio *Egas Moniz* (1874-1955) of Portugal was an ambitious and multitalented person -- a neurologist, political figure, and man of letters....www.pbs.org/wgbh/aso/databank/entries/dh35lo.html

Egas Moniz

(Blog de Álvaro Macieira Coelho, sobrinho-neto de Egas Moniz, Investigador em Biologia Molecular)

Egas Moniz made a prescient statement at the end of his last lecture when he retired from the Medical Faculty in 1944. He claimed that Neurology was at the...*egas-moniz.blogspot.com/*

DR. *EGAS MONIZ* (1875-1955) (U. Illinois, Chicago)

Moniz who was born in Portugal, studied medicine in the University of Coimbra and neurology in Bordeaux and Paris. He returned to the University of Coimbra...www.uic.edu/depts/mcne/founders/page0064.html

Antonio *Egas Moniz* (Portuguese neurologist) -- Britannica Online...

Britannica online encyclopedia article on António *Egas Moniz* (Portuguese neurologist), Nov. 29, 1874Avança, Port. Dec. 13, 1955LisbonPortuguese neurologist...www.britannica.com/EBchecked/topic/.../Antonio-Egas-Moniz

Egas Moniz

Portuguese neurologist *Egas Moniz* used surgery to physically sever nerve fibers between the brain's frontal lobes, interrupting the neurological pathway for...www.nndb.com/people/272/000128885/

Sabbatini, R.M.E.: A Brief Biography of *Egas Moniz*

Picture of *Egas Moniz* Antônio Caetano de Abreu Freire *Egas Moniz*, Portuguese physician and neurosurgeon, was born in Avanca, Portugal, on Nov. 29, 1847....*www.cerebromente.org.br/n02/historia/moniz.htm*

Antonio Caetano De Abreu Freire *Egas Moniz* Winner of the 1949...

Antonio Caetano De Abreu Freire *Egas Moniz*, a Nobel Prize Laureate in Physiology and Medicine, at the Nobel Prize Internet Archive.*nobelprizes.com/nobel/medicine/1949b.html*

Antonio Caetano de Abreu Freire *Egas Moniz* (www.whonamedit.com)

Antonio Caetano de Abreu Freire *Egas Moniz*: Portuguese surgeon, neurologist and statesman, born November 29, 1874 Avança, Portugal; died December 13, 1955,...www.whonamedit.com/doctor.cfm/454.html

Antonio *Egas Moniz* Biography (1874-1955)

For much of his life, *Egas Moniz* divided his time between political action and medical research. The first decade of the twentieth century was a period...www.faqs.org

Cerebral Angiography and *Egas Moniz*

By T Doby – 1992

In the early 1920s, *Egas Moniz*, professor of neurology in Lisbon,. Portugal, undertook a task no one really considered possible: the radiographic imaging...www.ajronline.org/cgi/reprint/159/2/364.pdf

The Nobel Prize in Physiology or Medicine 1949

Antonio Caetano de Abreu Freire *Egas Moniz*. The Nobel Prize in Physiology or Medicine 1949 was divided equally between Walter Rudolf Hess "for his discovery...*nobelprize.org/nobel_prizes/medicine/laureates/1949/*

AllRefer.com - *Egas Moniz* (Medicine, Biography) - Encyclopedia

AllRefer.com reference and encyclopedia resource provides complete information on *Egas Moniz*, Medicine, Biographies. Includes related research links.*reference.allrefer.com/encyclopedia/M/Moniz-Eg.html*

Gottlieb Burckhardt and *Egas Moniz* – Two Beginnings of Psychosurgery

File Format: PDF/Adobe Acrobatby Z Kotowicz - 2005lisher Masson and was authored by the Portuguese neurologist *Egas Moniz*... Watts dedicated their monograph Psychosurgery 'To *Egas Moniz*, who first... *www.gesnerus.ch/fileadmin/media/pdf/2005_1.../077-101_Kotowicz.pdf*

sBMJ | The white cut: *Egas Moniz*, lobotomy, and the Nobel prize

In 1949 the Nobel prize was awarded to *Egas Moniz*, the neurologist who carried out the first lobotomy, a procedure that caused severe physical and...*archive.student.bmj.com/issues/06/01/education/12.php*

Egas Moniz

Blog de Manuel Correia

Blogue destinado a comparar, incluir, discutir, divulgar e criticar análises, testemunhos, bibliografias e opiniões acerca de *Egas Moniz*, vida, obra e tudo...*egasmoniz.blogspot.com/*

EGAS MONIZ 1874-1955

Egas Moniz has often been referred to as a neurosurgeon. This hes not. in the preface which he wrote not long before he died to *Egas Moniz's*...*jn.physiology.org/cgi/reprint/19/2/196.pdf*

vidas lusófonas (normais)

Autoria de João Sodré

1874: António *Egas Moniz* nasce, em Avanca, concelho de Estarreja, Beira Litoral. - 1891: Matricula-se na Universidade de Coimbra....www.vidaslusofonas.pt/egas_moniz.htm

Egas Moniz (1875–1955), the father of psychosurgery psychiatry

by P Fusar-Poli - 2008In 1949 the Portuguese neurologist Antô nio Caetano de Abreu Freire *Egas Moniz* was jointly awarded the Nobel Prize in medicine with the...*bjp.rcpsych.org/cgi/reprint/193/1/50.pdf*

Ciência em Portugal - Personagens

Antonio Caetano de Abreu Freire *Egas Moniz*, nasceu em Avanca, concelho de Estarreja, em 29 de Novembro de 1874. Filho de Fernando Pina Resende Abreu *cvc.instituto-camoes.pt/ciencia/p12.html*

Egas Moniz and Internal Carotid Occlusion

by JM Ferro - 1988*Egas Moniz* and Internal Carotid Occlusion. José M. Ferro, MD. • *Egas Moniz* discovered cerebral angiography in 1927 and introduced leu-...*archneur.highwire.org/cgi/reprint/45/5/563.pdf*

Egas Moniz: Definition from Answers.com

António Caetano de Abreu Freire *Egas Moniz* (born Nov. 29, 1874, Avanca, Port. — died Dec. 13, 1955, Lisbon) Portuguese neurologist and statesman.www.answers.com/topic/moniz-antonio-caetano-de--abreu-freire-egas

Modern psychosurgery before *Egas Moniz*: a tribute to Gottlieb...

by S Manjila - 2008Interestingly, however, that landmark text was dedicated to *Egas Moniz* (1874–1955), the Portuguese neurologist whom the authors credited as the "first who...*thejns.org/doi/abs/10.3171/ FOC/2008/25/7/E9*

Egas Moniz and the origins of psychosurgery: a review...

by AJ Tierney – 2000

Egas Moniz and the origins of psychosurgery: a review commemorating the 50th anniversary of Moniz's Nobel Prize. Tierney AJ. Department of Psychology...www.ncbi.nlm.nih.gov/pubmed/11232345

Egas Moniz encyclopedia topics | Reference.com

Encyclopedia article of *Egas Moniz* at Reference.com compiled from comprehensive and current sources. *www.reference.com/browse/Egas+Moniz*

JAMA -- Excerpt: ANTONIO *EGAS MONIZ* (1874-1955) PORTUGUESE...

by A Caetano – 1968

ANTONIO *EGAS MONIZ* (1874-1955) PORTUGUESE NEUROLOGIST... liberal pamphleteer he added the nom de plume *Egas Moniz*, an accolade to *Egas Moniz* de Ribadouro,...*jama.ama-assn.org/ cgi/content/summary/206/2/368*

Egas Moniz - Definition

António Caetano de Abreu Freire *Egas Moniz* (November 29, 1874 - December 13, 1955) was a Portuguese physician and neurologist. He was born in Avanca,...www.wordiq.com/definition/Egas_Moniz

Egas Moniz - Medical Definition

E·gas Mo·niz (ĕ-gäs mô-nēsh), Antonio de 1874-1955. Portuguese neurologist. He shared a Nobel Prize (1949) for advances in brain surgery....*www.yourdictionary.com/medical/egas-moniz*

The Neglected Research of *Egas Moniz* of Internal Carotid Artery...

Egas Moniz is generally remembered for having discovered cerebral angiography in 1927, and having introduced lobotomy as a form of treatment for mental...*www.informaworld.com/smpp/.../ content-db=all-content=a714016658*

Biography: History of developments in imaging techniques: *Egas*...

by BL Ligon - 2003

4 Nov 2005... *Egas Moniz* (Fig 1) was born the eldest son of an aristocratic family on November 29, 1874, at Avanca, Portugal, the estate that had been in...*linkinghub.elsevier.com/retrieve/pii/S1045187003700296*

Definition «*Egas Moniz*" - Collins English Dictionary & Thesaurus...

Egas Moniz definition: *Egas Moniz* (Portuguese) n Antonio Caetanio de Abreu Freire. 1874--1955, Portuguese neurologist: shared the Nobel prize for...*dictionary.reverso.net/english-definition/Egas%20Moniz*

António *Egas Moniz* Biography - Biography.com

Learn about the life of António *Egas Moniz* at Biography.com. Read Biographies, watch interviews and videos. www.biography.com/articles/António-Egas-Moniz-39053

António *Egas Moniz* (Personalidades) | e-escola

25 fev. 2002... *Egas Moniz* contribuiu decisivamente para o desenvolvimento da medicina ao conseguir pela primeira vez dar visibilidade às artérias do...www.e-escola.pt › Personalidades

Egas Moniz como pioneiro da sexologia portuguesa

4 jun. 2010... *Egas Moniz*, o único Nobel da Medicina português, debruçou parte da sua carreira ao estudo da sexualidade. Foi sobre o volume «A Vida Sexual»...www.cienciahoje.pt/index. php?oid=43160&op=all

Egas Moniz, Antonio Caetano de Abreu Freire Biography - S9.com

1874 - Born on the 29th of November in Avanca, Portugal.1902 - He returned to the University of Coimbra as Chairman of the Department of Neurology.1903 - He...www.s9.com/Biography/Egas--Moniz-Antonio-Caetano-De-Abreu-Freire

Egas Moniz – FREE *Egas Moniz* information | Encyclopedia.com: Find...

Egas Moniz – Encyclopedia.com has *Egas Moniz* articles, *Egas Moniz* pictures, video and information at Encyclopedia.com - a FREE online library.www.encyclopedia.com/doc/1E1-Moniz-Eg.html

Egas Moniz Articles from SENIORFITNESS.COM Free Article Directory

Article Titles: A searchable, browsable, archive of articles about everything under the sun.www.seniorfitness. com/Egas_Moniz_link.html

Kotowicz Z. Gottlieb Burckhardt and *Egas Moniz*--two beginnings of...

Kotowicz Z. Gottlieb Burckhardt and *Egas Moniz*--two beginnings of psychosurgery. Gesnerus 62:77 (2005) *pubget.com/paper/16201322*

Egas Moniz: Lobotomia Video

Watch *Egas Moniz*: Lobotomia and hundreds of other videos about lobotomía, *egas moniz.vodpod.com/ watch/3006473-egas-moniz-lobotomia*

History of the Brain

In 1936, *Egas Moniz* and his assistant Almeida Lima developed,... *Egas Moniz* became paralyzed as result of a shot given by one of his ex-patients....*library.thinkquest.org/18299/the.htm*

1955 *Egas Moniz* Life & Death Medal Physiology Nobel Pri – eBay...

eBay: Find 1955 *Egas Moniz* Life & Death Medal Physiology Nobel Pri in the Coins Paper Money, Exonumia, Medals category on eBay.*cgi.ebay.com/1955-Egas-Moniz-Life...Pri-/310234961026*

Wapedia - Wiki: António*Egas Moniz*

9 maio 2010... **Estátua de *Egas Moniz***, por Euclides Vaz, frente à Faculdade de Medicina da Universidade de Lisboa e Hospital de Santa Maria....*wapedia.mobi/pt/António_Egas_Moniz*

Estátua do Professor **Egas Moniz**

28 maio 2009... **Estátua** de bronze realizada por Euclides Vaz, professor de medalhística e escultura, como homenagem devida ao Professor **Egas Moniz**,...*marcasdasciencias.fc.ul.pt/pagina/fichas/objectos/freguesia?id...*

TÍTULOS PUBLICADOS

1 - Ana Leonor Pereira; João Rui Pita [Coordenadores]
  — *Miguel Bombarda (1851-1910) e as singularidades de uma época* (2006)

2 - João Rui Pita; Ana Leonor Pereira [Coordenadores]
  — *Rotas da Natureza. Cientistas, Viagens, Expedições e Instituições* (2006)

3 - Ana Leonor Pereira; Heloísa Bertol Domingues; João Rui Pita; Oswaldo Salaverry Garcia
  — *A natureza, as suas histórias e os seus caminhos* (2006)

4 - Philip Rieder; Ana Leonor Pereira; João Rui Pita
  — *História Ecológico-Institucional do Corpo* (2006)

5 - Sebastião Formosinho
  — *Nos Bastidores da Ciência - 20 anos depois* (2007)

6 - Helena Nogueira
  — *Os Lugares e a Saúde* (2008)

7 - Marco Steinert Santos
  — *Virchow: medicina, ciência e sociedade no seu tempo* (2008)

8 - Ana Isabel Silva
  — *A Arte de Enfermeiro. Escola de Enfermagem Dr. Ângelo da Fonseca* (2008)

9 - Sara Repolho
  — *Sousa Martins: ciência e espiritualismo* (2008)

10 - Aliete Cunha-Oliveira
  — *Preservativo, Sida e Saúde Pública* (2008)

11 - Jorge André
  — *Ensinar a estudar Matemática em Engenharia* (2008)

12 - Bráulio de Almeida e Sousa
  — *Psicoterapia Institucional: memória e actualidade* (2008)

13 - Alírio Queirós
  — *A Recepção de Freud em Portugal* (2009)

14 - Augusto Moutinho Borges
  — *Reais Hospitais Militares em Portugal* (2009)

15 - João Rui Pita
  — *Escola de Farmácia de Coimbra* (2009)

16 - António Amorim da Costa
  — *Ciência e Mito* (2010)

17 - António Piedade
  — *Caminhos da Ciência* (2011)

18 - Ana Leonor Pereira, João Rui Pita e Pedro Ricardo Fonseca
  — *Darwin, Evolution, Evolutionisms* (2011)

19 - Luís Quintais
  — *Mestres da Verdade Invisível* (2012)

www.ingramcontent.com/pod-product-compliance
Lightning Source LLC
Chambersburg PA
CBHW061006280326
41935CB00009B/854